NATURE OF STATE AND
THE FUNCTION OF GOVERNMENT

THEORETICAL FOUNDATION OF
ENABLING GOVERNMENT

国家性质与
政府功能

有为政府的理论基础

朱富强　著

人民出版社

目　录

第 1 篇　国家和政府的本质与演化

第 2 篇　理解有为政府的经济功能

第3篇　保障有为政府的制度基础

导　言

作为一门致用之学，经济学的学习和研究关键要理解、分析和解决现实问题，从而为社会经济政策服务。其中，学好经济学的基本要求就是要能够认识市场和政府的功能及其作用范围，让两者都能够各司其职，从而为推动社会经济的健康发展发挥出最大积极作用。事实上，市场机制和政府机制之间不仅可以而且需要形成良性的互补和共进关系，因为它们都是资源配置的基本机制，同时也都面临着失灵问题。然而，围绕国家的角色形象以及政府的功能承担，学术界一直存在截然不同的观点，乃至衍生出了不同的经济学流派。根本说，当前发生在林毅夫和张维迎、田国强以及文贯中等人之间的争论，也是经济学界这一长期未竟论战的继续。

本书的研究遵循了从本质到现象的研究路线，它一方面从起源学角度对国家性质及其相应的政府功能展开系统而深入的探究和界定，并由此来与社会现实相对照；另一方面又进一步基于权力结构的变动来揭示国家组织和政府机构的异化发展，系统考察显性协调与隐性协调这两大政府功能在不同时空下的表现及其更替，并基于社会环境的考察来洞察国家和政府的未来发展方向。这样，本书就深刻揭示了国家组织的本质及其演化，辨析有为政府的功能承担及其作用机制，并挖掘政府失灵的原因。

事实上，本书是笔者对三大组织所展开的系列研究之一（另两大组织是企业组织和家庭组织，并分别著有《协作系统观的企业理论：基于协调机制演化的分析》和《性·生育·婚姻：女性行为及家庭功能的经济分析》），它以从本质到现象范式为基本分析路线，通过起源学的考察和知识的契合而将社会组织视为协作系统，进而通过考察协作系统的演化过程来探究组织的本质及现状，同时通过对特定历史时期社会权力结构的剖析来探究组织形态的演变；这样，就可以将组织的实然形态和行动与其应然本质和功能相对照，由此就可以解释现实组织的异化及其问题，进而为引导组织的合理发展奠定方向和思路。

同时，本书也是笔者对社会秩序的扩展机理所展开的三大系列研究之一（其他两本分别是《真实市场的逻辑：基于异质性市场主体的剖析》《法律秩序的社会基础：作为社会协作系统中行为规范的法律》）。事实上，在对国家组织展开系统而深入考察时，也就需要对社会这一大协作系统的运行机制进行剖析。一般地，在国家组织这一协作系统中维持日常社会秩序的有两个基本机制：市场和法制。一方面，国家和市场之间的关系是经济学尤其是政治经济学所研究的基本问题，其中心议题就在于合理界定市场和政府的作用范围，从而促进两类协调机制的互补和共生。另一方面，在宏观社会协作系统中，法律机制成为调节和规定市场运行和政府作用的方式，它不仅夯实了市场机制运行和社会经济活动的基础，而且也是政府介入市场经济活动的方式和依据。

在本书中，从本质到现象的研究路线具体体现为：首先，剖析国家组织的本质：自然状态下相对平等的个体为了维护自身的长期利益而通过理性契约形成了一种社会机构，其根本目的是要保障所有社会成员的利益；其次，了解国家组织的性质及相应的政府功能的蜕化和变异：不再是为社会大众服务，而成了社会大众的主宰，国家机关成了具有暴力潜能的控制机关；再次，探究这种蜕化的原因：在不同的历史时期社会公权力为不同的特定个人或群体所占有，甚至将这种现实通过"法制"而合理化；最后，正是基于对国家组织的本质进行了深入的了解，以及对不同发展阶段的社会力量结构的清楚认识，我们可以全面审视国家在不同时期的行为和表现，并预测它的发展趋势。正是通过对国家和政府的应然本质和实然形态做了全面的剖析，本书为有为政府奠定雄厚的理论基础。

最后，基于从本质到现象的研究路线，本研究主要集中在如下三大部分内容。第一部分是对国家性质和政府功能展开的系统剖析和界定。它主要是基于契约主义视角从起源学上来探究国家的本质特性，并由此对政府功能及其作用界限作一深层的探索；同时，基于契约权内容和契约方地位两大维度分析和比较了历史上呈现出的不同国家形态，进而还引入权力结构的变动考察不同形态国家的演化。第二部分是对有为政府的经济功能所作的深入考察和辨析。它主要考察了协作系统中的社会共同治理机制及其面临的软硬基础设施要求，挖掘了政府在推动产业升级和经济增长中的两种协调方式，探究了两种协调方式依赖的环境及其对政府功能转变的要求，从而揭示了有为政府和有效市场之间的互补性和共生性。第三部分是对确保政府有为的制度基础所作的探索和构设。它从本体论、起源学和演化史角度系统审视了自由、民主以及宪政的本质及其表现，进而深入地考察和挖掘了儒家社会中的高次元的自由民主精神和社会制度安排，从而深入探究和构设了根植于本土文化和结构的社会治理体系，从而有效保障政府积极有为而不是乱为和无为。

绪论：国家性质与有为政府

——流行的契约主义观及其审视

  契约主义视角为认识国家的性质以及确定政府的基本职能提供了一个基本分析框架，不仅可以从起源学上挖掘国家和政府的本质，而且可以从演化过程提示国体和政体的多样化现实形态，进而可以系统剖析在不同时空下政府应该和实际承担的功能。其中，国家本质上是集中人们所自愿转让的个人自由和权利并提供相应安全保护的有机体，而在现实世界中往往又会蜕变为主权者；政府则是国家共同体为服务于全体公民而成立的功能性机构，而在现实世界中往往又会蜕变为专制工具和暴力机关。很大程度大，学者们在契约环境、契约程序、契约内容以及契约方地位等上却存在明显差异的认识，从而就形成了不同的国家性质观以及立场对立的政府功能观。显然，以公共选择学派为代表的流行契约主义国家观主要采用了个体主义分析思维和理性经济人分析框架，从而得出了与新古典自由主义经济学相一致的政府失败论，并由此规定了政府的"守夜人"地位。但从本体论上看，契约主义根本上强调政府对契约规则的遵守，却并没有否定政府对社会经济发展的积极功能；相应地，真正要做的是如何确保政府做它该做并且做好它该做的事而这需要建立起一整套相对完善的宪法政治体系。因此，基于本体论的契约主义，我们发现一种宪政主义的有限政府或者信托论的有为政府而不是自由放任的"最小政府"。

一、引言

由林毅夫的新结构经济学所激发，目前经济学界以及社会实务界正围绕产业政策和政府作用界限展开了激烈争论：绝大多数的新自由主义经济学人坚持有限政府，众多的非主流经济学人则倡导有为政府。其中，新自由主义经济学人之所以坚持有限政府，基本原因就在于它根基于理性论的契约主义：一方面，将契约主体设定为理性经济人，它的逐利行为可以导向社会利益最大化；另一方面，将政府视为由经济人或利益集团组成的稻草人，它利用权力来最大化个人利益的行为将会损害社会。那么，契约主义的国家观果真只能导向有限政府吗？很大程度上，这种契约主义的国家和政府观根基于非常片面的理性假说，并且主要适用于政府主要承担统治职能的早期社会。相反，如果深入到社会契约的本体，就可以发现，国家根本上是集中人们所自愿转让的个人自由和权力并提供相应安全保护的有机组织，政府则是国家共同体为服务于全体公民而成立的功能性机构。这样，基于契约主义视角的分析同样可以导向有为政府，其关键在于建立一套保证政府及其代理人"尽其职"的规则和机制。有鉴于此，绪论首先对各种契约主义国家观作一系统的梳理和比较，一方面深刻考察流行的理性论契约主义及其导向的有限政府观，另一方面则深入剖析本体论的契约主义而为有为政府夯实理论基础。

二、探究政府功能及其失灵的视角

在市场和政府的功能界定上之所以有截然不同的主张，根本原因在于（1）迄今为止无论是市场还是政府都暴露出了严重的失灵问题；（2）不同经济学家在如何看待两种失灵的原因及其严重程度上存在明显的分歧。一般地，只要市场失灵广泛而持久地存在，这就为有为政府提供了社会和理论基础。那么，如何理解市场失灵呢？这往往可以基于两方面进行审视：一是市场客体的不完善，如信息不完全、垄断、公共品、外部性等；二是市场主体的基本缺陷，主要体现在个体的有限理性和人际异质性。[1] 显然，新古典经济学等正统经济学主要从第一个层次来理解市场失灵，并认为通过市场机制的建设和完善就可以逐渐缓和乃至最终消除市场失灵。但是，第二个层次的市场失灵却难以通过外在的力量加以克服，这预示了市场失灵的内在性和长期性，并为有为政府的积极功能提供了基础。

同时，新（古典）自由主义经济学者之所以极力反对引入有为政府角色，还基于这样两个重要理由：（1）政府机构及其代理人都是追求自身利益的经济人，在信息不对称且权力偏在的情况下，政府官僚的机会主义行为就会损害而不是维护社会利益，进而造成比市场失灵更为严重的政府失灵；（2）现实世界中的市场失灵往往都是政府的不当干预造成的，只要市场机制得到充分发展，现在暴露出来的那些市场失灵将会逐渐减弱乃至消失。也就是说，无论是基于两害相权取其轻的原则还是基于现实市场失灵的主要根源，新（古典）自由主义都主张应该严格限制政府行为，从而主张有限政府。[2] 但是，正如斯特雷耶指出的："理论上，获得复杂组织效率优势的同时，降低国家在组织体系中的地位是可能的。但实践上，还没有人能够完成这项成就。"[3] 很大程度上，要理解和解决有为政府和有限政府之争，关键就在于能够全面审视现实世界中市场失灵和政府失灵的原因及其造成的问题。显然，市场失灵问题已经为大量的著述和理论所刻画，因而本书致力于对政府失灵问题作一深层次的探究。

---

[1] 朱富强：《市场的逻辑还是逻辑化的市场？流行市场的逻辑缺陷》，《财经研究》2014 年第 5 期。

[2] 朱富强：《政府的功能及其限度——评林毅夫与田国强、张维迎的论争》，《政治经济学报》（第 7 卷），社会科学文献出版社 2016 年版。

[3] 斯特雷耶：《现代国家的起源》，华佳等译，格致出版社、上海人民出版社 2011 年版，第 2 页。

首先，如何才能深层次地认识政府作用机制，并由此剖析政府失灵问题？一般地，这就必须深入挖掘国家的根本性质及其现实形态，进而分析现实世界中的官僚行为。事实上，政府本身只是国家组织为实现其目的而设立的功能性机构，是国家追求特定目标的功能承担者。试想，如果连国家的本质和起源都不清楚，又如何能够信誓旦旦地规定政府的行为和作用呢？不幸的是，尽管每个人一出生就生活在一个具体的国家中，无论是日常生活还是行为策略都受到特定政府的规范、监督和指导，但迄今为止，人们尤其是现代经济学人对它的了解却非常少。巴斯夏就曾宣称，只要有人能够对国家给予一个准确、简单而又能够理解的定义，他会呼吁有能力者出 100 万法郎加上十字勋章、花冠和绶带等的奖励。[①] 我们对国家的了解为何存在如此不足呢？这或许是因为我们太熟悉它了，以致往往熟视无睹；或者是因为国家组织所牵涉的利益太复杂了，以致每个人都选择特定视角去片面地理解它。正因如此，每当讨论到国家和政府的性质和功用时，人们总是会展开激烈的争论，并产生了多样乃至相互对立的学说。

其次，又该如何深刻剖析国家的性质，并由此界定政府的功能和作用边界？迄今为止，有关国家的认知主要有三大视角：（1）保守主义，它看重现存的规则，从现实状态中理解国家的性质和功能；（2）演化主义，它重视规则的变迁，从历史演化中理解国家的性质和功能；（3）契约主义，它关注规则的形成，从共同体的个体参与者推导出国家的性质和功能。一般地，基于契约主义视角来分析国家具有这样两点好处：（1）有助于从起源学角度探究国家和政府的本体，因为它探究了国家这种组织形式何时开始出现，满足了人们的何种需求，在什么原则上建立，从而集中关注国家成立的原初目的，进而也就有助于探究国家的内在本质；（2）有助于广泛探究国内外最为流行的国家学说，这既包括提出公民契约的启蒙学者如格劳秀斯、霍布斯、洛

---

① 巴斯夏：《财产、法律与政府》，秋风译，商务印书馆 2012 年版，第 193 页。

克、普芬道夫、卢梭、孟德斯鸠、康德以及穆勒等，也包括关注宪政契约和道德契约的现代学者布坎南、哈耶克、罗尔斯、德沃金、科恩、哈萨尼以及高蒂尔（D.Gauthier）等。

事实上，早在1625年，格劳秀斯在《战争与和平法》一书就设想了这样一种自然状态：自然状态下人人自由平等但又不幸福，从而出于自愿或者逼不得已地接受了一种政治权力的统治。其中，在自愿情形下，人们通过协商而与自己选出的统治权威达成一种服从契约，条件是统治者必须遵从基本法；在被迫情形下，人们受到统治者的武力征服而宣誓服从征服者，从而达到一种法律状态。自格劳秀斯以降，学者们大多都偏爱自愿的服从契约。不过，流行的社会契约论也存在明显的局限：它以平等的自然主体为基础，自然主体基于理性和自利考虑而通过一纸契约一劳永逸地解决问题。同时，不同学者所持的社会契约观之所以存在差异，主要体现在对契约权威性的理解存在不同。但实际上，如果考虑签订契约的主体特性以及所定契约的内容范围，那么我们就可以大大拓展契约主义思维的分析功效。一方面，就契约方地位而言，这涉及对社会主体的特性认知，是同质平等的还是异质不平等；另一方面，就契约权内容而言，这涉及对不同权利的属性认知，是可转让的还是不可转让的。很大程度上，也正是由于这两方面的特征存在明显的差异，因而就有迥异的国家观和政府说流行于世，这也为不同学者所刻画。

有鉴于此，本书基于契约主义视角并区分契约的不同形态（包括契约程序、契约内容以及契约主体等）来深层次地探索国家的性质以及政府的功能，进而根据环境的变动来界定市场和政府在不同时空下的功能承担和作用范围，由此就可以深入地审视围绕最小政府、有限政府以及有为政府展开的争论。很大程度上，要促进社会稳定持续发展，就必须让市场和政府都能够各司其职，实现有为政府和有效市场的互补和共进，从而促使市场失灵和政府失灵之间相互克服而非相互强化；进而，也就可以理解林毅夫近来强调的观点：市场有效以政府有为为前提，政府有为以市场有效为依归。当然，林毅夫的新结构经济学主要着眼于经济增长中的产业政策问题，而本书的研究则为有为政府的更广泛功能夯实理论基础。

三、契约主义视角下的国家性质

一般认为，自然事物的本质往往体现在它的内在结构上，结构的组成和变动往往会引起本质的变动；究其原因，自然事物往往由有形的物质粒子所构成，因而这种内在结构往往可以通过物理手段得到检测和确定。与此不同，社会事物的本质主要体现在它的原初目的中，并且随着目的的变动而改变；究其原因，社会事物主要由无形的人类关系所构成，从而往往无法通过物理手段得到检测和确定。由此，契约主义也从起源学上开辟出探究国家性质的视角。

契约主义认为，在社会形成之初，理性的孤立个体为了维护自身的安全而让渡自己的一些权利，从而就组成一个互惠协作的共同体。也即，国家形成是源于成员更好地维护自身利益的原初目的，这也就规定了国家的本质：国家是在一定领土范围内集中了人们所自愿转让的个人自由和权利并提供相应安全保护的组织，而不是独立于成员个体而存在的有机体。由此，公共选择理论认为，国家的性质以及其他全部的规范性价值都要从个体角度进行定位，而没有自己独立的目标和行动。基于契约主义的理解，政府的基本功能就体现为：国家共同体为服务于全体公民而成立的功能性机构，它主要单方面执行公民基于契约达成的规则。卢梭就写道："政府就是臣民和主权者之间所建立的一个中间体，以便两者得以互相适合，它负责执行法律并维持社会的以及政治的自由。"这个中间体以前是国王，现在则是总统、首相等，"他们仅仅是主权者的官吏，是以主权者的名义在行使着主权者所托付给他们的权力，而且只要主权者高兴，它就可以限制、改变和收回这种权力。"①

---

① 卢梭：《社会契约论》，何兆武译，商务印书馆 1980 年版，第 76 页。

当然，按照契约主义所理解的国家内在本质和政府应有功能是一回事，现实世界中的具体表现却又是另一回事。例如，人们直接参与公共决策的自治城邦可以看成契约主义国家的一种典型，但后来共同体之间的征伐和战争使得国家的范围不断扩大，不仅被征服者共同体中的成员失去了作为公民的地位，即使征服者共同体中的绝大多数成员也失去了公共决策的权力。按照霍布斯流派的契约主义观点，当越来越多的个人权利被转让给国家之后，国家及其政府机构就逐渐累积起越来越大的力量，进而衍生出独立发展的目标和轨迹，变成一个个孤立个体无法影响而只能屈从的怪兽"利维坦"，这就国家的异化。相应地，在现实世界中，政府及其代理人获得权力后也会逐渐摆脱订约者的约束，并反过来压迫、剥夺订约者的自由和利益。卢梭就对政府组织和家庭组织间的差异做了比较："一切社会之中最古老的而又唯一自然的社会，就是家庭"，"我们不妨认为家庭是政治社会的原始模型：首领就是父亲的影子，人民就是孩子的影子；并且，每个人都生而自由、平等，他只是为了自己的利益，才会转让自己的自由。全部的区别就在于：在家庭里，父子之爱就足以报偿父亲对孩子的关怀了；但是在国家之中，首领对于他的人民既没有这种爱，于是发号施令的乐趣就取而代之。"①

因此，基于契约主义以及异化观的思维，我们不妨对国家下这样一个简单定义：国家是一群人在一定领土范围内为实现其共同目的而结成的利益共同体或协作系统，同时在现实世界中往往又因为一小撮强力团体所占有和支配而蜕变成主权者。这个定义给出了国家的两大特点：（1）涵盖了国家的本质特征和现实呈现；（2）暗示了国家形态的演变过程和发展趋势。相应地，政府也可以被定义为：国家组织为实现订约者的某种共同目的而创设的一种功能性机构，同时在现实世界中又往往会蜕变为少数人攫取私利的工具和暴力机关。显然，基于这一分析框架，我们就可以从起源学上挖掘国家和政府

① 卢梭：《社会契约论》，何兆武译，商务印书馆1980年版，第9—10页。

的本质，可以从演化过程中揭示国体和政体多样化的现实形态，这不仅可以剖析国家和政府的现实形态与其内在本质相背离的原因，而且还可以解释各种流行的国家观、审视政府的功能以及促使其变革和完善。

首先，尽管学术史上很多学者都基于契约主义视角来认识国家，但为何他们的国家观往往又会表现出某种对立呢？这就涉及对达成契约时的状态设定。一方面，如果设定契约各方的原初地位具有明显的不平等，个人权利的受让对象往往就是处于强势地位的自然主体；此时，受让方就转化成一个最高政治和法律权威的实体，从而使国家具有主权者的性质。另一方面，如果设定契约各方的原初地位具有大致的平等，个人权利的受让对象往往就是一个新成立的社会组织，这就导向裁判型国家；此时，就不存在一个最高政治和法律权威的实体，而是存在一系列相互制衡的权力中心。相应地，正是基于对自然状态下人类地位的不同假设，人们对国家的性质也就存在两种截然不同的理解：（1）裁判型国家被视为"善"的化身，是为全体人民服务的，传统儒家社会就持这种国家观；（2）主权型国家被视为"恶"的渊薮，是为特定群体谋取私利的工具，现代西方社会大致持这种国家观。显然，基于权利受让方的地位这一维度，我们就可以进一步地区分出主权型和裁判型这两类国家，并通过对这两类国家性质及其演变的分析，考察政府的本质功能及其在社会经济发展中的实际行为。

其次，既然国家是基于社会契约形成的，个人为了保障和维护那些在契约中得到公认的权利而建立起政府及其他公共机构，但在现实生活中，为何政府及其代理人却往往反过来控制了人们的行为呢？这就涉及组织的异化问题。事实上，人们在授权给政府的同时，也需要建立起相应的制约机制；但是，这种契约往往是不完全的，因而制约机制往往就会缺乏效率。在这种情况下，"一旦建立起掌握着统治权的政府，它有可能不愿意把自己的权力局限在当初授权的范围内"，而且，政府及其代理人为了追求自己的私利，还会"采取独立行动修改或改变个人拥有的权力。"正因如此，我们往往可以发现有关国家观的两种悖象：（1）尽管传统儒家把国家视为"善"的，但在现实生活中却明显形成了"官""民"的二元社会阶层，国家成为"官"对"民"进行专制的工具；（2）尽管西方社会把国家视为"恶"的，但在现实生活中却明显形成了相互制衡的政权结构，"民"可以对"官"进行强力监督。当然，要真正理解这两种背反现象，就需要对两类国家中权力结构的变化进行探究，并由此分析它对国家演化的影响。

最后，人类历史上通过契约达成国家组织的例子非常少，国家的形成与契约主义学说似乎没有多少关系。一方面，从历史的经验看，几乎所有的国家都是起源于暴力、征服以及剥削的过程而非自由契约的结果。事实上，现代契约论者基本上都没有假定人类社会起源于一个原始契约，或者现代社会仍然依靠契约来维系。另一方面，即使社会契约存在，它所约束的也应该仅仅是原始订约人，而不能延伸到作为后辈们的第三方。事实上，每一代人都拥有续签或者拒签契约的权利，这导致基于契约所组成的国家和制定的规则往往不是固定不变的，而是由时代不断修订。既然如此，契约主义国家观又有何意义呢？高蒂尔认为："契约论本身所关注的是人与人之间、社会与其成员之间社会关系的基本理据，而不是这些关系的原因。要证明权利与义务、制度与实践的合理性，就必须把这些关系看成是契约性的并证明这些假象的契约性基础的合理性。"① 在很大程度上，社会契约更应该被看作是一个理想之物而非历史事件，但这种理想之物为社会组织和制度的假设提供了参照。罗尔斯就写道：正是基于一种假设的契约所订立的社会规范体系，人们"都能够认为他们的社会安排满足了他们在一种最初状态中将接受的那些规定，那种最初状态体现了在选择原则问题上那些被广泛接受的合理限制。普遍地承认这一事实就将为一种对于相应的正义原则的公开接受提供合理基

---

① 高蒂尔：《作为意识形态的社会契约》，载莱斯诺夫等：《社会契约论》，刘训练等译，江苏人民出版社 2005 年版，第 308 页。

础。当然，没有任何社会能够是一种人们真正自愿加入的合作体系，因为每个人都发现自己生来就在一个特定的社会中处于一个特定的地位，这一地位的性质实质上影响着他的生活前景。但一个满足了作为公平的正义的原则的社会，还是接近于一个能够成为一种自愿体系的社会，因为它满足了自由和平等的人们在公开的条件下将同意的原则。"①

可见，从契约主义视角来审视国家具有重要意义：（1）它为观察现实的国家形态和社会制度提供了一个参照系；（2）为改进现实的国家形态和社会制度提供了一个标准。关于这两点，布坎南也做了说明。（1）以契约主义规定的规范和规则来审视所观察到的现存国家，可以对其合法性进行批判并加以改进。按照契约主义观点，包括对人身权利的规定在内的政治秩序的规则，只能从作为政治组织成员的个人之间达成的协议中合法地推导出来，但是，现实世界中个人权利却往往由政府界定，政府及其代理人行为甚至会篡改个人权利，这显然就违反了契约精神。同时，无论是罗尔斯的公平正义论，还是德沃金的"资源平等观"，抑或是科恩的"福利机遇平等观"，都是基于特定状态下所推出的契约主义结果，这些论断也成为我们审视和改进现实制度的重要依据。（2）基于契约主义达成的社会价值和规范来审视现存规则，可以对其合法性进行批判并加以改进。按照契约主义观点，规则制定需要遵循一致同意原则，这不仅需要花费巨大的契约成本，而且还会遇到阿罗困境（阿罗不可能定理），因而现行规则往往不是基于契约达成的。同时，由于国家及其政府在发展中的异化，个人权利在现有规则中往往并没有得到充分体现；在这种情况下，如果政府能够"仿佛"以契约的方式进行改进，那么就可以获得合法性，这就是建构性宪政改革。实际上，卢梭等人就强调，如果存在某个拥有法律权威的政治秩序，那么社会契约就是它的支撑物。

---

① 罗尔斯：《正义论》，何怀宏译，中国社会科学出版社 1988 年版，第 11 页。

四、流行的契约主义国家观和政府失败论

基于契约主义的国家观将政治权威的合法性建立在成员对它认可的基础上，假定个人意志的一致同意为权威提供了一个切实可行的依据。相应地，这种国家观采取了个体主义分析思维，其基本分析单位是选择者、行动者和行为人。显然，这与传统的政治学不同，后者倾向于把集团当作一个不可分割的有机整体，从整体的角度分析其政治行为与社会行为。例如，在分析国家时，传统政治学往往把国家当作整个社会的代表而成为唯一决策单位，国家利益与公共利益是完全独立于个人利益的。但是，契约主义却重新把个体视为决策的基本单位，而且作为唯一的最终决策者，进而把社会存在看作个人间相互作用的结果。因此，在契约主义国家观中，政府不再被视为一个在民众之前高高在上的神话般机构，而是一个由政治家和民众等组成的共同体，这个共同体的成员也在追寻一些相互冲突的个人目标。正是基于契约主义的视角，布坎南发展了公共选择理论，并将之称为"政治过程的个人主义理论"或者"一种个人主义的政治理论"。[①] 进而，我们也可以看到，公共选择论中的个体主义思维也是对新古典经济学的承袭，它把人的自利假设从市场决策领域扩展到政治决策领域。布坎南就指出，市场和政治之间的重要差异，不在于人们追求价值或利益的不同，而在于人们追求他们的不同利益时的不同条件。那么，个体间是如何达成一致同意的呢？这里，供选择视角下的契约主义国家观又假定人们的选择往往遵循某种明确的线路，这就是新古典经济学的理性选择分析框架，这也就是现代经济学界流行的契约主义国家观。

首先，很大程度上，流行的契约主义国家观就是理性选择分析框架从经济学延伸到政治学所产生的结果。在经济学帝国主义的指引下，新古典自由

---

① 布坎南：《财产与自由》，韩旭译，中国社会科学出版社 2002 年版，第 105 页。

主义经济学逐渐将经济学思维和方法从传统经济领域拓展到社会政治领域，试图用理性选择理论来重构政治学的分析基础，不仅用理性选择理论来分析和解释各种市场行为，而且用理性互动理论来对法律等社会制度进行设计和完善。有学者就指出："从人性的这种单一性观点出发，有可能发展出一种有条理的和统一的政治学与经济学的理论观点。"① 而且，经济学帝国主义在政治领域的拓展比向其他社会文化领域的拓展都更为顺利和成功，其原因主要在于经济学和政治学的研究对象具有相似的特性。(1) 两者都是研究冲突、竞争和斗争的关系。其中，经济学研究经济领域的竞争和冲突，政治学则研究政治领域的竞争和斗争；相应地，两者都采用工具理性思维，运用和发展理性选择的学说。(2) 两者都是研究由众多人数参与的大数规律。其中，经济领域的市场行为可以看成相互独立的，政治领域的投票行为对其他人的影响也是同等的；相应地，两者都遵循匿名而独立的行为原则，根基于相互冷淡的经济人假设。鲍尔斯和金蒂斯就写道："经济学和政治学措置选择者，但对意志的形成缺乏关切；社会学、人类学和心理学措置处于意志形成过程中的学习者，这个过程居于选择的逻辑之外。或许正是出于这个原因，经济学的极大化模型立即受到政治科学的欢迎，但尚未大举侵入其他社会科学。"②

正是基于个体主义分析思维，新古典经济学倾向于将个人权利置于公共利益之上，进而又基于阿罗不可能定理等认为孤立和自利的个体无法形成共同的目标；相应地，一个公正的社会就不应促进任何特定的目的，而是保障每个个体追逐其自己的目的。同时，基于经济人假设和理性选择思维，新古典经济学又将政府及其代理人定性为"恶棍"，它会利用一切资源来追求特

---

① 转引自格林、沙皮罗：《理性选择理论的病变：政治学运用批判》，徐湘林等译，广西师范大学出版社 2004 年版，第 1 页。

② 鲍尔斯、金蒂斯：《民主与资本主义》，韩水法译，商务印书馆 2013 年版，第 162 页。

殊个体或集团的利益；相应地，一个良性的社会就不应该赋予政府及其代理人太多的权力，反而应该时刻提防政府对人民的潜在危害。进一步地，基于个体主义和理性分析相结合，新古典经济学还精练化了"看不见的手"原理：如果放任个体追逐他们的利益，将会导向社会普遍的善。至于现实世界中暴露出来的市场失灵，新古典经济学则将之归咎于信息的不完全等市场客体的缺陷，这种缺陷可以通过信息机制的建设和完善而解决，而这就成为现代政府的主要职能。显然，这些思维也都为流行的契约主义国家观所承继。事实上，从流行的契约主义观看来，政府只不过是一个无意识、无偏好的稻草人，却由经济人或利益集团组成，为政府做出决策的这些政治家和官僚所追求的是自身利益，从而会产生官僚主义的弊端。

其次，基于个体主义方法论和理性选择思维，流行的契约主义论者大多承袭了新古典经济学的政府失败论。事实上，新古典经济学反对政府干预市场经济和市场行为，认为政府的经济干预往往是基于特定的目的，从而注定是有害的。很大程度上，这种观点也就为流行的契约主义国家观所承袭。契约主义先驱卢梭就承认："尽管政府这个人为共同体是另一个人为共同体（国家）的产物，而且在某种方式上还只不过具有一种假借的和附属的生命；但是……政府虽不直接脱离其创制的目的，却可能依照它本身建制的方式而或多或少地偏离这个目的。"[①] 相应地，新古典自由主义倡导者都积极主张"最小政府"，并将其职能局限在这样三大领域：（1）建立军队以保卫公民不受外国的侵犯；（2）建立警察以保护公民不受其他公民的伤害；（3）建立整套法律体系和司法机关以确保契约履行。布坎南从公共选择视角又发展出了立宪主义经济学，其基本思想也在于，政府应该尽可能地不去干涉公民的事务和经济活动，而应该对个人自愿选择的生活和行动提供支持和保障。这包括这样两方面的内容：（1）建立有效的宪政和法治体系，保障法律面前人人平

---

① 卢梭：《社会契约论》，何兆武译，商务印书馆 1980 年版，第 81 页。

等，国家不干涉公民的基本权利，也不可用强制手段来迫使一些公民帮助另一些公民；（2）建立自由的市场经济秩序，个人在这种制度下追求自己的经济利益，而不受国家和社会的干涉，国家不能用强制手段来禁止人们从事推进他们自己利益或自我保护的活动。

事实上，边沁的功利主义国家观强调政府需要基于社会福利最大的原则进行改革，而现代契约主义经济学和宪政主义经济学的国家观却导向了"最小政府"。一方面，阿罗和森等人发展出的社会选择理论发现，个人理性选择汇总将会产生悖论，从而进一步强化了政府失败的思想。例如，阿罗不可能定理就表明政府无法提供一个福利函数以符合所有人的利益，以致阿罗不可能定理往往又被称为"福利经济学第三定理"。另一方面，布坎南等人发展的公共选择理论也认定，庞大的政府和官僚机构必然会被特殊利益集团所操纵。布坎南等人质问道：什么东西能够保证政府做出的决策恰好符合集体偏好的结构？即便这些决策是好的，有什么东西能够保证政府行动的结果符合立法者的初衷？正因如此，基于契约主义视角的"公共选择提出了一种'政府失败理论'，这一理论完全比得上产生自 20 世纪 30 年代和 40 年代的福利经济学理论的'市场失败理论'。在较为早期的探索中，人们就发现，当根据理想化的标准来检验市场在资源配置和分配上的效率时，以私人所有权为基础的市场体制在某些方面显现出是'失败'的；在后期的探索中，人们通过公共选择理论看到，当依据理想化的标准来检验政府工作的效率和公平性是否令人满意时，政府和政治组织在某些方面也显现出是'失败'的①。

可见，不同于功利主义思维，流行的契约主义基于相同的经济人假设和理性选择分析框架，从而对政府行为乃至规则和宪政的分析都得出了与新古典经济学基本一致的结论。事实上，诺齐克在论述国家的诞生时就运用了"看不见的手"隐喻，而"看不见的手"与主流"契约"显然都来自市场经

---

① 布坎南：《财产与自由》，韩旭译，中国社会科学出版社 2002 年版，第 102 页。

济。由此，诺齐克强调："任何比最低限度国家具有更多职能的国家都无法得到证明。"① 那么，政府在现代社会经济活动中果真只能扮演消极的"守夜人"（night watchman）角色吗？只能承担防止暴力、偷窃、欺骗和强制履行契约等少数功能吗？事实上，新古典经济学及其派生学说之所以力主限制国家和政府的作用，主要源于这样两方面的历史背景：（1）早期的国家和政府主要承担统治功能而非经济功能；（2）财政转移支付的主要对象是统治阶级而非弱势群体。例如，罗斯巴德就指出："重商主义体系并不需要依靠花哨的'理论'来登场。它天然地适合于新型的民族国家的统治阶层。国王，以及仅次于它的贵族阶级，都热衷于高额的政府支出、军事讨伐，以及通过高额税收来构筑他们共同的和个人的权力和财富。"② 正是基于这一实然现状，新古典经济学及其派生学说不仅将国家视为一个主权者，而且将国家主权者视为追求自身利益最大化的"恶棍"。但显然，现代国家及其政府的实然性质已经发生了巨大改变，政府所承担的职能已经远非前现代所能比。同时，流行的契约主义国家观之所以反对政府对经济的干预，又在于这样两方面的哲学观：（1）它承袭了西方社会的伦理自然主义取向，将所有的社会关系都视为似乎（as if）是契约性的，这样，社会契约论就通过一种理想的、非真实的解释而使得社会关系的存在合理化。但显然，正如高蒂尔指出的，这种"社会契约论将不再是一个理论框架，而是他们作为社会思想和实践的意识基础"，是作为意识形态而存在的。③（2）它将个体及其独特的人类特征视为优先于社会的，而政府行为则根基于攫取的强权而不是基于契约达成的规

① 诺齐克：《无政府、国家与乌托邦》，何怀宏等译，中国社会科学出版社 1991 年版，第 356 页。

② 罗斯巴德：《亚当·斯密以前的经济思想：奥地利学派视角下的经济思想史（第一卷）》，张凤林译，商务印书馆 2012 年版，第 373 页。

③ 高蒂尔：《作为意识形态的社会契约》，载莱斯诺夫等：《社会契约论》，刘训练等译，江苏人民出版社 2005 年版，第 308 页。

则，同时又认为"强力并不构成权利，而人们只是对合法的权力才有服从的义务"，"约定才可以成为人间一切合法权威的基础"。① 但显然，现代社会中任何政府的权力都必然会受到某种约束和限制，从而可以保障它做它该做的事。

五、本体论的契约主义国家观及其政府功能

流行的理性论契约主义往往得出政府失败的结论，这一结论合理吗？尼采曾说，流行的一般都不是真理，而只有经过长期思考的才是真理。相应地，要对流行的契约主义及其国家主张作深层次的审视，就需要回到本体论上。本体论视角的契约主义表明，国家本质上并不是利益享有主体，而是一种为增进所有成员利益的公共机构。因此，国家本质上没有"性恶"和"性善"之说，相应的政府也不是所谓的"恶棍"，相反，它是国家组织服务于全体成员的一系列功能的承担者和执行者。按照高蒂尔的看法，自然状态可被定义为"当且仅当其中的任何两个人都按照各自选择的行为准则采取行动这样一种情形"，社会则是指"当且仅当其中的任何两个人都按照共同选择的行为准则采取行动这样一种情形"。② 根本上说，契约主义所强调的是，人民通过某种程序来达成共同行动的规则，这些规则往往由国家或相应的政府机关来监督执行。也即，按照契约主义的思维，我们就应该从个人权利和社会价值出发来探究政府的作用，探究政府可以提供哪些由个人难以自我满足的需要，而不是先验地将政府及其代理人定性为"恶棍"并将其功能局限在最小范围内。相应地，在目前纷扰的对立学说中，要对政府和市场之间进行功能划界，就有必要从起源学角度挖掘国家的本质，并由此对政府的性质和功

---

① 卢梭：《社会契约论》，何兆武译，商务印书馆1980年版，第13—14页。

② 高蒂尔：《作为意识形态的社会契约》，载莱斯诺夫等：《社会契约论》，刘训练等译，江苏人民出版社2005年版，第315页。

能进行界定，然后根据社会环境的演化探索不同时期的政府功能。

首先，基于契约主义的实质精神，政府确实应该承担广泛的经济和社会功能，而不只是扮演"守夜人"角色。例如，赖纳特就规定了国家的三种作用：（1）最广泛意义上，国家是制度的提供者，从而为社会和市场竞争提供一个公平的规则环境；（2）履行收入分配的职能并作为一家"保险公司"发挥作用，从而实现分配正义和补偿正义；（3）促进经济增长，从而不断提升人们的福利水平。① 事实上，斯密意义上的政府就远非局限于"最小政府"功能。只不过，基于人们需要的轻重缓急以及社会发展的阶段差异，政府对社会经济功能的承担存有主次和轻重之分：（1）政府最为基本的功能在于维持社会秩序，这主要包括体现为保护公民安全、维护自由市场和完善法律秩序，这也就是新古典自由主义经济学所强调的"守夜人"角色；（2）政府进一步的功能体现为保护和促进人们需要的满足，这主要包括基础设施建设、公共品供给和收入再分配等，这是市场机制通常失灵的地方；（3）政府更进一步的功能体现为保障社会经济安全，主要体现为控制相当一部分国有企业或公共资本以为民生保障和宏观经济调控提供充足的资金支持，这是维护社会正义和分配正义的要求。同时，政府的这些职能在不同时代的重要性也存在不同，但一般而言，上述三层次的职能随着社会发展而逐渐拓展。弗里德曼就指出："牛顿和莱布尼茨，爱因斯坦和博尔……没有一个是出自响应政府的指令。他们的成就是个人天才的产物，是强烈坚持少数观点的产物，是允许多样化和差异的一致社会风气的产物。"② 正是由于现实政府往往存在"乱为"，这也就成为新古典经济学人极力反对政府干预经济的重要依据。

其次，本体论的契约主义国家观在承认和倡导政府承担广泛社会经济功能的同时，并不妨碍订约者对政府机构及其代理人行为的监督和约束。事实

---

① 赖纳特：《国家在经济增长中的作用》，载霍奇逊主编：《制度与演化经济学的现代文选：关键性概念》，贾根良等译，高等教育出版社 2005 年版，第 234 页。

② 弗里德曼：《资本主义与自由》，张瑞玉译，商务印书馆 1986 年版，第 5 页。

上，只有在受到监督的情况下，政府机关及其代理人才会更好地承担它的应尽职责，才可以尽量避免"好心办错事"的发生，这里从两方面加以说明。(1) 由于认知能力的有限性、激励机制的不完善以及信息机制的不对称和不完全，政府在执行其功能时就可能偏离社会目标或者无法顺利实现社会目标，尤其是，当政府直接主导国有经济的运营时，往往会因父爱主义而产生软约束问题。(2) 现实世界中的国家和政府已经不是原初的国家和政府，不是理想状态的契约主义国家和政府，而是被严重异化了的国家和政府；相应地，现实社会中的绝大多数规则，无论在制定还是执行方面都没有经过成员的一致同意，而是日益独立的政府机构及其少数代理人制定的，而这些代理人往往有其自身的利益。

正是基于这两方面原因，政府行为同样存在失灵问题，有时甚至更为严重，这方面已经为新古典经济学、奥地利学派以及新制度经济学等详尽刻画。不过，问题的关键是，我们不能由此来否定政府应有的功能，所要做的是，采取措施来抑制和缓和这些政府失灵，促使政府做它该做的事，并且做好它该做的事。一般地，这就需要有一整套规则的监督和制约，其中最为根本的就是要建立一整套的宪政体系。布伦南和布坎南说："所有的立宪规则，都可以被解释为对潜在的权力的限制。"① 在很大程度上，弗莱堡学派的主要功绩就在于用立宪和规则原则型构了一种有效的竞争秩序。同时，要推进宪政体系的完善而成熟，又需要存在权力平衡和制衡体系的社会基础，权力制衡体系不仅有利于平衡民主与自由之间的关系，而且可以更好地贯彻社会共同治理机制。

再次，本体论的契约主义国家观之所以主张政府承担更为积极的经济功能和社会功能，是以政府及其代理人的活动遵循所达成的社会契约为前提

---

① 杰弗瑞·布伦南、詹姆斯·布坎南：《征税权——财政宪法的分析基础》，第 10 页，见杰弗瑞·布伦南、詹姆斯·布坎南：《宪政经济学》第一部分，冯克利等译，中国社会科学出版社 2004 年版。

的。一般来说，基于社会契约达成的规则就是法律制度以及宪政体系等正式制度安排，这既是对公共活动范围的界定，也是对政府职能和责任的规定，更是对政府及其代理人行为的制约。即使原始的由全体人民参与的社会契约已经为现代专门的立法机构所代替，按照契约主义精神，这些宪政或法律制度的设计根本上也在于防止掌握公权力的人潜在的机会主义行为。有鉴于此，就必须深入考察人性中的"恶"因素及其可能产生的破坏行为，尤其是权力集中潜含的破坏作用。布伦南和布坎南就写道："霍布斯的论点的意义在于，在设计制度时应当把'经济人'牢记在心，对于利他主义，就像良好的风俗一样，可以赞赏，却决不可当作'假设的基础'"，"惟有从'经济人'推导出来的社会冲突与合作模型，才适合于我们的宪政主义思考。"

很大程度上，将经济人分析框架作为制度设计的理论基础，也是笔者与布坎南等人共通的看法：制度设计需要以经济人分析框架为基础。事实上，如果政府及其代理人在任何时候都能够无私地和完美地行动，那么就不存在对政府施以宪政限制的逻辑基础。只不过，与布坎南等人不同的是，笔者强调，经济人内涵的核心应该在"自利"上，凸显出每一个人的"为己"本能，但是，这种"自利"更多地体现为"以义生利"而非"见利忘义"，注重通过增进而非损害他人或社会利益的方式来最大化自己的利益。这是市场经济得以发展的根本基础，也是当初斯密提出"自利人"的根本内涵。从这个意义上说，我们又不能将经济人分析转化为"恶棍"假说并以此舍像掉对政府的信任和期待。相反，受过良好现代教育的政府官员也具有很强的亲社会性，他们大多也希望在公共领域实现自身的抱负；至于后来滋生出的大量贪腐行为，根本是权力逐渐膨胀而缺乏有效制约的结果。显然，一个组织良善的社会就需要将政府官员的功能承担和行为监督结合起来，从而使得"为己利他"行为机理得以真正地贯彻。

最后，本体论的契约主义国家观强调政府的功能承担，但绝不倡导所谓的无限政府和计划经济。究其原因，国家和政府仅仅是个人自主行动的补集，只有在个人能力之外才会诉诸公共权力。同时，无限政府和计划经济也以不切实际的道德人为基础，这也构成了新古典经济学否定计划经济可行性的依据。事实上，马克思的共产主义构想是基于"社会存在决定人们意识"的哲学思维，它相信通过社会环境的改造能够重塑人性。一方面，马克思相信，共产主义社会将不再有异化，因为各种形式的创造性劳动不仅可以改变社会环境，也可以改造人自身，从而使得人性得到充分的发展，成为完全自主而关爱他人的新人。尽管人性具有可塑性，但是人性的改变却并非如此容易。

可见，按照本体论的契约主义国家观，政府就具有这样的特性：（1）它拥有广泛的社会经济职能，而不是局限于"守夜人"角色的"最小政府"；（2）它承担的功能又是有限的，它必须受到法律的规范和大众的约束。也即政府具有双重性：从功能承担的积极角度而言，它就可以称为"有为政府"；从行为制约的消极角度而言，它就可以称为"有限政府"。这种"有为"和"有限"相统一的政府同样可以基于个人主义和自利人的分析框架得出，这里从两方面展开说明。（1）正因为人是自利的，这就为政府的存在及其积极功能提供了基础。麦迪逊就写道："如果人都是天使，就不需要任何政府了。如果是天使统治人，就不需要对政府有任何外来的或内在的控制了。在组织一个人统治人的政府时，最大困难在于必须首先使政府能够管理被统治者，然后再使政府管理自身。毫无疑问，依靠人民是对政府的主要控制，但是经验教导人们，必须有辅助性的预防措施。"① 事实上，基于契约所建立的规则根本目的就在于抑制个人的私利行为，使得个人的行为选择符合社会的利益。高蒂尔就强调，社会契约不单纯是一个为了个人利益而做出的承诺，还是一个认可其他契约方利益的承诺；社会契约不仅增进这个人或那个人的利益，

---

① 汉密尔顿、杰伊、麦迪逊：《联邦党人文集》，程逢如等译，商务印书馆1980年版，第264页。

还增进了所有人的利益。因此，在有效契约的情况下，一个人出于自我利益的考虑就会履行承诺的道德义务。从这个角度来看，无论是早期霍布斯等人还是现代经济学的人性假设都无法与契约论相容。① (2) 正因为人性具有社会性且是演进的，因而就需要重新审视流行的静态契约观。流行的契约主义将人类个体视为与社会相分离的并且是先于社会而存在的，人类特性不是来自于它们的社会存在，相反为自然状态的人类行动提供了潜在动机；但是，作为一种社会化的动物，人的本性根本上是社会的产物，这种本性在契约不断的订立和重订中逐渐得到发展和展现。事实上，社会契约本身不是一蹴而就的，而是不断演进的；同时，它不可能通过各方同时履行各自的承诺来实现，而往往需要一连串的行为，其中一部分人先行践约。这就意味着，在订立契约中的个体特性和行为不是先验的，而是相互影响、相互促进的；否则，如果将人类个体视为生来就具有社会性，那么就不会为形成社会而一起订立契约，也就不能用契约论的术语为社会提供合理辩护。②

六、结语：最小政府、有限政府还是有为政府

契约主义视角为认识国家的性质以及确定政府的基本职能提供了一个分析框架，为国家组织的改造和治理提供了一个基本思路；同时，它也为界定市场和政府之间的作用边界提供了一个有益依据：不能先验地将政府与市场的关系对立起来，而是要看到两者的互补性并努力促成两者的共生和演进。(1) 按照契约主义的分析进路，它并不必然要求一个"守夜人"政府，相反，政府可以获得个人实现自身利益的能力所及以外的广泛空间。事实上，

①　莱斯诺夫等：《社会契约论》，刘训练等译，江苏人民出版社 2005 年版，第 159—160 页。
②　高蒂尔：《作为意识形态的社会契约》，载莱斯诺夫等：《社会契约论》，刘训练等译，江苏人民出版社 2005 年版，第 312 页。

人民之所以通过契约组成国家并设立政府，关键就在于有一些物品依靠私人自发行为是无法提供的，或者说是无效率的。譬如，卫生、医疗、教育和其他基础设施等公共品的提供，维护社会正义或纠正市场不正义的收入再分配问题，以及维护社会长期平稳发展的产权界定等，都是如此。穆勒就指出："在试图列举必要的政府职能时，我们发现，必要的政府职能要比大多数人最初想象的多得多……为什么除了利益特别明显的情况外，政府即人民的集体力量只应保护人们免遭暴力和欺诈，而不应保护人们免遭其他罪恶，如果政府只适宜做人们做不了的事，那么即使对于暴力，人们也应该以自己的本领和勇气自己保护自己，或求人或雇人提供这种保护，就像在政府无力提供保护的地方人们所实际做的那样；对于欺诈，则各人有各人的高着来加以对付。"① (2) 基于一致同意达成的规则也并不必然是如布伦南等主张的单一比例所得税率，相反，它更倾向于尽可能减少运气的影响，从而实行促进矫正正义和补偿正义的税收政策。事实上，罗尔斯、德沃金、科恩等人在"无知之幕"下都得出了类似的社会秩序，高蒂尔甚至认为理性的人可以通过协商、讨价还价而达致道德观点上的一致意见。②

同时，由于人们在不同时空下的追求往往存在不同，每个人在其追求的目标与能力之间也存在不同程度的脱节，因而按照契约主义的观点，不同时空下个体所赋予国家和政府的权力和责任也将不同。这也就意味着，无论是市场还是政府，它们所承担的功能都不是固定不变的。穆勒就指出，"政府的职能不是一成不变的东西，在不同的社会状态而有所不同"。③ 显然，这种演进观要求我们，必须深入地剖析时代特征以更好地界定市场和政府的作用范围，而摒弃当下盛行的非此即彼的一元主义观。事实上，顾准很早就指

---

① 穆勒：《政治经济学原理——及其在社会哲学上的若干应用》下卷，赵荣潜等译，商务印书馆 1991 年版，第 367 页。

② Gauthier D., *Morals by Agreement*, Oxford: Oxford University Press, 1986.

③ 穆勒（即密尔）：《代议制政府》，汪瑄译，商务印书馆 1982 年版，第 17 页。

出："说人类是万物之灵，说人是由上帝创造出来的，说人类的终极目的是建立一个地上的天国等等，那是早期人类的认识，已经由现在更进步的认识所代替了。现在，人们认识的是：人，通过世世代代的努力，一点一滴的积累，他的处境改善了，还要改善下去，改善的程度是没有止境的——因为历史上许多伟大人物曾经设想过人类改善的目标，确实有许多已经被超过了（如恩格斯把有暖气设备的房子，看作社会主义的目标，这分明已经被超过了）。所以，一切第一原因、终极目的的设想，都应该排除掉。而第一原因和终极目的，则恰好是哲学上一元主义和政治上权威主义的根据。"[1]顾准针对的是早期社会主义政治上的说教，这同样适合于现代主流经济学教材上的说教。正是这种说教给大众的思想打上了先验的烙印，从而也造成了目前经济学界的立场对立。

然而，新古典经济学却认为，政府及其代理人往往倾向于追求个人利益，从而必须加以限制，这就导向了有限政府；进而在信息不对称以及权力不受监督下，政府及其代理人就有充分的自由去追求其个人利益，这就必然会出现政府失败，进而就导向了"最小政府"。但显然，新古典经济学的"政府失败论"以及"最小政府"所依据的假设仅仅适合于权力高度集中的主权型国家以及高度专制的政府；相反，在权力得到制衡和监督的现代社会，各国政府及其代理人的逐利"自由"都是明显"有限"的。卢梭就强调："行政权力的受任者绝不是人民的主人，而只是人民的官吏；只要人民愿意就可以委任他们，也可以撤换他们。"[2]在很大程度上，卢梭所重视的公意就内含在公共舆论之中，公共舆论是未经反思的舆论。显然，这种原初状态的舆论要上升为社会政策，就需要经历一个批判和争鸣的过程，并经一定程序而成为制度，从而规定和制约政府的行动。因此，在现实社会中，政府及其

---

① 顾准：《顾准文集》，贵州人民出版社 1994 年版，第 336 页。
② 卢梭：《社会契约论》，何兆武译，商务印书馆 1980 年版，第 132 页。

代理人逐利的"自由"限度往往就受制于公共舆论及其衍生而来的制度和规则。布坎南写道:"我们必须重新设计我们的规则,调整我们对规则的思维方式,其最终目的是限制政府能够造成的伤害,同时为政府的有益活动留出空间。……出色的比赛既取决于出色的运动员,更取决于完善的规则。对于我们大家来说幸福的是,如果我们首先理解了规则的理由,那么,我们就有一套规则取得一致,总是要比我们在谁是我们喜欢的运动员上取得一致更容易一些。"因此,即使政府及其代理人与普通大众一样具有最大化自身利益的动机,但随着宪政体系的建立和成熟以及监督体系的完善,就能够促使政府及其代理人的行为符合公众的利益,这也正是委托—代理理论所主张的。

同时,新古典经济学之所以持有"最小政府"信念和主张,这也有两大渊源:(1)承袭了启蒙运动时期的无政府主义以及古典经济学的"利维坦"国家观,它们往往将国家视为一小撮人维护其统治的暴力机关;(2)对20世纪30年代到70年代这半个世纪的人类社会实践的反动,这包括社会主义国家的直接计划经济和凯恩斯主义的相机抉择政策。但按照契约主义的观点,国家的形成、政府的组织以及规则的确立都是公意的结果,体现了人们的共同利益;相应地,政府及其代理人也就应该依据既定的规则进行治理,而那些违反规则的行为则应该受到约束和限制。因此,即使像诺齐克这样的自由至上主义者,也不会主张废除国家,而只是反对无政府主义。当然,承认国家存在及其经济职能承担的必要性,并不否定国家及其政府行为也会带来"恶"。康德很早就指出的,一群理性的人往往一方面要求建立捍卫自我以及共同利益的法则,另一方面往往又试图使自己成为例外。同样,阿克顿也曾强调:"权力会产生腐败,绝对的权力产生绝对的腐败。"①因此,就必须关注共同体的权力归属,需要建立某种"宪政"或制度来制约权力。

很大程度上,马克思主义经济学和凯恩斯经济学主要关注和重视政府的

---

① 阿克顿:《自由与权力》,侯健译,商务印书馆2001年版,第342页。

"应然"职能，从而相对忽视了政府及其代理人的"实然"行动对契约和规则的违反。也正是出于对这一事实的反动，新古典经济学转而对政府的经济功能持否定态度，要求政府只能遵守一个稳定乃至不变的规则，从而也就导致政府行为与不断变动的社会环境相脱节。问题是，即使现实世界中出现了严重的政府失灵，也不应由此来简单地否定政府的存在及其应有功能，而是要努力健全政府。柏克就指出，在一些人看来，"任何政府，不管其历史多么悠久，也不管其管理得多么合乎正义、多么仁慈，只要与他们的这些人权不合，就别想安稳！在与政府进行论争时，他们总是在资格问题、名义问题上纠缠不休，而不是就权力是否滥用问题展开争论"。①柏克针对的是19世纪末的法国革命者，但同样适合于当前的市场原教旨主义者。究其原因，这些市场原教旨主义者往往不去探究权力的滥用以及监督机制的构建问题，而是停留在政府有用还是无用的争论上，从而导致迄今为止大多数经济政策都变得空泛。有鉴于此，艾伦·布林德（A.Blinder）提出了有关经济政策的"墨菲法则"："经济学家在他们所知道的最多、意见最一致的方面对政策的影响力最小；而在他们所知道的最少、争议最大的方面对政策的影响力最大。"②

最后，需要指出，在不同社会环境下，政府所应承担的职能内容以及职能的实现方式都存在显著不同。例如，哈贝马斯就区分了四类国家行为：（1）构建和维持生产方式的前提条件，包括国家应该保护民法系统及财产和契约自由等核心制度，应该保护市场系统并消除其自我毁灭的副作用，应该提供整个经济生产所需要的教育、交通等条件并大力发展本国经济在国际竞争中的能力，应该使用军事力量来维护国家的完整统一并对国内制度的破坏力量进行惩罚；（2）适应产业组织、竞争、融资等新形式的法律系统，主要

---

① 柏克：《自由与传统——柏克政治论文选》，蒋庆、王瑞昌、王天成译，商务印书馆2001年版，第67页。

② 转引自迪克西特：《经济政策的制定：交易成本政治学的视角》，刘元春译，中国人民大学出版社2004年版，第2页。

将自己限定在通过补充市场而适应发展过程；（3）国家补充而非取代市场行为；（4）对积累过程的功能失调所带来的后果做出补偿，这包括支持工人争取结社权利、提高工资、改善劳动条件和社会福利以及制定教育、卫生和交通政策。① 尤其是，对发展中国家而言，由于市场即使很不健全，因而政府往往需要承担更多的功能。显然，如果政府真正能够因地制宜地承担起这些应有的职能，这就导向了真正的"有为政府"。不幸的是，绝大多数新古典自由主义经济学都缺乏也没有耐心对国家性质和政府功能作深层次的探究，却往往依据一个先验的"恶棍"假定和抽象的理性分析就认定政府失灵的必然性，进而也就推出一系列旨在否决和抵消政府作用的政策。

总之，我们不能简单地将政府与市场对立起来，而是应该对政府的基本功能以及政府的作用范围作系统地认识和界定。尽管在过去的三四十年里，新古典自由主义以及新古典经济学取得了支配地位，甚至成为某种主宰性的意识形态，乃至流行的契约主义也沦为解释市场有效性的一种工具；但从本体论角度，当人们通过契约而自愿转让其某些个人权利之时，就已经赋予了国家和政府以相应的社会经济职能，相应地，我们致力探索的只是如何保证这些职能得到真正实现。因此，从本质上说，契约主义所要求的是一种宪政主义的"有限政府"或信托论的"有为政府"，而决不是自由放任的"最小政府"；"有限政府"强调的是政府行为必须受到监督，"有为政府"强调政府要"尽其职、成其事"，而"最小政府"则主张政府放弃其经济职能。显然，在探究和认识市场、国家以及政府之间的关系时，我们不能为基于特定表象的各种噪音所干扰，而是应该以批判理性主义思维挖掘其本质，从而需要遵循从本质到现象的研究路线。加尔布雷思指出："政府扮演着一种双重角色。政府是问题产生的一个重要来源，它也是解决方案的重要组成部分。在不平

---

① 哈贝马斯：《合法化危机》，刘北成、曹卫东译，上海人民出版社2000年版，第72—73页。

衡的发展、不平衡的收入分配、不合理的公共资源分配，以及在环境破坏和有名无实的规章制度方面，政府都难逃其咎。因此，它自身就是问题的一部分。而且，要解决这些问题，还不得不依赖政府自身的努力。"① 相应地，斯蒂格利茨也强调："政府不仅只有一个限制性的功能，它也能起到建设性的和推动性的作用。政府可以鼓励企业家精神，提供物质和社会基础设施，保证教育机会和金融渠道，支持技术和创新。"② 正是基于从本质到现象的研究路线，本书致力于对国家和政府的本质、现状以及成因展开了较为全面而系统的梳理和剖析，不仅有助于我们更好地界分"有为政府""有限政府"和"最小政府"的内涵，更有助于构建出合理的契约组织以及社会行动所依据的规则，从而有助于提高政府积极有为的效果。

---

① 加尔布雷思：《经济学与公共目标》，于海生译，华夏出版社 2010 年版，第 275 页。

② 林毅夫：《新结构经济学：反思经济发展与政策的理论框架》，苏剑译，北京大学出版社 2014 年版，斯蒂格利茨的书评，第 45 页。

第 1 篇

国家和政府的本质与演化

新古典自由主义经济学基于经济人假设而将政府及其成员定性为"恶棍",并进而规定了"守夜人"角色。这实际上是承袭了无政府主义的传统思想,它将国家和政府视为统治阶级维护其统治的暴力机关,依靠"政治方式"而非"经济方式"为统治阶级谋取财富,从而最终取消政府。问题是,既然国家和政府都是性恶的,那么,它最初又何以产生呢?西方有关国家和政府起源的学说从早期的原始契约说发展到了现代的社会契约说,前者将国家视为统治者与被统治者之间的契约关系,后者则将国家视为公民基于一定原则的权利委托。那么,人们又为何愿意转让他们的权利?又如何转让他们的权利?这些都有赖于起源学的剖析,有赖于对国家本质以及政府应然职能的本源和演化剖析。根本上说,现实世界中国家及其政府所展示出来的恶行,所对应的是一种异化了的国家和政府,是在不对称权力的作用下不断演进的结果。因此,本篇从协作系统演化的角度来揭示国家组织的本质特性,并由此分析与其相伴随的职能部门——政府——所应该承担的职能。

1. 理解国家组织的微观基础
——基于个人权利转让的社会契约视角

　　自启蒙运动以降，西方社会将天赋人权论和社会契约论结合起来探究国家和政府的起源，从而为理解国家组织的产生、发展、性质以及政府功能等提供了微观基础。其中又衍生出两个主要流派：（1）以霍布斯为代表的流派，它将个人自然权利转让而形成的集体视为具有独立人格的主权者，公民没有权利反抗它，从而产生出一种无限权力的政府；（2）以洛克为代表的流派，它将个人自然权利转让而形成的集体视为没有独立人格的裁判者，公民有权反抗它的暴力统治，从而推行一种有限权力的政府。

一、引言

　　对国家起源、性质和政府功能的系统探讨滥觞于文艺复兴到启蒙运动兴起的这段时期，当时由于神学已经衰退，经验主义的兴起导致一些先驱者开始探究世俗权力的应该归属和实际归属问题，特别是，17 世纪出现的一群崇尚自然法哲学的学者继承了文艺复兴思想中的世俗趋向，集中关注社会的起源、政治权力合法性的基础、社会结合的原则以及公民社会组织的合理性问题。这些自然法学派学者的一个重大转变在于：他们不是从权势中引出社会秩序，而是从自然法的诸原则中引出社会秩序；不是像马基雅维利等人认为的权势创造法律，而是根据自然法而认定在权势出现之前就已经存在了某种法律，权势不过是自然法发展的产物。在这些自然法学家看来：（1）自然法是合乎天理、公道与正义的普遍的、永久的真理或原则，是一切行为和一些制度的规范，它约束人的行为并使之符合道义；（2）所有人都秉承理性，都生而平等，因此都具有人身安全、财产保障、政治选举、宗教信仰以及社会自由等诸项权利。

同时，这些先驱者又强调：（1）一个人无法孤立地实现自己的天然权利，他只有同其他人签订协议并以此为目的而建立起政府，才能保护他在社会里的权利；（2）个人为了得到这种受到保护的公民权利，也必须服从契约规定的共同规则，并放弃一部分自己的天然权利。显然，这就是在启蒙运动时期出现并发展的天赋人权论和社会契约论思想。麦克因斯指出："社会包含着一系列契约的观念具有彻底的革命性，因为它意味着合法最终有赖于社会成员对整个社会秩序的满意，因为它最终是他们通过彼此间达成的契约而缔结的。任何一个人都具有缔结这种合约的权利，而且只须服从于契约，在这个意义上，契约意味着普遍的人权、平等和个人责任的法则。这意味着传统社会的基础性观念的坍塌，即社会秩序产生于上帝的意志或自然宇宙的规则、或磨砺，亦即因为他们的血缘契约和特别责任，个体在这种秩序中占据他们应得的特定的地位，并具有与此地位相联系的行使权威或表达服从的权利。"①

二、契约主义的发展史

统治者与其人民之间达成契约，这最早是 11 世纪由德国劳滕巴赫的曼尼戈德（Manegold of Lautenbach）提出的。曼尼戈德说，没有人能够自立

---

① 麦克因斯：《男性的终结》，黄菡、周丽华译，江苏人民出版社 2002 年版，第 162 页。

为皇帝或国王，统治者的统治权依赖于人民的决定，从而必须保护人民；相反，当他妨碍或搅乱了人民所建立的制度时，也就违反了与人民订立的、授予其权力的契约，人们就可以自由地废黜他。当然，作为神学思想家和教皇主义者，曼尼戈德写作的目的是为了削弱国王和皇帝的权力基础，将世俗权力视为神圣秩序的一部分，从而赋予教皇格里高利七世废黜神圣罗马帝国皇帝亨利四世的正当性。同时，曼尼戈德的思想也源于中世纪拉丁世界的现实情形：当时的皇帝与日耳曼诸侯之间的权利和义务往往通过某种契约而得到遵守，而曼尼戈德则将这种封建契约解释为统治者与人民之间的契约。此后，曼尼戈德的思想被 12 世纪的宗教法学家鲁菲努斯（Rufinus）和 13 世纪中叶的阿奎那等人吸收。到 14 世纪早期，随着新兴民族国家的崛起，国王们开始要求独立于皇帝的权力，奥地利的一个修道院院长因格尔伯特（Engelbert of Volkersdorf）开始利用契约说来为政治权威奠定基础，从而成为"原始契约"的创始人。与曼尼戈德不同，因格尔伯特是神圣罗马帝国皇帝的拥护者，他写作的目的是为了支持正处于衰败中的帝国权威，强调他对维持基督教国家和平与安全的潜在好处。不过，因格尔伯特也承认，一个滥用权力的统治者应该被废黜，因而这种理论也可以被用来约束和限制政治权威。

16 世纪初，随着文艺复兴和人本主义法学的兴起，罗马法学家马里奥·萨拉莫尼奥（Mario Salamonio）立基于罗马法观念而撰写《论君主》，强调国家本身就是由公民之间的自由契约而建立起来的合作关系，君主和所有公民一样都要受法律的约束。萨拉莫尼奥是一个共和主义者，他认为，订约者已不再是人民与统治者，而是单个公民，因此，国家就是由公民之间通过自由契约所建立的一种合作关系，君主只不过是重要的行政长官，从而应该和所有其他公民一样受到法律的约束。萨拉莫尼奥的著作写于宗教改革的前夜，他实际上是第一个对社会契约做出明确说明的作家，并导向了契约论政治思想的全盛时期。例如，佛罗伦萨的加尔文主义者皮尔·威弥利（Pier M. Vermigli）、苏格兰学者乔治·布坎南（George Buchanan）等都强调在国王和人民之间存在一个相互契约，谁违背的这一契约就等于解除了对方的义务。尤其是，17世纪初，加尔文派最伟大的契约主义理论家约翰·阿尔色修斯（Johannes Althusius）积极吸收了这些原始契约论而提出，先在的、建立共和国之契约的订立者并不是个人，而是各个省、城市和有自己政府与法律的次级政治团体。显然，这也与当时的封建制现状相适应。①

就社会背景而言，整个17世纪都为社会契约论提供了土壤，因为整个欧洲面临着严重的动荡：（1）由宗教改革导致的宗教纷争；（2）发生在国王及其对手之间的战争。尤其是，英国的17世纪不仅是"天才的世纪"，更是内战和"光荣革命"的世纪，因而社会契约论思潮获得了空前的发展。这主要表现在这样两大方面：（1）在实践上，加尔文新教主义的英国分支——清教团体，除了承袭加尔文主义契约论神学外，还使用契约论术语来构建他们自愿性的教会，不仅在美洲建立了基于契约的公民政治团体，而且还产生了《人民公约》这样的宪法性文件；（2）在理论上，英国的反王派使用契约论来反对国王的权威，从而出现了苏格兰长老会牧师缪尔·拉瑟福德（Samuel Rutherford）的《王权法》、共和主义诗人约翰·弥尔顿（John Milton）的《论国王和官吏的职权》以及反王派作家查理·赫利（Charles Herle）等撰写的小册子。当然，17世纪英国的政治家及其宣传家们仅仅满足于再次重复这一历史悠久的契约论思想。与此不同，英国的哲学家们在当时政治危机的激励下却对契约论作了经典的论述，这包括阿尔色修斯、苏亚雷斯（F.Suarez）、塞尔登（J.Selden）、迪格斯（D.Digges）、霍布斯、洛克等人。特别是，1689年辉格党人驱逐了斯图亚特王室，其理由就是：詹姆士二世"违背了国王与

---

① 原始契约是休谟论文《原始契约》中提出的，是对社会契约的批判和反驳，其基本论证是：承诺的道德机制是一个由政府支撑的社会产物，因而任何一个试图从契约或承诺推导出服从国家的道德理由的尝试都是回溯式的循环。

人们之间的原始契约，试图推翻王国的宪法"。[1] 究其原因，根据原始契约理论，人民通过这种契约而保留了随时抗拒君主的权利，只要他们发现自己受到了君权的伤害，而这种君权乃是他们自己出于某种目的自愿托付给君王的。[2] 因此，随着辉格党人的胜利，原始契约说就成为官方意识形态的一部分，这也是洛克学派反对专制和抵抗暴君的社会契约论能够逐渐流行并成为主流的原因。

其实，早在17世纪，社会上就已经开始将天赋人权论和社会契约论结合起来探究政府的起源，这种观点集中体现在荷兰的宗教法学家和国际法的鼻祖格劳秀斯的《战争与和平法》一书中。格劳秀斯在将法律科学与神学及宗教相分离的过程中为世俗的和理性主义的现代自然法奠定了基础，从而对人类生活状态表达了深切的关注。格劳秀斯发现，人的特性中有一种对社会的强烈欲求，从而天生就具有一种能使他们在社会中和平共处的社会生活能力。为此，他强调，凡是符合这种社会性冲动、符合作为一种理性的社会存在的人的本性的，便是正确的和正义的；相反，扰乱社会和谐而与之对立的，便是错误的和不正义的。根据这种观点，格劳秀斯还描述了人类的关系并进而探究了国家的起源：在自然状态下，人人都自由平等，但并不觉得幸福；后来，或是迫不得已或是出于自愿，人们接受了一种政治权力的统治。这也就意味着，国家起源于契约，而自从有了国家之后，就出现了法律的变化。格劳秀斯把法律区分为自然法和意定法：自然法被定义为一种正当理性的命令，它指示，任何与合乎理性的本性相一致的行为就是道德上的必要性，反之则是道德上的罪恶行为；意定法则被视为不能根据明确的推理过程从那些永恒不变的规则中获得，而仅仅是反映了人的意志。不过，在格劳秀斯看来，一旦人们把他们的主权让渡给了统

---

① 参见莱斯诺夫等：《社会契约论》，刘训练等译，江苏人民出版社2005年版，第68页。

② 休谟：《休谟政治论文选》，张若衡译，商务印书馆2010年版，第119页。

治者后，统治者就像获得其私人权利一样操握这一主权，而且他的行为也不受法律控制；在这种情况下，尽管统治者有义务遵守自然法原则和万民法原则，人们也无权反抗滥用权力的统治者，除非在某些明显的篡权或公然滥用权力的情形下。可见，格劳秀斯先驱性地从转让意义上探讨了人类权力的起源和性质，而与格劳秀斯几乎同一时代的塞尔登、迪格斯、霍布斯等人则大大扩展了这一思想，尤其是，霍布斯建立了一种完整的支持绝对权威的契约理论，而以洛克为代表的辉格党人则发展了向传统回归的社会契约论。

三、霍布斯学派的政府契约论

有关国家和政府形成的原始契约论主要被用来证明反抗统治者的合法性，但霍布斯却提出了相反的观点，他试图建立一个不受任何挑战的主权者以避免原始契约带来的不安全性。在探讨社会问题时，霍布斯根基于与格劳秀斯完全不同的人类学和心理学前提：不同于格劳秀斯把人视为一种在本质上群居的社会动物，霍布斯将人视为在本质上是自私自利、野蛮残忍和富于攻击的。霍布斯在 1651 年发表的《利维坦》一书中，侧重描述了人们在自然状态下所拥有的自然权利的特征，以及基于渴望和平和安定生活的共同要求，这使得人们能够理性地订立契约，转让权利，从而最终组成国家。在其学说中，霍布斯把自然状态描绘成个人之间没有任何联系的状态，把人视为本质上反社会的，以及个人利益绝对互不相容的。

因此，霍布斯描述了自然状态的两大特征。（1）自然状态受着自然法的支配，在自然创造人类之初，相互之间没有任何联系的人是孤立的，也是天生自由的；而且，每个人本来是彼此平等的，表现为人类身体和能力上的平等，从而具有相等的自然权利。（2）恰恰是人类本性的这种平等和自由性，使人与人之间变成了敌人，因为"任何两个人如果想取得同一东西而又不能同时享用时，彼此就会成为仇敌"①。那么，人们之间为何会相互斗争乃至发动战争呢？霍布斯重点考察了三大引致因素：竞争、猜疑和荣誉。其中，竞争是为了求利而用暴力去奴役他人及其妻子儿女与牲畜；猜疑是人们为了求得安全而侵犯他人；荣誉则使人们为了保全自身、亲友的尊严不受藐视而进行侵犯。

进而，自然状态下存在的这种冲突如何获得解决呢？霍布斯认为，这也依赖于人性的两个特征。第一个特征是马基雅维利倡导的性恶说。霍布斯认为，人的自然本性"主要是自我保存，有时则是为了自己的欢乐"，"在达到这一目的的过程中，彼此都力图摧毁或征服对方"，而"侵犯者本人也面临着来自别人的同样的危险"，因此，自然状态下的人不仅是自私自利、恐惧、贪婪，而且，相互之间还是相互防范、敌对和残暴好斗的。正是"由于人们这样相互疑惧，于是，自保之道最合理的就是先发制人，也就是用武力或机诈来控制一切他所能控制的人，直到他看到没有其他力量足以危害他为止"；进而，正是基于这种征服和自保的动机，在还没有社会和国家之前的自然状态中，人们就像狼一样处于"一切人反对一切人的战争状态"。② 第二个特征是人的理智。理智使人看到并畏惧自然状态的后果，这样人们一方面享有"生而平等"自然权利并处于自然状态中，另一方面又有渴望和平和安定生活的共同要求，从而就开始寻找除了战争以外的其他生活方式和社会秩序。

正是基于人性的这两大基本特征，霍布斯给出了自然法的两大基本法则。其中，第一基本法则就是保存自我："每一个人只要有获得和平的希望时，就应当力求和平；在不能得到和平时，他就可以寻求并利用战争的一切有利条件和助力。"③ 同时，从这个基本自然律出发，霍布斯又引申出了第二自然律："在别人也愿意这样做的条件下，当一个人为了和平与自为的目的

---

① 霍布斯：《利维坦》，黎思复、黎廷弼译，商务印书馆1985年版，第93页。

② 霍布斯：《利维坦》，黎思复、黎廷弼译，商务印书馆1985年版，第93页。

③ 霍布斯：《利维坦》，黎思复、黎廷弼译，商务印书馆1985年版，第98页。

认为必要时，会自愿放弃这种对一切事物的权利；而在对他人的自由权方面满足于相对于自己让他人对自己所具有的自由权利"。至于让出权利的方式，也有两种：（1）可以是单纯的放弃；（2）也可以是转让给另一个人。霍布斯指出，出于人的理性，人们相互间同意订立契约，放弃个人的自然权利，把它托付给某一个人或一个由多人组成的集体。

在这里，霍布斯强调了两点：（1）人类要摆脱人与人之间的敌对状态以获得更大的安全和收益，就必须出让个人的某些自由和权利；（2）为了使人们自觉遵守达成的契约，就必须寻找能使大家畏惧，并指导其行动以谋求共同利益的公共权力。特别是，霍布斯强调，这个公共权力能把大家的意志化为一个意志，能把大家的人格统一为一个人格，大家服从他的意志和判断，这个人或集体就是主权者（sovereign）。这样，基于社会契约而统一在一个人格之中的一群人就组成了国家，"这就是伟大的利维坦的诞生——用更尊敬的方式说，这就是活的上帝的诞生。"① 当然，这种公共权力必须订立契约才能产生，因为公共权力来自每个人所转让的自然权利，因而社会契约就是人类摆脱自然状态的必经之路。有鉴于此，霍布斯认为，国家不是根据神意创造的，而是人们通过社会契约创造的；相应地，君权也不是神授的，而是人民转让的，创建国家的目的是出于人们的理性和幸福生活的需要。

可见，霍布斯的基本认知就是，获得人民转让权的个人或集体就成为主权者，所有人都将其自身权利转让给这个主权者，而主权者则由此获得了管理人民的统治权。在这里，契约的参与者是国家的未来公民，每个公民都通过契约而将自我统治的权利转让给主权者，并向其伙伴做出服从主权者的相同承诺；相反，主权者则不是契约的当事人，从而也就用不着承担遵守这一契约的义务。在这里，霍布斯显然做出了惊人的创新：直接通过个体在自然状态中订立的契约而创造出一个合法的政治权威，从而就不存在统治者与

---

① 霍布斯：《利维坦》，黎思复、黎廷弼译，商务印书馆 1985 年版，第 132 页。

人民之间的契约，也不存在在权威产生之前的公民之间的契约；相应地，主权者就是国家所有公民的代表，并且是其统一性的唯一来源。① 霍布斯的这一思想在当时产生了巨大影响，不仅直接产生了古典自由主义，而且也构成了后来学者探究社会契约无法回避的背景。后来的普芬道夫、洛克、孟德斯鸠、斯宾诺莎以及启蒙思想家卢梭等都对自愿转让个人权利的社会契约说作了宣扬和发展，只是基于对自然状态的理解不同而产生了不同国家观念。

事实上，后来大多数自然法学者的观点与霍布斯都既有共性也有差异。例如，斯宾诺莎就持有这样的观点：一方面捍卫宗教自由，另一方面又从人类本性中推导出绝对专制的主权者。同样，普芬道夫的观点则是：一方面大体赞同霍布斯的政治观点，认为人受自爱和自私之本性强烈驱使的同时，在人的本性中还有一定的恶意和攻击性，从而主张人们应该无条件遵从而不能反抗受让权利的主权者；另一方面又继承其老师格劳秀斯的观点，在强调自然法把自爱赐予人类的同时，也认识到人性中还具有一种追求与他人交往、在社会中过一种和平的社会生活的强烈倾向，因而认为自爱会受到人的社会性冲动的制约。事实上，在普芬道夫看来，与人性的两方面特性相对应而存在两种基本的自然法原则：第一种原则要求人们竭尽全力保全自身及其财产，第二种原则要求人们不可扰乱人类社会。也就是说，每个人都应当积极地维护自己以使人类社会不受纷扰。按照这种思想，普芬道夫认为，为了确保自然法和国家法的实施，必须缔结两个基本契约：（1）人们之间为放弃自然自由状态并为了保护其相互之间的安全而进入一种永久的共同体而达成的契约；（2）公民和政府之间就统治者提供公共安全和公民承诺服从统治者所达成的契约。当然，尽管自然法和契约是制约主权者行为的法律，但由于不存在可以受理人们对国王提起诉讼的法院，因而普芬道夫认为，统治者遵守

---

① 莱斯诺夫等：《社会契约论》，刘训练等译，江苏人民出版社 2005 年版，第 81—82 页。

自然法的义务仅仅是一种不完全的义务，而在通常的情况下，公民没有权力反抗违反自然法的君主，这一点又是向霍布斯和格劳秀斯的回归。

四、洛克学派的社会契约论

对霍布斯思想进行全面性扬弃的是洛克，他没有像普芬道夫那样倒退回复合契约中，而是修正了霍布斯契约的措辞并得出了完全不同的社会主张。例如，霍布斯认为，自然状态与公民社会的根本区别在于公共权力的缺位；与此不同，洛克认为，根本区别在于公共法官的缺位，因为自然状态中已经存在为人们所认识到的自然法——"没有人能够损害他人的生命、健康、自由和财产。"①

洛克之所以提出有别于霍布斯的自然状态观，主要在于，他一方面沿用了霍布斯的分析方法而强调个人主义和功利主义，但另一方面又根基于根本不同的人性假设和人类关系观。（1）不同于霍布斯的性恶论，洛克认为，在自然状态中存在一定程度的社会联系，社会性冲动是人的天性：因为上帝创造人，使他们对结成社会感到方便而且有那种倾向，又给他们配备上知性和语言，以便维持社会和享受社会的好处。（2）不同于霍布斯认为每个人都有权利做任何事，洛克强调，没有人享有多于别人的权利，自然法限制人的自然权利；同时，自然的平等构成了人们互爱义务的基础，人们之间彼此不只是潜在的对手，也是同类，可以建立对彼此都有利的协作关系。相应地，洛克与霍布斯对自然状态的理解就存在不同：霍布斯认为，自然状态中人们拥有完全的天然自由，但这种自由使人们的生活变得无法忍受而必须完全放弃它；洛克却强调，自然状态受自然法的支配，自然法束缚和限制了人们的平等自由权，人们无法忍受的是它缺乏任何有效的、集中的机构来执行自

---

① 莱斯诺夫等：《社会契约论》，刘训练等译，江苏人民出版社 2005 年版，第 90 页。

然法。

一般地，洛克的自然状态观有这样两大要点。第一，在自然状态下，"为了约束所有的人不侵犯他人的权利、不互相伤害，使大家都遵守旨在维护和平和保全人类的自然法，自然法便在那种状态下交给每一个人去执行，使每人都有权惩罚违反自然法的人，以制止违反自然法为度。"① 第二，基于自然法，"谁企图将另一个人置于自己的绝对权力之下，谁就同那人处于战争状态"②，这时被侵犯的人为了免受这种强力的压制，就可以实行自我保护，并合法地把他当作与自己处于战争状态的人来对待，甚至杀死他，就像合法地杀死一个窃贼一样。在这种自然状态下，一个人"只要他造成了战争状态并且是这种状态的侵犯者，就置身于这种危险的处境"；但是，"强力一旦停止使用，处在社会中的人们彼此间的战争状态便告终止，双方都同样地受法律的公正决定的支配，因为那时已有诉请处理过去伤害和防止将来为害的救济办法。"③ 也就是说，自然状态下，(1) 每个人都有惩罚违规者的权利；(2) 每个人也都对和平充满渴望。

但同时，自然状态也不是稳定的，从而也面临着转变的驱动。这有两方面的原因：(1) 由于在自然状态中，人们所享受的生命、自由和财产的自然权利并没有稳定的保障，而常常面临着他人侵犯的危险；(2) 在惩罚违反自然法的行为时，由于每个人在其案件中都是法官，从而报复犯罪行为一旦开始就可能相互强化而会超越理性规则。因此，为了终止伴随自然状态而存在的混乱和无序，自然状态就必须向政治状态迈进，个人行动就必须向集体行动转变，从而就产生政治权威或国家。由此，从洛克自然状态观中就可以得出这样几点结论：(1) 公民社会中，人们让渡的并不是他们的天然自由，而仅仅是审判和惩罚违法者的权利，共同的和公正的法官将公民社会与自然状

---

① 洛克：《政府论》(下篇)，叶启芳、瞿菊农译，商务印书馆 1964 年版，第 5 页。
② 洛克：《政府论》(下篇)，叶启芳、瞿菊农译，商务印书馆 1964 年版，第 11 页。
③ 洛克：《政府论》(下篇)，叶启芳、瞿菊农译，商务印书馆 1964 年版，第 12、13 页。

态区分开来；（2）国家是出于执行自然法的需要，它拥有行政权并提供一种公正解决冲突与终端的裁决系统，同时，国家还需要拥有一种立法权，以便制定明晰的法律来避免冲突的发生；（3）由立法权就产生了立法者的需要，这也就是君主或各级官员，人们将权力委托他们以保护自身的权利和福利。

基于上述分析，我们可以对洛克与霍布斯的社会契约观作一比较。首先，两者的共性在于，都认为，统治者不是原始契约的当事人，契约的参与者是国家的未来公民。其次，两者的差异主要在于：霍布斯认为，创造出国家的是主权者，获得了完全的统治权以及判断善恶的权力；洛克则认为，契约本身将政府的行动限制在特定的委托范围内，立法权是国家的最高权力，它应当在政治共同体之中出由政治共同体成员共同决定。事实上，在洛克看来，个人的主权是不能转让的，能够转让的是其他一些次级的个人权利；相应地，尽管国家拥有立法权这一最高权力，但它也不是无限的。进而，洛克特别强调，政治权威完全来自个人自愿让渡的权利以及自然法义不容辞的力量，自然法独立于任何契约，因此，国家的性质根本上是"委托"性的，一旦统治者违背了它的委托，政府就解体了，而反抗则是合法的。① 正是基于政治权威有限性和立法权构成的论述，洛克构造了一种抵抗政府的理论。

关于洛克意义上的国家起源，我们再从如下两方面加以说明。

第一，当共同体形成以后，每个人都必须把联合成共同体这一目的所必需的一切权力都交给这个共同体的大多数。洛克写道：当某些人"同意建立一个共同体或者政府时，他们因此就立刻结合起来并组成一个国家，那么大多数人享有替其余的人做出行动和决定的权利"，否则，它"就不可能作为一个整体、一个共同体而所有行动获继续存在"。② 究其原因，如洛克所强调的："当每个人和其他人同意建立一个由一个政府统辖的国家的时候，他使

---

① 莱斯诺夫：《社会契约论文选·导论》，载莱斯诺夫等：《社会契约论》，刘训练等译，江苏人民出版社 2005 年版，第 359 页。

② 洛克：《政府论》（下篇），叶启芳、瞿菊农译，商务印书馆 1964 年版，第 59 页。

自己对这个社会的每一成员负有服从大多数的决定和取决于大多数的义务；否则他和其他人为结合成一个社会而订立的那个原始契约便毫无意义，而如果他仍然像以前在自然状态中那样地自由和除了受以前在自然状态中的限制以外不受其他约束，这契约就不成其契约了。"① 特别是，由于共同体中意见的分歧和利害的冲突总是难免的，如果大多数不能替其余的人作出决定，他们就不能作为一个整体而行动，其结果只有重新解体；因此，"这种组织将会使强大的利维坦比最弱小的生物还短命，使它在出生的这一天就夭亡。"②

第二，由于人是有理性的，因而自然状态中的人在采取行动和权利的转让时，就必须考虑到相关的代价和风险。洛克写道："这可能是丧失行为人从个人对这些资源的支配中可能获得的收益，也可能是这些资源被用于有违于其意愿的目标的危险，与其相对的可能收益则是，每个参与者都可能通过集体行动得到比他通过个人行为战略所能实现的更大好处。"③ 因此，不同于霍布斯把社会契约看成是公民完全服从专制君主的契约，洛克认为，人们在建立政权时仍然保留着他们在自然状态中所拥有的生命、自由和财产的自然权利，而让渡的仅仅是实施自然法的权利。既然是为了增进自身的利益，每个人只是为了获取其他更高贵的目的才转让一些属于自己的天然自由；那么，权利的转让就不能引起福利的下降，否则就需要重新签订契约。洛克写道："自然状态有一种为人人所应遵守的自然法对它起着支配作用；而理性，也就是自然法，教导着有意遵从理性的全人类；人们既然都是平等和独立的，任何人就不得侵害他人的生命、健康、自由和财产。"④ 也就是说，人

---

① 洛克：《政府论》（下篇），叶启芳、瞿菊农译，商务印书馆1964年版，第60页。

② 洛克：《政府论》（下篇），叶启芳、瞿菊农译，商务印书馆1964年版，第60—61页。

③ M.鲍曼：《道德的市场》，肖君、黄承业译，中国社会科学出版社2003年版，第180页。

④ 洛克：《政府论》（下篇），叶启芳、瞿菊农译，商务印书馆1964年版，第4页。

们都有保护自己的生命、健康、自由和财产等不受侵犯的权利，每个人都恪守理性所规定的自然法。同样地，"政治权利就是为了规定和保护财产而制定法律的权利，判处死刑和一切较轻处分的权利，以及使用共同体的力量来执行这些法律和保卫国家不受外来侵害的权利，而这一切都只是为了公众福利"；而且，"法律除了为人们谋福利这一最终目的之外，不应再有其他目的"。①

可见，不同于霍布斯的开明专制主张，洛克反对君主专制的政府形式，而主张一种有限权力的政府。洛克强调，由人们构成的社会或由人们成立的立法机关的权力绝不能超越公益的范围，没有本人的同意，最高权力也不得从任何人那里夺走生命和财产。为了防止国家机关的滥用职权，洛克主张将立法权与行政权分离开来：其中，立法权只是来源于人民的一种委托权，不能转移至任何他人的手中，而立法机构必须颁布法律来实施这种立法权力；行政权则似乎包含了审判权，它主要关注根据立法权颁布的法令实施法律的内部问题。而且，洛克强调，人们可以罢免和更换那个无视委托关系的立法机构，如果行政权或立法权试图变其统治为专制，人们便可以通过行使抵抗或革命的权利。法国的孟德斯鸠对洛克的哲学思想提供了必要的补充，他赞同洛克关于人的自由是国家应予实现的最高目标的观点，并以更为相近的政治制度设计来确保自由得到保护。孟德斯鸠认为，每个有权力的人往往趋于滥用权力，而且还趋于把权力用至极限，因此，为了防止滥用权力，就必须以权力制约权力。在孟德斯鸠眼里，最可靠的政府形式就是立法、行政和司法三权分立的政体，这三种权力是独立的，并分别委托给不同的人和群体。

事实上，正是洛克的自然法理论与孟德斯鸠的权力分离原则相结合，构成了美国政府制度的哲学基础。譬如，美国的司法审查原则就指出，为了确保自然权利的执行立法权不仅必须同司法权分离，而且，还必须同审查法律

---

① 洛克：《政府论》（下篇），叶启芳、瞿菊农译，商务印书馆 1964 年版，第 2、90 页。

是否符合美国宪法所承认的高级法原则的权力相分离。正因如此，在美国，法院尤其是最高法院充当了自然法的保护人。例如，在 1954 年的布朗诉教育委员会案为开端的浪潮中，最高法院就通过判决废除了公共设施使用方面的种族隔离，支持了刑事嫌疑犯的权利，加强了对表达自由的保护，并创设了一项对避孕、堕胎和反常性活动具有重要意义的宪法性隐私权。所以，佩里写道："美国最高法院已经在人权的形成上扮演着史无前例的重要角色。大多数关于政治和宗教自由的早期学说，大多数中对种族、性以及其他歧视的平等保护学说，关于有权进行避孕、堕胎和性行为的所有正当程序的学说……都并非体现着宪法制定者们……做出并写进宪法之中的价值判断，而是体现着由最高法院针对其他选举产生的、负有说明责任的政府部门所做出和实施的价值判断。因此，在美国，宪法性人权的地位几乎完全取决于最高法院制定宪法政策的职能，而不是它的宪法解释职能。"[1]

五、权利的认知与契约论的发展

早期的自然法哲学家以及启蒙思想家大多认为，所有人都秉承理性，都生而平等，因此人具有得到人权和自由等权利。但是，在国家产生之前的状态是一种被称为"霍布斯丛林"的一切人反对一切人的自然状态，而国家则是为了摆脱自然状态的产物。因此，人们为了保护自己的生命和各种权利，为了减少冲突而在合作中增进自身的利益，人们起来共同约定，缔结契约而自愿转让一些个人的自由和权利，并将权力交给一些最能保护他们利益的人代管。正是基于个人的需求满足及其能力限制的角度，格劳秀斯、霍布斯、斯宾诺莎、普芬道夫、洛克、孟德斯鸠、卢梭、边沁、康德以及潘恩和杰斐

---

[1]　转引自赖曼：《宪法、权利和正当性的条件》，载罗森鲍姆编：《宪政的哲学之维》，生活·读书·新知三联书店 2001 年版。

逊等人都发展了社会契约理论来解释国家的起源、性质及其功能，从而使社会契约论成为西方社会的社会哲学基础。

代表契约论在古典阶段最高峰的是卢梭。卢梭写道："我设想，人类曾达到这样一种境地，当时自然状态中不利于人类社会生存的种种障碍，在阻力上已超过了每个人在那种状态中为了自存所能运用的力量。于是，那种原始状态便不能继续维持，并且人类如果不改变其生存方式，就会消灭"，"然而，人类既不能产生新的力量，而只能是结合并运用已有的力量；所以人类便没有别的办法可以自存，除非集合起来形成一种力量的总和才能够克服这种阻力，由一个唯一的动力把他们发动起来，并使他们共同协作"；① 因此，"要寻找出一种结合的形式，使它能以全部共同的力量来卫护和保障每个结合者的人身和财富，并且由于这一结合而使每一个与全体相联合的个人由只不过是在服从自己本人，并且仍然像以往一样地自由。这就是社会契约要解决的根本问题"。② 在这里，卢梭给出了一个绝对的、至高无上的主权者，它是由全体公民组成的最高政治权威。在卢梭看来，理想的社会契约在于以"天赋自由"换取"公民自由"，公民自由在本质上意味着存在一个最高主权体的统治。③ 不过，这个主权者并不是一个拥有立法权和行政权的霍布斯式利维坦，也不是一个单独的个人或机构；相反，它是一个只拥有立法权的集体，每个公民则在这个主权体中拥有平等的"发言权"，它体现的是"公意"，执行具有最高主权之人民的意志。

当然，不同学者对国家成立之前的自然状态以及成立之后的权利界定是充满分歧的，这体现了他们对不同类型的权利的认知上的差异。一般认为，布丹（Jean Bodin）、霍布斯等人倾向于将人类所有的权利都视为无差异的，从而都是可以转让和买卖的，且一旦转移就无法改变和撤除，从而个人就必

① 卢梭：《社会契约论》，何兆武译，商务印书馆 1980 年版，第 22 页。
② 卢梭：《社会契约论》，何兆武译，商务印书馆 1980 年版，第 23 页。
③ 莱斯诺夫等：《社会契约论》，刘训练等译，江苏人民出版社 2005 年版，第 114 页。

须服从拥有绝对权威的国家；洛克、卢梭等人则对不同权利进行了区分，并根据其性质对其流动性做了不同的限制，从而强调人们转让的只是部分权利，并可以推翻违背契约的统治者。事实上，根据现代的观点，人类社会的权利可分为两个基本类型：(1) 个人权利，这是符合某种资格并归个人所有的权利，因而它不能买卖也不能转让，这集中在公共领域中，如选举权、生存权以及其他基本公权；(2) 财产权利，这种权利并不需要符合某种特殊的功能性角色才可以拥有，它可以作为初始权占有，也可以从以前所有者那里获得，这主要体现在私人领域。① 这两种权利的一个区分标准就是：可转让性和可继承性。其中，个人权利是个人因承担某种角色而获得的，一旦丧失了这个角色后就告失效，如合作组织中的成员选举权就是如此；财产权利却不受个人角色的限制，它可以转让给他人，也可以转换为遗产而留给继承人，如公司组织中的股东选举权则属于此类。

一般地，当组织的直接控制权附属于特定的功能角色时，这种控制就会受到"自然约束"，控制权也不会因累积效应而不断膨胀；但是，当这种最高控制权附属于某种可转让的媒体时，这种权利就会发生积聚或集中的现象，最终导致权利分配的失衡，从而就需要一种"人为约束"。譬如，如果投票权是可买卖的，即使初始分配实行平等的一人一票制，那么后来的任何一点动乱都会造成选票买卖现象，从而开始一个权利的积累和集中过程；有鉴于此，现代国家几乎都会规定政治选举权是不可买卖的，目的就是防止权力集中到少数人手中。显然，要避免权利的累积和集中过程，就需要对附属于功能角色的个人权利进行约束；与个人的功能角色相关的控制权等个人权利就不能继承或转让，一旦离开团体，原成员就立刻丧失这种个人权利而只能保留期间所获得的个人财产。实际上，这也是现代民主体制的本质。在这种民主体制中，尽管其中部分人被选出来作为管理者，而另一些进行生产协

---

① 艾勒曼：《民主的公司制》，李大光译，新华出版社 1998 年版，第 48 页。

作的人则成为被管理者；但是，这些管理者不是独立于或高于被管理者的，而仅仅是被管理者的代表，需要受到被管理者的监督。当然，对不同权利的重视也体现了对不同组织性质的认知：一般地，以个人权利为基础建立的组织就是社会机构，反映了合作组织或协作系统的性质；以财产权利为基础建立的则是私人组织，这是现代营利性的资本主义公司的一般属性。在以人为基础的组织和以财产为基础的组织之间存在一个重要区别就是：最终选举权的分配。其中，在以财产为基础的组织中，最基本的"宪章"的投票表决是以投票人所拥有的股份额为基础的；在以个体为基础的组织中，"宪章"级的事情的确定必须以一人一票的原则进行，而且投票人不能被强迫，尽管有些决策权可以赋予通过某些共同认定程序所选举出来的代表。

因此，尽管霍布斯、洛克以及卢梭等都否认统治者和人民之间存在契约，而是将国家和政府视为一种委托，但是，由于他们对权利的认知存在分歧，从而就产生出对国家性质的不同理解，并导致了不同的国家立法。（1）霍布斯把政府视为最高主权，其所制定的核心制度也成为法律的唯一源泉，从而形成了由单一的权威中心来统治社会的局面，这个单一权威中心甚至也不必遵守法律；这样，他对统治契约的否定就压制了权利受到侵害的臣民的合理要求。（2）洛克等却认为，人们的一些基本权利是不可转让的，法律最终应该由人民来制定，并最终为人们服务，从而不存在高于法律的权威中心；这样，他对统治契约的否定就维护了人民主权的至上性。显然，美国人在独立战争时期所设计的是具有多个权威中心的政府体制，它反映众多对立的利益，所有权威的配置也都受到限制，政府单位可以与其他社会单位共存；因此，美国的实践在很大程度上是有别于霍布斯所提出的方案的，而与洛克、孟德斯鸠、休谟等人的思想一脉相承。[①] 正是基于这种现实，G. 马歇

---

① 参见 V. 奥斯特罗姆：《复合共和制的政治理论》，毛寿龙译，上海三联书店 1999 年版，第 21 页。

尔写道："世界上大部分制宪运动都反映了英格兰的集权和美利坚的分权这两种针锋相对的主张——前者体现的是立法至上的理论，其思想渊源可追溯至霍布斯；后者依据的是权力机关之间平等与相对自治原理，该原理部分导源于洛克哲学中的有限政府权力和自然法思想。与这些区别相伴生的是司法机关的不同角色以及保护公民权利与自由的不同方式。"①

其实，洛克的观点可以追溯到文艺复兴时期德国阿尔图西乌斯的共生体契约法。阿尔图西乌斯强调，人民达成的社会契约是有条件的，取决于统治者是否遵守契约，不仅进行统治的官吏的权威可以解除，而且违反契约的君王可以废黜乃至处死。后来，洛克的思想又为卢梭、边沁等人所发展。例如，边沁说："当国王的行为与他的人民的幸福相抵触时，最好的办法就是不再服从他。"② 卢梭的观点则体现在两方面：（1）国家是全体人们自愿转让其权利而形成的一个社会机构，因而"每个人在可以说是与自己缔约时，都被两重关系所制约着：即对于个人，他就是主权者的一个成员；而对于主权者，他就是国家的一个成员"；③（2）这种被转让的权利是不受限制的，"每个结合者及其自身的一切权利全部转让给整个的集体"，④ 从而"这一结合行为产生了一个道德与集体的共同体，以代替缔约者个人……而共同体就以这同一个行为获得了它的统一性，它的生命和它的意志"⑤。正是由于反映在阿尔图西乌斯、洛克、卢梭理论中的反对专制主义思想逐渐传播和流行，越来越多的人认识到了个人权利的不可转让性，从而发展出人民主权观的思想基础，并导致近代君主立宪制和民主政体的建立。

当然，卢梭强调，只有全体成员平等地出让其权利，并且，政府是在与

---

① G. 马歇尔：《宪法理论》，刘刚译，法律出版社 2006 年版，第 2 页。
② 边沁：《政府片论》，沈叔平等译，商务印书馆 1995 年版，第 152 页。
③ 卢梭：《社会契约论》，何兆武译，商务印书馆 1980 年版，第 26 页。
④ 卢梭：《社会契约论》，何兆武译，商务印书馆 1980 年版，第 23 页。
⑤ 卢梭：《社会契约论》，何兆武译，商务印书馆 1980 年版，第 25 页。

"公意"相一致的范围内行使强制性权力，这个机构或行为才是合法的；相反，当社会和立法机关行使权力没有按照社会利益的要求去处理时，这就超出了公共福利的要求，从而社会契约本身就被破坏了。在这种情况下，人民就有权进行反抗，重新组织自己的市民社会。卢梭写道："这个社会公约一旦遭到破坏，每个人就立刻恢复了他原来的权利，并在丧失约定的自由时，又重新获得了他为了约定的自由而放弃的自己的天然的自由。"① 因此，卢梭的社会契约论就具有了双重特性：（1）它肯定了全体人民所拥有的主权是不可让渡的，这也就是人民主权观的核心，"我们每个人都以其自身及其全部的力量共同置于公意的最高指导下，并且我们在共同体中接纳每一个成员作为全体不可分割的一部分"；② （2）它又赋予了政府至高无上的权力，因为"主权者既然只能由组成主权者的各个人所构成，所以主权者就没有、而且也不能有与他们的利益相反的任何利益；因此，主权权力就无需对臣民提供任何保证，因为共同体不可能想要损害它的全体成员；而且我们以后还可以看到，共同体也不可能损害任何个别的人"③。

卢梭之所以有此双重观，就在于他看到了个体理性与集体理性、私人利益与社会利益之间的不一致性：如果听任私人利益和个体理性的膨胀，就会造成共同体的崩溃；因此，对那些拒不服从公意的人，全体就要迫使他服从公意。卢梭写道："每个个人作为人来说，可以具有个别的意志，而与他作为公民所具有的公意相反或不同。他的个人利益对他所说的话，可以完全违背公共利益；他那绝对的、天然独立的生存，可以使他把自己对于公共事业所负的义务看作是一种无偿的贡献，而抛弃义务之为害于别人会远远小于因履行义务所加给自己的负担。……于是他就只享受公民的权利，而不愿意尽臣民的义务了。这种非正义长期以往，将会造成政治共同

---

① 卢梭：《社会契约论》，何兆武译，商务印书馆 1980 年版，第 22 页。

② 卢梭：《社会契约论》，何兆武译，商务印书馆 1980 年版，第 24 页。

③ 卢梭：《社会契约论》，何兆武译，商务印书馆 1980 年版，第 28 页。

体的毁灭的。"① 显然，卢梭的观点是建立在社会利益和个人利益相一致——至少与个人的长期利益相一致——的基础之上，此时，"公意"真正体现了人们的长期利益而没有被歪曲。正是在这种理解的基础上，18 世纪末和 19 世纪初，西方社会发展出了功利主义法学。边沁就强调，政府的职责就是通过避苦求乐来增进社会的幸福。问题是，（1）社会利益毕竟是由各个私人利益组成的，因而要实现社会利益的最大化，首先要增进个人利益；（2）阿罗不可能定理则指出，由个人利益获得一个广泛赞同的社会利益函数也是不可能的。正因如此，这种强调由政府领导来实现社会利益最大化的主张，在西方社会遭到了很大的批判。例如，诺齐克就强调，权利是先在的东西，人们不能以任何借口包括增进社会福利的最大化来侵犯个人权利；为此，在契约论和功利主义基础上建立的国家不是正当的，具有充分合理性的国家只能是最低限度的国家。

六、结语：契约主义国家观的现实性

西方学术界倾向于基于社会契约论来探究国家的起源，但能被当作社会契约实践的历史案例非常少。其中之一是"五月花"号船上的英国清教徒来到美洲大陆并建立普利茅斯殖民地，他们在 1620 年宣布："我们在上帝面前，在彼此面前庄严地相互约定，我们将联合起来组成一个公民政治实体。"② 事实上，社群主义者就指出，根本就不存在所谓普遍的、先验的和与生俱来的个人权利，任何个人都在一定的社会环境中成长，并因而有特定的地位、价值以及行为，从而也就难以达成平等的社会契约而组成国家。而且，即使国家和政府是基于契约建立起来的，但很快人们之间近乎平等的自然力量就不

① 卢梭：《社会契约论》，何兆武译，商务印书馆 1980 年版，第 28 页。

② 莱斯诺夫等：《社会契约论》，刘训练等译，江苏人民出版社 2005 年版，第 65 页。

再发挥重要作用，而衍生了拥有超级力量的组织，它可以强制推行自身的意志。

关于这一点，休谟作了系统的观察：如果原始契约"指的就是最初将野蛮人联系起来，将他们的力量联合起来的那种契约，一般认为它的确存在过，不过由于它太古老，在历经千百次政府的变迁和王位更替之后，不能设想它还能保持什么权威……我们只能断言：每个合法的、臣民对之负有效忠义务的政府最初总是建立在人民同意和自愿的契约之上的。不过这只能假定这种祖辈的同意对于其子孙、甚至对于最遥远的后代仍有约束力。除此之外，我说，上述观点从未被世上任何时代或任何国家的历史或经验所证实"，而"几乎所有现存的政府，或任何在历史上留有一些记录的政府开始总是通过篡夺或征伐建立起来的，或者二者同时并用，它们并不自称是经过公平的同意或人民的自愿服从"①。正因如此，卢梭等放弃了如下企图：为社会契约观念寻求一种历史的论证。② 既然如此，学术界热衷于基于契约主义来研究国家的起源和性质又有何意义呢？

其实，尽管没有存在多少正式的社会契约，但人们在实际行动中往往似乎按照某种"准契约"而行动，这推动了法律的建立和社会的进步。相应地，契约主义也为我们理解国家的历史发展和一些历史行动提供有益视角。例如，我们可以更好地理解16世纪新教各流派对宗教自由的争取和维护，可以更好地理解近代社会各种民主和共和制度的创设。为此，边沁就写道："虽然社会并不由于许多单独的个人在欲望和恐惧的驱使下订立了什么契约，并有了它的正式的开端；但是，正是人们的软弱和不完善的感觉使人类联合在一起；这证实了这种联合的必要性；因而这种联合就是社会的坚实巩固的和自然的基础，也是社会的凝聚力。这便是我们所说的社会契约的含

---

① 休谟：《休谟政治论文选》，张若衡译，商务印书馆2010年版，第123页。
② 莱斯诺夫等：《社会契约论》，刘训练等译，江苏人民出版社2005年版，第121页。

义；虽然在最初的国家制度中，也许没有任何实例曾经正式地表达过这种契约，但是每一次联合在一起的行动，在性质上以及在道理上，都必须始终被理解和被意指为原始社会契约。这就是：整体必须保护它所有的各个部分，而各个部分又都要服从整体的意志。换句话说，这个社会组织必须捍卫它的每个成员的权利，而每个成员都应该服从这个社会组织的法律，如果没有全体的服从，这种保护就不可能切实地对任何个人起作用。"①

同时，契约主义学说还具有明显的建构理性和功能主义特征。按照这种功能主义的目的论，国家往往被视为是人民基于实用性而"设计"出来的，而政府则是沟通国家与其人民之间联系的机构，执行国家的基本职能。一般地，人们通过社会契约来建构国家和政府有两个根本性目的：（1）调解人类可能产生的利益冲突；（2）协调人们之间的合作关系。正是由于这种契约主义国家观建立在自然主义和建构理性的基础之上，从而容易造成国家是人民基于一致同意原则而理性选择的假象。为避免契约主义国家说的建构理性特征而引发"理性自负"，诺齐克提出了一种"看不见的手的解释"：国家诞生于一种"看不见的手"的自然过程，在这种过程中，没有权利的转让，没有契约的订立，更没有全体人民的一致同意，从而人们得以保留他们极其珍贵的个人权利。正是基于自然演化说，诺齐克极力反对国家起源的契约说，不接受任何关于自然法或自然权利的形而上学观点，也不接受任何"公意"或集体一致的思想，而是把国家看成是一个从"自然状态"到"支配的保护性社团"再到"超低限度的国家"最后到"最低限度的国家"的逐渐演化的过程。

然而，无论是理性契约说还是自然演化说，两者对国家起源的解释都是不完全的。究其原因，自然状态下人们所面对的问题不仅是相互之间的侵害，更主要是个体面对大自然时的能力限制。显然，要摆脱这种自然限制，就需要个体之间的联合；正是通过联合，人类可以不断增进效率并由此获取

---

① 边沁：《政府片论》，沈叔平等译，商务印书馆1995年版，第128页。

社会租金。当然，能力限制主要源于两方面：（1）人的认识能力；（2）需要的发展阶段。显然，这两者都是随社会发展而不断演进的，因而突破限制而进行的社会联合也是渐进的。正因如此，真正的契约主义对社会秩序的认知是演进的而不是先验的，它关注个体之间的互动协商而不是孤立选择。正是基于这种演进主义契约思维，我们可以更好地理解国家的起源。

事实上，人类现实社会中绝大多数国家都不是由一次性契约而组成的，而是基于一系列解决特殊问题时所沿袭而成的习俗。例如，休谟就指出："起初，每一次首领行使权力的活动都是特殊的，它所针对的是具体的紧迫情况。由于他的干预带来了可以感觉到的好处，这种权力的形式开始变得日益频繁：这种频繁性逐渐在人民之中导致了一种习惯性的，甚至是自愿的，因而也是不稳定的默认。"① 显然，根据这种压力—反应的演化理论，那些受到内部或外部的威胁比较严重的地区，往往就比较容易出现受到默认的首领，而且，人们也的确感到有义务服从首领，从而开始诞生早期的国家。正因如此，考古学家认为作为一种历史现象并不同于具有地方局限性的部落组织的国家起源于尼罗河流域、底格里斯—幼发拉底河流域和印度河流域，因为那里存在着只能由广泛强制性权威指导和管理的大规模的灌溉计划。事实上，正是由于在公元前4世纪左右，美索不达米亚地区的苏美尔人发明了复杂的灌溉体系和运河体系，使得周到的维护和管理成为必要，从而开始组成多个国家，并选出自己的国王，同时构建了等级制的管理机构。因此，尽管从理论上讲，化解冲突和增进合作也并不一定需要国家这种组织，人类绝大多数组织都有此功能；但是，当人类社会产生了需要系统协调许多人的工作以完成大规模行政任务时，如农业灌溉、远距离交通运输，国家也就应运而生了。

---

① 转引自罗比森：《休谟与宪政》，载罗森鲍姆编：《宪政的哲学之维》，郑戈等译，生活·读书·新知三联书店2001年版。

　　显然，正是基于这种庞大规模，国家组织中的科层制结构也远远比现代大公司或自愿者组织更为复杂；而且，国家权力往往集中在中央政府，从而使得政府在提供公共品供给或服务以及为提供服务而筹集税源时更有效率。一个明显的事实，正是由于缺乏强有力的科层组织，因而早期社会对那些大型工程几乎都无能为力。特别是在 17、18 世纪的欧洲，由于征税往往承包给个人而分散进行，从而就使整个社会产生了极大的混乱和腐败。正因如此，在国家这种大型组织中实施科层制决不仅仅是为了控制，更不是为了特定群体的私利；相反，根本目的是提高完成任务的效率，是为了增进人们的利益。戈登就写道："政治权威来自它所统治的人民，而国家是一种功利性的社会现象，它是人们创造出来以使他们从和平和有序的市民社会中获益的。"① 但是，自从国家组织形成之后，就逐渐出现了社会和政治的不平等，公共权力逐渐集中于少数人手中，国家组织就开始出现了变异，以至国家的职能也从增进和协调成员利益蜕变成为掠夺和控制。因此，一旦国家组织的科层制已经损害了其运行效率，或者异化成人们的对立面，那么，就需要进行分权化改革，这也是现代社会中国家往往呈现出多重形态的原因。戈登写道："西方存在的政治组织的较好模式并非基于不同于东方的偶然因素，而应归功于封建主义和资本主义的发展，后者打碎了权力的磐石，产生了具有相互竞争和相互控制的制度的多元主义政体。"② 特别是，随着技术和信息的变化以及社会成员异质化而导致权力日益分散，协调和交流越来越体现在个体之间；因此，正像公司组织从科层制逐渐走向扁平网络组织一样，原来权力高度集中的科层制国家组织也会逐渐走向分权。

---

　　① 戈登：《控制国家：西方宪政的历史》，应奇等译，江苏人民出版社 2001 年版，第 1 页。

　　② 戈登：《控制国家：西方宪政的历史》，应奇等译，江苏人民出版社 2001 年版，第 2 页。

2. 国家的两大类型及其现实形态

——基于契约方地位和契约权内容的二维视角

基于契约方地位和契约权内容这两个维度，国家可分为四类：掠夺型主权国家、人道型主权国家、集权型裁判国家、协作型裁判国家。特别是，从受让主体的地位关系角度，我们可以清晰地考察主权型和裁判型两类国家的不同性质及其演变，并由此考察政府的本质功能及其在社会经济发展中的实际行为。事实上，这种两类国家的划分也可与霍布斯和洛克的不同认识联系起来，并从冰岛与夏威夷的演化中得到历史证据。

一、引言

按照流行的社会契约说，国家可以被看成是集中人们所自愿转让的个人自由和权利并提供相应安全保护的组织系统，而政府则是执行这一职能的社会机构。显然，这种认知体现了契约主义的国家本质：国家和政府原初意义上就是人民基于一致同意原则"设计"出来的，这一"设计"主要基于两大实用性目的：（1）调解成员之间可能产生的利益冲突，（2）协调和促进成员之间的分工合作关系。当然，现实世界中的国家和政府却并非完全如此。例如，马克思就将国家视为一个阶级统治另一个阶级的暴力机关，这就是针对现实情形而言的。那么，国家和政府的现实形态与本质面貌之间为何会呈现出如此差异呢？一般地，主要原因有二：（1）国家和政府在后来的演化过程中出现了异化，这也是组织发展过程的一般特征；（2）由于达成契约的社会成员本身地位的差异，导致国家本身就是建立在的不平等的社会契约之上。

事实上，尽管西方学术界普遍接受了契约主义思维的国家分析，但是，在"如何理解国家成立之前的自然状态以及成立之后的权利界定"上却充满了分歧和争论，这种分歧也导致了了不同的国家立法。例如，霍布斯把国家视为最高主权者，政府及其代理人所制定的核心制度也成为法律的唯一源泉，从而形成了由单一的权威中心来统治社会的局面，这个单一权威中心也不必遵守法律。相反，洛克则认为，个人的主权是不可转让的，因而政府的权威是有限的，政府单位也可以与其他政府单位共存，各权力机关之间遵循的是平等与相对自治原理。因此，本章从社会契约的不同维度观察来对现实世界中的多样性国家作一更深层次的分析和归类。

二、国家组织的四种基本类型

古典契约论者洛克、霍布斯、卢梭、孟德斯鸠、康德以及现代契约论者罗尔斯、诺齐克、德沃金、高蒂尔、斯坎伦等都从社会契约角度探究国家的形成和社会秩序的构建。问题是，人类社会迄今出现的国家形态千差万别，其所承担的功能和体现的性质也在不断变化，我们又如何运用同一学说来理解这种差异性国家呢？

（一）界分国家类型的两大维度

大体上，传统社会契约论几乎都是建立在平等的自然主体之上，这些自然主体可以基于理性和自利考虑而通过一纸契约以一劳永逸地解决问题，它们的差异主要体现在这一社会契约的权威性上。不过，要真正了解基于社会契约所"设计"的组织之性质，还需要对签订契约的主体特性以及契约内容本身作进一步的考察：（1）在真实世界中，达成契约的主体地位并不平等，这体现为包括体力和智力等方面先天上的自然不平等以及财富等方面后天上的社会不平等；（2）不同时空下契约的具体内容也不同，这主要是因为人类需要层次的不断上升导致对权利的认识也在不断深化。正是基于契约方地位和契约权内容的差异，我们就可以得到不同类型的契约形态，进而形成不同性质的国家。为此，这里可以基于这两个维度对国家的性质及其现实形态作一简单剖析。

首先，基于个体权利转让的契约权内容进行分析。契约权内容涉及对不同权利的属性认知。

一般地，如果权利都可以转让，意味着契约权既包含其劳动技能也包含作为劳动技能源泉的全部身体，也即，整个劳动力都可以转让；那么，契约一旦达成之后，契约方往往就难以退出，这种契约的期限往往也就是不受限制的。也即，这就产生出一个脱离人的契约权而缔结的永久性契约，由此形成一个结构相对稳定国家组织；同时，这个国家具有强烈的专制性和潜在的掠夺性，因为权利受让方往往有可能损害转让方的未来能力（如衰竭、伤害等）。很大程度上，霍布斯意义上的就是这种国家，柏克意义上的也是这种国家。

相反，如果只有部分权利可转让，意味着契约权仅仅包含一些非基本人身权利方面（如劳动权利的转让），而不是"自我"的全部出售；那么，在契约达成之后，契约方也就有退出的可能，这种契约的期限往往也就会受到明显限制。也即，这就差异一个非永久性契约，契约往往会因其中任何一方的背信而变得无效，由此产生的就是结构不断变动或发生重组的国家组织；同时，这个国家具有一定的民主性和人道性，因为权利受让方在损害转让方的未来能力时往往会面临其他的制约。很大程度上，洛克意义上的就是此类国家。

其次，基于个体权利转让的契约方地位进行分析。契约方地位涉及对社会主体的特性认知。

一般地，如果契约当事各方的地位和力量是不平等的，契约的形成也就是权利从弱势一方向强势一方的转让；其实质就是一种易货的"交换"关系，权利一旦售出就永久丧失。显然，根据基本的交换原则，受让方就有义务为弱势的转让方提供生命和财产安全的保障，转让方则有义务为强势的保护者提供劳务或者生产活动。此时，所形成的就是呈现不平等性的等级制国家，作为受让方的强势者成为国家的主权者，国家也成为处于强势地位的自然主体获取私利的工具。很大程度上，曼尼戈德、因格尔伯特等人意义上的就是此类国家。

相反，如果契约当事各方的地位和力量大致平等的，权利就从所有个体共同转让到新创造出的且不属于任何自然人所有的公共机构，其实质就是一种互惠的"协作"关系，随时都可能重建契约。显然，根据沟通协作原则，作为受让方的国家就有义务为全体成员的利益服务，全体成员则应承担维护共同利益的责任。此时，所形成的国家不是享受利益的自然主体，也不是特定个体或群体的谋利工具，而是体现为一种服务于所有成员的协作系统。很大程度上，卢梭意义上的就是此类国家。

（二）国家组织的四种基本类型

根据上述两大维度，我们就可以对国家性质作一全面的阐释。

首先，从契约方地位这一维度看。在地位不平等的情况下，强势者本身成为国家的化身，国家成为强势者谋取私利的工具；因此，国家本身就是一个主权者，只不过在不同情境下主权者为自己谋私利的强度存在差异。相反，在地位日趋平等的情况下，国家仅仅是为所有契约成员服务的公共机构，它协调各成员之间的利益和冲突；因此，国家承担的是裁判者角色，只不过在不同环境下裁判者的角色和职能也可能移位。

其次，从契约权内容这一维度看。在契约权不受限制的情况下，契约一旦达成就难以更改，此时处于强势地位的主权者会利用一切手段压制、损害转让方的权益而呈现出强烈的专制性，政府等公共机构的代理者也会漠视成员的要求而具有强烈的集权性色彩。因此，相应的国家往往具有明显的掠夺性。相反，在契约权受到限制的情况下，契约本身往往可以随着社会的发展或环境的变化而作相应的调整，此时处于强势地位的主权者在权力制衡的情况下也不得不照顾转让方的权利而呈现出一定的民主性，作为公共机构的代理者则在社会公共监督的情况下充分承担起作为协调者的职能。因此，相应的国家往往具有相当的人道性。

这样，基于两大维度的组合，我们就可以得到国家的四种基本类型：掠夺的主权型国家、人道的主权型国家、集权的裁判型国家、协作的裁判型国家。一般地，

（1）当契约方的社会地位极度不平等且契约权内容又几乎不受限制时，形成的是掠夺的主权型国家；此时，掌握国家权力的是基于特定身份的主权者，他们可以任意地掠夺非主权者的利益。

（2）尽管契约方的社会地位是不平等的，但如果契约权内容因个人权利观的提高而受到限制时，就形成人道的主权型国家；此时，掌握国家权力的主权者或者是由大多数构成的人民，或者是少数主权者实施开明的专制政策，它体现了对社会成员一定程度的人本关怀，对弱势者的基本利益的保障。

（3）当契约方的社会地位趋于平等但契约权内容却几乎没有限制时，形成的是集权的裁判型国家；此时，国家名义上属于全体人民所有，但由于人民却没有退出的权利，因而往往处于政府代理人的高压之下。

（4）当契约方的社会地位趋于平等且契约权内容也受到严格限制时，就形成了协作的裁判型国家；此时，国家作为协作系统而存在，政府及其代理人都是为其成员的利益而服务，人们可以退出或重签契约而改变国家的结构和职能，从而也能够对相应机关及其代理人的行为进行监督。

上述几种国家类型可用图 2-1 表示：

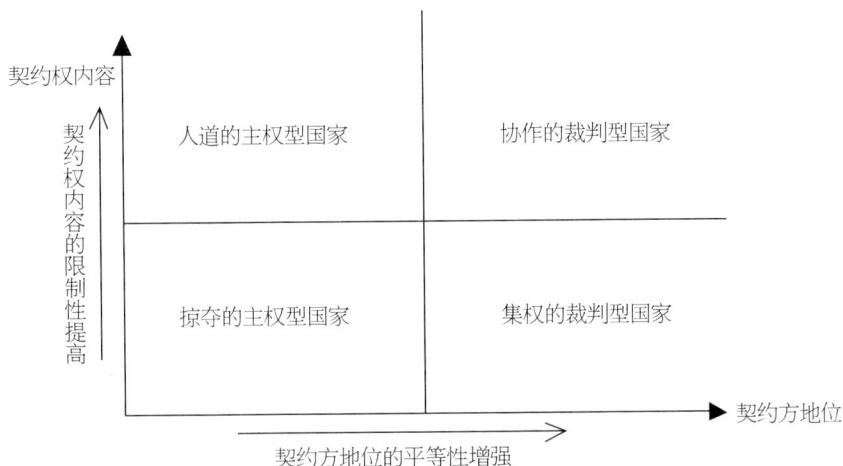

图 2-1 国家类型的坐标图

契约权内容

人道的主权型国家 　　协作的裁判型国家

契约权内容的限制性提高

掠夺的主权型国家 　　集权的裁判型国家

契约方地位

契约方地位的平等性增强

（三）四类国家在现实中的对应

这四种类型的国家在历史和现实生活中都可以找到对应：一般来说，20世纪之前的西方社会基本上都可以归入为掠夺的主权型国家，而20世纪之后西方社会逐渐迈入了人道的主权型国家；当前中国社会则近似于集权的裁判型国家，而真正的协作式的裁判型国家基本上还没有出现，这还需要人类社会相当长期的进化。

当然，有两点需要加以说明。（1）对契约权内容的限制，实际上就是对一些基本权利的保障，它要求对市场机制的作用范围进行限制，从而需要引入其他的社会协调机制；否则，在市场原教旨主义的支配下，市场自由交换的结果必然会导致人类社会实质上的等级化，这在当前的西方社会已经非常明显。（2）契约方地位的平等化，实际上就是对机会平等的保障，这要求对初始禀赋进行重新分配，从而对市场交换的起点进行纠正；否则，在起点不公平的情况下，市场自由交换的结果必然会造成权力和资源的高度集中，这在当前的中国社会也非常明显。

　　显然，在市场主义偏盛的当今世界中，普通个体的应得权利往往无法得到确实的保障，从而存在各种形式的剥削，其关键就在于这两个维度。事实上，在自由市场机制下，尽管个体之间是横向平等的，但个体与组织之间却存在严重的纵向不平等；即使在形式上具有法律上的平等，但在实质上却具有能力和资源上的极不平等。而且，在某种意义上，协作的裁判型国家相当于共产主义社会，也是儒家的大同社会，它需要废除导致地位不平等的私有财产制度而真正实现"按需分配"原则。按照恩格斯的看法，共产主义社会仅仅是指国家具有"管理事务"的职能而没有"统治人民"的职能。

　　从人类发展史看，民主体制很大程度上就是诞生于一群身份平等的移民所建立的契约。譬如，人类社会的民主和共和制可以追溯到古希腊，而古希腊之所以能够产生民主和共和制，就跟平等的移民有关。古希腊的移民和殖民有三次大的"运动"：第一次是公元前 1900 年左右，希腊各部落移居到希腊各地，征服了当地原住民并与其融合为一体；第二次是公元前 12 世纪开始的上百年间，多利亚人南侵使得希腊半岛的原居民们向海外迁徙；第三次是公元前 8 世纪开始的两百多年间，由于狭小贫瘠的土地养活不了过多的人，希腊各城邦"多余的人"一批批移民海外。在第三次海外殖民中，主要是各氏族中"多余"的又富于冒险精神的人们自愿组织成团，乘船出海前往陌生地方去"开辟新的家园"。由于这些人具有石匠、木匠、铜匠等各种技艺，生活中必须合作互补，在"征服"原住民和占据新的领土以后就筑城自卫，人人都必须"执干戈以卫社稷"，且人人都有权利"参与国事"和"对国事自由发表意见"，从而在新的城邦国家建立起了真正平等的"民主"制度。移民们新开拓的独立城邦和它们的"母邦"是友好或同盟关系，其长处反过来又被"母邦"的人们所认识和接受。

　　同样，现代民主和共和制的真正建立源自美国，而这也跟身份平等的移民有关。事实上，美洲的民主制度主要诞生在北方被称为新英格兰的地区，它首先传到相邻各州，然后再扩散到较远各州，最终弥漫到了整个联邦，进而又影响它的母邦——欧洲各国。究其原因，定居在新英格兰海岸的移民，彼此之间都是非常平等的。事实上，"几乎所有的殖民地的最初居民，都是没有受过教育，没有家业，由于贫困和行为不轨被赶出自己的故乡的人，要不就是一些贪婪的投机家和包工的把头"。① 例如，圣多明各是海盗们建立的，澳大利亚则是英国刑事法庭的罪犯流放地；同样，1607 年到达弗吉尼亚的英国移民，主要也是一群寻找黄金的冒险家或流浪汉，并且引进了蓄奴制。托克维尔写道："当移民离开祖国的时候，一般都没有谁比谁优越的想法，认为幸福的人和有权有势的人都不会去流亡，而贫穷和灾难是平等的最好保障；但是，也有一些富人和大领主由于政治或宗教纷争而被赶到美洲，他们在那里制定了一些带有等级色彩的法律，而人们不久就发现美洲的土壤是不适合领主贵族制度生长的。……（因为）贵族制度的基础是土地，只有依靠土地，贵族才能够生存。而这里没有贵族赖以生存的特权，也没有贵族赖以继续存在的身份制度。"②

尤其是，"落户在新英格兰沿岸的移民，当初在祖国的时候都是一些无拘束的人。当他们在美洲土地上联合起来以后，社会马上就呈现出一种独特的景象。在这个社会里，既没有大领主，也没有属民；而且还可以说，既没有富人，也没有穷人……他们当中的所有的人，或许没有一个例外，都受过非常良好的教育，而且有很多人还由于博学多才而在欧洲闻名。其余的殖民地，是由未携带家眷的冒险家们建立的；而定居在新英格兰的移民，是同妻子儿女一起来到这荒凉土地上的，并带有良好的秩序和道德因素"。③ 同时，他们之所以离开故土，并不是为了改善境遇或发财，也不是出于迫不得已，而是带着创业的目的，出于满足纯粹求知需要而自愿放弃在祖国值得留恋的社会地位和尚可温饱的生计。尤其是，由于震荡的宗教和政治激情，后来的

---

① 托克维尔：《论美国的民主》，张扬译，湖南文艺出版社 2011 年版，第 22 页。

② 托克维尔：《论美国的民主》，张扬译，湖南文艺出版社 2011 年版，第 21 页。

③ 托克维尔：《论美国的民主》，张扬译，湖南文艺出版社 2011 年版，第 22 页。

移民越来越多是清教徒，由于清教教义的严格性在祖国的日常生活中已经遭到严重损害，从而远渡重洋以寻求世界上人迹罕见的不毛之地以过清教徒的生活，并自由地崇拜上帝。所以，托克维尔说，在美国，"人们比在世界上任何地方，比在历史上有记录的任何时代，在财产和学识各方面都显得几乎平等，也就是说，在力量上更近乎于平等。"①

三、基于契约方地位的国家特质分析

上面四种基本的国家类型是基于两大维度所做的分析，这种划分可以更精确地比照现实中的国家形态，从而有利于展开比较制度的分析。不过，如果同时对这四种类型展开分析，就会因错综复杂而篇幅巨大，因而这里则简洁地比较说明国家的基本性质、成因及其演化。事实上，契约方地位和契约权内容之间的演化往往存在历时的一致性或相通性：一般来说，随着社会的发展，契约方地位的平等化倾向增强，契约权内容的限制程度也不断提高。为此，我们合二为一并暂时依据契约方地位这一中轴维度，来探究受让方在地位上的差异对国家性质及其职能所造成的影响，而将契约权内容这一维度参插进契约方地位变动中加以分析。

（一）简化的两种国家类型

基于契约方地位的维度，我们可以得到两种不同性质的国家类型。

首先，就个体权利的受让方是强势的自然主体而言，国家就成为强势主体的化身。此时，国家组织中存在一个主权者，而其他非主权者则转换为臣民：臣服者为了获得安全保障而主权者交纳税收或提供劳动，而主权者本身则为臣服者提供安全和保护。因此，主权型国家的根本特征就是：不同类型

---

① 托克维尔：《论美国的民主》，张扬译，湖南文艺出版社 2011 年版，第 37 页。

的物品之间的交换（如税收和保护），这是社会不平等不断增强的过程中国家组织演化所呈现出的必然特征。显然，这类国家集中地体现在奴隶社会和封建社会这些君主专制社会中，如在封建社会中农奴就以劳役的方法转让个人的休闲自由以换取领主的保护性服务。

事实上，这种以服务交换安全的主权制国家就典型地出现在中世纪时期的欧洲，当时的动乱加上军事技术上的特点使得封建单位成为有效的保护模式。究其原因，领主所拥有的设防的城堡和具有专门作战技术的骑兵是任何装备简陋的农民团体不能相比的，因而庄园制就成为当时的一种有效制度：领主专门生产保护和公正这类"公共品"，而农奴则提供自己的劳动力来交换公共的服务。同样，这一国家特征在日本"战国时期"也表现得非常明显，当时的人们为了在乱世中生存而结成了以劳动换保护的互惠组织：一个村庄里的一个武士可能和一整群农人有关联，他保护农人不受盗贼欺侮，而农人则以农稼回报武士的保护；后来，尽管由于丰臣秀吉以及德川家康的努力，日本开始成为统一的国家，但类似的义务依然存在于大名（领主）和效忠他的武士之间。

正因如此，在主权型国家中，那些提供安全而参与战争的士兵本身就应该是主权者（即权力受让者）本人，也就是统治者（或统治者阶层），这一点在柏拉图的《理想国》中已经说得很明白。人类历史实践也大致如此，在早期国家中只有贵族的子弟才可以当兵，并且所有贵族的男子都必须且乐于当兵，甚至帝王也不例外。在古代中国也是如此，所谓打仗乃"肉食者谋之"。管仲则提出"四民分业"理论，强调打仗的"士"是世袭的。

对早期中国的兵文化，雷海宗曾作了深入研究，他写道："春秋时代虽已有平民当兵，但兵的主体仍是士兵。所以春秋时代的军队仍可说是贵族阶级的军队。……封建制度所造成的贵族，男子都以当兵为职务，为荣誉，为乐趣。不能当兵为莫大的羞耻。我们看《左传》《国语》中的人物由上到下没有一个不上阵的，没有一个不能上阵的，没有一个不乐意上阵的。国君往往亲自出战，所以晋惠公才遇到被虏的厄难。……春秋各国上由首相，下至一般士族子弟，都踊跃入伍。当兵不是下贱的事，乃是上层阶级的荣誉职务。战术或者仍是很幼稚，但军心的旺盛是无问题的。一般地说来，当时的人毫无畏死的心理；在整部的《左传》，我们找不到一个因胆怯而临阵脱逃的人。"①

其次，就个体权利的受让方是所有成员的结合体而言，国家仅仅作为社会公共机构而存在。此时，国家不再是一个主权者而成为一个裁判者：国家不是享有利益的自然主体而仅仅是为了协调成员的利益，而所有社会成员共同为国家提供服务和税收，即使国家的领导者如执政官、总统等也仅仅是指挥者而非主权者。因此，裁判型国家的根本特征就是：成员之间形成互惠合作的关系，共担风险、共享收益，这是社会不平等增强之前以及社会平等化发展之后国家组织演化所呈现出的必然特征。显然，这共同参与、相互服务的裁判型国家与当前社会的状况很相似，从某种意义上讲，当前世界上绝大多数民主国家都把政府看成是一个具有独立地位而为所有人服务的专门机构，其功能也典型地体现为协调方面，法律和舆论都是为这一目标服务的。

事实上，这种国家类型的存在是以达成契约的社会成员之间的地位比较相似为前提条件的，这在两个历史阶段可以发现其影子。（1）在人类社会早期社会或政治不平等没有急速拉大之前的时期，就存在这种大致相似的前提环境，如古希腊的城邦民主制、早期的日耳曼公社制以及古罗马的共和民主制就比较接近于这一国家类型。事实上，即使在罗马帝政时期由法律已经规定把帝国的各种权力集中于独裁者（罗马皇帝）一人，但这种权力也被称为是由人民赋予的。（2）随着社会权力的分散、地位的平等以及人们认知的提高，人们对国家的定位也开始朝这一裁判型属性回归。事实上，近年来新古典经济学家就在逻辑上拓展了交换定理，从而强化了政府作为人与人之间的

---

① 雷海宗：《中国文化和中国的兵》，商务印书馆 2003 年版，第 6 页。

某种契约形式或契约关系。显然，这种国家类型状况也与中国古代贤哲的认知很相似，荀子就说，"天之生民，非为君也；天之立君，以为民也"（《荀子·大略》）。事实上，除了周朝以及其他很短暂的动乱时期外，自秦以来，中国历来的国家制度都与中世纪的西欧和"战国时期"的日本存在明显的区别：中国社会不存在世袭的领主制，而具有明显的流动性。钱穆称中国乃是一个"四民社会"，又是一个"士人社会"，因为中国社会是开放的，实行的圣贤治国的制度。①

正因如此，在裁判型国家中，一般没有具有世袭性的专人基于义务来承担保护社会大众的生命和财产的安全，而往往是按照一定规则从所有成员中选拔那些适合的人来承担安全保障任务，这就会形成所谓的义务兵制。事实上，在早期日耳曼公社中，民众大会是最高权力机关，它有权决定部落中的一切重大事务，包括立法等事项，并具有审判的功能；在日耳曼部落的民众大会开会时，所有成年男子均全副武装参加，有关战争、媾和、土地分配以及对外交涉等重大事务，都先由贵族议事会审议，然后再在民众大会上讨论。

当然，随着国家地域的扩展、社会成员的增加以及人类社会日益趋向和平，就不需要所有的成员参与军事活动，从而就过渡到轮换性的义务兵制，此时更多的成员可以从事生产性活动；同时，当依靠义务征集的兵源不足以满足社会需要之时，又逐渐产生了一些变通的方法，如支付工资的自愿兵，或者用于赎罪的"囚兵"，或者可以抵消赋税的"更赋兵"，等等。实际上，正因为国家是人们基于契约而形成的公共机构，它是人们为实现自己利益的一个手段和工具，而政府是实现这一服务职能的公共机关；因此，"自由人既不会问他的国家能为他做些什么，也不会问他能为他的国家做些什么。他

---

① 当然，儒家社会又赋予这些士人以卡里斯马（文曲星下凡）的神秘色彩，从而把官和民的内在特征区分开来，形成了根深蒂固的官文化，这在某种程度上又使得国家带有主权者的色彩。

会问的是，'我和我的同胞们能够通过政府做些什么'，以便尽到我们个人的责任，以便达到我们各自的目标和理想，其中最重要的是：保护我们的自由。"① 正因为中国历代先贤都不把国家视为主权者，从而强调每个子民都有保护国家的责任，所谓"国家兴亡，匹夫有责"是也！

（二）学术界对两类国家的认识

一般地，在不同时期、不同文化下对契约权内容和契约方地位这两个维度的认识是不同的，这种认识上的差异在以契约解释国家起源之初就形成了截然相反的国家观。事实上，原始契约说将国家视为统治者与被统治者之间的私人关系，后来的社会契约论则将国家视为公民基于一定原则的权利委托。为此，奥托·基尔克（Otto von Gierke）就区分了两类契约：（1）统治契约，是人民与统治者之间的协议，曼尼戈德和因格尔伯特以此来论证统治者权威的合法性；（2）社会契约，产生于国家或公民社会的前政治的个人之间的协议。后来，这两类契约又被学者们修改为政府契约和社会契约：政府契约产生了权力，规定了社会基本制度；社会契约则产生了社会本身，产生了社会微观制度。事实上，社会共同体一旦通过社会契约建立起来，它就可以是自治的，从而也就无须订立契约而直接任命一个接受信托或委托的政府。由此，巴克说："我们显然不可能只相信政府契约的存在，而不相信社会契约的存在；但我们却可能只相信社会契约的存在，而不相信政府契约的存在。"② 相应地，霍布斯、洛克和卢梭等都将重点放在了社会契约上，而都不关注政府契约。

不过，尽管霍布斯放弃了政府契约的观念，但他却认为个人权利转移而形成的共同体只能存在于利维坦之中并通过利维坦而存在，一旦群龙无首，

---

① 弗里德曼：《资本主义与自由》，张瑞玉译，商务印书馆 1986 年版，第 3 页。

② 巴克：《社会契约论·导论》，载莱斯诺夫等：《社会契约论》，刘训练等译，江苏人民出版社 2005 年版，第 264 页。

法人也就不存在；因此，霍布斯契约不仅仅是关注前政治的个人间建立国家的形式，也是建立政府的形式。相反，洛克则认为，人民通过联合而成立的法人实体是自治的，人民自己委派管理来执行法律，而政府存在于共同体之中并通过共同体而存在；因此，法律的统治要么是由共同体所同意，要么是由出于此种目的而授权的某些人所同意。进一步地，卢梭强调，共同体享有永远的主权，国家建立在公意的基础上，政府则是执行共同体所指定的法律的中间体；为此，他捍卫直接民主而反对代议制政府和议会式民主，否定了共同体通过其代表来行使立法权的设想。相应地，基尔克将霍布斯看作是政府契约论者，将洛克主要归为社会契约论者，而将卢梭视为完全意义上的社会契约论者。① 为了更好地解释这些不同的国家观，这里以霍布斯和洛克为例加以说明：在某种程度上，两人对国家性质的不同理解实际上隐含了对自然状态下契约个体的认识差异。

首先，就霍布斯的认知而言。他将自然状态描述为个人之间没有任何联系的状态，人本质上是反社会的，个人利益之间也是绝对互不相容的。事实上，尽管霍布斯在文字阐述上往往把自然状态下的人视为平等的个体，但从他特别强调自然状态中存在弱肉强食这一自然规律来看，在他潜意识中自然状态中的个体并不是平等的。正是由于自然状态下的个体是不平等的，在为了获得安全而缔结社会契约时，弱势者就只能将其全部个体权利无限制转让给强势者，而由强势者来保护弱势者的永久安全。有鉴于此，霍布斯认为，"人们只能在绝对统治的危恶和不安宁的无政府主义的危恶之间进行选择"，也即，此时的人们将"面临一种根本性的两难困境：如果他为了保障社会秩序的目的而将社会的权力手段授予特定的人，他便将这些人的利益状况与自己的利益状况区别开来并且使这些人受到利用其权力手段反对自己的诱惑。但如果他完全或部分放弃权力手段的这种集中，他便无法指望秩序保障者能

---

① 莱斯诺夫等：《社会契约论》，刘训练等译，江苏人民出版社 2005 年版，第 47 页。

够完成赋予他们的任务"。① 同时，霍布斯把人视为是自私自利、不合作以及寻衅好斗的，只有完全的且绝对的权力才能在如此不驯的人群中维持和平与秩序；相应地，他主张，为了使主权者能够对那些损害公益的追求私利的行为进行限制，主权者应当是至高无上和不受法律约束的。正因如此，霍布斯认为，通过社会契约而统一在一个人格之中的一群人就组成了国家，而通过契约建立起来的主权者的权力是至高无上的，是不可推翻的，人民的义务是绝对服从，任何反叛都意味着社会的解体。显然，从正义观的角度，霍布斯的正义观概念体现的是一个最初的平等，它产生于一个有自由承诺权的当事人之间的自由契约，而唯一的正义正在于要当事人信守这一契约；至于这种契约是否是平等的，今后的执行是否会产生所得与贡献不成比例的问题，则不属于正义的内容，而且，涉及后来分配等不正义的问题也是根本无法纠正的。

其次，就洛克的认知而言。他更倾向于契约权受到限制的契约形式，强调国家仅仅作为一种服务于全体成员的公共机构的角色。其理由是：(1) 自然状态下人是自由、平等的；(2) 自然状态中存在一定程度的社会联系。在洛克看来，自然状态下的个体行为不是放任的而是受自然法制约的。也即，在自然状态中，并不是霍布斯所设想的那样，每个人都有权做任何事；相反，一切都是相互的，没有人享有多于别人的权利。正因如此，洛克强调，人们之间彼此不只是潜在的对手，也是同类，可以建立对彼此都有利的合作关系，自然状态可以是一种和平的、友善的、相互尊重的状态；相反，战争状态是自然状态中自然法遭受破坏时人与人关系的一种敌对、恶意、暴力和互相残杀的状态，是自然状态的一种反常状态。正是由于自然状态本身存在弊端并且很有可能向反常状态转化，因此，为追求摆脱自然状态所潜藏的这

---

① M. 鲍曼：《道德的市场》，肖君、黄承业译，中国社会科学出版社 2003 年版，第212 页。

种弊病，人们就通过缔结社会契约的方法来建立市民社会，并且通过建立政府来作为受委托人。进而，既然是人民要求将这些规则付诸实施的，那么，他们本身就既是委托者也是受益人。这样，从正义观的角度，洛克的正义观概念不仅强调最初基于自由契约的平等，而且也强调契约在执行过程及其结果中体现出来的平等。事实上，在洛克看来，否定生命、自由和财产这些天赋权利都是不正义的，而社会契约事先是无法纠正的，那些被指派去维护正义的人甚至可能成为不正义的始作俑者；因此，一旦公权力的代理者实施了不正义的行为，那么，人们就可以通过重新签约甚至暴力革命来纠正它。

可见，正是受让方属性的不同，造成国家性质以及相应的政府功能存在着很大差异。究其原因，不同属性的受让方在权利转让中承接了不同的权利，从而在利益分配中扮演了不同的角色。而且，正是基于对个体权利所转让的对象属性的理解不同，人们对国家性质以及政府职能的观点也存在很大差异。

一方面，在将个人权利出让给具有强势地位的自然主体以换取保护的契约中，实际上体现了一种易货的"交换"关系；此时，尽管交换并非是平等的，但权利一旦售出就永久丧失了。正因如此，通过这种买卖建立起来的主权者权力就变成至高无上、不可推翻的，而出售了权利的大众则具有绝对服从的义务，任何反叛都意味着社会的解体。事实上，人们在订立社会契约时，强势者之所以愿意为其他人提供安全和服务等公共品，就在于他拥有了"随心所欲"使用这些权利的权力，从而能够直接为自身利益最大化而行动。因此，掌握公共权力的主权者就具有了制定和维护法律的绝对权威，这些法律不仅体现了社会协调的需要，更是为了控制的需要。正是在这个意义上，马克思说，法律是国家按照统治阶级的利益和意志制定或认可、并由国家强制力保证其实施的行为规范的总和。事实上，在霍布斯看来，一个人在让出其权利之后，就有义务不得妨碍接受他所让出的权利的人享有该项权利，

"他应当不使自己出于自愿的行为归于无效，这是他的责任。"① 因此，受让的强势者就拥有国家主权，而体现受让者利益的政府也必须具有制定和维护法律的绝对权威。

另一方面，在将个人权利出让给不属于任何自然人所有的公共机构以换取保护时，实际上体现了一种互惠的"协作"关系；此时，公共机构本身没有自身的独立利益，而仅仅是为了维护其成员的利益而存在。正因如此，通过这种合作建立起来的裁判者权力不是至高无上和永恒的，而转让权利的个体并没有永久丧失其基本权利，在适当的时候，他可以抽回自己的权利而谋求建立一个新的契约。事实上，人们订立社会契约协作是其社会性冲动的自然结果，而他之所以把一部分自然权利交给社会，目的是以此为他们自身谋福利，保护他们的生命、自由和财产，产权是先于政府而存在的。因此，政府及其代理人必须保障其成员的平等性和基本自由，政府的权威应限于保护那些自然权利，其权威的建立仅仅是旨在执行共同体本身已不能执行的特殊使命。正是在这个意义上，我们说，不是政治威权使合作得以可能，其作用只是保护合作和加强合作。事实上，洛克强调，人们在进入政治社会后，仍然保留其在自然状态中所拥有的自然权利，而之所以建立政府仅仅是为了继续自然法的作用和效力。洛克在《政府论》中写道："人类天生都是自由、平等和独立的，如不得本人同意，不能把任何人置于这种状态之外，使受制于另一个人的政治权力。任何人放弃其自然自由并受制于公民社会的种种限制的惟一的办法，是同其他人协议联合组成一个共同体，以谋他们彼此间的舒适、安全和和平的生活，以便安稳地享受他们的财产并且有更大的保障来防止共同体以外任何人的侵犯。"②

---

① 霍布斯：《利维坦》，黎思复、黎廷弼译，商务印书馆 1985 年版，第 99 页。

② 洛克：《政府论》（下篇），叶启芳、瞿菊农译，商务印书馆 1964 年版，第 59 页。

四、国家在演化过程中的异化

基于"自愿"契约的视角，我们可以较为透彻地探究国家及相应政府等机构的起源，从而把各类国家及其他相应机构都建立在统一的契约论基础之上；同时，基于契约方地位和契约权内容这两大维度，我们可以对不同类型的国家性质作一区分，从而进一步对相应的政府职能进行剖析。

（一）国家异化的原因和过程

在迄今为止的国家理论中，学术界往往只把平等的当事人之间的契约视为契约型政府，而将基于自然不平等的当事人之间的契约看成是掠夺型政府。这种界定的流行缘由是：（1）后一种政府所基于契约的当事人之"自由度"是不同的，其中存在着力量和强制的因素；（2）这种政府一旦形成，原来处于自然不平等状态下的当事人就会转化为处于政治不平等状态下的当事人，政府权力也成为当政者进一步谋取私利的工具。不过，这种界分往往会导致理解的混乱：（1）任何契约实际上都不可能是平等和自由的，所谓的"平等"和"自由"都是相对的；（2）这种"平等"和"自由"的程度也总是处于流动状态，从而会导致契约型政府和掠夺型政府之间的转化；（3）即使是那种表现出强烈掠夺性的国家，最初也是基于一种"自由"契约，是自然不平等的当事人之间基于安全保护和生产劳务之间的契约。

事实上，任何基于契约而形成的国家在其发展过程中都会出现异化：一般地，随着当政者的权力逐渐加强，甚至当其中一个家族或一个部落如此强盛以后，它就慢慢地不再承担自己的义务，而是努力依靠自己所建立起来的暴力机关获取私利。譬如，按照社会契约理论，即使在契约方不平等的情形下，那些掌握国家主权的早期统治者也应该承担打仗和保护臣服者的任务；否则，社会大众凭什么会"心甘情愿"地臣服呢？但是，当后来的贵族逐渐消失或者贵族蜕化为寄生者之后，打仗或保卫公民不受外来侵犯的任务却逐渐由那些本应被保护的人自己来承担了。显然，这就反映出主权者本身的职责丧失了，在不尽义务的情况下却享受征税的权利，这也意味着国家的掠夺性大为增强了。这就好比家庭婚姻关系，男女之间进行某种意义上的"交换"：妻子在家生育和抚养孩子，并承担日常家务的责任；丈夫则有保卫家庭（妻儿）不受外来欺侮以及在竞争性的市场为家庭获取生活资料的责任。但是，如果妻子不仅要在家生育、抚养孩子，还要承担整个家庭谋生的任务，而丈夫的唯一工作就是监督和控制妻子，那么，这样的家庭还是正常的家庭吗？这不是掠夺性的异化吗？家庭的异化情形我们很容易识别，但我们对国家的异化却往往熟视无睹。相反，一些经济学家还以力量博弈来为之辩护，甚至基于力量的博弈均衡来设立这种制度。

关于国家的异化发展，我们可以审视一下中国的先秦史：直至春秋时代，打仗还主要是贵族们的事，相应地，战争往往只是为了维持均势以防止侵犯而并不以杀伤为能事。究其原因，此时打仗死伤的是贵族自身，他们当然不愿意为获取某些税收而承担无限责任和风险，这比较符合"为自己活也让别人活"的博弈原理。但是，战国以后国家的掠夺性就开始增强：那些掌握国家权力的人逐渐推卸了其提供保护的职责，从而平民逐渐取代了贵族子弟成为主要的兵源；在这种情况下，战争本身的性质也发生了极大变化：战争的目的开始变为消灭对方，从而导致了大量的杀戮出现。究其原因，此时战争导致死伤的是平民，而战争的决策者则是那些贵族，战争胜利获得的收益也主要为贵族所有；在这种成本—收益极端不对称的情况下，贵族们当然愿意发动战争，且为了获得其个人利益也不惜投入巨大的社会成本。事实上，这种以灭国为目的的战争进一步强化了君主专制，从而也出现了建立在严苛的法律之上的秦帝国；此时，国家所需要的军费、兵役、劳力等也不再由"有禄于国，有赋于军"的下级领主从采邑内向国君提供，而是直接向农民征调。为此，雷海宗写道："春秋时代是上等社会全体当兵，战国时代除了少数以三寸舌为生的文人外，是全体人民当兵，现在上等社会不服军役而将全部卫国的责任移到贫民甚至无赖流民的肩上。"[1]

正是权利和责任间的不对称性不断增强，社会契约本身也就越来越名不副实，以致契约型国家在发展过程中就逐渐蜕变为掠夺型国家。有鉴于此，奥尔森甚至把这类政府的当权者比作匪帮："一般而言，由于一大帮有足够能力组织大规模暴力的人的理性自利因素，为这一大帮人利益服务的政府因而就会产生。这些暴力团伙一般不愿意把自己称为匪帮，相反，他们总是给自己及其继任者以吹捧性的称号。他们有时甚至声称是基于神授权利而统治。由于历史总是由胜利者书写的，那些处于统治地位的王朝当然把其解释为是基于高尚的动机而不是自利的因素而产生的。各种各样的统治者总是声称是他们的臣民希望其来统治，这种说法因此滋生了一种错误的假设，认为政府的出现总是由于臣民自愿选择的结果。"[2] 当然，奥尔森的看法可能更适合后来政府的更迭和权力的争斗，而就国家的起源而言，我们可以更好地在不同类型的契约中得到说明。

（二）两大国家理论的解释

基于权利的受让对象的属性及由此产生的政府在利益分配中地位和角色的角度，我们可以解释当前学术界流行的两种主要国家理论：契约理论和掠夺理论。

一方面，从演化的角度看，国家是人们为了共同的利益通过社会契约而结合起来的集合体。显然，如果社会契约是基于一致同意原则上，那么，必然会形成了帕累托改进式的协作系统。当然，由于人类的交往半径是逐渐扩展的，因而协作系统的规模也是逐渐增大的，而国家组织就是源自小规模协作系统的扩展。而且，一般来说，在早期小范围的社会契约中，成员之间的

---

① 雷海宗：《中国文化和中国的兵》，商务印书馆 2003 年版，第 21 页。

② 奥尔森：《权力与繁荣》，苏长和、嵇飞译，上海世纪出版集团、上海人民出版社 2005 年版，第 8—9 页。

自然不平等往往不很显著，而社会（或政治）不平等更没有发展；因此，小规模协作系统所基于的社会契约往往存在很大的平等性，而作为协作系统的国家也可以追溯到这种平等契约，这也就是国家起源的契约说。显然，基于这种理解，契约论把个人作为利益主体，国家以及政府等职能机构则根本不是利益的直接享有主体，而仅仅是一个被公众创造出来的保护公众权益、调解社会纠纷的社会机构。也就是说，国家以及政府等职能机构是作为全民利益的协调者和裁判者而存在的，而不能成为社会博弈的一方，这是对利益分配的局外人解释。

正因如此，契约理论把政府视为积极为百姓提供服务的公共品供给者，它只解决市场不能、不愿或无效解决的问题上，不但不会与民争利，更不会损害任何个体的利益。相应地，被选举出来的统治者将以帕累托改进作为行动的基本原则，其目的就是要增进所有人的福利而使得没有任何人变得更差，这往往又被称为国家理论的仙女模型（Good Fairy Model）。当然，这种理论还有一个变种就是半仙女模型（Simigood Fairy Model），该模型认为公共品的供给者不是着眼于每个个体的利益决定公共品的供给，而是从总体上考虑整个公益的增长；譬如，他们将限制垄断行为，即使这样会损害原垄断者的利益，但只要从限制垄断中获利的人的获利总和大于由此受损的人的利益损失之和。显然，半仙女模型下的公共品供给者是以卡尔多改进为基本原则的，这也是早期功利主义原则的基本思想；由此我们也可以看出，半仙女模型下的国家或政府更加关注弱势者的利益，从而更为体现协作系统的本质，因为它开始关注整个协作系统的社会性问题，而不是仅仅从孤立的个体角度分析问题。

另一方面，从静态的角度看，国家是一种制度性的权力运作机构，它在实施其规则时垄断着合法的人身强制。当然，在人类漫长时期中社会成员的地位往往是不平等的，人往往被区分为统治者及被统治者，从而国家就表现为一个阶级镇压另一个阶级的机器。究其原因：（1）任何特定时期的社会组织的属性、功能和结构都是相关成员进行博弈的产物，因而国家的性质往往体现了社会各种力量的博弈均衡；(2)既然国家体现了强者的意志和利益，从而也就成了强势的统治者谋取私利的工具，这也就是国家属性的掠夺说，它主要体现特定时期国家所呈现出来的性质。显然，基于这种解释，掠夺论把国家或政府机关本身当成是利益分配的最终主体，此时的国家或政府就是君主、独裁政党、官僚机构等等的化身。也就是说，政府是作为一个主权者而存在的，它就是整个社会博弈的参加者，这是利益分配局中人的解释。

正因如此，掠夺论不是把政府看成是一个仁慈的天使，而是把它视为直接的主权者或者某一阶级或集团的代理者，其作用是为主权者或者代表该阶级或集团对其他阶级或集团进行压迫和剥削，其目的在于使主权者本人或权力集团的收益最大化。基于自身利益的目的，它不但无视其行为对其他社会集团的利益的影响，也无视它对社会整体福利的影响。显然，这里的政府本身就是运动员而不是裁判员，或者是拥有制定比赛规则权力的强势运动员，从而实际上一身又兼具了运动员和裁判员的双重身份。而且，既然规则是自己制定的，那么，在规则对己不利时就会修改它，因而这种政府根本上也不会遵守自己制定的规则。在经济领域，这双重身份是指"其在由于拥有保护其他博弈参加者的私有权的强制力从而具有扩大市场的潜在功能的同时，也拥有通过对其他博弈参加者的部分私有权课税的手段实现向自己的转移的强制力的可能性"。① 为此，西方学者发展出了所谓的女巫模型（Wicked Witch Model），该模型把公共品的供给者视为追求最大化功利的经济人，他们可能促成任何有助于提高自己利益的获得。显然，这实际上也就是诺思等所提出的国家理论，它根本上追求的是垄断租金最大化；即使统治者做了一些有利于人们的事情，那也是它为了维持现有自己利益的副效应。

---

① 青木昌彦、奥野正宽、冈崎哲二：《市场的作用国家的作用》，林家彬等译，中国发展出版社 2002 年版，第 5 页。

五、两类国家在历史上的例证

一般地，霍布斯和洛克等提出的国家学说主要是猜想性的而不是历史性的，它过去不是，而且现在也不是意图对无论过去还是当前的现实进行描述。究其原因，人类个体根本就不可能是孤立的，相反，一旦来到世上就已经存在于某种团体、家庭、部落之内的。不过，这种国家契约说也不是毫无意义的，因为这些先驱者们的想象为经济学的理性选择分析提供了逻辑思路，为我们对现实国家的理论分析提供了思路。一方面，现代协作型的裁判国家之所以出现，根本上就在于，在这个社会中没有任何个人或者团体领导人具有足够强大的力量以使自己成为专制的独裁者，从而在那些不同团体的领导者、集团或者家族之间就形成了某种权力平衡；同时，权力平衡的出现，不但使得任何一个领导者或集团都会很谨慎地避免获得大于他人的权力，因为这可能会导致其他人的联合反对，而且又有动机去降低任何可能的专制者成为真正专制者的可能性。[①] 另一方面，早期掠夺型的主权国家则往往起源于权力的不平衡，其中某个具有绝对优势力量的领导者就会借助武力征服另一些相对较弱的力量，从而取得对特定地域的臣民的完全控制；同时，在取得绝对控制权后，他会为了自己的利益而从社会生产中榨取最大化的收入，但这种榨取并不会像一般的强盗那样采取杀鸡取卵的方式。

（一）两类国家的历史证据

国家契约说之所以具有意义，还在于裁判型和掠夺型这两类国家都可以在历史上找到一些可资说明的证据，尽管并不能完全对应。这里举两个例子加以说明。

---

① 奥尔森：《权力与繁荣》，苏长和、嵇飞译，上海世纪出版集团、上海人民出版社2005年版，第26—28页。

首先，就契约型国家而言。

早期的冰岛就可以看作是一个基于契约而形成国家的典型例子。中世纪的冰岛社会的秩序维持和排他性权利保护依赖于当时的政治系统，而这一系统包括一个法庭审判系统和立法机构——它们都由 36 个（后来变成 38 个）首领控制；每个独立的农民都必须是某一个首领的臣民，但他有随时改变他的忠诚的权利；首领职位则可以继承、买卖，一个人可以拥有多个首领职位，并指派他的代理人担任，但自己只能担任一个首领的职位。首领和臣民的关系是一种双向式的权利和义务关系：当一个人的权利受到侵犯时，他可以采用三种补偿方式：（1）自己根据法律进行复仇；（2）寻求仲裁；（3）提起诉讼。而且，在某种程度上讲，此时的判决是由非专业法官（相当于今日的陪审团）作出的，仲裁也是非正式的。在这种情况下，如果败诉方不遵守判决，执行决定的胜诉方就只能团结其亲属，而判决也常常有足够的说服力劝阻败诉方的亲属不去从胜诉方的亲属中保护败诉者，从而鼓励胜诉方亲属帮助胜诉者执行命令。这是因为，冰岛人将男女双方家庭的人都看作亲属，因而每一个人都有许多亲属，从而使少量的诉讼人有共同的亲属，而这些亲属就会通过促成和解而允许按法律解决而帮助降低争端的激烈程度。[①] 与此同时，代表控制立法和审判权力的首领职位是可交易的，因而由于竞争，所有的首领职位后来都被 6 家所垄断，它们之间又开始了相互争夺权力的战争；直到 1262 年，冰岛人与哈康－挪威的国王签订了条约，重新恢复了秩序。这一契约同样具有双向约束力，它规定：冰岛人成为国王的臣民，并保证每年向他纳税，但如果君主违反了协议，不能履行他的职责，臣民有免除纳税义务的权利。显然，这是一个通过契约的形式完成向国家社会过渡的例子。

---

① 参见波斯纳：《法律的经济分析》（上、下），蒋兆康译，中国大百科全书出版社1997 年版，第 339 页。

其次，就掠夺型国家而言。

夏威夷提供了依靠暴力组成国家的近似例子。在 18 世纪 80 年代以前，夏威夷的 25 万至 40 万的人居住在 8 个岛屿上，并且明显地划分为三个等级：阿利伊（酋长）、马卡艾纳纳（平民）和卡胡纳（僧侣）。每个政治实体都由一个阿利伊努依（统治酋长）所统治，他拥有全部土地和物资；他将土地暂时授予阿利伊家臣；家臣再将土地授予科诺希基（经营土地的地主），然后地主再将土地转租给马卡艾纳纳。开始，马卡艾纳纳可以自由地移居其他地区或岛屿，而且，由于武器水平低，大量的马卡艾纳纳可以制服人数不多的酋长。但是，1778 年库克船队到来后带来了先进武器，酋长就具有了先发制人的优势：以前人数众多的平民足以推翻一个阿利伊努依，但现在一小队忠诚的支持者就能挡住人数众多但手无寸铁的马卡艾纳纳的组织。因此，在与外界接触后不久，卡梅哈梅哈一世（一位阿利伊努依）就开始向其他酋长发动了战争，这样，1795 年一个统一的中央集权国家就出现了；此时，马卡艾纳纳向其他岛屿迁徙时所遇到的也已不再是一个新的政权，而是国王的一个家臣。显然，暴力在夏威夷的国家形成过程中发挥了重要作用。

（二）现实世界的复杂形态

上面所举两例只是一种简化，而国家的现实演化过程实际上要复杂得多，在很大程度上往往都同时存在契约和暴力两种因素。一方面，契约论往往体现了国家作为协作系统的本质，但这个理论也存在这些问题：（1）现实中的国家既作为每一个契约的第三者又是强制力的根源，强力往往促使组织偏离其本质，契约理论却无法解释国家组织的异化；（2）契约方法在一定程度上解释了为什么国家提供一个经济地使用资源的框架，因为由政府来组织、实施各种契约可以节省各种签约成本、实施成本和保护成本，但在权力结构下每个成员必然都希望能按有利于自己集团的方式再分配福利和收入，而契约论解释了最初签订契约的得利，却无法说明各利益集团在其后的利益最大化行为。另一方面，掠夺论往往着眼于特定时期的权力关系，着眼于掌握国家控制权的人从中榨取租金，但是，也因此而往往忽略了契约的最初签订的得利，从而不能说明在一个国家内的互利合作的关系，也无法洞悉和解释国家组织的演变趋势。

因此，单纯地基于契约论或掠夺论都有简单化倾向，它们都只看到国家的一个方面，从而都似乎犯了极端化的错误：契约论着眼于本质，从而往往将国家看成全能而仁慈的上帝；掠夺论则注重现实，从而往往将国家视为万恶之源。实际上，正如诺思指出的，国家既是经济增长的关键，同时又是人为经济衰退的根源；也就是说，国家既要对有效产权负责，又要对无效产权负责。为此，诺思提出了国家的"暴力潜能"分配论，"暴力潜能"分配论认为，如暴力潜能在公民之间进行平等分配，便产生契约性的国家；相反，如果分配是不平等的，则产生掠夺性的国家。显然，正是"暴力潜能"分配论将契约论和掠夺论结合了起来，这也与本书基于契约方地位这一维度得出的结论相似。当然，要更明晰地认知国家所兼有的契约和掠夺这两重特性，我们还必须基于本质到现象的分析思路而将契约理论和掠夺理论结合起来：既要从起源角度探究国家的本质，也要从权力角度剖析国家的现状，分析影响国家异化发展的主要因素，只有这样，我们才能全面地了解国家而且才能更系统地探究国家的本质、现状以及未来发展趋势。

（三）国家理论与认知提升

其实，从霍布斯到洛克探究自然权利所转让的对象的变更，实质上反映出对社会认知的深化和自然法理论的深化过程，我们可以简要分析如下。

在霍布斯时代，西方社会在文艺复兴和宗教改革运动的推动下从中世纪神学和封建主义中解脱出来，其标志就是：宗教中新教的兴起、政治上开明专制主义的崛起以及经济中重商主义的出现；此时，他们关注的是人们的人身和财产安全，并认为自然法得以实施的最终保障应当主要从统治者的智慧和自律中去发现。因此，霍布斯强调，建立主权者的统治乃是为了寻求和平，因此，统治者的最高义务就是增进人民的安全和福利，使他们免遭敌人的侵犯、允许他们致富，并确保他们享有一种"无害的"自由。不过，即使政府制定了邪恶的或专制的法律，这也未给人们以不遵守这些法律的权利，而对"恶"政府的唯一制裁就是统治者不得幸福的来世。显然，霍布斯实际上主张一种开明专制政体，这种政体的社会学基础是：国家乃是由平等的个人组成的，这些平等的个人享有私人财产，靠他们自己的辛勤劳动生活，以契约的方式调整他们间的相互关系，并靠强有力的政府保护他们的生命和财产。

但是，以1649年英国的清教改革为标志，西方社会进入了一个新的自由主义发展时期，其标志是经济中的自由资本主义和政治及哲学上的自由主义。正因如此，这一阶段的自然法主要关注自由，关注如何制定法律以防止独裁和专制，主要代表是洛克和孟德斯鸠。当然，由于德国和法国等欧洲大陆国家落后于英国的发展，因而欧洲大陆的主要学者的思想发展落后于英国。譬如，比洛克还要晚近的德国法学家如普芬道夫、沃尔夫（Christian Wolff）等人基本上都是继承格劳秀斯的自然法理论，发展开明专制的政治理论；同样，与洛克差不多同时的斯宾诺莎也发展了与霍布斯非常相似的哲学理论，强调在自然状态中人受欲望和权力意志支配的程度要高于受理性支配的程度。不过，尽管斯宾诺莎和霍布斯具有相似的哲学体系，但毕竟斯宾诺莎也感受到了英国社会的变革。因此，不同于霍布斯强调的开明君主专制，斯宾诺莎认为，自由乃是政府旨在实现的最高目标，"政府的目的并不是把人从理性的动物变成野兽或木偶，而是使他们能够安全地发展其身心，并且使他们能够毫无约束地运其理性。"[1] 在斯宾诺莎看来，一个好政府会赋

---

[1] 转引自博登海默：《法理学：法哲学和法律方法》，邓正来译，中国政法大学出版社2004年版，第57页。

予公民以言论自由，而且也不会试图控制他们的意见和思想；相反，如果没有这种更好目的的指引，那么，那种只是为了"自我保护"的欲望便会诱使政府误入歧途。因此，主权者权力恰如自然状态中的个人权利一样，也不应该超越其力量的范围；而如果没有自治、健全的理性和人们统一的支持，这种力量将是"短命的"，因而"任何人都不可能成就维持一种暴君式的统治"①。

六、结语

基于契约方地位和契约权内容这两大维度，我们可以对国家进行分类，从而对不同类型国家的性质进行理解和认识。正是基于不同的国家性质，我们可以进一步考察政府的本质功能及其在社会经济发展中的实际行为。一般地，主权型国家的行为主要是为了实现统治者的利益最大化，而裁判型国家的行为则主要是为了实现全体成员的利益最大化。例如，早期国家之间战争主要是争夺人口，甚至通过各种优惠措施来吸引移民；究其原因，更多的人口可以为统治者提供更多的税收等利益。因此，早期国家往往呈现出明显的主权特性。相反，现代国家之间的战争主要是争夺土地和资源，而极力排斥人口的移入；究其原因，只有更多的土地和资源才能增进每个成员的利益，而人口进入则会划分土地和资源。因此，现代国家往往呈现出明显的裁判特性。同时，社会成员与不同性质的国家和政府之间所具有的关系也是不同的，相应地，人们对政府行为进行制约的手段也存在很大的差异。

事实上，波普尔就区分了两类政府：（1）通过不流血的方式（如普选）就可以废除的政府，社会传统也保证这些手段将不会轻而易举地被那些拥有

---

① 转引自博登海默：《法理学：法哲学和法律方法》，邓正来译，中国政法大学出版社2004年版，第57页。

权力的人毁坏；（2）被统治者除了通过一种成功的革命方式之外就不能够废除政府。显然，前一种政府实际上也就是作为一个协作系统的国家和协调者的政府而言，人们可以通过选举的方式对政府的行为进行监督和制约；而后一种则是针对一个主权者的国家和掠夺者的政府而言的，人们只有通过暴力才能改变当政者所强加的困苦。① 由此，洪堡指出，对于任何新的国家机构的设置都必须关注两件事：（1）界定在民族中进行统治或提供服务的那一部分人，即整个民族或民族的各个部分应该如何不同程度地参加政府？以及界定属于真正的政府机构设置的一切东西，即整个国家机构涉及的工作目的何在？（2）政府一旦建立后，界定它的活动的扩及和限制范围，这涉及私人生活领域和政府作用领域的界定问题。② 显然，对不同性质的国家，政府及其代理人所扮演的角色是不同的，上述两方面的界定也是不同的。至于不同类型的国家在现实世界如何演化，将在后面的几章中陆续加以分析。

---

① 米勒编：《开放的思想和社会：波普尔思想精粹》，张之沧译，江苏人民出版社2000 年版，第 355 页。

② 洪堡：《论国家的作用》，林荣远、冯兴元译，中国社会科学出版社 1998 年版，第23 页。

3.“恶棍”政府为何往往会发“善心”？
——从主权型国家的演化看有限政府的定位

有限政府说根基于主权型国家理论，主权型国家根本上把国家视为主权者谋取私利的工具，从而具有“私恶”的性质。正是基于对这种恶行的抑制，“最小政府”理论就开始流行于西方社会。但在现实世界中，统治者也有长远利益的考虑，同时它的行为也会受到各种力量的制约；相应地，本质上具有掠夺性的主权型国家往往会演化为兼顾垄断租金和社会福利的双重性质国家。从这个意义上说，有限政府又不能仅仅承担“守夜人”的角色，它在现代社会尤其会承担诸多的经济功能。

一、引言

林毅夫倡导的新结构经济学引起了有为政府和有限政府之争，而有为政府和有限政府实际上就对应了裁判型和主权型两类国家。一般地，基于契约主义的视角，尤其是基于契约方地位的维度，我们可以在起源学意义上将国家区分为主权型和裁判型两种类型：当契约方地位呈现明显的不平等时，权利的受让方是强势者，从而产生主权型国家；相反，当契约方地位呈现平等关系时，权利的受让方是新成立的公共机构，从而产生裁判型国家。然而，在现实世界中，持裁判型国家观的传统儒家社会却明显形成了“官”和“民”的二元社会阶层，国家成为“官”对“民”进行专制的工具；相反，持主权型国家观的西方社会却明显形成了相互制衡的政权结构，"民"可以对"官"进行有效的监督。

有限政府说将国家视为"恶棍"，这是源自对主权型国家的性质理解。事实上，主权型国家的原型是家庭，家庭内部子女和家长的地位是不平等的：其中，家长是家庭的最高主权者，他取得了至高权威并以君主制的方式治理家庭；子女则自然地服从于他们的父母，换来的回报则是存活下来并得到抚养和教育。由此，在主权型国家中，特定的主权者取得了国家最高权力，国家成为主权者维护其权威或统治地位的暴力工具，从而带有强烈的掠夺性，也即是性恶的；相应地，国家组织所设定的政府及其他公共机关主要是"充当国家和主权者之间的联系……是主权者的执行人"[1]，从而根本上也是服务于主权者的利益。

同时，尽管主权型国家具有"私恶"的本性，但是，由于主权者往往会为自身及其家族继承人着想，也会通过促进社会和谐和稳定而关注长远利益，从而使国家内在的"恶"得到抑制和缓和，甚至会承担一些有利于被统治者利益的事务。例如，卢梭就写道："当人民被迫服从而服从时，他们做得对；但是，一旦人民可以打破自己身上的桎梏而打破它时，他们就做得更对。因为人民正是根据别人剥夺他们的自由时所依据的那种同样的权利，来恢复自己的自由的，所以人民就有理由重新获得自由；否则别人当初夺去他们的自由就毫无理由了。"[2] 正因如此，根基于主权型国家说的有限政府就不能等同于"最小政府"，特别是在有效社会规范和监督体系下，现代有效政府也会承担诸多的经济功能。有鉴于此，本章就主权型国家的特性及其演化作一理论上的系统梳理和剖析。

---

① 卢梭：《社会契约论》，何兆武译，商务印书馆 1980 年版，第 76 页。
② 卢梭：《社会契约论》，何兆武译，商务印书馆 1980 年版，第 8 页。

二、国家主权观的演化及其根本特性

西方社会的主流思维根植于自然主义思维中,由此衍生出了社会达尔文主义社会观;相应地,它倾向于从基于力量均衡所形成的现实情形来审视和解读国家的性质,从而长期以来盛行的是主权型国家说。从历史上看,西方社会的国家经历了这样的演变:(1)伯里克利时代的雅典和共和时代的罗马主要体现为人民主权或议会(元老院)主权等世俗主权,公共事务基本上都是由全体公民及其代表共同决定,这个时期相对比较短暂;(2)中世纪的拉丁世界盛行的是教会主权或上帝主权,此时,上帝及其世俗的代理者教会被视为最高政治和法律权威的实体,一切权力来自上帝,君权也出于神授,因而教权高于俗权,这个时期比较漫长;(3)随着世俗生活的流行、民族国家的兴起以及中央集权的君主制形成,古代的世俗主权观开始得到了复兴,但围绕世俗主权的归属也展开了激烈的争夺。

(一)国家主权归属的演化

一般地,社会力量的分布往往经历了从分散到集中再到分散的过程,相应地,国家主权的归属也呈现出分散——集中——分散的更替轨迹,这实际上体现了国家和政府的异化演变过程。事实上,正是基于社会力量结构的变化,这种主权观又经历了原始世俗主权——教会主权——现代世俗主权的演变。世俗主权观是人们破除了神学的束缚而追求物质利益之后才开始兴起的,由于对物质利益的众多以及世俗力量的不平衡,世俗主权的具体归属又经历了漫长的演变。有鉴于此,这里就中世纪后期以降西方世俗主权的归属作一简要分析,这涉及社会权力结构的变动;究其原因,各种社会力量都会为获得这种主权地位而展开竞争,因而主权的最终归属根本上体现了基于力量博弈的均衡结果。

首先出现的是君王主权说,这体现在中世纪晚期的文献上,且与世俗君王力量不断提升的社会背景相适应。其中，较早对之进行阐发的是布丹，他认为，国家建立在社会契约之上，而通过契约人们的主权已经无可改变地转移给了统治者；因此，拥有主权的君王在权力上就不受程序性或实质性的约束，不管主权型政府坏到了什么程度，国民都不存在抵抗的权利。显然，布丹的思想深深地影响了霍布斯等人。

随后出现的是人民主权说，这体现在 18 世纪法国和美国的文献上，且与当时反抗世俗压迫和争取民主、自由的群众斗争相联系。其中，系统地把权力所在地从诸如君主或议事机构这样具体政治实体转移到集体(即"人民")这一抽象物的是卢梭，他将包含了个体意见、利益和偏好之公意的理性的社会集体视为唯一合法的主权权威，从而把主权直接交到一般大众或他们的代表手中。

最后出现的议会主权说，这主要体现在 20 世纪英国的文献上，这是对欧洲大陆人民主权推行过程中所暴露出来问题进行反思的产物。其中，白哲特就对法国和美国的人民主权制度进行了反思，强调只有受过教育的少数人才可以交付统治国家的重任，后来的奥斯丁（J.Austin）和戴西（A.Dicey）等人进一步发展了立宪主义，强调了议会在制定法律中的主权地位。

此外，社会主权在演化过程中也出现了一些异体，如独立运动时期的美国社会通过借鉴和发展了洛克的契约思想，设计了一种人民和其他实体都没有主权地位的制度；这样，在人民主权盛行的后启蒙时期，美国通过权力制衡的方式把国家与人民的直接控制分割开来。

从国家主权的演化过程中，我们清晰地可以看到这样两点：(1) 国家主权的主体归属经历了一个否定之否定的变动过程：现代人民主权以及议会主权实际上是向古希腊和古罗马的国家主权观的回归；(2) 特定时期的主权归属根本上是由社会力量对比决定的，从而都在一定程度上会偏离其本质。其实，从演化角度看，国家组织可以看成是人类社会发展到一定阶段后的扩大的协作系统形态，只不过契约的某些参与者后来逐渐篡夺属于公众所有的权力，从而使国家这一社会组织在随后的发展过程中出现异化。结果，不但国家的性质改变了：从"天下人之天下"的仲裁者角色变成了"朕即天下"的具有独立利益的主权者角色；而且，政府的主要职能也发生了变化：从原先对社会成员利益的协调转变成了对社会成员利益的掠夺。

即使是在基于多数原则而建立起来的人民主权国家中，国家也不能完全体现为和谐协作的共同体；相反，它往往会蜕变为多数人统治的工具，并在公意的口号下损害其他"少数派"的自由和私利，这也是当前民主制所面临的根本性困境。正是在主权意识的支配下，国家和政府就不再仅仅体现为"善"性，而是在演化过程中逐渐带上了浓厚的"恶"性。当然，"恶"性国家是人类社会从自然不平等上升到政治不平等的对应产物，也体现了国家性质及政府功能的扭曲。事实上，正是有鉴于异化发展，洛克就认为："世界上一切政府都只是强力和暴力的产物，人们生活在一起乃是服从弱肉强食的野兽的法则，而不是服从其他法则，从而奠定了永久混乱、祸患、暴动、骚扰和叛乱的基础。"①

（二）国家基本性质的变化

从国家组织的演变史看，资本主义之前的国家基本上都呈现出较强的"私恶"性质，决定社会利益分配的基本原则是力量而非正义。明显的例子是，重商主义时期的英王室可以利用许可证的发放权来谋取高额的垄断租金，法国的柯尔贝尔政府更是将征税权出售给了"包税者"。显然，"包税制"就反映出一种赤裸裸的控制和被控制关系，并潜含了两大恶果：（1）"包税制"允许包税者为了自身利益从给定区域的居民身上榨取尽可能多的税收，因为包税者在每一个税收年度开始的时候向政府交纳一个固定数额的款项，对于超过这一数额的其他收入则完全归他们自己所有；（2）当时实行的"人

---

① 洛克：《政府论》（下篇），叶启芳、瞿菊农译，商务印书馆1964年版，第1—2页。

头税"也主要由农民来负担，因为贵族、公务人员和神职人员是可以免于这些直接税的，而土地所有者也可通过低估他们的财产而少交。此外，人头税的管理也非常无序和多变，往往取决于包税者的积极主动和坚持不懈以及他们对支付能力的随意判断，在同一教区的有效税率甚至在0.33%—33%之间变动。

正因为国家属于少数统治者所有，才有"学成文武艺，货与帝王家"的说法；更有甚者，长期以来，政府官职也是可以承包或买卖的，从而成为君主谋取私利的工具。在中世纪的西方社会，韦伯就写道："官僚在经济上的地位，类似于企业化的包税者。承包官职，甚至包括将官职交给一个最高投标者，实际上经常出现"，"成为一种正规制度的官职买卖尤其见之于近代国家，例如教皇国以及法国、英国；买卖的官职不只限于冗散闲职，有时也包括非常重要的职位（例如军官的任命），此一现象一直到十九世纪还有。"①同样，在古代中国的动乱时期，卖官制也成为一种悠久的传统，通过"输粟拜爵"来取得社会地位也是层出不穷。尤其是一些商人往往采取"商而优则仕"的生活态度，通过捐官、买官等种种途径来取得社会地位；而且，这些商人一旦取得了这种社会地位，也就进入了官僚体系，他们身份和社会地位就发生了改变，也就转而开始站到了新的立场——商人的对立面。

然而，市场经济和商业社会的发展却使得社会权力结构发生翻天覆地的变化：一方面，金钱权力的崛起和壮大，使得金钱权力代替政治权力在社会决策中逐渐起到支配作用；另一方面，个人主义的兴起和发展，也使得弱势者可以有意识地采取联盟策略对抗强者。这样，传统基于等级的政治不平等就开始缓和了，而诸如自由、平等、民主等基本人权等随之也得到重视和维护，从而促发了人本主义思潮的兴起。进而，信息时代和智力社会的来临使得社会权力发生进一步的变动。事实上，在商业社会中，最为重要的力量源

---

① 韦伯：《支配社会学》，康乐等译，广西师范大学出版社2004年版，第34、36页。

自对生产要素和生产资料的占有: 早期最重要的生产要素是资本, 因而集中大量资本的资本家就获得国家组织和政府机关的控制权和决策权, 这就是资本统治或资本寡头社会。但是, 随着知识生产要素在技术创造和社会生产中的地位日益重要, 分散性的知识导致社会权力的分布也日趋分散, 没有人可以通过集中大量的知识生产要素而成为国家的主权者; 此时, "善" 性的国家开始逐渐凸显, 或者说, 现实中的国家开始重新向 "善" 性的方向复归, 这直接表现为君权主权向人民主权的回归。

不过, 无论主权的具体归属如何, 从主权角度来理解, 国家根本上都体现了对特定个体或群体利益的维护, 和对另一些群体利益的剥夺。究其原因, 有主权者就必然存在非主权者, 非主权者就处于被统治的地位; 即使在 "人民主权" 的社会中也是如此, 一定存在被排挤在社会权力之外或不为主流社会大众所认同和接纳的 "非人民"。一般地, "人民" 的内涵和外延本身就是可变的, 早期社会中的人民往往仅指贵族或自由民, 社会主义社会的人民则主要是指无产阶级。更有甚者, 在特朗普主义看来, 那些难民或绿卡持有者都不能算是美国 "人民"; 在白人至上主义者看来, 有色人种都不应该被视为 "人民", 都应该被遣返其 "祖国"。更一般地, 在西方社会中, 掌握权力的是所谓的 "多数派", 他们也就成为国家的主权者并利用国家来谋取私利; 也正因如此, 在西方社会就兴起了政党以及最少多数联盟, 目的也就是尽可能获取更大利益。

同时, 正是由于 "主权" 往往成为谋取私利的凭借, 因此, 西方社会在近现代兴起了人民主权之后, 很多暴行就都是以人民主权的名义犯下的, 革命口号 "自由、平等和博爱" 往往变成了大规模的广泛谋杀的遮羞布。[①] 一个经典的例子是, 正是在人民主权的决定机制下, 19 世纪中叶的美国南方

---

① 参见戈登:《控制国家: 西方宪政的历史》, 应奇等译, 江苏人民出版社 2001 年版, 第 34 页。

诸州坚持维护所谓"人民自主"的奴隶制。当时的民主党风云人物、参议员斯蒂芬·道格拉斯认为，人民主权的信条并不能确定奴隶制是否正确，因而联邦政府应该对此保持中立，而将这个问题留给人民，各州或准州的人民应自行投票决定。但是，来自共和党的挑战者林肯则争辩说，奴隶制不该扩展到现存的奴隶州以外的地方去，因为奴隶制在道德上是邪恶的。也正是基于这种分析，本书把基于主权观的国家都视为本质上的"性恶"，相应的政府行为也呈现为掠夺性。

其实，"恶棍"政府理论也是西方社会长期以来的主流观点，乃至为一些差异性极大的社会学家所持有，包括马克思主义者和一些新古典经济学家。显然，根据这种理论，国家是主权者（即统治者）的化身，体现为一个集团统治另一个集团的暴力机关；相应地，政府机构及其官僚也仅仅是某一阶级或集团的代理者，只是主权者（即统治者）进行掠夺的工具。因此，根据主权观的国家和掠夺观的政府理论，尽管国家及其政府机构往往会对社会产权进行界定，但其目的主要在于使权力集团的收益最大化；相应地，它对产权的界定可以无视其他社会集团的利益，也可以无视它对社会整体福利的影响，以致对整个社会的长期发展往往并无效率。

正是由于在主权观国家中的产权界定具有这种无效性，因此，随着个人权利和自由得到重视，就开始出现了限制政府权力的"最小政府"乃至无政府主义思潮。例如，塔克就写道："如果个人有权利统治他自己，那么所有外在的政府都是暴政。"① 很大程度上，正是出于对这种根深蒂固的国家主权观的反动，无政府主义思想开始为不同信仰的人所信奉和传播：一方面，一些社会主义者如葛德文、蒲鲁东、巴枯宁、傅立叶、欧文、霍吉斯金、克鲁泡特金等都把以生产资料私有制为基础的国家视为一切社会弊端的主要来

---

① 转引自沃尔夫：《诺齐克》，王天成、张颖译，黑龙江人民出版社1999年版，第1页。

源，这种国家通过暴力和强制来维持这种不正义的私有财产制度，从而号召彻底废除有组织的国家和政府，构架出一种没有国家的共产主义，以恢复对私有财产的再分配；另一方面，一些自由主义者诺齐克、罗斯巴德则把拥有庞大生产资料的国家视为一切社会弊端的主要来源，这种国家热衷于通过设定管制来寻租，从而主张通过设计一系列政治制度来限制政治权力的行使，这也就是基于分权的宪法政治思想的基础，以维护"守夜人"角色的自由资本主义。

关于分权的思想，我们可以看一段洛克的描述："立法权是指享有权力来指导如何运用国家的力量以保障这个社会及其成员的权力……如果同一批人同时拥有制定和执行法律的权力，就会给人们的弱点以绝大诱惑，使他们动辄要攫取权力，借以使他们自己免于服从他们所制定的法律，并且在制定和执行法律时，使法律适合于他们自己的私人利益，因而他们就与社会的其余成员有不同的利益，违反了社会和政府的目的。"①事实上，在西方宪法政治主义者看来，尽管政治制度往往成为一些主权者用以取得对另一些非主权者的优势的手段，但当制度得到适当安排的时候，它们也能阻止这种企图沦为专横和主宰；因此，宪法政治就意味着对政府施加合法的制约，不但防止社会成员间的彼此侵害，更要将政府侵害其公民的机会降至最小程度，从而避免极端的暴政现象。

三、主权型国家现实中的双重特性探析

尽管主权型国家本质上是"恶"性的，但在现实生活中，我们却可以看到一些相反的情形：在一些阶级或等级明显的国家，那些统治者也在一定程度上关注社会大众的福利问题，关注法律规范的制定和实施；结果，原本具

---

① 洛克：《政府论》（下篇），叶启芳、瞿菊农译，商务印书馆1964年版，第91页。

有掠夺性的主权国家就演化为诺思意义上的兼顾垄断租金和社会福利的双重性质国家，从而在现代社会经济增长中发挥出积极的作用。那么，这种现象又如何理解呢？这里从两个角度加以解释。

（一）从统治者自身的角度分析

基于长期利益最大化的考虑，统治者必须使得其臣民能够安心于生产和贸易，从而也就必须保证他们生命和财产的安全，而不能像一个流动的匪帮那样采取竭泽而渔的方式。正如 M. 鲍曼指出的："即使从一个人只是适度地关心自己利益的个人的立场出发，他也会优先选择他周围的人遵守特定的规范，而不是选择让他们在每一次做出决定时都要自主地以自己的利益为指导。"[①] 也就是说，统治者的长期利益与被统治者存在某种一致性，它需要依赖于被统治者的劳动，而被统治者的劳动投入和效率都有赖于一定的产权结构。事实上，马歇尔也指出，"只具有摧毁弱者的作用的那套习惯，寿命是不长的。因为强者靠着弱者过活，没有他们的支持，强者是无力自持的；如果他们所组织的社会活动使弱者负担过重，无以复加，从而，也就会毁灭了他们自己。因此，经得起时间考验的那些习惯，总是含有保护弱者免于遭受随意损害的规定的"。[②] 为此，即使是在绝对"君主主权"时期，统治者也尽量任用一些训练有素的技术型官僚，同时，对卖官鬻爵现象进行压制。韦伯就写道："准此，包税或租税转让的形态即有多样化，承包者之有意尽量榨取被支配者的纳税能力、支配者则有意维持他们长期纳税能力，何者占上风得视支配者与承包者之间的权利关系而定。"[③]

统治者的长远利益与其臣民的利益之间的相容性也就意味着，两者之间

---

① M. 鲍曼：《道德的市场》，肖君、黄承业译，中国社会科学出版社 2003 年版，第 133 页。

② 马歇尔：《经济学原理》（下卷），陈良璧译，商务印书馆 1965 年版，第 375 页。

③ 韦伯：《支配社会学》，康乐等译，广西师范大学出版社 2004 年版，第 35 页。

存在着非零和博弈，而非零和博弈则预设了协调和合作的要求，进而这种潜在要求使得参与者的行为也会受到（他律或自律的）限制。（1）就统治者的行为而言，统治者要增强自己的谈判地位以获得其希望的利益，就必须使得其发出的威胁具有可信性，而可信承诺却往往建立在限制自己选择项的基础之上；相反，一个具有无限权力的君王，其承诺往往是不可信的，因为他想赖账的时候别人是没有办法的。事实上，在17世纪英国"光荣革命"之前，英国王室的财政很困难却无法从市场上借到钱，但由于"光荣革命"之后的议会限制了王权，王室借钱就容易多了。正因如此，一些开明的君王为了争取其臣民的合作，往往会自觉地限制自己的权力。（2）就臣民的行为而言，他们为了获得统治者的合作而往往希望统治者能够活得尽可能地长，从而出现"皇帝万岁"的祈祷；并且，为使国王基于其子孙利益的考虑而以更为长远的眼光来关注其行为的长期效应，也乐于承认王位的世袭制以使得王位顺利更替。事实上，从历史上也可以看出，那些比较短命的王朝或比较短命的皇帝往往具有较强的掠夺性，此时往往也更容易出现社会动荡。正因如此，臣民往往乐于忠于一个既存的王朝或王室，会帮助王室来共同打击那些反叛者，即使那些反叛者的政策可能比现有的王朝更加开明和人道。

（二）从被统治的臣民角度分析

尽管专制统治者可能基于长治久安的考虑而对社会生产特别关注，但毕竟，统治者的承诺因缺乏有效监督而往往无法得到保证；况且，不同统治者的眼界存在很大差异，其中那些短视的统治者在上台后往往有可能掠夺臣民的财产。有鉴于此，臣民们往往更愿意依靠自身力量而不是统治者承诺来保障自己的财产，从而就有动力去推翻那些曾表现出强烈掠夺倾向的统治者。从历史来看，大多数社会政权的更迭都源于下层群众的反抗，这最终催生了民主政体。进而，基于这种力量对抗的考虑，那些统治者的掠夺行为也就会有所收敛，这涉及社会的权力结构和相互关系。关于这一点，我们可以用图

3-1 所示博弈模型来比较分析力量博弈对国家行为的影响。

假设社会上有三个博弈参加者：利益集团甲、利益集团乙和政府；其中，甲和乙都有两种策略：Y 策略是与政府勾结共同对抗反政府的另一方，F 策略是反抗现政府。这里把政府视为博弈的一个参加者，而国家则作为博弈的均衡状态；显然，作为掠夺型政府，它的目的是追求自身利益的最大化，而作为契约型政府，它仅仅关心整个社会的利益最大化。这里的博弈分析如下：基于面临着掠夺型政府这一状况，如果两个利益集团能够协调一致对政府的掠夺行为进行抵抗，那么，掠夺型政府就可能要付出极大的代价，这包括爆发革命以及丧失统治权等；但是，如果每个博弈主体从个人理性出发，不能有效实行协调，那么，最终的结果就是均衡（5，5，20）。此时，政府可以先与一个利益集团如甲进行勾结而共同侵犯乙的权益，然后，再集中力量掠夺利益集团甲；这样，政府可以逐一分化击破从而达到自己利益的最大化，这实际上也是战国时期秦国所采取的"合纵"之策。

甲	乙	
	F（ight）	Y（ield）
F（ight）	10，10，-10	0，15，10
Y（ield）	15，0，10	5，5，20

掠夺型政府

甲	乙	
	F（ight）	Y（ield）
F（ight）	10，10，0	0，10，5
Y（ield）	10，0，5	15，15，10

契约型政府

图 3-1　两类政府的生成博弈

显然，基于马基雅维利的两手策略理论，主权者就拥有强烈的暴力潜能。但在现实世界中，政府往往不愿意利用这种强制力去侵害私有权，为什么呢？这也就是文嘎斯特（B.Weingast）提出的"政治经济学的基本悖论"。究其原因，如果博弈仅仅是一次性的话，政府确实总可能最大化自己的私利；但实际生活中，这种博弈往往是重复进行的，特别是，在一个国家之内的博弈更是如此。假设，政府是随机性地对利益集团甲和乙进行侵害，在这种情况下，以概率可以预见到的由于政府侵害而遭受的损失大于抵抗费用的现值；那么，当政府侵害利益集团甲时，利益集团乙的最优选择是与甲一致抵抗政府的侵害行为，而不是袖手旁观或者成为帮凶。

事实上，历史也表明，统治者是无法长期地将人们仅仅当成被剥削的对象来看待的，因为他即使压垮了所有现有的反对者，在不久的将来也会有新的反对者出现，而他们会逐渐吸取以前的经验教训。例如，在17世纪英国的斯图亚特王朝的詹姆士二世时期，英国存在辉格党和托利党两个主要政党，詹姆士二世先是与托利党勾结以削弱辉格党的政治影响力，随后又将矛头转向了托利党；在这种情形下，两个原本利益不相容的政党开始协调合作，最终将詹姆士二世赶下台并扶植了新国王威廉。同时，为了防止国王侵权的事再次发生，两党还达成协议，将他们所不能容许的国王对自由权的侵害行为在《权利法案》中加以列举，宣布一旦发现国王未经议会同意擅自终止法律或者征税以及拘捕臣民等，两党就联合起来共同废除国王。实际上，这里也体现了博弈理论中的相关均衡的精神，国王的行为成为两大政党之间博弈的信号，这也就是所谓的"光荣革命"。

可见，基于上述两大原因，即使作为主权型国家以及掠夺者角色的政府，它在经济活动中所扮演的作用也往往呈现出双重特性。一方面，由于少数人攫取了公权力，以致国家和政府往往成为某些特定个人或群体谋取私利的工具，关注的不是国家作为协作系统的有效性而是获得利益的效率；因此，不但独裁型政府是对整个社会的侵害，而且勾结型的利益集团主义政府往往也是没有效率的。另一方面，任何主权者的权力都不是绝对的，以致公权力不可能集中在一个人手中；因此，他要维护其长期利益就必须维护这个协作系统的健康和发展，也会对整个国家组织作出其贡献，有时这个贡献是相当大的。例如，赖特就写道："只强调酋长政体中剥削的一面，其实是忽视了酋长在没有货币的社会中，单独一人能担任看不见的手，要完成许多事情的高难度。……例如，一名夏威夷酋长给予建筑水坝的美国人一块利用水坝灌溉的土地，这位酋长有什么功劳呢？首先，他让水坝盖了起来；其次，他克服了获取非零和的阻碍，也就是有人企图不劳而获的问题，他确保美国人都要付出努力才能从公共计划中获利。"[1]

四、抑制主权者之"恶"行的内部因素

除了上述基于社会力量博弈形成的均衡外，在主权型国家中，还存在其他一些抑制统治者进行无限制掠夺的内部因素：（1）赖以掠夺财富的军事力量；（2）赖以管理生产的技术力量。事实上，一些国家之所以会解体，根本上也正是这两种力量发生作用的结果，如苏联和东欧社会主义国家就是如此。

首先，就军事力量而言。掠夺型国家起源于安全保护与纳税劳役的交换，因而打仗是掠夺型国家中统治者的基本职责，士兵也应由统治阶层的成员来担任。但是，随着国家规模的扩大以及国家的异化，士兵逐渐由被统治阶层中的成员来担任，他们在对外扩张和对内征服过程中并没有获得自身的利益，从而必然缺乏积极性和主动性。在这种情况下，这些出身下层的士兵之所以帮助统治者进行掠夺，并非心甘情愿，而主要是受组织力量的强制和制约；因此，一旦当统治者的掠夺行为超出一定限度（因为这必然损害这些士兵的父老乃至自身的利益），或者当统治者的威权遭到削弱时，这些士兵本身不但不会成为维护统治者利益的中坚力量，反而可能会成为潜在的威胁。例如，元王朝由于是少数民族建立的政权，蒙古军队往往戍守在黄河边缘以拱卫京城，或者因具体需要而被派往战略要地；相反，分布在全国各行省的戍军主要是汉人职业士兵，这包括金王朝灭亡前受女真人统治的汉人以

---

① 赖特：《非零年代：人类命运的逻辑》，李淑珺译，上海世纪集团出版集团2003年版，第89页。

及南宋被征服时投降的汉人。① 再如,君主时代的古罗马,"王"则掌握绝对的权力,他是大立法官、军队的首领、大祭祀长,其权力仅仅受到来自元老院和公民大会的遏制;但到公元前 6 世纪,不属于罗马氏族成员因而没有政治权利的平民在数量上占据了优势,成为罗马武装力量的重要组成部分,他们强烈反对氏族贵族统治而争取自己的应有权利,从而使得君主制转变为共和制。至于最高统治者被其军队推翻的史实,林光彬就举例说:周厉王试图建立中央集权的行政国家,在对抗贵族和诸侯时却遭到自己军队的反戈一击,因为军队的指挥者大多是贵族子弟。②

其实,在每次的革命或改朝换代过程中,军人都起到重要作用;尤其是,军事队伍中会逐渐吸收一些知识分子,而这些军人知识分子在军队中的思想传播更进一步加速了传统军事组织的瓦解。正因为如此,历朝帝王或统治者都注重对军事组织的建设和控制。

其次,就技术力量而言。掠夺型国家起源之初,国家由贵族出身的专业官僚来掌控,他们不仅控制了暴力机关,也控制了生产和管理。但是,随着国家规模的扩大、经济活动的增多以及国家组织的科层化发展,此时,传统的专业官僚就逐渐无法胜任经济生产的管理活动,以致统治者不得不吸收庞大的底层阶级中的知识分子以管理国家或进入其他与国家事务相关的管理体制。在这种情况下,由于新的技术官僚与传统官僚或者统治者本身存在利益的不一致,而统治者又越来越难以了解新的管理技能、更无法控制这些技能,因而传统掠夺型国家的社会基础必然会变得越来越不稳定。譬如,古德纳就指出,"作为现代占统治地位的组织形式,科层机构受制于三个要素构成的不稳固的联盟:(1)从科层机构外任命的高级管理负责人,他们通常并

---

① 参见牟复礼、崔瑞德编:《剑桥中国明代史》,张书生等译,中国社会科学出版社 1992 年版,第 15 页。

② 林光彬:《财局与政局:中国的政治经济关系》,人民出版社 2018 年版,第 176—177 页。

不控制新阶级的技术专家，也不了解科层机构成员所知的复杂细节。（2）新阶级专家。（3）理性方式各不相同的科层机构中的'专业'官员"；这三个联盟之间本身就存在紧张关系，如"新阶级的技术知识分子便会对其上司表现出一定的蔑视：因为这些人对参与仔细的讨论、做出技术决策并不胜任"，但新阶级的技术知识分子却"受到他们上面两个阶层的控制：一是科层机构中的官员，直接凌驾于他们之上的'专业'官僚；二是在最高层管理科层机构的政治上的受任命者。他们能受到任命并不是因为其技术能力，而是由于他们是金融资本的代表，或是政治上靠得住的'委员'"①。正因如此，统治者的传统权力往往会逐渐被这些具体的来自底层的技术官僚所架空，从而最终使得掠夺型国家不能持续下去。

显然，正是由于统治者的统治需要依赖其他阶层的力量，甚至越来越依赖被统治者的认同心和忍受力，因而其行为方式也就必然会受到被统治者的制约。波普尔就指出："没有什么政治权力不受限制，而且只要人类依然是人类，就不可能存在绝对的和不受限制的政治权力。只要一个人的手里不能够积累足够多的统治所有其他人的物质力量，那么它就必须依赖于他的助手。即使是拥有最大权力的暴君也要依靠他的秘密警察、他的心腹和刽子手。这种依靠意味着，他的权力可能是非常巨大的，但绝非不受限制；而且，他不得不作出让步，使得一个群体反对另一个群体。这意味着存在其他的政治力量，即除了他本人之外的其他权力，他只有利用或安抚他们，才能够实行自己的统治。这就表明：即使是统治权的极端情况也绝不是纯粹的统治权情况。从未有过这些情况：一个人如果不放弃他的部分权力，仅凭自己的意志或兴趣就能够直接地实现他自己的目标。"②

① 古德纳：《知识分子的未来和新阶级的兴起》，顾晓辉等译，江苏人民出版社 2002 年版，第 62、63 页。

② 米勒编：《开放的思想和社会：波普尔思想精粹》，张之沧译，江苏人民出版社 2000 年版，第 352 页。

因此，主权型国家的掠夺行为必然会限制在一定限度之内：一方面，君主或独裁者的掠夺行为越来越依赖于被统治阶层；另一方面，这种掠夺行为根本上又损害了这些被统治阶层的利益。米塞斯就写道："从人数上看，统治者总是少数。因此，管理和操纵政府的也只有极少一部分人。这些人的执政基础必须得到被统治者的赞同和支持。被统治的那些人也许觉得政府的行为有小的过错或有难以避免的过失，但只要他们认为没有必要改变现状，政府的统治基础就不会因其过失而动摇。但是，如果大多数被统治者确信有其必要，而且有可能改变统治方法，要求以新制换旧制，以新人换旧人，那么，这个政府的日子就屈指可数了。大多数人将会行使其权力，甚至不惜违背旧政府的意志，使用暴力来实现他们的目标。如果得不到公众舆论和大多数被统治者的支持，任何政府都不可能长期支撑下去，假如政府使用强制手段迫使反对派屈服，那么，这种强制手段只能在大多数人尚未团结起来共同反对它的这段时期内奏效。"①

最后，主权型国家的掠夺行为之所以受到限制，还源于其他一些因素。(1) 任何个人或群体都无法拥有绝对的权威和不变的力量，"那些'强大'的个人也无法创造出一个自己原则上不受社会秩序核心规范约束的世界"，"如霍布斯已经发现的那样，即使是'最强者'在特定情况下也会受到伤害。"②因此，这种社会现实也促使强势者在位时为自己可能的未来不确定性着想，从而通过通感移情而考虑被统治者的感受、需求和利益，这些都有效地缓和了主权型国家内在的掠夺性。事实上，为了实现自身所欲，人们往往使用掠夺（战争）和交换（商业）这两种手段：一般地，当一个人能够永远保持强者地位时，他不会接受交换方式而热衷于使用暴力获取；但当一个

① 米塞斯：《自由与繁荣的国度》，韩光明等译，中国社会科学出版社 1995 年版，第 80—81 页。

② M.鲍曼：《道德的市场》，肖君、黄承业译，中国社会科学出版社 2003 年版，第 139 页。

人难以维持足够强大而无法希望以暴力方式得到其所欲的东西，它就会接受以相互同意的交换方式。从人类史看，强势者往往倾向于采取掠夺方式，从而导致掠夺（战争）往往先于交换（商业）；但是，后来长期的经验却表明运用自身强力来反对其他人强力的掠夺（战争）方式往往会遭遇各种障碍和失败，从而导致更为温和的交换（商业）方式的兴起。①（2）君主或独裁者的行为还受到其统治集团内部成员或后继者的制约，因为这种掠夺的行为最终将损害他们的长远利益；在这种情况下，如果君主过于贪婪，那么也会被内部人员所推翻。赖特就举例说，"在波利尼西亚的例子中，宗教就有某种内在建构的防卫措施，防止形成严重专制的政府。神的力量'玛纳'并非酋长所独占，而是会经由他流到臣属身上，再经由这些臣属流到他们的依附者身上，以此类推，个人所拥有的'玛纳'也依次渐减。更有甚者，酋长既然拥有最高程度的'玛纳'，就必须展现出最佳的统御能力。所以假设一名酋长领导的军队战败，那么就如柯许所言：'玛纳低落的污点将与他如影随形，他的权威与力量都极可能受到质疑。'战胜的武士则因为显现出更高的'玛纳'，而可能篡位成功"。② 从历史看，中国古代的夏桀、商纣、秦始皇、隋炀帝都是被统治阶层内部所推翻的，而西方社会自泰勒斯以来也很少有暴君死于自然原因。所以，斯宾塞就说："那些对全世界有支配力量，似乎能够为所欲为的人，也并不真正这样做。在限制别人的自由时，他们也限制了自己的自由；他们的专制产生了反作用，把他们自己也置于奴役之中。例如，我们读到过，罗马皇帝们是他们士兵的傀儡。"③

---

① 参见贡斯当：《古代人的自由与现代人的自由之比较》，李强译，载《自由与社群》，生活·读书·新知三联书店1998年版，第311页。

② 赖特：《非零年代：人类命运的逻辑》，李淑珺译，上海世纪集团出版集团2003年版，第90页。

③ 斯宾塞：《社会静力学》，张雄武译，商务印书馆1996年版，第252页。

五、最小政府观的思想基础及其评析

上面的分析表明，基于长远利益的理性考虑，君主应该且必须保护私有财产不受侵犯以及保障社会契约顺利履行。但古今中外的诸多案例都表明，历史上存在大量的荒淫无度的暴君和昏君。为什么会出现这种情形呢？奥尔森的解释是："由于一个专制君王无论其多么可靠或者眼光长远，但是都可能难免受到那些采取短视行为的事件的困扰，专制体制下的臣民总是面临着他们的资本被没收，债权被剥夺，或者货币贬值的风险。这些风险降低了储蓄与投资的总量，即使存在一个稳定可靠且具有长远目光的君主，情况也是这样。理性的君主由于有兴趣去增加其臣民进行投资和贸易的行为，从而有动机让他的臣民相信他不会以任何方式聚敛财富。但是君主的承诺是不可靠的，因为其承诺得不到任何来自司法或者其他独立权力部门的制约，也就是说，君主可以跨越所有的权力部门。由于这些因素以及专制者总是存在采取短视措施的明显可能性，其对臣民的承诺是永远不可靠的。"①

正是基于这一史实，为了防止政府潜在的掠夺行为以及轮番侵害社会成员利益的可能，防止形成等级森严的勾结型的国家，社会成员就有可能形成联盟或达成协定，通过集体行动来最大限度地限制政府的掠夺行为，极端状况就出现了所谓"最小限度国家"的界定。"最小限度国家"理论认为，国家的任务只有一个：保护人身自由和财产安全，一切超出这一职能范围的政府行为都是罪恶。也即，政府仅仅起到"守夜人"的作用。该理论为崇尚市场原教旨主义的新奥地利学派、公共选择学派、新古典宏观派、新制度经济学以及法经济学等支持，也为强调权利和自我所有权的自由主义者所强调。例如，诺齐克就指出："能够得到证明的是一种最低限度的国家，其功能仅

---

① 奥尔森：《权力与繁荣》，苏长和、嵇飞译，上海世纪出版集团、上海人民出版社2005年版，第23页。

限于保护人们免于暴力、偷窃、欺诈以及强制履行契约等等；任何更多功能的国家都会侵犯人们的权利，都会强迫人们去做某些事情，从而也都无法得到证明；这种最低限度的国家既是令人鼓舞的，也是正当的。"① 而且，诺齐克还强调，最弱意义的国家是合法国家的最充分形式。

问题是，社会成员对政府的共同抵制以及对"最小政府"的限定往往依赖于这样一种信念：每个成员都相信其他成员对政府的侵害行为都会进行抵制，否则，政府可以持续地侵害某个特定的社会成员。显然，这种信念的信守和强化往往依赖于这样一个条件：社会成员之间存在有效的信息沟通以及成员之间的协作成本相对较低。一般地，如果社会成员数目较少，那么，就有利于形成共同信念；相反，在不稳定而信息闭塞的社会中，政府往往可以持续地进行侵权，这表现在历史上常常出现一些暴君。

在某种意义上，历史上出现的那些现象正体现了一种囚徒困境：相互之间没有沟通、也没有信任，社会被分割为仅仅关注自身利益的一个个孤立的个体。波兰尼就写道："事实上我们容易看到，单独一个个体在没有得到人们明显的自愿支持的情况下也很能对很多人行使命令。如果一群人中每个人都相信其他所有的人会遵循一个自称为他们共同的上级的人的命令，那么，这群人就会全都把这个人当作上级而听从他的命令，因为每个人都害怕如果他不服从这个人，其他人就会因他不服从这个上级的命令而惩罚他。这样，所有人都因仅仅假定别人总是顺从而被迫听命，而这群人中的任何成员都没有对这个上级表示过任何自愿的支持。这一群人中的每一个成员甚至会觉得应该被迫报告他的同志的不满迹象，因为他会害怕当着他的面做出的任何抱怨都可能是某个奸细对他的考验，如果他不把这样的颠覆性言论报告上去他就会受到惩罚。就这样，这群人的成员们相互之间可能会如此地不信任，以

① 诺齐克（本书译为诺奇克）：《无政府、国家和乌托邦》，姚大志译，中国社会科学出版社 2008 年版，前言。

致他们甚至在私下也只会表现出对一个他们所有人都暗中痛恨的上级的忠心之情。"①

不过，即使如此，作为理性效用最大化的政府既不会也不能长期而任意地侵犯其公民的利益：(1)当很多公民无法增进自身利益之时，就会酝酿集体的反抗，"逼上梁山"事件在历史上时有发生；(2)公民毕竟还是具有某种潜在权力，可以利用各种可能的资源或者采取某些战略积极抵抗以达到削弱统治者的压榨甚至废黜他们的目的。② 具体说明如下：

第一，公民事实上对自己的生产力具有相当的产权，它可以用消极和无所事事来对篡夺权力做出反应，从而可以使统治者从中获取的物质收益下降。而且，公民往往具有迁移和退出的自由，那么，统治者的决策空间在这种压力之下就会大大缩小。

第二，统治者不可能消灭全部臣民，因为他需要让其存在以获取利益；更不要说，统治者征服反对者不是依靠一己之力，而必然要依靠一种群体的力量。显然，当目前的反对派被消灭之后，统治者群体中就会产生出矛盾，从而重新分化为当政者和反对者；这样周而复始，反对者永远存在。

第三，具有理性的人民能够充分地吸取前人的经验教训，不会任由统治者机会主义地进行宰割，而是最终会通过策略联盟来形成对统治者的制衡力量。事实上，很多独裁专制体制都是被内部成员推翻的，如大多数军事政变都属于这种性质。

第四，掠夺型国家中的那些掠夺成性的统治者往往承担了无限责任，他需要为自己经营天下的失败承担全部责任，甚至断子绝孙。例如，朱元璋的子孙到明朝末年已繁衍至100万人之多，但一旦政权更迭之后，这些子孙们

---

① M.波兰尼：《个人知识：迈向后批判哲学》，许泽民译，贵州人民出版社2000年版，第346页。

② 参见M.鲍曼：《道德的市场》，肖君、黄承业译，中国社会科学出版社2003年版，第231—236页。

大多就被屠杀了。① 显然，只要能够预见到整个社会将联合起来共同抵制自己的侵害行为，为了维护自己的长远利益而降低失败的风险，这些统治者的最佳反应就是约束自己，实行与臣民利益共容的政策。所谓"水能载舟，亦能覆舟"，这是历史所给予帝王的警言。在现代社会，一些疲惫或者厌倦了这种压力的寡头集团也有可能放弃自己的专制统治而实行民主制度。

第五，在一个现实的社会中，一个国家内部的管制关系也受到国际上其他国家的影响：在西方封建社会后期，西欧出现的各民族国家之间本身就是相互竞争的；而在现代社会中，一个社会统治的稳定程度更直接地受到相对更有效率的外来势力的影响。事实上，在第二次世界大战以后，胜利的民主国家就把民主制度强加给了实行专制制度的德国、日本以及意大利等。同样，在近来的国际社会中，也是由于受到西方民主势力的影响，导致了东欧国家内部爆发了政变和革命。

可见，尽管基于新古典自由主义经济学的经济人分析思路，主权型国家和掠夺型政府中的每个当政者都会利用其权力谋求自身的利益并损害社会大众的利益，因而西方学者普遍推崇"最小政府"来将这种掠夺行为降到最低；但是，如果考虑到实际的社会力量因素，那么，我们就需要对这种理论的现实基础进行反思。其实，在不同历史阶段以及社会文化中，当政者的行为往往存在很大差异。因此，正如赖特所言："在评估不同政府的剥削程度时，关键的问题是，领导者能贪心到什么程度而不会自尝其果。"② 而且，即使我们希望减少社会剥削现象，这也涉及对管理者或统治者的选择和监督问题。那么，究竟应该选择"谁来统治"呢？早期的柏拉图认为，政治家尤其是国王应该是智者，因而哲学家比较适合担任君主来统治世界，最优秀的个

---

① 《苍天饶过谁？朱元璋 18 代 100 多万子孙，被杀了个精光》，见 http://www.lszj.com/news/5910.html。

② 赖特：《非零年代：人类命运的逻辑》，李淑珺译，上海世纪集团出版集团 2003 年版，第 90 页。

人和消息灵通人士应当领导世界。但是，苏格拉底则强调，自命为最优秀、最睿智的人往往是受了荣耀的蛊惑而实非如此。事实上，得到军队支持的后世帝王都宣传强权力量的合理性，并把它转化成天赋王权者；这种理论后来又进一步发展为阶级斗争说，认为拥有一定力量的阶级中的优秀者实际上拥有专政力量。到了近代，随着人权的兴起，天赋王权变成了天赋人权，从而开始从民主选举中处理合法化的政府，从而从统治者指定传承变成了定期选举制。但是，民主往往也会导致寡头和独裁的出现，如希特勒就是通过多数选举制而合法掌权的。因此，波普尔建议将柏拉图的问题“谁来统治”换成：“如何才能产生一个宪法，帮助我们不经流血地摆脱政府？”①

六、结语

在主权型国家中，主权者获得了支配和使用受让权利的权力，并出于自身利益的最大化而往往会损害被统治者的利益；在这种情况下，被统治者就可能联合起来共同限制主权者的权力，其中的一个极端就是“最低限度国家”的规定。例如，诺齐克就强调，只有“最低限度国家”是符合道德的，比它功能更多的国家都会侵犯人的权利。当然，即使主权型国家确实体现了强烈的掠夺性，人们一般也不会要求取消政府而实行无政府主义。诺齐克就指出，“最低限度国家”应该具备两个必要条件：（1）国家具有使用强制力的垄断权，禁止任何个人或机构私自进行惩罚和索取赔偿；（2）国家还应该保护所有公民，而不仅仅是为某些公民服务。究其原因：（1）即使是在主权型国家中，人民的生活也并不一定比自然状态更差；（2）那些主权者为了追求自己的利益也会提供某种公共品，如对私有权的保护等，主权者以提供安全

---

① 米勒编：《开放的思想和社会：波普尔思想精粹》，张之沧译，江苏人民出版社2000年版，第483页。

的服务交换社会成员的纳税。显然，这也就是霍布斯的利维坦国家。

特别是，随着基于自然不平等所形成的契约逐渐过渡到掠夺型国家，那些当政者已经不再通过亲自提供的保护来换取人们的服从和税收，相反，打仗等事也由处于被统治地位的大众自己承担；在这种情况下，主权者就更加需要注意统治的技巧，综合利用"法""术""势"，交替实行"胡萝卜加大棒"的政策以维护长期自利。因此，尽管主权型国家及其政府根本上具有"私恶"的性质，主权者的根本目标是自身利益的最大化，但是，为了自己的长远利益着想，作为一个"坐寇"的主权者也会顾及被统治者的利益，从而做出有利于社会发展的事情来。当然，如果主权者所承担的风险和所获得的收益仅仅波及自身的话，那么，就会增加他依靠暴力实行竭泽而渔的可能；在这种情况下，主权者和他的臣民之间的博弈就更具有非合作的性质，从而会产生抢夺瓷器的结果。因此，在主权型国家中，要使得主权者与被统治者的利益之间具有相容性，就必须延长主权者所承担的风险和所获得的收益的时间；要做到这一点，主权者的地位就应该是世袭指任的。由此我们也就可以理解，传统的主权型国家根本上都具有无限责任和世袭指任这两大基本特征。

当然，在现代社会，具有无限责任和世袭指任两大特征的传统主权型国家已经解体，在这种情况下，我们又如何对统治者的行为进行限制？自由至上主义者普遍推崇"最小政府"的理念，强调政府应该忠实地行使原先人们所转让的那些权利，同时也履行相应的义务。但是，这种国家的功能却是消极意义上的，它无法有效地弥补个人的不足，也无法满足现代社会发展的需要。因此，现代自由主义者或者社群主义者开始主张赋予国家和政府以更多的职能，尤其是在促进经济增长和福利提升方面的作用。但是，这又引申出另外两个问题：政府究竟应该做什么？同时，又如何保证它做它该做的事？这些都有待于人类长期的摸索，需要建立一整套宪法政治和法律体系。但无论如此，我们都不能简单地将有限政府等同于"最小政府"，在日益规范和成熟的监督体系下，任何现代政府都会也必须承担起"守夜人"之外的职责。

事实上，正是基于对政府权力的极度提防，美国不仅率先在人类史上创设了三权分立的政治组织和制度，而且通过宪法来保障公民的持枪权利。美国的国父们如杰斐逊等人就认为，职业军人组成的常规军很有可能被政府用来奴役和压迫人民，而私人拥有枪支不仅可以保障个人和财产安全，更可以抵抗暴政和专制，进而推翻脱离民众的政府。有鉴于此，美国宪法修正案第二条规定：管理良好的民兵是保障自由州的安全所必需，因此人民持有和携带武器的权利不得侵犯。但我们不妨审问下：在武器已经如此升级的今天，人民持有的轻型枪械足以对抗政府的暴力，乃至推翻不受欢迎的政府吗？显然，仅仅从通过允许人民持枪以作为更换政府的手段而言，美国人持枪的理由也不再充分了。同时，在 2017 年 10 月 3 日的拉斯维加斯杀戮和 2018 年 2 月 14 日的佛罗里达州校园枪击案等一系列事件的发生震惊全美国人后，特朗普却提出了匪夷所思的解决方案：武装教师，保卫学生！但试问：如果人民持枪仅仅是为了防止相互之间的侵犯和掠夺，那么，这不要回到原先的自然状态吗？显然，仅仅从通过允许人民持枪以作为维护自身自由和安全的手段而言，美国人持枪的理由也是很不充分的。在很大程度上，美国人之所以热衷于持有枪械来自卫，正反映出国家公权力的缺乏，政府没有承担起应尽的职责，乃至美国人迄今还没有真正从自然状态步入有机的社会状态。

4. "好人"政府为何往往会有"恶行"？

——从裁判型国家的演化看有为政府的约束

新结构经济学中有为政府实际上对应了一种裁判型国家。裁判型国家根本上把国家视为服务于所有成员的公共性社会机构，从而具有善的性质；正是为了发挥善的行为，人们往往赋予这种国家及其政府相当大的权力。但在现实世界中，那些掌握公权力的代理人往往会为了个人目标和利益而滥用组织手段，从而导致裁判型国家及其政府的功能发生蜕变。从这个意义上说，任何承担积极功能的有为政府都不能是无限政府，而必须在一套相对成熟和完善的规范和监督体系下运作。

一、引言

新结构经济学倡导承担积极功能的有为政府，而有为政府则以广为大众信任的信托政府为基础；[①] 更进一步地，这种信托政府也就对应了裁判型国家。事实上，在主权型国家里，国家不仅为主权者所有，而且也是主权者获取私利的工具，相应的政府机关根本上也是为主权者的利益服务，从而呈现出明显的掠夺性，是"恶"的渊薮，西方社会大致持这种国家观；相反，在

---

① 朱富强：《如何保障政府的积极"有为"：兼评林毅夫有为政府的社会基础》，《财经研究》2017 年第 3 期。

裁判型国家里，国家仅仅作为公共机构而存在，是成员利益的裁判者，而不是享有利益的自然主体，相应的政府功能在于协调成员间的利益关系，从而具有很强的协调性，是"善"的化身，传统儒家就持这种国家观。

同时，如果说主权型国家是古代社会的典型形态的话，那么，裁判型国家就更容易为近现代社会所认同。例如，格劳秀斯就问道：如果一个人可以转让自己的自由，使自己成为某个主人的奴隶；那么，为什么全体人民就不能转让他们的自由，使自己成为某个国王的臣民呢？对此，卢梭提出的答案是：（1）奴隶出卖自己是为了自己的生活，但国王远不能供养他的臣民，而只能从臣民那里取得自身的生活供养；（2）专制主也并没有为他的臣民确保太平，相反，由专制主的野心引发的战争以及贪求和骚扰对人们的伤害往往更甚于人民之间的纠纷；（3）即使个人可以转让其自身，但也不能转让其孩子，因为每个人生来是自由的。①

为此，启蒙运动之后，众多学者如洛克、康德以及穆勒都强调自然权利的不可转让性和不可侵犯性，强调契约权内容应该受到限制。进而，随着人类基本权利越来越得到重视，绝大多数学者已经形成了这样的共识：人们通过契约形成的组织是一种服务于其成员的社会机构，并且，这一社会机构的权力也应该受到制约。例如，诺齐克提出了自我所有权的命题：只有你有权支配你的生活、你的自由和你的身体，因为它们只属于你而不属于他人。也即，不但个人不能被当作另一个人的工具，而且每个人都被一个权利的"保护范围"所围绕。

也就是说，在现代社会，裁判型国家得到了更为广泛的认同，相应的政府也被赋予越来越多职能，这在很大程度上也就构成了有为政府的理论基础。然而，人类历史的发展却常常展示出这样的明显悖象：尽管传统儒家社会一直把国家视为"善"性的，并注重关怀全体人民的切身福祉，但儒家社

---

① 卢梭：《社会契约论》，何兆武译，商务印书馆1980年版，第14—15页。

会的历代政权却往往呈现出明显的集权和专制性；同样，尽管绝大多数现代国家都号称为全体国民服务，但这些国家的政府所作所为却往往会对人民利益造成很大损害。显然，这些都为赋予有为政府的积极功能带来了障碍，也是众多学者致力于限制政府行为的理论基础。有鉴于此，我们就需要探究这一问题：现实与理论之间为何会出现这种背反现象？本章就裁判型国家的特征及其演变作一探究。

二、体现为协作系统的国家本质

西方社会传统上把国家视为一个主权者，政府则是主权者追求私利的工具，从而国家和政府都具有很强的掠夺性。然而，国家主权的变动史却表明："在现代民主制国家，要把明确的位置归属给主权是很困难的，即使在严格的法律领域内，对主权存放于何处也没有什么一致的意见。"[①] 其实，在对传统的君主政体进行变革之时，在欧洲大陆和英伦群岛就出现了两条不同的道路：（1）把主权（至少象征地）转交给人民的民粹主义道路；（2）对主权加以限制的宪法政治主义道路。同时，这两条道路都出现了一些问题。（1）人民主权的思潮曾经一度占据主流地位，但"人民主权"在实践中却往往遭到扭曲和变异：尽管名义上人民是掌握最高权力的主权者，但实际权力却往往被一小撮人所掌控。（2）在那些实行权力制衡的民主国家更加偏离了"主权"的基本特征：按照"主权"的国家模式，存在一种由等级化秩序所构成的发布命令体系，该制度下的每个部分都必须服从其上级，其顶端则是一个最高实体；但在三权分立的国家结构中，社会是由一系列相互作用、相互制衡的独立部门所构成的网状结构，因而人民仅仅在名义上是社会顶端的最高

---

① 戈登：《控制国家：西方宪政的历史》，应奇等译，江苏人民出版社 2001 年版，第 56 页。

实体，而实际上却不存在最高权威。

（一）人民主权观的影响式微

一般来说，国家主权有两大基本含义：（1）对内的最高权；（2）对外的独立权。对外的独立权是指国家承担起保卫公民不受外来侵犯的责任，对内的最高权则必然体现为一个阶层对另一个阶层的政治统治权力，从而也就不可能是全民的主权。正因为主权必然体现了权力的不对等，因而人民主权这一概念本身就是矛盾的。究其原因，阿罗不可能定理表明，个人的自由选择并不能转化成一般的集体行动，从而必然会有一部分人的权利得不到保障，从而不可能实现真正的“全民”主权。其实，“人民”很大意义上只是一个政治概念，它是相对于敌人而言的。因此，人民主权只是将被认可的群体视为国家主人的人民，而另一部分人视为专政对象的敌人，尽管在不同时期人民和敌人的内涵往往存在很大的差异。

不过，从理论上讲，所谓的人民主权应该包括所有的成员，人类所有的合法权威都必须以社会成员间的平等契约为基础。其基本理由是，没有人对其他同类拥有任何与生俱来的权威，力量本身也不带来任何权利。譬如，洛克在《政府论》中就写道：“人类天生都是自由、平等和独立的，如不得本人同意，不能把任何人置于这种状态之外，使受制于另一个人的政治权力。任何人放弃其自然自由并受制于公民社会的种种限制的惟一的办法，是同其他人协议联合组成一个共同体，以谋他们彼此间的舒适、安全和和平的生活，以便安稳地享受他们的财产并且有更大的保障来防止共同体以外任何人的侵犯。”[①]卢梭也强调：“放弃自己的自由，就是放弃自己做人的资格，就是放弃人类的权利，甚至就是放弃自己的义务……这样一种弃权是不合人性的；而且取消了自己意志的一切自由，也就是取消了自己行为的一切道德

---

① 洛克：《政府论》（下篇），叶启芳等译，商务印书馆1964年版，第59页。

性。最后，规定一方是绝对的权威，另一方是无限的服从，这本身就是一项无效的而且自相矛盾的约定。"①

正是随着对基本权利认知的深入，越来越多的学者开始主张放弃"主权"这一概念，并转而探求从"人民"统治到法律统治的转变。例如，西季威克就断然拒斥可以通过查明哪个机关有权修改法律从而确定一个国家中主权位置的观点，并认为任何尝试确定主权真正权威的位置都是徒劳的，政治权力实际上是以相当复杂的方式在各种不同的机关之间进行分配的。再如，英国工党的"教父"们也强调，国家并非是能够要求服从的唯一社会机构，相反，现代社会是一个独立于国家的国民并通过其他的社会机构组织起来的多元主义社会。

对国家主权观的背离典型地体现在美国的国家设计中，因为这些先驱者在设计政治制度时所依据的一个基本原则就是促进双赢。为此，美国的宪法政治秩序的建立就以排斥这样一条原则为基础：政府对国家的管理需要集中最高权力。例如，V. 奥斯特罗姆就归纳了美国立宪选择的几个特点：（1）美国限权宪法理论中必要的特权是契约界定的，而不是不适当地屈从于一个主权者的自愿的法令；（2）限权宪法理论假定，立宪决策是这样一个进程，它不但包括"原始"宪法的制定，而且也包含不断修改的断断续续的进程；（3）在美国经验的背景中，"限权宪法的一般理论"应用于其他形式的政治社团；（4）美国限权宪法的理论中，法律的约束力量不像一位主权者的命令那样是"最终的"；（5）美国限权宪法的理论意味着没有任何"政府的"权威是最终的。②

---

① 卢梭：《社会契约论》，何兆武译，商务印书馆 1980 年版，第 16 页。

② V. 奥斯特罗姆：《复合共和制的政治理论》，毛寿龙译，上海三联书店 1999 年版，第 64—66 页。

（二）协作系统观的社会基础

其实，人类社会中的任何组织本质上都可以被看成是一种协作系统，其产生的原初目的都是为了提高所有参与成员的福利，从而是提供共同体事务决策的机构。例如，家庭组织就是一个以男女之间性别分工为基石的协作系统，它为家庭的所有成员乃至生生不息的整个家族服务，而不是为了男性家长或某特定个人的利益服务。再如，企业组织也是一个协作系统，是为所有成员的整体利益服务的，企业或其代理者（管理者）本身都不是利益的自然主体，而仅仅是资源配置的指挥者和协调者。同样，从契约论上理解，国家本质上也是一个更大规模的协作系统，政府或代理者都不是利益主体，不是自利者，而只是利益的仲裁者。例如，霍布豪斯就指出："与契约自由紧密连在一起的是联合自由。如果人们基于共同利益缔结一项协议，只要不损害第三方，他们显然会同意永远以同样的条件对任何一个具有共同利益的目标采取一致行动。也就是说，他们可以组织联合。"①显然，这也正是作为协作系统的国家和扮演协调者角色的政府之所以出现的缘由。

基于协作系统观的理解，包含国家在内的任何人类组织都只是由社会成员组成的"虚拟"机构，而不是实在的利益主体，从而也就不会是利益的最终归属，因为任何利益都必须最终指派到自然人。也即，协作系统观的组织理论认为，政府等社会机构本身是为社会成员的利益服务的，其根本目的在于协调个体之间可能产生的利益冲突。休谟就写道："人诞生于家庭，但需结成社会，这是由于环境必需，由于天性所致，也是习惯使然。人类这种生物，在其进一步发展时，又从事于建立政治社团，这是为了实施正义。真没有这种执行机构，人类社会中不可能有和平，不可能有安全，也不可能进行相互交流。因此，我们认为，我们整个庞大的政府机构，其最终目的无非施

---

① 霍布豪斯：《自由主义》，朱曾汶译，商务印书馆 1996 年版，第 16 页。

行正义，或者换句话说，支持那十二审判员①。"②

问题是，纯粹的协作系统本身仅仅是一个理想状态，只有在原始共产主义或者未来的科学共产主义社会中才可能实际出现。在现代社会中，随着社会不平等程度的下降，国家组织也只是体现为逐渐向协作系统回归或迈进，政府或其代理人也只是越来越多地承担起协调者和裁判者的角色。究其原因，尽管国家及其政府机构本质上是为所有成员服务的，但国家及其政府机构一旦产生，就开始被赋予了一定的集体权力；同时，随着社会力量的分化以及不平等的加强，原本属于集体的权力在特定时期就会为某些特定个人或群体所篡夺，从而导致国家性质和政府功能都发生了异化，乃至呈现出某种主权者的影子。

这也意味着，对国家的主权观理解与社会力量不平等之间存在着对应关系：人类社会的不平等程度呈现出一个倒 U 形曲线的规律，因而国家的主权特性也呈现出一个否定之否定的变迁。一般地，早期社会主要体现为自然的不平等，这种自然不平等主要是体力造成的，因而不平等程度并不显著；随着人类不平等从自然不平等转到社会不平等，这种社会不平等首先体现在物质财富方面，而物质财富的所有权集中规律使得这种社会不平等的程度急速拉大；进而，随着知识生产要素重要性的增强，社会不平等开始逐渐转到智力、精神以及其他社会资源方面，而这些社会资源本身却存在与所有权集中规律相反的分散趋势，从而使得社会不平等的程度又开始呈现缓和之势。很大程度上，协作系统观国家成为现实并受到广泛认可，需要以相当程度的社会平等为基础。

---

① 西方国家的法庭审判往往有十二个陪审员，他们往往被视为公正和法律的代名词。

② 休谟：《休谟政治论文选》，张若衡译，商务印书馆 2010 年版，第 23 页。

（三）国家主权观的历史演变

国家主权特性呈现出否定之否定的演变轨迹，这可以在人类历史上得到印证。例如，古罗马就经历过君主（公元前 753—前 500 年）、共和（公元前 501—前 31 年）、帝政（公元前 31—476 年）三大不同时期的演化，而中世纪之后西方似乎又重新走上了古罗马的社会变迁之路。在古罗马，君主时期除了君主外，还有元老院、众议院和百人会议，政权主要掌握在贵族集团手中；到共和时期，最初则由元老院推举的执政官代替君主行使统治权，后来由于平民势力壮大，设立了由平民选举的护民官 2 人（即监察官和民政官）；最后，从公元前 2 世纪起，由于罗马开始对外侵略和扩张而逐渐脱离了共和政体，帝政本身就是罗马帝国领土扩张和国家权力集中的标志；此时，独裁者的性质不再表现为自治的才能，而是管理和协调，统治罗马帝国庞大体系内多样化的和分散的各个地区的能力。

为此，拉德布鲁赫认为，从等级国家到理想国家并不是一步可达的，相反依赖于专制国家这一中间环节。事实上，宪法形式首先萌芽于等级制国家中。当然，纯粹产生于特权阶层、贵族和僧侣利益代表人的特权等级代表，并不能够代表着全体人民；相应地，它需要人们在能够把握立宪国家精神之前，先去贯彻国家精神。[①] 譬如，德意志民族的神圣罗马帝国就是一个等级制国家，当时除了皇帝之外还有帝国议会，除了王公贵族之外还有参与国家管理的特权等级代表；结果，德意志民族长期得不到统一，甚至因存在二元统治而不能被称为完全的主权国家。相反，在法兰克帝国，这种二元主权导致在君主和封臣之间爆发了一种旨在独一统治的持续斗争，最终王权获得了胜利，从而使法国成为专制国家。

---

① 拉德布鲁赫:《法学导论》，米健等译，中国大百科全书出版社 1997 年版，第 32—33 页。

从主权的演化轨迹可以看出，主权观的国家理论也比较符合追求物质资源的等级制尤其是专制性的前现代社会：此时，人类社会的不平等程度在不断向最高点推进，社会分配也完全是基于不平等的力量对比关系。相反，在此前此后，主权观的声音就比较小，或者被冠以为"人民主权"，也比较接近于协作系统的本质。例如，在伯里克利时代的"雅典人中间（就）似乎存在着政府的目的是为公民的利益服务的广泛共识"①。而且，根据卢梭、马克思以及凡勃伦等人提出的异化观，人类社会制度在一定时期都会出现程度不一的异化，异化的程度主要取决于力量分布的不平等程度。因此，随着社会力量的分散以及对社会本质认知的加深，社会的发展也在自发和自觉这双重力量的推动下经过否定之否定的路径而向本质回归。很大程度上，这是任何社会事物的合理发展趋势，国家组织的演化也已经并正在经历这一过程。与此同时，体现协作系统这一本质的国家根本上也是建立在平等主义的社会契约之上，而平等主义契约意味着社会权力是分散的，此时没有任何个人或群体能够完全占有权力而控制其他成员。因此，我们所讲的契约型政府，往往只有在权力分散的情况下才能得到实现。

事实上，早期出现的民主国家大多是由于社会力量分散的结果，奥尔森对此作了分析。例如，英国之所以能够形成最早的代议制政府，其原因就在于，在17世纪中期由于英国新教会中的不同派别及团体以及它们与其他经济与社会势力结合在一起而爆发了内战，但自克伦威尔之后，英国已经没有任何一方的势力可以击败其他所有势力，因而也就没有一个胜方领导人、团体或者政治派别能够强大到可以将自己的意志强加于其他团体身上，或者直接形成一种专制体制。在这种情况下，制造"光荣革命"的那些领导人就有激励动机去设计一个权力分享的制度安排，以减少任何人

---

① 戈登：《控制国家：西方宪政的历史》，应奇等译，江苏人民出版社2001年版，第78页。

拥有超过他人的绝对权力的可能性,从而设立了占支配地位的议会、独立的司法机构,并签署了《权利法案》以及构建了更为稳定的判例法体系。再如,美国之所以能够在独立后建立了三权分立的政治体制,也与当时美国不存在单一的政治团体或者殖民者压迫有关系。事实上,当时13个殖民地特性各异,甚至在奴隶与宗教问题上也不一样,各个不同的殖民地在英国统治下也经历了一定程度的内部民主化,并拥有不同的宗教和经济集团。因此,在独立之后,美国宪法的起草者们当然也利用了权力分配和制衡来防止专制的出现。

三、从裁判型国家派生的有为政府

随着社会权力的分散,个人权利和财产权利逐渐获得了拓展和保障,因而政府的角色也就从攫取者向保护者转变;并且,随着经济活动的扩大以及个人需求的多元化,如更多的公共品的需求等,从而要求政府承担越来越多的经济功能。然而,所谓物极必反,人类社会的发展往往是曲折的:在权力为一小撮人掌握的时候信奉的是君王主权,此时国家和政府沦为了"少数统治"的工具;而当权力为社会大众所掌握的时候开始盛行的是人民主权,此时国家和政府却转变为"多数暴政"的机构。正因如此,从"主权"意义上来理解国家和政府,在实践中往往就会导向对抗和剥夺,从而使得国家和政府都具有"恶"的性质。在民主制度探索和建立之初,正是出于对这种"恶"政府的反动,社会上开始普遍崇尚个人自由主义,主张自由放任的"最小政府"(如哈耶克、诺齐克),甚至是无政府主义(如罗斯巴德)。

(一)为何需要政府的积极作用

根据穆勒的自由原则,人们不但有自由去形成意见并且无保留地发表意见,而且有自由依照其意见而行动,"只要风险和危难是仅在他们自己身上就不应遭到同人们无论物质的或者道德的阻碍。"① 因此，在文明社会中，他人或团体干涉任何成员的唯一可行理由就是为了保护其余公民不受其害。正是基于这些自由主义原则，西方社会的主流观点强调，任何家长式统治的介入都是不合法的，除非防止第三方利益受到损害。这种理解明显受锢于"恶"性政府的思维，从而排除了国家和政府为提高人民福利而可能施行积极努力。问题是，政府的职能果真应该局限于此吗？譬如，国家是否有权命令公民为了自我保护而在开车时必须使用安全带呢？穆勒认为，即使驾车者有权自己决定，但是国家也应当阻止作为第三方的乘客被卷入这种险境；因此，在乘客没有决定系紧安全带之前，国家应该阻止司机开车出发。实际上，即使没有其他乘客，不系安全带的行为也会对社会造成危害。譬如，因事故率的增加而导致保险费率的提高等，因而国家也有权对司机的行为进行限制。

为此，波普尔强调，"无论从原则上还是就道德而言，家长式统治都是必不可少的"；因为"国家的基本任务——我们对国家的最大期望——是承认我们对生命和自由的权利，并且在必要的时候，帮助我们捍卫自己的生命和自由权利。但是，这个任务其实就意味着家长式统治了。……当我们意识到自己不得不捍卫我们的基本权利时，国家不应当对我们报以敌对或漠不关心的态度，而应当表现出仁慈。实际上，无论是从上到下地（对于应当表现仁慈的国家机构而言），还是从下到上地（对于试图从比自己强大的方面寻求帮助的公民而言），情况都有家长式统治之嫌"。② 其实，古典学者之所以崇尚自由放任，主要是出于对重商主义时期无限制的政府干预之反动；相应地，随着自由放任政策的施行过程中暴露出越来越多的市场失灵问题，西斯蒙蒂、穆勒、马克思、李斯特、格林、霍布森、维克塞尔、马歇尔等人都提出了一系列的政府干预主张。正因如此，穆勒本人越到晚年，就越强调国家

① 穆勒（即密尔）：《论自由》，许宝骙译，商务印书馆 1959 年版，第 65 页。

② 米勒编：《开放的思想和社会：波普尔思想精粹》，张之沧译，江苏人民出版社 2000 年版，第 478、473—474 页。

干预；进而，在穆勒之后，古典主义的自由放任就逐渐为强调国家干预的新自由主义所取代了。

特别是，在平等主义的契约型国家中，社会中的帕累托优化需要各成员之间以及成员与政府之间的协力合作，因而政府也可以且应该充分发挥其资源配置的优势作用。而且，由于国家也完全服务于全体成员，因而持这种观点的学者往往都对国家组织及其活动持赞赏的态度，都极力主张壮大国家的力量。例如，黑格尔就不仅把国家看作是一个制定法律和执行法律的机构，而且视其为发展一个民族伦理生活的有机体，这种伦理生活表现在一个民族的习惯、习俗、共同信念、艺术、宗教和政治制度中，而个体与共同体的完全统一只有在国家这一最高的伦理实体中才能实现。同样，国家主义和经济浪漫主义的代表人物缪勒（A.H.Muller）也把国家视为是一个由相互联系的人类事务组成的为了全社会物质和精神需要的有生命的社会有机体，而不是为了个人利益而存在，并认为人只有同世界相联系才能实现真正的自我。事实上，从协作系统观的角度看，政府组织也是人类为提高自身利益而逐渐"设计"出来的，从而它也确实可以且应该发挥一些有益的积极作用；特别是，在裁判型国家中，政府权力的行使者本身就是那些拥有较高知识素养和道德水平的社会精英。

（二）政府何以能够发挥积极作用

一般地，理性可以被视为人区别于其他动物的根本性特征，而理性化程度越高的人则越会被视为人类社会的精英。显然，正是通过这群精英把他们的思维传授给理性程度低的人，从而使得社会运行有序、资源配置有效。一方面，只有这些具有高度理性的人才可以深入地洞悉社会的内在秩序。如卢梭所说："现代哲学家只承认法是为有精神的生灵制定的规则。……他们把自然法的权限限于惟一一种具有理性的生物，也就是说限于人。但是……如果不是一位思维缜密的推理家，不是一位学问高深的玄学家，就不可能理解自然法，因而也无法遵守它。这正说明，人类为了建立社会，肯定运用了一些智慧，也只有寥寥数人才可能有，而且他们还得费很大气力才能获得。"①另一方面，由于只有少数人才能首先洞悉自然秩序，那么他们就有引导社会发展的能力和责任。Z.鲍曼写道："哲学家们是被赋予了直接接近纯粹的、没有被狭隘的利益所蒙蔽的理性通道的群体，因此他们的任务就是发现哪些行为是指示明智的人去做的行为。发现以后，他们就与'人们熟知'的权威一起将结果传达给理性天赋不够、不能自己发现的人。"②

正因如此，无论是在东方还是在西方，人类史上都强调贤人政治。也即，由一些较高理性的人来引导人类社会的发展。在西方，自从柏拉图提出良好的社会应该是由哲学王领导以后，就不断有人来鼓吹并实践这种理想，其中典型的提倡者是约翰·穆勒。穆勒强调，只有具有少数有才智的人的利益和意见得到反映才是真正的民主政体，并提出了一人多票制的构想：那些受过良好教育、智力超群的人应该得到额外的选票而获得额外的发言权，从而使他们对政治过程有较大的影响。其实，典型的议会民主制就是贤人政治的变体，西方早期的宪法政治主义者白哲特和戴西等都主张议会主权。例如，在白哲特看来，最好的政体形式就是把政治权力的杠杆交到具有对现代国家有效的政治运作来说必不可少的智力和素质的少数人手中的政体。在东方，中国的儒家也一直就强调贤人治国，因为圣贤是充分发挥了人之仁性并将"内圣"和"外王"结合起来的人物。因此，在中国人看来，中国古代的三皇五帝大多数都是哲学王，他们教会我们用火、建筑、耕稼等。譬如，耶稣会士白晋就将伏羲称为哲学王；③而张君劢则把尧舜视为柏拉图笔下的哲

---

① 卢梭：《论人类不平等的起源和基础》，高煜译，广西师范大学出版社 2002 年版，第 65 页。

② Z.鲍曼：《后现代伦理学》，张成岗译，江苏人民出版社 2003 年版，第 31 页。

③ 参见孟德卫：《莱布尼茨和儒学》，张学智译，江苏人民出版社 1998 年版，第51 页。

学王。①

即使在政治平等诉求如此深入的今天，很多学者也对这种精英政治表达了不同程度的偏爱。例如，罗尔斯就基本认同穆勒的主张，他写道："政府的目标被设想为集中在共同善上。在这一前提有效的范围内，某些人能够被鉴定为是拥有优越的智慧和判断力的，其他人则愿意信赖他们，并承认他们的意见具有更重要的意义。一条船上的乘客愿意让船长掌舵，因为他们相信船长比他们更有知识，和他们一样希望安全地达到目的地。……那么，在某些方面国家之舟与海上之舟是有相似之处的；在这种详细的范围内，直至自由的确是受其它的、可以说是确定着乘客的内在善的自由支配的。如果我们承认上述假设，那么一人多票制就可能是完全正义的。"② 同样，管理学大师德鲁克也认为："决定社会结构的不是大多数人，而是它的领导人，社会的典型行为也不会是大多数人的行为，最接近社会理想的行为只可能是极少数人的行为……（如）在维多利亚时期的英国，'绅士'得到的这种认可和他们作为他人标准的实际地位，而不是他们在数量上占有的比重，使他们称为英国维多利亚时期的代表性阶层……换言之重要的不是普遍的现象，而是代表性事物。"③ 当然，正如穆勒、罗尔斯等都已经指出的，有关政治权力的分配不仅是工具性的，而且越来越成为一种基本价值。例如，投票活动本身就是人们的一种积极的享受活动，可以提高智力和道德敏感性。同时，这种权力转让的基本前提是，获得权力的人不会损害转让者的利益；相应地，这就不仅需要有关其行动的广泛信息，而且也应该有一种对社会基本结构的共同知识。

---

① 刘梦溪主编：《中国现代学术经典：张君劢卷》，河北教育出版社 1996 年版，第 10 页。

② 罗尔斯：《正义论》，何怀宏等译，中国社会科学出版社 1988 年版，第 223 页。

③ 德鲁克：《公司的概念》，罗汉等译，上海人民出版社 2002 年版，第 2 页。

（三）为何又要约束政府行为

在强调政府积极作用的同时，我们也需要提防其中存在的一个物极必反现象。事实上，裁判观的国家理论强调，政府机关及其代理人是为全体社会成员的利益服务的，从而应该赋予他们以充分的权力和自由来实现公益的最大化；相反，对国家及其政府的权力限制似乎只有在"恶"性国家中才是必要的，而在契约型的"善"性国家中非但不必要，反而是有害的，因而它会限制圣贤为公益所做出的努力。例如，柏拉图就认为，理想的国家是没有法治的统治，好政府的关键是选择最好的人作为统治者，哲学家所掌握的知识比国家机关所制定的法律要高明得多；而且，这些哲学家自己的智慧就足以限制国家权力的控制范围，而依靠法律来对他们的行为进行控制是荒谬的，因为这反而会限制和妨碍哲学家的统治。

事实上，世界近代史却表明，随着君主主权向人民主权的转移以及宣称献身于"自由、平等和博爱"的共和国的建立，人类社会一直没有能够有效地阻止政治权力的滥用。在当今那些宣称代表全体人民利益的全民党制国家中，那些占人口绝大多数的弱势群体的利益也往往得不到实际的保障，相反，那些号称"人民公仆"的人对百姓的诉求往往熟视无睹。戈登指出："独裁统治的历史表明，不管统治者最初的意图是什么，独裁统治都会一成不变地堕落成压迫性的暴政。说到底，对权力的渴望并不是渴望占有行善的权力，而是渴望占有权力本身。不管权力是由君主行使还是由一小团体行使，把自己当作格外贤明和善良的人就有可能是权力的最糟的看管人。"①

正因如此，哈耶克甚至认为，世界上最大的坏事都是"好人"干的。之所以如此，正如顾准指出的："革命家本身最初都是民主主义者。可是，如

---

① 戈登：《控制国家：西方宪政的历史》，应奇等译，江苏人民出版社 2001 年版，第15—16 页。

果革命家树立了一个终极目的,而且内心里相信这个终极目的,那么,他就不惜为了达到这个终极目的而牺牲民主,实行专政。斯大林是残暴的,不过,也许他之残暴,并不100%是为了个人权力,而是相信这是为了大众福利,终极目的而不得不如此办。内心为善而实际上做了恶行,这是可悲的。"① 也正是观察到大量的类似情形,穆勒主张,即使通过议会制等形式赋予那些具有精神优势的人以更多的选票,但他们所获得的选票也应该是有一定限度的:(1) 他的影响力应该强大到足以防止那些教育程度较低的人基于个体利益的考量而使得整个社会陷入囚徒困境;(2) 但这种影响力不应强大到足以可以制定出为他们自己谋取私利的立法。

四、裁判者"善"行的蜕化分析

在裁判型国家中,掌握公权力的裁判者根本上应该为所有社会成员的利益服务,其主要功能体现在促进社会成员之间的合作协调。正因如此,当国家及其代理人的行为损害大众的利益时,人们就有权进行反抗,重新组织自己的市民社会。然而,在现实生活中,尽管国家和政府的行为已经逐渐远离了为人民服务这一目的,但人们并不能对之加以控制;由此,人们感受到的是受控于政府,而不是政府对他们的要求做出反应并为他们服务,以致大众与政府之间越来越疏远了。其实,按照制度经济学和社会契约论的观点,制度和组织也是人们为了自身的目的而选择的,但实际上,很多现实制度都不很有效,有的甚至与人类的目的相冲突,这就是异化。因此,即使在一个具有协作系统性质的裁判型国家中,也存在一些掌握公权力的代理人为了个人目标和利益而滥用组织手段的问题;相应地,即使政府对社会经济确实可以且应该发挥一些积极的作用,但其行为也必须受到制约和控制。关于其中的

---

① 顾准:《顾准文集》,贵州人民出版社1994年版,第375页。

原因，这里从几个方面展开分析。

其一，尽管国家本质上是一个协作系统，政府也是为维系国家的有效性而成立的公共机构；但是，作为协作系统的国家，它的形成依赖于一种合作契约，而这种合作契约有较强的生存条件。例如，罗尔斯就指出，任何有助于合作的正义秩序的形成都依赖于这样两个条件。（1）存在着使人类合作有可能和有必要的客观环境：一方面，个体的身体和精神能力上大致相似，或无论如何，他们的能力是可比的，没有任何一个人能压倒其他所有人；另一方面，在许多领域都存在一种中等程度的匮乏，自然和其他的资源并不是非常丰富以致使合作的计划成为多余，同时条件也不是那样艰险以致有成效的冒险也终将失败。（2）涉及合作的主体特征：一方面，各方都有大致相近的需求和利益以使相互有利的合作在他们之间成为可能；另一方面，他们又都有他们自己不同的生活计划、追求目标而造成利用自然和社会资源方面的冲突要求。

正因为社会正义本质上依赖于在社会的不同阶层中存在着的经济机会和社会条件，罗尔斯就借助无知之幕和相互冷淡两个抽象构建了平等的原初状态，并在平等的原初状态下确定了人们合作的基本条件。不过，这种原初状态纯粹是一假设状态，罗尔斯也看得非常清楚："原初状态的观念除了试图解释我们的道德判断和帮助说明我们应有的正义感之外，并不打算解释我们的行为。作为公平的正义是一种通过我们在反思的平衡中所考虑的判断显示的、有关我们的道德情感的理论。这些情感大概在某种程度上影响着我们的思想和行为。所以，原初状态的观念虽是行为理论的一部分，它却并不能使人因此说有类似于它的现实状态。我们必须说的只是：这些将被接受的原则在我们的道德思考和行为中扮演着不可或缺的角色。"①

其二，现实的国家所依赖的社会契约更可能是发生在不对称的人们之

---

① 罗尔斯：《正义论》，何怀宏等译，中国社会科学出版社 1988 年版，第 115 页。

间，从而会因权力分配的不平等而导致协作系统的异化或解体。事实上，如果协作系统以不对称契约形式存在，其成员之间的势力就存在不对称，进而会不断强化实际的不平等；或者，这种契约在某种程度上就是源于外来强权，从而也就必然会造成社会的等级分化。这两种情境实际上都印证了组织起源的暴力说。在此情形下，社会组织就可能逐渐偏离其原初本质，因而也就需要一定的社会制约，这表现为对企业管理者的监督和对政府官僚的制约。这意味着，同样是基于自由转让的机理，不对称的契约关系将会导致政府组织在演化过程中逐渐呈现出异化特征。一个明显的例子是，在资本主义生产中，最初资本家也是声称工人同意将自己的劳动转让给资本方以换取一点工资；但结果却演变为，原来作为协作系统的企业成为资本家的所有物，资本所有者攫取了企业组织的权力，这也是广义契约理论所宣扬的。正是基于这种不平等，马克思认为，资本主义本质上是不道德的：（1）它造成了人与人之间关系的异化，使人类社会分成相互敌对的部分并使相互之间处于对立状态，产生了一部分人对另一部分人的控制；（2）对生产资料的掠夺使得生产物控制了人，对人进行判断的标准是他拥有什么而不是他是什么，因而人们被塑造成为了财产而工作、活着，财产已不再是用于满足人的需要的物质而是控制人的力量，从而使得人类变得更为愚蠢和非理性。

因此，尽管裁判型国家及其政府机构本质上应服务于所有成员的利益，但不对称的契约关系却使得国家组织和政府机关为少数人所占有和操纵，成为他们控制和压迫其他成员的工具，从而不再为所有成员服务。尤其是，国家机关和官僚系统产生后还会进一步衍生出了卢梭所称的强者对弱者进行统治的政治不平等，乃至国家组织和政府在现实中也蜕变为利维坦式的巨兽，绝大多数人只能服从这个异物的意志。在这种世界中，社会大众与政府之间的关系就越来越疏远：人们不但难以控制政府反而受控于政府，政府不是对大众的诉求做出反应并为其服务而是支配和控制大众的行为，而成为特定群体维护私人利益的工具。事实上，我们也可以清楚地看到，许多现代国家中的警察部队基本上已经不再是作为保护个体自由和安全的工具，而是为了统治者巩固个人权力或者镇压反对派的力量。而且，正是在这种异化了的社会组织中，人与人之间的合作关系遭到破坏，而占有和掠夺则弥漫于整个社会；相应地，为实现掠夺的工具理性得到膨胀，而交往理性则日渐萎缩。

其三，对圣贤的尊敬或崇拜往往会导致监督和制约制度的缺位，以致攫取权力的"恶人"就可以不受制约地谋取私利。事实上，一旦权力集中到特定的个人或群体手中，就必然会出现腐败或以权谋私的现象。阿克顿早就说过："权力会产生腐败，绝对的权力产生绝对的腐败。"①现实生活中的一些政治家大选前在选民面前往往低三下四，而一旦占据高位后也会干一些见不得光的丑事。公共选择中的寻租理论也指出，权力的集中将导致各种管制的出现，而管制则进一步滋生寻租现象。显然，这不仅体现在重商主义时期的欧洲各国，更体现在当前绝大多数的发展中国家乃至监督体制相对健全的民主国家之中。

即使那些掌握权力的人是不以权谋私的圣贤，但他所集中的过度权力也会开创不良的先例，成为后来的野心家攫取权力的借口。从历史上可以看到，由于"最贤明善良的君主享有的特权最大，这是因为人民注意到他们的行动的整个倾向是为公众谋福利，因而并不计较他的没有法律根据的、为此目的而做出的一切行动，即使由于人类的任何弱点或过失（因为君主也只是人，是与别人一样生成的），以致使结果与这个目的稍有出入，但只要他们的行动的主要趋向显然只是关怀公众，而不是其他的话，也是这样。所以，既然人民有理由认为应该欢迎这些君主在没有法律规定或与法律的明文相抵触的场所有所作为，他们就对君主所做的一切加以默认，并且没有丝毫怨言地让他们随意扩大他们的特权"；正因如此，"贤君的统治，对于他的人民的权利来说，经常会导致最大的危险；因为，如果他们的后继者以不同的

---

① 阿克顿：《自由与权力》，侯健译，商务印书馆 2001 年版，第 342 页。

思想管理政府，就会援引贤君的行动为先例，作为他们的特权的标准，仿佛从前只为人们谋福利而做的事，在他们就成为他们随心所欲地危害人民的权利，这就往往引起纷争，有时甚至扰乱公共秩序，直到人民能恢复他们原来的权利，并宣布这从来就不是真正的特权为止。"[1] 有鉴于此，弗里德曼就强调："对自由最大的威胁是权力的集中。为了保护我们的自由，政府是必要的，通过政府这一工具我们可以行使我们的自由；然而，由于权力集中在当权者的手中，它也是自由的威胁。即使使用这权力的人们开始是出于良好的动机，即使他们没有被他们使用的权力所腐蚀，权力将吸引同时又形成不同类型的人。"[2]

其四，在多数票制选举的现代民主制中往往存在着"民主悖论"：本着民主的精神，从一致同意规则发展到多数通过规则，最后的结局却是独裁；而在多数通过规则投票中往往存在多数对少数的强制，或者由于投票悖论问题的存在而导致人们最不喜欢的东西出现。事实上，基于多数票规则的公共选择本身存在着一系列的悖论现象而往往难以获得确定的结果：不仅不同的投票形式和不同的投票程序所产生的结果不同，而且基于自由民主的集体行动还可能受到外来的干预和影响，受某些人的操纵。正是由于在协作系统中集体行动的机理本身就存在缺陷，从而不仅可能导致集体行动结果是非理性的，并且还会导致集体行动的决策权被篡夺。例如，麦迪逊和汉密尔顿两位美国宪法起草者接受的是休谟的分权说，为了控制个人野心和制止权力的可怕结合，他们所设想的共和国也是立法之上的，明确界分了国会的"宣战权"和总统作为武装部队总司令的权力；但是，后来还是总统的权力逐渐控制了武装力量介入的对外事务，如由肯尼迪、约翰逊和尼克松总统操纵的越南战争就是在没有正式的国会宣战的情况下进行的，里根总统则暗中援助尼加拉

---

① 洛克：《政府论》（下篇），叶启芳等译，商务印书馆1964年版，第105、105—106页。

② M.弗里德曼：《资本主义与自由》，张瑞玉译，商务印书馆1986年版，第4页。

瓜反政府武装力量并积极支持两伊战争中的伊拉克。显然，尽管美国已经确立了三权分立体系，但仍然使得行政权一权逐渐独大；而且，所有这些结果都是在自由而开放的条件下达致的，因而波普尔将之称为"民主悖论"和"自由悖论"。

一般地，集体决策权的旁落就意味着协作系统本身可能发生异化，而协作系统异化的结果便是它的目的发生了改变：不再为所有成员服务，甚至也不是为功利主义意义上的最优社会福利服务，而是成为某一小部分人攫取利益的工具。究其原因在于，（1）尽管作为协作系统的社会组织是由不同个体所组成并为所有个体服务，但它一旦形成就开始具有相对的独立性，不但具有独立发展的倾向，甚至出现内卷化趋势；（2）具有独立的内聚力、秩序和结构，从而产生了独自的目标和利益。因此，尽管一种社会组织的基本成分在不断地新陈代谢，但它本身却具有相对独立的自生存能力，并开始具有自己的目标，企业、国家、民族政党无不如此。正如波普尔指出的："社会群体大于其成员的单纯加总，也大于其任何成员任何时刻存在的诸多个人关系的简单总和……甚至可以相信，群体可能保持其许多原有特性，即使它的原先成员都被别的成员所取代。"[①] 正因如此，尽管隋唐以来的科举制使得官僚成员不断更替，但那些新的成员一旦进入了官僚系统就成了官僚制的附属，从而使得官僚制得以长期保持稳定。例如，白圭、桑弘羊、东郭咸阳、孔仅等原本都是商人，但一旦踏入官场，就成为官僚体制的维护者，成为"重农抑商"政策的推行者。

其五，基于民主选举的结果还会出现统治权悖论：选举出来的不是那些最具有协调能力并服务于人民利益的人，反而往往是那些最具统治力并对人民实施控制、监督的人。事实上，按照协作系统的要求，治理国家的人应该

---

① 转引自卢瑟福：《经济学中的制度》，陈剑波等译，中国社会科学出版社1999年版，第35页。

是最聪明或最优秀的人，我们也希望能够选出一个具有高度社会性的哲人来管理国家。卢梭就强调："最好的而又最自然的秩序，便是让最明智的人来治理群众，只要能确定他们治理群众真是为了群众的利益而不是为了自身的利益。"① 但是，民主选举的结果却往往并非如此：选举中获胜的关键往往在于影响力而非才能。钱穆就发现"在美国，曾有一博学的大学教授与一汽车夫竞选而失败了"，而感慨道："选举原意，在如何获取理想人才，俾可充分代表民意。（然而）单凭群众选举，未必果能尽得贤能"。② 特别是，随着民主选举范围的扩大，更加难以保证选举出来的人的品质；一个明显的例子是，在美国选举权受到很大限制时，选举出的华盛顿、J. 亚当斯、杰斐逊、麦迪逊、门罗以及 J.Q. 亚当斯等人都是具有高度才智、渊博知识以及高尚品质的人，但是，随着民主选举范围的扩大，总统以及州长等的素质明显下降了。一个名叫法艾尔法国人甚至嘲讽美国总统选举说："我们法国人都明白：美国已经无药可救。他们的总统如果不是弱智，起码也是没文化的。从'密苏里的领带商'杜鲁门到'传了两代的政治骗子'小布什，中间还有卖橡胶的卡特和二流演员里根，白宫简直就是一座傻子展览馆。"③ 目前，美国总统选出了特朗普，似乎又为之增添了更显明的例子。

事实上，米塞斯就指出，尽管民主主义者声称国家应该由少数最优秀的人来治理，但民主以及民主推选的国家首脑往往表现得非常拙劣，乃至四处被人嘲笑；结果，"各种不同的反民主流派的追随者的人数呈有增无减之势，民主推举的最高领导人表现得越拙劣，人们对他们的蔑视心理就越强烈，因此，反对民主的人数就越多"。而且，对究竟什么是最好的或最好的一批人并没有评判标准，例如，"波兰共和国的人民把一位钢琴演奏家推选为国家首脑，因为波兰人民认为他是当代最优秀的波兰人。实际上，国家领导人必

---

① 卢梭：《社会契约论》，何兆武译，商务印书馆 1980 年版，第 91 页。

② 钱穆：《国史新论》，生活·读书·新知三联书店 2001 年版，第 273 页。

③ http://news.sina.com.cn/w/2004-06-03/11353382576.shtml.

须具备的素质无疑与一位音乐家必须具备的素质大为不同。"① 为此，波普尔提出了民主选举中的统治权悖论："全部的统治权理论都是悖论。例如，我们可以选择'最聪明的人'或'最优秀的人'作为统治者。但是，'最聪明的人'用他的智慧也许会发现不应由他，而应该由'最优秀的人'来统治，而'最优秀的人'用他的善良也许会决定应该由'多数人'统治"，而"多数人"的统治往往或导致智慧和道德低下的人当政。也正是因为民主的这种缺陷以及对"谁是最适合从事政府领导工作的人"充满了争议，结果，往往是那些"最强"的人取得了管理权，反民主的理论也由此主张少数人有权使用暴力夺取国家权力，从而达到统治大多数人的目的，因为只有这些少数派才真正理解统治的力量；因此，"评价某人是不是最佳人选，主要看他是否具有独立的统治能力、智慧能力和号召力，看他是否具有干预违背大多数人的意志奋勇向上，从而出人头地，成为统治者的胆识和本领，如此等等。"② 为此，波普尔强调，我们在努力获得最好的统治者的同时也应尽可能地为最坏的统治者做好准备。

其六，现实社会中还存在着"计划悖论"："如果我们计划得太多，我们就会给国家过多的权力，然后自由就将丧失，那样也会结束计划"。之所以如此，就在于在漫长的封建社会，社会组织和制度在演化过程中都出现了严重的内卷化倾向，这就导致启蒙运动之后迅速掀起一股建构之风。相应地，知识分子们就转变成了所谓的"社会工程师"或"社会工艺师"，他们越来越热衷于设计组织，现代主流经济学中的机制设计以及最优化理论很大程度上也可以看成是这种社会实践的对应产物。但实践的结果却是，这些建构性活动大大增加了社会组织偏离原先目的的可能性。波普尔就举例说，社

---

① 米塞斯：《自由与繁荣的国度》，韩光明等译，中国社会科学出版社 1995 年版，第82—83 页。

② 米勒编：《开放的思想和社会：波普尔思想精粹》，张之沧译，江苏人民出版社2000 年版，第354—355 页。

会工程师和社会工艺师在构建保险公司时，就"不大关心保险公司构建的起源是否作为一种谋划的事业，也不太关心它的历史使命是不是为公共福利服务"①，而可能是为了如何增加利润。

从理论上说，社会组织安排都应该建立在一致同意或多数同意的基础上，自愿性契约本身也是为了增进成员或维护公共的利益。但实际上，基于多数原则的公共选择机制本身就存在缺陷，以致多数制民主往往会蜕变成某些群体追求其特定私利而进行统治的形式和工具。洪堡就指出："任何执政者都可能静悄悄地和不知不觉地更多地扩展或限制国家的作用范围，不管是在民主国家里、贵族统治的国家，还是在君主政体的国家里，他愈是避免引人注目，他就愈是能够更加有把握地达到其最终目的。"②这种现象不仅在独裁制下是如此，民主制下也是如此。而且，多数制民主在程序上也容易受到外来的干预和影响，受到掌握权力或信息者的操纵。例如，哈耶克写道："代议机构的功能已经变成了'动员赞成意见'，换言之，它们的功能已不再是表达它们所代表的那些人的意见，而是操纵或摆布他们的意见。人们迟早会发现，不仅他们不得不听凭新生的利益集团的摆布，而且就是作为'供养性国家'的必然结果而发展起来的庇护性政府的这种政治机器，也由于阻止社会做出必要的调适而正陷入这样的一种绝境之中。"③

最后，那些攫取公权力的人还可以利用每个人的自利动机维护自身的动机和利益。关于这一点，运用博弈论思维作一分析：人们不愿意为突破统治者的专制付出个人成本，反而会为了一点利益而牺牲那些努力寻求突破的

---

① 波普尔：《开放社会及其敌人》（第一卷），陆衡等译，中国社会科学出版社1999年版，第51页。

② 洪堡：《论国家的作用》，林荣远、冯兴元译，中国社会科学出版社1998年版，第24页。

③ 哈耶克：《法律、立法与自由》（第1卷），邓正来等译，中国大百科全书出版社2000年版，导论。

人，从而强化了独裁和专制。M.波兰尼就曾对其中的逻辑作了简要说明："事实上我们容易看到，单独一个个体在没有得到人们明显的自愿支持的情况下也很能对很多人行使命令。如果一群人中每个人都相信其他所有的人会遵循一个自称为他们共同的上级的人的命令，那么，这群人就会全都把这个人当作上级而听从他的命令，因为每个人都害怕如果他不服从这个人，其他人就会因他不服从这个上级的命令而惩罚他。这样，所有人都因仅仅假定别人总是顺从而被迫听命，而这群人中的任何成员都没有对这个上级表示过任何自愿的支持。这一群人中的每一个成员甚至会觉得应该被迫报告他的同志的不满迹象，因为他会害怕当着他的面做出的任何抱怨都可能是某个奸细对他的考验，如果他不把这样的颠覆性言论报告上去他就会受到惩罚。就这样，这群人的成员们相互之间可能会如此地不信任，以致他们甚至在私下也只会表现出对一个他们所有人都暗中痛恨的上级的忠心之情。"① 当然，人们也可以联合起来推翻统治者。问题是：（1）谁愿出头？枪打出头鸟，先行动者往往会受到更大的损害，他付出的成本最大。（2）又如何确定其他人会起来响应行动呢？如果其他人没有响应的话，先行动者必然不能成功。

这也就是博弈论中的"人质困境"：一架飞机的众多乘客在面对一个持枪劫机者时往往都选择沉默，乃至束手就擒。推而广之，当一群人面对威胁或损失时，"第一个采取行动"的决定就很难做出，因为这意味着将付出惨重代价。事实上，统一行动往往需要沟通与合作，但在大规模群体中，沟通与合作将非常困难。同时，统治者也深知群众的力量有多大，从而会采取某些特殊措施，阻挠他们进行沟通与合作。关于这一点，休谟就分析道："如果一个狡诈而又勇敢的人当了军队或党派的首领，他甚易建立自己对于人民的统治地位，有时依靠暴力，有时通过欺诈，统治比他的党徒人数多过百倍

---

① M.波兰尼：《个人知识：迈向后批判哲学》，许泽民译，贵州人民出版社 2000 年版，第 346 页。

的人民。他不允许民众公开交往联系，以免他的敌人确切知道他们的人数和力量。他不让他们有时间连成一体来反对他，因为深知那些助他篡权的爪牙也可能希望他垮台，但由于他们互不了解彼此的意图，始终惧不敢动，这是他所以安全的唯一原因"；即使那种没有武力干预而完全由选举产生的政府，"这不是少数大人物联合起来，决定一切，不容他人反对；便是听凭民众的喜怒，他们一味听从煽动性的头头，而这个头头也许只有十来个人认识他；他之所以得势全凭自己的厚颜无耻，或者由于民众的喜怒无常"，事实上，在多数选举中，"每一个明智的人都会希望看到一个统率强大而又有纪律的军队的将军能够趁势夺权，赐给人民一个主人，民众自己是选择不出的"。[1]正是借助这一机制，春秋时期的秦国可以实行远交近攻、各个击破的策略，将最终全盘赢下；现代集权国家的统治者则可以通过掌握规模相对较小的军队，最终长期控制大规模的社会大众。

可见，正是借助社会中存在的一系列机制，本质上作为协作系统的国家组织就异化为主权者，进而成为服务于特定少数群体的工具。事实上，250年前的休谟就在思考，少数人为何如此容易地统治大多数人，而大多数人竟又能如此地压抑自己的情绪和偏好，盲目地将自己的命运交在少数统治者手中？因为作为多数的民众只要意识到自己的力量就完全可以起来反抗并推翻统治者。休谟的解释是：政府建立在思想控制的基础之上，从而获得了公众信念的支持，不仅最专制和最军事化的国家如此，最自由和最民主的国家也是如此。[2] 乔姆斯基则进一步指出，越是自由民主的政府，往往就越有必要控制民众的思想以确保他们对统治者的服从。乔姆斯基写道："在一个民主社会，民众有权表示同意，除此之外就没有任何权利了。用现代进步思想的术语来说，民众是'观看者'，而不是'参与者'，除了偶尔可以在各派当权

---

① 休谟：《休谟政治论文选》，张若衡译，商务印书馆 2010 年版，第 123—125 页。

② 休谟：《休谟政治论文选》，张若衡译，商务印书馆 2010 年版，第 19 页。

的领导者之间做一些选择。那也只限于政治方面。在决定社会走向的经济舞台上，民众不扮演任何角色。根据现在流行的民主理论，在这方面，民众是完全排除在外的。"① 更有甚者，统治者往往还通过学校教育和媒体舆论等各种途径改变民众的观念、偏好和意志，乃至会诚心诚意地支持政府以他们的名义所做的一切事情，从而就会出现一种"被制造的同意"。正因如此，现代民主社会的人们也具有强烈的疏离感，感受不到"主人"的地位；有鉴于此，唐斯提出了"理性选民的投票无知"现象，诺尔－纽曼提出了"沉默的螺旋"现象，贡斯当提出现代人缺乏公共民主现象，马尔库塞则提出单向度的人和单向度社会。

五、公共职位的选拔和监督机制

从协作系统的角度看，平等主义的裁判型国家及其政府机关本质上是为社会大众服务的；而且，公共领域的职位本身是服务性的，它应该授予那些具有相应能力的人。也就是说，那些获得职位的人只能把它作为自我实现的途径而不能从中谋取私利，人们也不会出于私利的目的而对此职位展开激烈的争斗。也是基于这一信念，古代很多高人都不愿意做官，高喊"勿污吾耳"的许由、巢父且不必说，其他那些"宁静致远、淡泊明志"的人则多得不可胜数。在近现代社会中，华盛顿尽管以全票当选为总统，但他从未把自己当成总统候选人，也从来没有为竞选付出过任何努力。同样，中国的孙中山、黄兴在民国第一次选举中也是如此，甚至孙中山之所以没有全票当选，也正是缺了他自己的一票。然而，由于监督机制的缺失，现实社会中那些占据公共职位的功利主义者却可以凭借这种公权力来谋取私利，从而往往会千

---

① 乔姆斯基：《新自由主义和全球秩序》，徐海铭、季海宏译，江苏人民出版社 2001年版，第 28 页。

方百计地来获取这个职位。受此影响,美国的总统选举后来逐渐演变为政党竞争,而民主选出的总统的素质也日渐低下。同样地,中国社会的民主选举则"选"出了袁世凯这样的窃国大盗,随后掌权的各路军阀大多也是通过"选举"上台的。

首先,在监督机制缺失的现实社会中,公共职位往往不是体现其赋予的责任而是潜含的公权力;同时,在甄别机制缺失的现实社会中,这些职位的取得或占有往往也不是源于其才能而是其影响力。正是基于影响力原则的选拔机制,人类社会普遍流行着一种"赢者通吃"规则:在一些专门领域具有某种优长的人往往可以把这种权威性拓展到其他领域,从而占据了他根本不具优势的那些岗位,这就产生了帕金森效应。

其次,尽管民主选举制的原初目的是选出一个具有高度社会性的哲人和能人来管理公共事务,并在很大程度上防止当政者以其权力把参政、议政和决政的代表或委员变成荣誉性的奖赠;但是,民主选举的实际结果往往并非如此:美国演员出身的里根、施瓦辛格乃至五花八门的艳星和政客都成为选举的胜利者。究其原因,简单的民主选举并不能体现选举人的认知深度和偏好强度,因而,如果民主选举的内容和范围得不到更恰当的界定,或者不存在其他机制对民主选举进行修补,那么,影响力而非才能依然会成为选举的决定性因素。正是基于这种悖论,伟大的思想家孙中山在西方三权制衡的基础上增加了儒家传统上的考试院和监察院,从而在一定程度上保证了那些占据公共领域职位之人士的基本素质。相应地,要防止组织和制度的异化,就需要重新审视民主的内涵及其功能,要防止庸俗的民主制。

再次,在一个真正体现为协作系统的国家中,至少应该实行德沃金所提倡的基于资源平等的"合伙制"民主,① 或者罗尔斯倡导的基于差别原则的正

---

① 德沃金:《至上的美德:平等的理论与实践》,冯克利译,江苏人民出版社2003年版,第413页。

义秩序。问题是，无论是德沃金的"合伙制"民主，还是罗尔斯的正义秩序，抑或森的能力平等观，都是建立不切实际的假设基础之上。例如，罗尔斯就承认，原初状态与其说是一种实际的分配场所，毋宁说是一种思考方式。因此，尽管我们基于契约视角可以推测国家的起源并以此来构建合作的社会秩序，但是，正如桑德尔指出的，"对于罗尔斯来说，正如对于其它契约论的先驱者们一样，原初契约并不是一种实际存在的历史性契约，而仅仅是一种假设性契约。它的有效性不是取决于个人的实际情形，而是取决于这样的一种理念，即认为他们可能会在这种必要的假设条件下达成一致"，也正因为"罗尔斯的理论具有双重的假设性：它想象了从来就不会真的发生的事和永远不存在的人"，因而"一旦人们证明了这种社会契约只是一种假设，原初契约也就不再是一种普遍契约，而只是一种有可能存在却从未存在过的普遍契约"。① 也就是说，我们在考察现实世界中具体的社会契约时，必须认真剖析达成契约的条件：它是否是"自由"和"公正"的，而这是影响我们对待"自由"契约态度的基础。但显然，现实社会中根本就没有"等量"的"自由"，自由本身是一系列先天条件和社会因素的函数，体现在个人选择集的内涵和范围上。正因如此，普遍的公平契约根本上是不存在的。而且，即使我们退回到没有社会因素的自然状态，近似公平的原初契约似乎可以普遍形成，从而形成合作型的国家；但是，随着社会因素的逐渐渗入，原始契约也会发生蜕变，最终导致契约型国家组织发生异化。

最后，即使国家在起源上体现出协作系统这一本质，但是，如果这个协作系统的公权力出现不平衡的分配，那么就可能导致国家的性质发生蜕变，成为某些人谋取私利的工具。例如，罗素在十月革命后不久就写道，"一旦获得了权力，就有可能把它用来为自己的目的服务，而不是为人民的目的——这是我相信在俄国很可能发生的事：即建立一种官僚贵族制，把权

---

① 桑德尔：《自由主义与正义的局限》，万俊人等译，译林出版社 2001 年版，第 128 页。

威集中在自己手中，创设一种和资本主义是同样残酷和压迫的职权。马克思主义者从来也没有充分认识到，贪权也正如爱财一样地是一种强烈的动机，而且一样地是一种不正义的根源"；因此，"除非是官僚的权力可以得到约束，否则社会主义就只不过是意味着这一帮主人代替了另一帮主人而已。以往资本主义的一切权力都将由官僚继承下来。"① 在罗素看来，十月革命虽然表面上获得了成功，但实质上却已经失败了，因为它实际上已经背离了原来的理想而转化成为"政客的天堂"。因此，为了防止协作系统的异化，就需要时刻警惕那些政府代理者获得过大的权力；进而，就需要建立较为完善的制约机制，需要构建下位者监督上位者的社会体系。事实上，民主体制的精髓就在于：不是领袖如何领导群众，而是群众如何约束领袖。一般地，体现协作系统的国家具有这样的重要特征：管理者具有有限责任并且实行定期选任制。正是由于这种国家可以通过选举的方式废黜那些违背人民意愿的官员，从而就使得政府的更迭得以平稳、无摩擦、不用武力以及不流血地加以完成。

可见，在裁判型国家中，尽管作为裁判者的政府可以对经济活动发挥积极的协调功能，但是，协调效率往往会受到多方面的制约。特别是，鉴于社会成员的利益不同以及认知差异，社会契约无论在签订还是执行过程中都必须依据一套有效的监督体系来提供保障。（1）由于契约本身的不对称性，政府权力往往会被某些代理人所攫取，所谓"司膳者肥、管酒者膛红"；显然，一旦将权力集中在特定个人或群体的手中，就必然会出现权力被滥用的危险，甚至成为他们谋取私利的工具。因此，必须有一套机制防止政府的代理者攫取不可制约的权力而变成一个专制的独裁者，以致裁判型国家也蜕变成主权型国家。（2）即使协作系统以对称契约形式存在，作为协调者的政府或其代理人所能发挥的协调效率也取决于其本身的协调能力，但基于简单多数

---

① 罗素：《论历史》，何兆武译，广西师范大学出版社 2001 年版，译序，第 19 页。

的选举往往不能保证选出者一定是个贤良。因此，为了防止昏庸的官僚降低国家及其政府运行的效率，就必须对当选者规定一个任期上限，通过实行定期选任制来不断寻找更为合适的人选。（3）即使当选的官僚具有极高的社会协调能力，但他也不一定会这样去做。其原因是，任何宏观上的协调行为必然伴随着风险，此时，如果管制失败就会面临着如何处理后果的问题，如果成功也不能像独裁者那样享受收益。因此，要使得在契约型国家中政府及其代理人的成本—收益相对称，从而激励官员的积极性和主动性，就只能让官员承担有限责任，这是问责制而不是审判制。正因如此，即使针对作为"善"性的国家和政府而言，我们也面临着两重任务：（1）必须建立有效机制以选择出好的代理人，从而能够充分发挥政府的协调功能；（2）也必须建立有效机制以制约不好的代理人，从而将政府的蜕变或失误行为降到最低程度。

最后，需要指出的是，尽管正统理论家往往主张对政府及其代理人采取正式的制度制约以防止权力腐败，但是，也有一些（自由主义）学者强调应该运用市场机制来控制政府权力。其理由是，由于信息的分布状况、信息传递成本以及决策传递成本等造成的有限理性，即使全心全意为民服务的政府所发挥的实际效果也不一定完全比各自依据市场信号所采取的行动更好；相应地，即使在一个真正的契约型国家中，政府及其代理人的行为也可能是没有效率或者会造成更大的损害。譬如，传统社会主义国家的创建者也许确实希望通过严格的计划来快速提高人们的生活水平，但由于缺乏知识或信息而造成了大量的重复建设以及浪费，等等。有鉴于此，林德布洛姆强调，政府官员的行为也必须受到消费者、生产者特别是企业家的制约，市场和企业的经济制度可以作为控制权力的补充方法。不过，我们也必须记住，市场并不是万能的。埃尔金就指出："市场作为控制过程（也）有它的局限性，特别是市场必须给生产者在投资和其他重要问题上有较大的自由裁量权。结果，那些必然要关注经济成就的政府官员都去引导生产者以能够促进经济发展的方式使用他们的自由裁量权。然而，生产者也有求于官员们，例如，希望他们保证财产权利。官员和生产者之间这种出于相互需要的关系，起到了限制公共议事日程和民主监督的作用。"[①] 所有这些都表明，我们需要准确地界定政府行为和市场行为的边界。

六、结语

我们在探究国家或政府的作用时，需要作两方面的分析：(1) 国家的起源，涉及对国家基本性质的界定；(2) 国家的演化，涉及国家发展过程中的异化。事实上，不同性质的国家或政府对经济活动进行干预的根本目的往往具有很大不同，但这些国家的实际行为与其目的之间又不存在完全对应的关系，这涉及两者的异化问题。譬如，就主权者国家而言，尽管主权者的确立往往是基于力量原则，其传承也往往是世袭指任的，但其表现出来的掠夺性又不是没有节制的。这可以从两方面加以理解：(1) 社会力量更迭造成了权力制衡；(2) 对承担无限责任的风险规避。

就裁判型国家而言，尽管领导者的确立往往是基于德才原则，其传承也往往是定期选任的，但其表现出来的协调性也不一定是高效率的。这可以从两方面加以理解：(1) 选举过程本身往往因 "民主悖论" 而导致庸人当政，(2) 当政者因有限责任而产生机会主义行径。事实上，尽管国家可以大致地划分两种类型，但从本质上讲，任何国家或政府都或多或少地具有协作系统的内在特征。正因如此，任何国家或政府都应承担起个体所难以承担的责任，而不应实际上也不是仅仅局限于 "守夜人" 的角色范围内。譬如，针对穆勒等有关政府作用的目的仅仅限于防止对其他人的伤害这一层次，斯蒂芬就举反例说：英国公民都处于一项征税的控制之下，这项权利所抽取的税款可能是

---

① 埃尔金：《新旧宪政论》，载埃尔金、索乌坦编：《新宪政论》，周叶谦译，生活·读书·新知三联书店 1997 年版。

用来支持大英博物馆，这个机构显然不是被设计来保护公民免于伤害，而是为了提升国民素质。① 显然，这些都体现了有为政府的积极功能承担。

即使作为协作系统的"善"性国家而言，尽管它的目的是要通过克服市场机制的缺陷而为社会福利服务；但是，我们仍然要对政府及其代理人的行为进行限制，要正确划定市场和政府的功能行使界域以及保障各自功能的有效发挥。一方面，政府自觉的调控能力并不一定比市场更强，正如阿特金森和斯蒂格利茨所说："市场导致缺乏效率和不公平的情况并不意味着可以推论政府干预必然导致情况的改善……必须证明存在某种能够解决或至少缓和矛盾的政策，而政府愿意并且能够实施这类政策。例如，有人曾经指出，尽管财政部长如果无所不知的话可能会做到使经济稳定，但实际上他在处理问题时信息是不完善的，这意味着政府稳定经济的努力可能导致实际的不稳定。"② 另一方面，政府的自觉干预活动也存在着代理问题，集中权力的代理者往往会基于私利的目的而刻意地挤压市场机制的活动空间；因此，作为协作系统的国家要保持其平稳发展，关键就在于对那些特殊权力进行制约。特别是，在缺乏权力分散和基本自由保障以及社会正义的情况下，市场中的强势者如企业家和政治中的权势者就会相互勾结而共同损害弱势群体的利益。所以，V. 奥斯特罗姆在《为什么政府会失败》中就指出，政府往往表现出浮士德交易的行为方式：在人类事务中，政府为了"善"往往会灵活而谨慎地使用恶的手段，从而导致了恶的不断增长。

那么，如何才能抑制这种恶的增长呢？汉密尔顿在《联邦党人文集》的第一篇中就提出这样一个问题：人类社会有没有能力通过思考和选择而建立一个好的政府呢？或者说，人类社会是不是永远注定只能依赖于突发事件和

---

① 富勒：《法律的道德性》，郑戈译，商务印书馆 2005 年版，第 195 页。

② 阿特金森、斯蒂格利茨：《公共经济学》，蔡江南等译，上海三联书店 1992 年版，第 11 页。

强制力量来建立政府呢？汉密尔顿的答案是谨慎肯定的。① 相应地，以《联邦党人文集》为基础，并着眼于美国立宪实践的经验，V.奥斯特罗姆开始思考复合共和制的政治理论。奥斯特罗姆认为，从历史看，政治制度的抉择的确是强力和偶然性决定的，人类似乎还没有能够根据深思熟虑和自由选择来设计良好的政府制度，但美国的立宪事件却是破天荒第一次以深思熟虑和自由选择为基础的。问题是，万一我们选错了自己将要扮演的角色，就会成为全人类的不幸。那么，美国这些先驱者是如何避免这一点的呢？在奥斯特罗姆看来，复合共和制的设计有这样几个要点：（1）要假定个人是最基本的考虑单位，而政府的行为派生于个人的利益，因而政府的运作就需要与具有特殊行为能力的个人行为相协调；（2）要假定个人是自利的，会努力强化自己的相对优势，同时兼有学习的能力和犯错的可能性；（3）在上述假定的基础上，认为理性和正义的条件、社会组织条件取决于某种形式的政制秩序，这就是政制约束的原则。② 显然，通过深思熟虑和自由选择来设计政治制度的根本政治原则就是：人们保留着能够在政治社群中行使的特定决策能力，这是不可剥夺的权力；只有政府的权力应该受到宪法的限制，才可以防止因权力集中而萌发的恶，从能够得到大众的信托而有效承担起积极功能。因此，正如康德曾指出的："我们不能指望一部由品德优良的人士制定的宪法必定是一部好宪法，反之，因为有了一部好宪法，我们才能指望出现一个由品德良好的人士组成的社会。"③ 此言是也！

---

① 参见 V.奥斯特罗姆：《复合共和制的政治理论》，毛寿龙译，上海三联书店1999年版，第28页。

② V.奥斯特罗姆：《复合共和制的政治理论》，毛寿龙译，上海三联书店1999年版，第32页。

③ 转引自富勒：《法律的道德性》，郑戈译，商务印书馆2005年版，第176页。

第 2 篇

理解有为政府的经济功能

前现代国家主要承担社会（统治）职能而非经济职能，主要通过政治方式获得财富以维护统治利益和社会秩序，因而早期自由主义者都强调要限制政府行为；但是，现代国家越来越多地承担起了经济功能，而且市场机制本身也存在诸多缺陷，如垄断、不确定性、非理性和外部性等。显然，由市场失灵就可以推论出政府功能的合理存在。但是，新古典自由主义经济学还是崇尚市场机制而反对政府干预，如奥地利学派就将经济学的根本任务定位于：捍卫市场在任一特定时点上有效配置资源的能力，强调市场作为发现和利用知识的机制，主张解决市场失灵问题不是引入政府功能，而是信息机制建设。问题是：政府的经济干预活动是否弊大于利呢？这就涉及两方面：一方面，信息机制果真能够不断完善吗？进而日益完善的信息机制果真能够解决市场失灵问题吗？这涉及决策需要的信息类型、个人处理信息的能力以及市场信息的特征等问题。另一方面，政府的宏观经济调控为何会出现失灵？进而有没有一整套机制能够降低政府失灵？这涉及信息的传递、决策者的动机以及激励—约束机理等问题。因此，本篇系统地阐述政府经济功能的合理性和必要性，剖析政府行为对推动社会秩序扩展的积极作用以及所遇到的困境。

5.现代国家如何进行有效治理

——从委托—代理模式到社会共同治理模式

国家本质上是一定地域范围内的人们基于共同目的而结成的一种大规模协作系统，其有效性体现为成员遵循"为己利他"行为机理并由此展开有效的社会分工和互惠合作；政府则是维持和整合国家这一协作系统的功能性机构，根本目的是增进所有社会成员的利益。正是由于政府及其代理人根本上不是主权者，因而国家组织的治理本质上也就不能采用单向的委托—代理模式，而更应该实行双向的代理人监督代理人或社会共同治理模式；其中，所有公共机构及其代理人的行为都来自人民的委托，具有相互的独立性又相互监督。

一、引言

在流行的新古典自由主义支配下，现代主流经济学普遍接受和承袭了哈耶克等奥地利学派以及诺齐克等自由意志主义的思想，从而积极倡导"最小政府"理念。例如，诺齐克认为，国家能够承担什么功能取决于自然状态中的预设，国家不能在这个过程中违反任何道德约束而产生任何新的东西；相应地，国家没有独特的权利，国家拥有的权利是经由自然状态中每个人拥有的权利所产生的。也即，个人权利既是国家权力的唯一来源同时也是唯一限制。诺齐克写道："个人具有权利，有些事情是任何他人或团体都不能对他们做的，否则就要侵犯到他们的权利。这些权利如此强有力和广泛，以致引出了国家及其他官员能够做些什么事情的问题（如果能够做些事情的话）。"①相应地，诺齐克就提出和强化了一种"守夜人"国家，它的作用仅仅局限于防止暴力、偷窃、欺骗和强制履行契约等。

进而，基于这种国家理论，诺齐克还推演出两个重要的推论：（1）国家不可用它的强制手段来迫使一些公民帮助另一些公民；（2）国家也不能用强制手段来禁止人们从事推进他们自己利益或自我保护的活动。譬如，在诺齐克看来，税收尤其是用于收入再分配的累进制税就是一种强迫和不正当的，因为它侵犯了个人的自我所有权。其基本逻辑依据是：首先，根据基本权利观，个人拥有他们自己，拥有他们的天赋、劳动、身体等，这就是个人的自我所有权；其次，劳动的产物也应该属于个人所有，个人应该得到他们的劳动、天赋等所产生的全部价值，从而将绝对的财产权纳入到了个人的自我所有权；最后，基于这种自我所有权的延伸，以征税方式强迫个人去帮助别人，实际上是夺走了个人所创造的这种价值，从而也就侵犯了个人的自我所有权。

不可否认，政府不能凭借其强制力来随意地侵犯个人的利益，也不能以不可预期的方式干涉市场经济活动，进而破坏市场交换和经济秩序中。问题是，我们是否就可以由此认定政府的合理角色就是"守夜人"呢？从历史实践中也可以看出国家在社会生活中的角色以及相应的政府作用在不同历史时期往往存在明显差异，这有两点认识：（1）经济职能在过去漫长时期都不是政府的主要内容；（2）在任何时期的政府都不能也没有局限于"守夜人"角色。穆勒就指出，"在试图列举必要的政府职能时，我们发现，必要的政府职能要比大多数人最初想象的多得多，不能像人们一般谈论这一问题那样，

---

① 诺齐克：《无政府、国家与乌托邦》，何怀宏等译，中国社会科学出版社 1991 年版，第 1 页。

用很明确的分界线划定其范围","在许多情况下，政府承担责任，行使职能，之所以受到普遍欢迎，并不是由于别的什么原因，而只是由于这样一个简单的原因，即它这样做有助于增进普遍的便利。"①

既然如此，现实世界中的政府功能为何会远远超出新古典自由主义所规定的"最小政府"的范畴呢？进而，国家组织中又该推行和完善何种治理机制以有效实现政府的系列功能？这些根本上都涉及国家和政府的本质，而对国家和政府本质的认知则需要从起源学上考察它何以产生。有鉴于此，本章从本体论以及演化学上对国家组织的治理要求以及相应的政府职能作一剖析。

二、如何认识国家作为一个协作系统

围绕国家的角色形象以及政府的功能承担，学术界长期存在着立场迥异的观点，迄今依然没有就政府的作用范围和力度形成明确而清晰的理论界定。穆勒当年就说："支持政府干预的人，只是满足于坚持说，只要干预是有用的，政府就有权也有职责进行干预；而属于自由放任学派的人们，则力图明确限定政府的职权范围，往往把府政的职权范围限定为保护人身和财产的安全，使其免受暴力和欺诈的危害，但如果仔细想一想的话，无论他们自己还是其他人都不会同意这种限定，因为……它排除了某些必不可少的、为人们一致承认的政府职责。"② 同时，历史实践也表明，无论是哪种性质的国家和政府，它所承担的功能都不是一成不变的，而是必然会经历一个发育、成长和蜕化的过程，进而在不同形态的国家和政府之间也可能发生转化。此

---

① 穆勒：《政治经济学原理——及其在社会哲学上的若干应用》下卷，赵荣潜等译，商务印书馆 1991 年版，第 367 页。

② 穆勒：《政治经济学原理——及其在社会哲学上的若干应用》下卷，赵荣潜等译，商务印书馆 1991 年版，第 529—530 页。

外，这些争论也涉及了政府介入社会经济活动方式的不同主张：新古典自由主义强调要用严格的法律将政府行为限制在非常狭隘的领域，而反新古典自由主义者则赋予政府大得多的自由权来执行它的经济功能。穆勒则将政府干预区分为两种类型：命令式的和非命令式的；并且强调，同非命令式的政府干预相比，命令式的政府干预所具有的正当活动范围要小得多。显然，这些问题可以逻辑地归结为这样三点：（1）如何界定政府在社会经济活动中的角色；（2）这涉及如何辨识国家的基本性质；（3）这又衍生出国家组织的治理方式如何？

从根本上说，国家是具有某些共同目的的社会成员通过某种契约而形成的一种协作系统，社会治理结构也就与协作系统的原初目的和根本特点有关。如何认识一个协作系统的特性和目标呢？一般来说，在长期的交往互动中，人们逐渐形成了"为己利他"的行为机理并由此不断拓展相互之间的社会分工和互惠合作。显然，基于互惠合作而形成的组织形态就是协作系统，它关注的是所有成员的利益。如巴纳德所说，广义协作系统就是指"为了达到至少一项明确的目的，依靠两个以上的人的协作，在特定的有秩序的关系中的物质、生物、个人、社会各要素的复合体"。① 这意味着，人类社会之所以会形成协作系统，最深远的意义是为了满足所有相关成员的需要；协作系统的扩展过程也就是不断满足人们日益增长和升级的需要的过程，也就是社会不断进步的过程。正是为了提高劳动的有效性以及增进社会劳动价值创造的效率，人类形成了不同层次的协作系统：在微观的生产组织中，经历了从家庭组织、契约组织到企业组织的演化；在宏观的协作系统中，则经历了从氏族、部落、地区、国家乃至国家联盟的发展。也就是说，频繁的社会互动产生了人类的亲社会性，人类亲社会性的提高促进了协作系统的扩展和深

---

① 转引自饭野春树：《巴纳德组织理论研究》，王利平等译，生活·读书·新知三联书店 2004 年版，第 21 页。

化。因此，协作系统本身就是不断演化的，人类亲社会性的提升过程也就是人类协作系统扩展的过程。

很大程度上，现实社会中的各类组织机构都是不同层次协作系统的具体表现，如家庭组织、企业组织、国家组织、俱乐部组织等都是如此，这些组织机构不但是人们日常进行合作和交往的场所，同时也构成了社会经济活动的基本细胞。同时，这些组织往往都与具体的社会分工相适应，并随着社会分工的变化而发生相互间的迁移。因此，我们往往可以根据分工广度和深度的扩展来探究协作系统的规模和形态，并由此分析不同组织间的嬗变和传承。一般地，协作系统首先出现在具有天然缘关系的家庭成员之间，而当人类交往发展突破家族成员的范围时，就会有越来越多的"陌生人"基于共同的需要而"聚集"在一起，并形成规模越来越大的协作系统；最终，就会逐渐衍生出国家这种组织形态，进而衍生出政府这类功能性机构。罗素就指出："当一个社会单位的规模过大，以至于它所有的成员无法相互了解时，就开始需要某种作出集体决策的机制了，并且这一机制将不可避免地逐步发展成现代人认为是政府的某种东西。"[1] 同时，当国家这种大规模的协作系统形成之后，其维持、整合和发展就出现了两种机制：（1）局限于个别成员之间的互动机制，这是私人领域的问题，主要由市场机制来维系；（2）涉及当事人之外的其他成员利益的沟通机制，这是公共领域的问题，需要借助于组织机制来维系。基于演进的视角，我们就可以理解，国家就不是一种先验的产物，也不是上帝创造的；相反，它是无数社会成员在日常生活中长期互动的结果，是人类社会自由发展的产物。柳宗元在《封建论》中就写道："夫假物者必争，争而不已。近者聚而为群，群之分，其争必大，大而后有兵有德。又有大者，众群之长又听命焉，以安其属，于是有诸侯之列，则其争又有大者焉。德又大者，诸侯之列又听命焉，以安其封。"

---

① 罗素：《权威与个人》，储智勇译，商务印书馆 2012 年版，第 26 页。

当然，作为协作系统的组织往往会呈现出各种具体的形态：可以是基于缘关系的共同体，也可以是基于抽象规则的社会；可以是生产性的企业组织，也可以是分配性的慈善组织；可以是强制性的政府组织，也可以是自愿性的民间组织；更有甚者，当前社会出现了越来越多的网络化组织，它介于传统的企业组织和市场之间。一般来说，协作系统的范围越小，协作系统的凝聚力就越强；相应地，处理公共领域事务的整合机制就越有力，如家庭和企业中都有非常严格的规章。不过，尽管相对于家庭等微观层面的协作系统而言，宏观层面协作系统的整合和联结力量相对较弱，但它也具有一系列产生、发展和壮大的客观因素。具体表现为两个方面：（1）由于不同个体的目标追求毕竟有所差异，因而在各自追求的过程中就可能出现冲突；（2）在人类的伦理认同半径还没有扩展到足以将社会成员都纳入一个同质的协作系统之前，分属不同协作系统的个体之间往往会缺乏"利他"行为。因此，为了防止"为己"和"利他"之间的冲突，人们开始寻求一系列社会机制以界定和制约那些由特殊关系而形成的不同协作系统之间的互动行为（当然，也包括个人之间，因为个人可以看成"身体我"的协作系统）。显然，在国家组织这一层次的协作系统内，就产生了维持和整合协作系统的政府及其他公共机构。

不幸的是，组织的作用却往往被时下那些掌握话语权的新古典自由主义经济学人尤其是那些经济学帝国主义运动的狂热推行者所忽视。事实上，尽管现代主流经济学往往将市场视为孤立个体之间的交易，但正如约翰·罗默所说："市场不能孤立无援地实现其优良业绩，它是由无数个机构角色支持起来的，这些机构角色在各种各样的市场经济中，以各种各样的方式，经历了长时间的痛苦的演化。"同时，流行的新古典经济学教材常常也会承认存在市场失灵问题，进而会阐述社会组织在经济运行中的角色；但是，绝大多数经济模型都根基于理性选择分析框架，它将任何个体以及组织都视为"恶棍"，会千方百计地追求其独自的利益和偏好。正因如此，政府失灵的危害就比市场失灵的危害在新古典自由主义经济学中得到更大力度的宣扬和传播，进而，经过这种反复的宣传就盛行否定和摒弃政府基本作用的公共舆论，并已经逐渐扩散到政治学等其他学科之中；同时，由于社会大众被告诫要时刻提防政府的危害，这反过来又使得市场失灵问题被淡化和忽视，进而在很多经济学家眼里似乎就不再存在了。有鉴于此，约翰·罗默指出："经济理论家对市场作用的认识比初级经济学教科书和普及读物的认识更无知。"① 为此，这里从协作系统演化的角度来系统审视国家的本质，按照国家的本来面目而不是目前流行的那种观点来认识分析它存在和发展的意义；这样，我们就不会为目前的现象和舆论所迷惑，而是从本质层次认识国家的性质及其政府的功能，从而有利于理顺当前遭扭曲的政府功能。

总之，要真正理解国家的性质以及政府的功能，就要从协作系统这一本质入手。作为本质上的协作系统，国家治理至少包含了三大目标：(1) 促进国家组织的运行效率，从而使得社会财富和总福利水平不断增加，这是有效性范畴；(2) 促使社会财富在社会成员之间合理分配，从而使得每个成员得到他应得的收入份额，这是道德性范畴；(3) 在特定时期，国家组织的运行结果往往还要满足那些决策者的需要，体现了少数决策者的利益偏好，这就是效率范畴。相应地，为了保障上述三大基本职能的实现，在国家组织中又设置出了政府之类的公共机构，并在制度规范下发挥它对公共事务的管理协调作用。显然，作为一个协作系统，它不能只关注特定个人或群体的利益，从而也就不能简单地凭借市场机制来解决个体之间的利益冲突；究其原因，市场机制对行为的约束根本上源自对方约束，它的有效性以互动各方作为平等的个体为基础。同时，为了解决纷繁复杂的社会事务，政府进行社会治理或经济活动时也必须采用与人与人之社会关系相对应的方式，而不是简单地采用市场活动中的委托—代理方式。

---

① 罗默：《社会主义的未来》，余文烈等译，重庆出版社 1997 年版，第 3 页。

三、协作系统中应否实行委托—代理治理机制

在大规模的等级制的国家组织中，为了更好地发挥政府的显性协调功能，往往会实行一种多层级的委托—代理治理模式：社会大众通过直接选举或间接选举的方式产生国家领导人，然后再由国家领导人一层一层地委托各部委或地方官员。最典型的例子就是基于公有产权为基础的计划经济，几乎所有的经济活动包括生产和价格都是中央部委层次委托下来的，而地方和企业只是作为代理人行事。问题是，这种多层次的委托—代理关系中往往蕴含了严重的代理问题，如传统计划经济中的打埋伏机制就是如此。尤其是，从理论逻辑看，委托—代理机制与协作系统的本质目的之间是相悖的：委托—代理治理模式主要是适应于个体间存在严重利益冲突的情形，而在同一协作系统中成员间的利益主要是共生的，因而单向的委托—代理治理模式就很难适应。

这意味着，如果国家仅仅被视为一个阶级或集团的掠夺工具，政府则是社会博弈的局中人，是利益分配的实际主体；那么，从政府这一维的视角看，依据委托—代理理论所设立一系列的激励—约束机制就有可能达到一个相对有效的结果。但是，如果国家被视为一个协作系统，政府是为所有社会成员服务的公共机构，是社会博弈的局外人，是一个协调者，而不是利益分配的实际主体；那么，从所有利益相关者这多维的视角看，单向的委托—代理治理模式就很难达到理想的帕累托有效境界。从这个角度上可以说，委托—代理治理模式主要与异化了的社会组织相适应，而与作为协作系统的本质要求则相背离。

其实，尽管委托—代理机制直到晚近才在生产组织上出现，且只是到了 20 世纪 70 年代才为经济学理论所系统阐发，但它很早就体现在国家层面的组织治理中了。究其原因，国家组织比企业组织出现得更早，从而也就更早地被异化。从人类社会的发展史，我们可以很清楚地看到早期产生的两类

组织:(1)生产和消费组织,它在漫长的人类社会中的主要形态一直都是家庭,基于缘关系的家庭组织只是晚近才被突破,而后就出现以企业形态呈现的生产组织;(2)社会和政治组织,它是人们生活的场所,最早形成的是较大程度体现了协作系统特性的部落或城邦形态,但很早就过渡到国家组织形态。这里就此作一简要的回顾和剖析。

一方面,在早期社会中,人类的生产场所是以家庭组织为主,这是一个小规模的协作系统,每个成员的利益都密切相关。因此,尽管家庭组织在特定时期内发生了某种程度的异化,它被视为妇女依从男性的一种组织;但总体上看,家庭还是被看成是联结夫妻和子女的共同体,是家庭成员之间进行互助分工的协作系统。正因如此,长期以来的主流观点都认为,家庭的生产和物质利益的分配应该满足家庭所有成员的需要,所有成员也应该对家庭作出其相应的贡献,并承担相应的义务。这意味着,早期家庭组织实行的是社会共同治理模式,这种治理或者通过家规、乡约或者通过社会伦理得以贯彻。当然,随着生产规模的逐渐扩大,生产组织从家庭组织过渡到企业组织,企业组织之间的共同体联系也就不再像过去那样紧密了;相应地,企业组织发生了更为严重的异化,成为资本所有者获取利润的工具,以致基于单方向监督的委托—代理治理模式就应运而生了。

另一方面,在企业组织出现之前的漫长时期,除了以家庭为主的生产组织因规模较小而大致保持了协作系统的本质外,人们在其他社会、政治、经济领域的共同参与也已经形成了大规模的协作系统,这就是国家组织。实际上,国家是人们为了实现更高水平的福利而通过社会契约形成的公共权力机构,因而它本质上是一种协调系统。但是,由于这种协作系统规模庞大,因而成员相互之间的利益不像家庭组织的成员之间那样是共生共融的;相反,随着公共权力被某些特定个人或群体所篡夺,国家的属性就改变了,国家成了某些人或集团谋取私利的工具,也就开始了异化的发展之路。既然国家为某些人所掌控并为其个人利益服务,相应的一系列暴力机构也就建立起来以维护它的统治，甚至法律也成了其维护特定利益的工具；在这种情况下，国家组织实行的就是单方向的委托—代理治理模式，这也是为什么早期政府往往体现为一个掠夺性的利益主体的原因。当然，尽管自从国家组织中分化出不同阶级之后，委托—代理治理模式的应用就开始了；但是，这种实践上升到理论层次要滞后相当一段时间。一般来说，从理论上思考委托—代理的国家治理实践在思想自由和学术繁荣以及君权盛行时期，而中世纪后期的西欧社会则提供了这样的历史背景；究其原因，在中世纪后期，西欧的主权民族国家兴起和竞争，使得国家越来越被统治者当作谋取私利的工具。正是在此背景下，马基雅维利在《君王论》一书开始思考一个君主如何才能治理国家，巩固地位，从而最大化自身利益的方略。

马基雅维利的分析逻辑如下：首先，马基雅维利把君主和其臣下之间的关系看成是委托—代理关系，双方都有各自的利益目标；在这种情况下，君主要最大化自己的利益，就要对臣下实行强有力的监督和激励。其次，马基雅维利认识到，为了使得自己的利益最大化，在一切可能的条件下，君主就可以充分利用他人无可比拟的实力来实施机会主义行为，这就是韩非等主张的法、术、势的结合。再次，由此，马基雅维利提出了人类世界上的两种斗争方法：（1）运用法律，它是属于人类特有的理性行为；（2）运用武力，它是属于野兽的。复次，马基雅维利认为，由于法律方法常常让人力不从心，所以必须诉诸武力以求得它的帮助，因而君主也就必须懂得怎样善于运用野兽和人类理性行为斗争方法。最后，马基雅维利强调，君主既然懂得必须善于运用野兽的方法，就应当同时效法狐狸和狮子，因为，狮子不能防止自己落入陷阱，而狐狸不能抵御豺狼。相应地，君主必须是一只狐狸以防人陷阱，同时又必须是一头狮子以便使豺狼惊骇。①

这里潜含的一个重要问题是，马基雅维利为何鼓吹君主可以且应该理

---

① 马基雅维利：《君王论》，徐继业译，光明日报出版社 2001 年版，第 114—115 页。

直气壮地实施机会主义呢？关键就在于，西方社会一直存在着主权概念：在整个中世纪，整个世界的主权在上帝，因为人类及所有的世间万物都是上帝创造的，而君王也仅仅是代替上帝治理世俗社会，这就是所谓的"君权神授说"。随着教会权威的衰落，世俗君王势力逐渐坐大，从而就不再把自己视为代理者，而是主权者，这也就是当时兴起的"君主主权论"。正是基于"君主主权论"，马基雅维利认为，统治者作为国家的缔造者，也是法律的制定者，从而就可以置身于法律之外；而且，由于道德来源于法律，从而君主也可以不受道德的约束。在这种情况下，马基雅维利认为，衡量统治者的政治标准只有一个：即他所从事的增强、扩张和保持国家的政治手段是否成功。马基雅维利写道，"一个人如果在一切事情上都想发誓以善良自恃，那末他苟且偷安于许多心怀鬼胎的人当中定会遭到毁灭。所以说，君王如要保持自己的地位和权势，就必须学会怎样做不好的事情，并且必须学会视情况的需要与否，采用与之相应的措施"；[1]"君王必须有足够的明智远见，善于深谋远虑，知道怎样避免那些使自己亡国的邪恶行径的发生，并且如果可能的话，不妨保留某些不致使自己亡国的恶行；如果没有那些恶行，就难以挽救自己国家的话，那末他也不必要因为对这些恶行的责备而感到不安。假如我们对每一件事情都进行一番细细推敲，就会觉察某些事情表面看起来是好像是好事，可是如果君王照着办就等于自掘坟墓；而另一些事情看起来是恶行，但是如果君主照办了，却会给他乃至国家带来莫大的安全与福祉"。[2]

显然，马基雅维利对君主及其臣下的行为及其治理分析揭示了委托—代理模式的一般特征：法律（契约）本身是君主制定的，因而作为委托人的君主可以任意地对代理人监督和处罚，而作为代理人的臣下的任何机会主义行为也要受到作为委托人的君王的监督；相应地，臣下行为必然是战战兢兢，

---

① 马基雅维利：《君王论》，徐继业译，光明日报出版社2001年版，第112页。
② 马基雅维利：《君王论》，徐继业译，光明日报出版社2001年版，第113页。

而作为契约制定者的委托人却可以相机抉择地实施机会主义以最大化个人利益。正如马基雅维利特别指出的，因为君主与之打交道的经济代理人都是机会主义者，因而君主在被劝告去从事互惠的甚至有优先权的机会主义活动的任何时候，"当这么做将违背他的利益时，只要使君王约束自己的理由不存在"，就可以不受惩罚地撕毁合约。进而，通过将委托—代理治理模式与马基雅维利的君主统治方式相对照，也就可以清楚地看出，委托—代理机制主要适用于权力和地位极端不平等的等级社会，尤其是君王主权的时代，此时君主的利益是至高无上的，具有充分的法理性和威权性。但是，这并不意味着它具有道德上的合理性。休谟在《原始契约》一文中就提出，这种委托—代理论所依赖的道德机制是国家创造的，而政府的存在则是这一道德机制成为可能的必要条件，也即，承诺的道德机制是一个由政府支撑的社会产物；因此，它就不能为服从政府提供一个在先的道德理由，因为不能将服从政府的道德理由建基于政府本身创造出来的机制上。①

事实上，启蒙运动以后，随着人民主权思想的兴起，"君王主权"开始过渡到"人民主权"，社会固定的等级制度逐渐消逝以后，凭借特定主权者制定契约的权力而形成的委托—代理关系就逐渐解体了，这种片面注重主权者单方利益的委托—代理理论也就失去了生存的合理性。相应地，越来越多的思想家、知识分子以及社会精英开始主张限制王权，监督君王的机会主义行径；同时，又制定了独立的法律和社会制度来制衡传统的委托人（君王），明确规定委托人（君王）和代理人（臣民）之间相互的和对象的权利和义务关系，这就出现了君主立宪。在这种形势下，当君王试图保持他的传统特权而损害社会的利益时，人民就会起来推翻君主政府，并按照"主权在民"的理念来构建新的社会法律制度，从而诞生了体现"人民主权"的共和政府；而且，基于主权分散于社会大众的思想，以"三权分立"为核心的民主制度

---

① 托马斯：《政治哲学导论》，顾肃等译，中国人民大学出版社 2006 年版，第 102 页。

成为国家治理的基础。在这里,"主权在民"还是强调了主权意义,这是西方社会强调产权明晰的结果;但基于协作系统观的国家则不强调主权归属,而仅仅关注作为公共权力机关的国家的裁判者和协调者角色。尽管如此,基于"主权在民"的"三权分立"体制还是体现了社会共同治理的要求,因为主权属于所有人民实际上也就意味着国家主权不属于任何人,那么主权概念也就毫无实际意义了。

因此,尽管基于单方向监督的委托—代理治理模式(君主专制)在人类历史上确实曾经存在过很长一段时间,但它仅仅是社会力量极端不平衡下作为协作系统的国家组织被异化为特定主权的产物。相反,从大历史的发展角度看,随着社会力量的多极化和分散化,国家组织也逐渐向协作系统这一本质复归;相应地,传统社会的那种单方向治理模式必然也就越来越行不通,这表现为君主制度越来越难以生存而最终被君主立宪制或者共和制所取代。实际上,所谓主权往往是暴力的产物,谁的力量大,国家的主权就归谁所有。譬如,早期社会之所以会形成"家天下"性质的国家,它就是某些君王依靠武力打下来的,从而把国家当成一个家族事业来经营,它也就必然会以占有剩余索取权为目的,并依靠暴力来维持。但是,人类社会进入工业社会以后,单个家族的力量就开始衰落或丧失了,从而国家也就必然会恢复到"共天下"的本质;在这种情况下,人人都要受到监督和约束,每个人都应承担社会的责任和享受个人的权利。正因如此,在具有"人民主权"性质的现代社会中,人们是社会利益的平等主体,社会制度也应该体现这种公正性;因此,体现特定群体之主权的传统政府所采用的那种任意的单方向监督之权必然要受到法律的制约,这种对权力进行限制和界定的有限政府思想也是200年来立宪主义的基本要求。

可见,基于单方向监督的委托—代理治理机制并不适应当今的人类社会。事实上,结合目前的世界形势,我们也可以发现,几乎没有一个纯粹依据委托—代理模式治理的国家组织或政府机构是高效的。这有两方面的原因。（1）名义上，政府的立法者（机关）是全体选民的委托人，其他政府机关又是立法者（机关）的代理人，但在这样的迂回过程中，委托人早就消失了或者淡化了。试想，连委托人都找不到了，难道委托—代理机制还会有效吗？（2）根据委托—代理理论，只有赋予某些代理人（特别地集中于资本所有者）以剩余索取权，生产组织才会有效率；据此推论，我们也必须赋予这些官员以充分的剩余索取权，国家才会有效率。试问：这种观点在现代社会还有任何可行之处吗？如果这样的话，国家就又成了"家天下"性质了。人类历史的演化已经证明，这种"家天下"的治理在当今社会已经完全无效了。究其原因，在以个体的主动性充分发挥作为社会效率之源的现代社会，依靠单方向的监督已经无法促使社会效率的持续提高，而这需要依赖于社会成员之间协调水平的持续增进。进一步地，我们也可以发现，不仅在国家组织层次上，即使在企业等微观生产组织中，委托—代理也越来越让位于相互制衡的社会共同治理。索乌坦就指出，立宪思想可以"引导到新的方向，用来服务于道德和政治的理想，不仅在国家内部是如此，而且在私人的组织和交易中，以及在革命和改革运动中也是如此"。①

四、协作系统的社会共同治理机制及其要求

基于委托—代理模式的社会治理本质上并不适应作为协作系统的国家组织，其原因主要有二。（1）作为协作系统，国家的成立以及政府机关的设立都可看作"似乎"是契约的产物，这些契约本质上是互惠的，是基于各方或双方而不是单方的承诺。莱斯诺夫就写道：这种契约中，每一方都以对方的允诺作为回报，而且，每一个允诺当且仅当另一方完全履行其允诺的内容时

---

① 索乌坦：《一般的宪政论》，载埃尔金、索乌坦编：《新宪政论》，周叶谦译，生活·读书·新知三联书店1997年版，第86—87页。

才成为一项必须采取行动的承诺。① 显然，这种关系不同于委托—代理关系，后者是单方向的。（2）随着信息的复杂性和不确定性之增加以及由于政府代理人本身的认知和激励等缺陷，政府及其代理人基于委托—代理机制所实施的那些显性协调之作用效果往往更是有限，在很多时候甚至反而出现了扭曲资源配置和加剧利益冲突的结果。为此，哈耶克甚至强调，"政府克制自己不去助长垄断，要比打击垄断更为重要。如果说今天的市场秩序仅限于人们的经济活动，这主要是因为政府有意限制竞争造成的。值得怀疑的是，如果政府始终克制自己不去制造垄断，不通过关税、发明特许法和公司法的条款主张垄断，是否依然还有重要的垄断因素足以要求采取特别措施"，"一切受政府监督的垄断，都倾向于变成受政府保护的企业，在垄断的理由消失之后，它们还会继续存在"。②

其实，政府之所以能够承担一些积极的显性协调功能，是以这样的基本假设为前提的：（1）代理政府的政策制定者具有较一般人更强的协调能力、更敏锐的眼光；（2）代理政府的政策制定者也具有服务于社会大众的责任伦理，或者嵌入了这种的激励心。但是，现实情况却往往并非如此：（1）中央集权国家的那些政府官员往往不是择贤而任的，而主要是为了维护当政者利益的需要；（2）民主制国家中那些根据民主原则选举出来的官员往往也并非是最优秀的，韦伯就指出，不是第一流的而是名列第二或第三的候选人当选已经成为通则。③ 从实践上看，在现代社会中，最具有创造力、对社会发展具有特别敏锐性和洞察力的那些最优秀的人往往都热衷于从事科技、教育和商业等领域而不是社会行政和管理。

---

① 莱斯诺夫等：《社会契约论》，刘训练等译，江苏人民出版社 2005 年版，第 11 页。

② 哈耶克：《经济、科学与政治：哈耶克思想精粹》，冯克利译，江苏人民出版社 2000 年版，第 409 页。

③ 韦伯：《学术与政治》，冯克利译，生活·读书·新知三联书店 1998 年版，第 21 页。

此外，即使在实行交叉监督的代理人监督代理人或社会共同治理的体制中，也会存在一些缺陷。譬如，相互的监督可能导致合谋或勾结，如政治投票中的互投赞成票就是一个典型例子。所以，哈耶克警告说，在"把真正的立法权和统治权集于一身，从而不受无法改变的规则限制的议会里，多数不太可能是建立在对原则的真正共识之上，而很可能是由相互许诺特殊好处的、有组织不同利益的联盟所组成。在拥有无限权力的代表机构里，决策的做出几乎不可避免地要通过不同团体之间特殊利益的交换，具有统治能力的多数之形成，就取决于这种交换"①。

显然，这反映出社会共同治理机制的不完善，这种不完善导致民主制度往往也会遭到扭曲，不仅无法真正体现众意，反而可能因多数暴政而使少数人集团受到严重剥削。例如，根据简单多数票制的民主原则，三个人中的任何两个人都可能投票决定划分另一个人的财产甚至剥夺其生命，但显然，这是与自由的精神相冲突的。哈耶克就指出："无限制的民主几乎肯定会放弃自由主义原则，转而赞成有利于那些支持多数的不同群体的歧视性措施。不过值得怀疑的是，如果民主放弃了自由主义原则，它是否还能长期自保。如果政府承担的任务如此广泛而复杂，使多数的决定根本无法对它进行有效的支配，实际权力不可避免地会旁落到某个不受民主控制的官僚结构手中。因此，民主制度放弃自由主义原则，从长远看很可能也会导致民主的消失。"②

特别是，当一个稳定的多数人总是能够连续地剥削同一个少数人集团时，问题就尤为严重。究其原因，这种社会总会不断分化出少数派，并不断被消灭，从而最终导致整个社会的崩溃。为此，分析马克思主义者科恩就特别关注社会裁定权的变动以防止权力的集中和固定，他指出，"在一个比较

---

① 哈耶克：《经济、科学与政治：哈耶克思想精粹》，冯克利译，江苏人民出版社2000年版，第351页。

② 哈耶克：《经济、科学与政治：哈耶克思想精粹》，冯克利译，江苏人民出版社2000年版，第351页。

健康的民主社会中，真正有最后裁定权的不是多数而是成员经常改变的不同多数。我把这称之为'变动多数的裁定'。如全体（或接近全体）社会成员在这一时期或另一时期内，都曾做过有裁定权的多数的成员，如在一定时期内，在大量待裁决的不同问题上，任何社会成员都感到在某些问题上自己是执政多数的一员，在另一问题上，自己却是被治少数的一员，这就是变动多数裁定规则在起作用"；相反，"如果社会中形成固定的多数，对民主来说就存在着真正的危险。固定或永久的多数不受变动的有益的牵制；它在它的利益范围内能保持绝对控制；反对它的人没有反对它的力量可用，它就可能滥用权力，甚至进行压迫"。①

既然如此，人类社会又是如何避免这种最糟糕的情形的呢？一般地，解决思路主要有两种：（1）使公民经常发现自己处于少数，这样，当他成为具有裁决权的多数时才会克制自己想要压制别人的意向，此时，政治上的中庸之道——己所不欲，勿施于人——就得以实现；（2）拓展宪法政治的内涵和外延，使之不仅限于正式的权力制衡方面，而且还进一步发挥伦理熏陶和人格塑造的功能。埃尔金就指出，政治制度除了限制权力之外，还有其他的两个用途：（1）执行决策的手段，解决社会问题的方法；（2）逐渐形成那些在其中活动的人的性格，从而具有教育性的道德一面。因此，适当的宪制理论必须着眼于设计政治制度时不仅要注意主权者而且要关注社会问题明智的解决和国民性格的形成。②

最后，需要指出，尽管现代社会中的政府担当着必不可少的协调职能，但由于政府功能的具体执行者仅仅是一个代理者，因而政府协调职能在贯彻过程中常常会出现代理问题，集中体现为贪污腐败。例如，在当前一些国家特别是发展中国家，腐败的猖獗往往把投资和经济活动从生产性用途转移到

---

① 科恩：《论民主》，聂崇信、朱秀贤译，商务印书馆1988年版，第75、77页。

② 埃尔金：《宪政主义的继承者》，载埃尔金、索乌坦编：《新宪政论》，周叶谦译，生活·读书·新知三联书店1997年版，第144页。

追求巨额报偿的欺诈活动上，从而造成公共政策失效。因此，如何减少腐败，也就成为保障政府发挥其有效职能的重要方面。一般地，当前对抗腐败的措施主要有这样几条：（1）建立审查和惩处系统，可以有针对性地剖析官僚贪污的方式实行相应的奖惩，明晰各种奖惩规则；（2）尽量减少各种过度管制安排，因为正是某些政府的管制赋予了官员以相机抉择的权力，使得他们可以向特定人提供优惠；（3）实行高薪养廉，因为在官员掌握很大权力而自己相对来说又没有多少金钱回报的时候最容易腐败。

当然，正如森指出的，腐败的盛行很难完全依靠金钱激励来扭转，上述三种反腐败措施也各有局限：（1）监督和审查总有疏漏之处，抓盗系统有时不能发挥作用，同时还有向抓盗者提供合适的激励以使他们不被收买的复杂问题；（2）任何政府体制都不能不赋予官员某些对其他人具有一定价值的权力，尽管可以减少这样权力的作用范围，但任何重要的行政权力都可以潜在地被滥用；（3）即使已经很富有的官员也常常尽力使自己变得更富有，如果赌注足够高的话他们就甘愿冒一定的风险来这样做。① 由此来审视当前，有些官员一贪就是数千万元乃至上亿元，这显然已经不是高薪养廉的问题，也不完全是存在管制的问题。事实上，尽管审查和惩处系统不健全是一个重要原因，但更重要的原因可能是，某些社会伦理价值的衰落导致的贪心不足，这些人被一种极端崇尚金钱和物欲的价值观所驱使。所以，森指出："在那些极少见到这种标准腐败行为的社会中，它们所依赖的，在很大程度上，是对行为规则的遵从，而不是对不腐败提供金钱激励。"② 因此，一个社会就必须注重价值伦理以及社会责任的培育，只有这样，才能使得由恶性循环转化为良性循环，促进市场和政府功能的有效互补。

可见，在体现为协作系统的国家组织中，政府以及其他行政机构应该实

---

① 森：《以自由看待发展》，任赜等译，中国人民大学出版社2002年版，第272—273页。

② 森：《以自由看待发展》，任赜等译，中国人民大学出版社2002年版，第273页。

行代理人监督代理人或社会共同治理机制。究其原因，所有的立法、内阁以及法院实际上都来自人民的委托，都具有相互的独立性，相互之间又是监督关系，这实际上就是"三权分立"的理论基础。然而，由于特定时代社会力量的对比不同而出现了不同的主权特征，国家蜕化为这些主权者谋取私利的工具；为此目的，委托—代理机制也就长期流行开来，尽管其中担任委托人的主权者的角色在不断转换。事实上，即使到了"人民主权"时代，仍然存在着一些声音要求延续传统的委托—代理模式；结果，本应是大众代理人的那些官僚实际上却成为委托人，从而也为他们谋取私利开辟了途径。布鲁斯·萧就指出，基于正式规则的官僚主义治理存在一个基本假设，就是如果委权于民，人们将会滥用权力，机会主义也从此孳生；因此，信任完全被正式的法规所代替，这些法规由那些身居要职的人制定，并强迫人们按照他们所认为的正确方式去行使。① 当然，尽管就作为协作系统的本质而言，国家组织的治理机制应该是社会共同模式，正式的治理规则也应该是一个相互监督的体系；但是，由于国家层次的协作系统的范围非常广大，内部成员又非常复杂，因此，社会共同治理规则能否有效贯彻还有赖于一个良好社会规范，而不是简单地由官僚所制定的规则来代替社会规范。事实上，政治制度本身不仅规定了一些职位和权力，规定政府的结构，而且，它还形成了一种秩序，界定了人民的政治生活方式；因此，当我们通过立宪来限制政治权力的行使时，宪法的设计和选择本身就必须考虑到对社会成员品格塑造的意义，必须强化这种制度型的信任关系。

五、结语

迄今为止，现实世界中的国家组织似乎都在为特定的利益集团服务，从

---

① R.布鲁斯·萧：《信任的力量》，王振译，经济管理出版社 2002 年版，第 8 页。

而都体现一定的阶级性；但是，追溯国家的起源并前瞻其发展就可以发现，国家本质上是一个协作系统。就协作系统这一本质而言，国家根本上是服务于所有社会成员的公共机构，政府则是维系、整合和完善这一协作系统的功能性机构。因此，从组织演化的角度看，我们就可以发现，存在"善""恶"两种类型的国家和政府。不过，"恶"性的国家和政府源于对其内在本质的背离，是特定时期社会权力高度集中下的畸形产物；相应地，随着人类需求层次的提升以及社会权力的分散，被异化的国家或政府形态也就会向其本质回归。因此，就现代民主国家而言，笔者更倾向于把它视为一个协作系统，作为一个人类基于"为己利他"行为机理而逐渐"设计"的协调组织；在这种情况下，政府机构产生和"设计"出来的目的就在于协调人类的行为，特别是发挥自发性市场所难以企及的协调领域。

本质上，所有的社会组织都是协作系统，作为仲裁者和协调者的社会组织的协调作用也主要表现为两个方面：显性协调和隐性协调。[1] 相应地，政府的协调功能也体现在这两方面：显性协调表现为政府人员对宏观经济进行指导、规划，或者体现在具体的经济计划上；隐性协调则主要体现为政府在培育伦理、制定规则以增进人们对未来行为的预期的作用。因此，美国的开国先驱杰伊就指出，"再没有比政府的必不可少这件事情更加明确了"，而且，"一个政府无论在什么时候组织和怎样组织起来，人民为了授予它必要的权力，就必须把某些天赋权利转让给它"。[2] 在很大程度上，政府的协调功能体现了国家这一协作系统有效运行的要求，而政府对显性协调的承担则依赖于个体所转让的这些个人权利以及由此产生的强制权力。

当然，正如鲍曼指出的，权力"一旦充分集中在某个特定行为人的手中，就肯定能发现可以借助这种手段得以实现的个人目标。……（而且，）占有

---

① 参见朱富强：《协作系统观的企业理论》，社会科学文献出版社 2016 年版。

② 杰伊：《为〈独立日报〉撰写：第二篇》，载汉密尔顿、杰伊、麦迪逊等：《联邦党人文集》，程逢如等译，商务印书馆 1980 年版，第 7 页。

优势强制权力使得当权者获得更为广泛的权利和更多的资源。"① 为此，主流的新古典自由主义经济学基于自然主义和个体主义的基本思维，把性恶的经济人假设视为考察一切社会现象的基本前提，并由此发展出了"恶"性政府以及"最小政府"理论。在新古典自由主义经济学看来，只有私营部门才是创造财富的，而政府本身非但不创造任何财富，反而会浪费财富，从而极力限制政府的积极功能。问题是，即使政府计划者对具体经济活动的协调能力存在严重不足，现代社会是否就可以不需要政府的作用呢？哈耶克认为："政府在这里可以做很多的事，帮助传播知识、信息和促进人的流动。但问题在于：这种真正增加机会的政府行为，却几乎正好是和目前被广泛倡导及实行的'计划'相反的东西。"②

事实上，新古典自由主义经济学之所以主张限制政府的权力和行为，根本上就在于国家和政府在演化过程中的蜕化。伯恩·霍尔兹（Peter Bernholz）就指出，民主的自由市场迟早会堕落成过度的福利型国家或过度的干预型国家。首先，自由社会中爆发的经济和政治危机会将允许不同的意识形态掌权，在经济领域实行中央计划，可能还有集体财产共有；其中，中央计划经济将要求一个占据核心地位的政治权威，最好是独裁制度。其次，由此建立起来的经济体制，在国际间的国家竞争中，经过一段时间就会逐渐腐朽变质，最终走向解体。最后，专制制度垮台，自由的市场经济和广泛的财产权得到强制推行，或从专制制度解体的混乱中萌生出来，从而开启了新一轮的循环。③ 不过，如果要形成对国家性质和政府功能的全面认知，我们就需要撇开这种表象，从本体论和起源学上进行探究，并结合社会环境的变动来分析特定时空下的具体治理机制和协调方式。

---

① M. 鲍曼：《道德的市场》，肖君、黄承业译，中国社会科学出版社 2003 年版，第 209 页。

② 哈耶克：《通往奴役之路》，王明毅等译，中国社会科学出版社 1997 年版，第 93 页。

③ 罗利：《财产权与民主的限度》，刘晓峰译，商务印书馆 2007 年版，第 7 页。

6. 如何理解现代政府的经济功能
——理论基础和实践成效的检视

社会权力分配的不平等产生了主权型国家，此时政府的职能主要体现监督方面，通过被迫人民的劳动支出以获取财富，这是漫长人类历史时期的常态。但是，作为协作系统的国家组织而言，政府及其他公共机构的核心职能在协调人们的行为和利益关系，而监督则是次要的。随着社会经济的发展而促使国家的裁判性质日益凸显以及伴随着社会制度的逐渐成熟，政府的经济功能以及相应的协调机制也变得日益重要。一般地，政府的协调方式表现为显性协调和隐性协调两个方面，这与企业组织中的两大协调机制相对应；进而，政府显性协调主要体现为经济计划和产业规划两大方式，这也是企业计划和前景规划的延伸。因此，政府的经济功能和协调机制具有充分的理论依据。同时，从学说史看，自经济学诞生或者独立成为一门独立学科起，经济学就成为一门指导政府经济活动的学科；从经济史看，政府的经济计划和产业规划在经济起飞以及经济赶超的现代化过程中也发挥了根本性作用。因此，理论和实践都表明，政府需要承担积极的经济功能，可以发挥积极的协调作用。

一、引言

现代各国政府在经济发展和产业升级过程中扮演着越来越积极而重要的

作用，但对此情形，新古典自由主义经济学却提出强烈的批判，认为政府介入经济将会产生大量的代理成本和扭曲效应，因为政府及其代理人本身是利己的，从而根本上会损害社会的利益来谋取个人利益。在新古典自由主义学者看来，政府的潜在功能不是体现在对社会成员利益的协调方面，而是集中在对社会成员的控制方面，并依靠强制力量来获取来自社会大众的转移收益，从而实现自身收益的最大化。同时，按照"恶棍"假设和主权理论，那些处于非主权者地位的社会成员同样要使用其可能利用的力量以及壮大自身的力量来对抗主权者的掠夺和剥削行为以保护自身的利益不受侵害，从而就会造成社会对抗的升级和加剧，乃至造成社会的动荡。因此，为了避免这种对抗造成的危害，在冲突理论的指导下，西方社会中那些关注社会长期发展的学者往往就把注意力放在构设宪法政治制度以限制政府的掠夺行为方面；这样，如何降低"主权者危害非主权者的效率"而不是如何提高"协调者服务社会成员的效率"就成为这些宪法政治主义者关注的根本课题，相应地也就形成了"最小政府"理论。

的确，在人类史上，我们可以看到这些事实：（1）早期国家呈现出强烈的主权性，主要执行的是统治功能，并集中体现为对社会秩序的维护和对违反秩序的制约；（2）在社会权力分配很不均等以及存在主权者和非主权者之分的国家中，政府及其代理人的行为主要表现在监督和掠夺方面；（3）即使在最接近于协作系统这一本质的人民主权国家中，由于还不存在有效解决成员间利益冲突的市场机制和其他社会中介机制，社会监督和制约仍然是政府非常重要的一项职能。不过，我们同样可以看到另一些事实。（1）任何时期的政府也都必然会承担一定的协调功能，究其原因，尽管任何社会事物在发展过程中往往都会出现某种程度的异化，但一般并不会完全背离其本质。例如，即使在君王主权的国家中，那些主权者对产权的界定也体现了一定的协调职能。（2）随着市场经济的崛起，政府的经济功能得到认识和重视，政府在维护市场运行和经济秩序上的重要作用日益凸显。例如，古典经济学家斯密、穆勒、西斯蒙第等大多关注政府在建设交通、教育、救济等方面的作用。(3) 在体现协作系统的国家中，政府机构的功能远不止限于监督一面，而是广泛体现在对经济、社会、政治以及人类利益方面的协调方面，并成为政府的主要功能；并且，随着社会制度的逐渐成熟，政府对经济行为的协调职能也将日益凸显和重要。那么，我们究竟该如何理解现代政府的经济功能呢？本章尝试从理论和实践两方面作一较为系统的阐述。

二、政府何以承担经济功能：理论的分析

对政府经济功能的探讨至少追溯到 18 世纪出现的政治学与经济学之间的学科交叉，这充分体现在洛克、卢梭、斯密、边沁、穆勒、李斯特以及马克思等人的著作中。例如，斯密就强调，在一个自由社会中，作为统治者的政府所承担的责任或义务主要表现在如下三个方面：(1) 保护社会而使之不受其他独立社会的侵犯；(2) 保护社会上的各个人而使之不受任何其他人的侵害或压迫；(3) 建设并维持某些公共事业及某些公共设施以弥补市场在这方面的不足。[①] 然而，到了 20 世纪 50 年代，随着新古典经济学的理性选择思维逐渐渗透进政治学和法学之中，并出现了一系列影响广泛的著作，如阿罗 1951 年的《社会选择和个人价值》、唐斯 1957 年的《民主的经济理论》以及奥尔森 1965 年的《集体行动的逻辑》，就出现了重新排斥政府经济职能的公共选择理论。流行的公共选择理论在对国家性质和政府功能的认知上基本上承袭了西方传统的主权观，并且，基于理性选择假说而把主权者视为不择手段地最大化私利而不顾社会成员利益的"恶棍"。

实际上，穆勒很早就指出，有关政治制度一直就有两种互相冲突的学说

---

① 斯密：《国民财富的性质和原因的研究》（下卷），郭大力、王亚南译，商务印书馆 1974 年版，第 253 页。

并呈现出互相排斥的特征。其中，一些学者将政府视为人类发明创造的为达到特定目的的手段或形式，人有权选择是否制作以及怎样制作或按照什么模式去制作。相应地，有关政府的问题就涉及这样两大内容：（1）明确政府所必须促进的目的；（2）研究什么样的政府形式最适合于实现这些目的。另一些学者则把政府视为一种自然产物，把政治科学看成自然史的一部分。相应地，政府的形式就不是一个选择问题，而是必须按照它们的现实情况加以接受，我们所能做的仅仅是熟悉它们的自然特性并使我们自己适应它们。穆勒认为，这两种学说都不完全正确，也不完全错误：（1）就选择说而言，人们对现实世界中的政治制度的选择往往并不是因为它们本身是最好的，这涉及使用该政治现实所必须具有的知识和技能等一系列的条件；（2）就演化说而言，几乎没有多少人是完全的政治宿命论者，不会妄称人类对于他们将生活在它下面的政府绝无选择的余地。尤其是，穆勒强调，政治制度是人的劳作，它们的根源和全部存在均有赖于人的意志，它们存在的每一阶段都是人的意志力作用的结果。① 这显然反映出，穆勒更倾向于选择说：政府是人们为实现其特定目的所创造的形式。那么，人们创制政府的原初目的又何在呢？这显然就涉及对政府功能及其作用的分析。

对政府经济功能及其作用方式的理解，大致可以参考一下有效劳动价值说所提供的分析框架。按照有效劳动价值说，一切社会发展都根源于有效劳动创造的价值，而其发展的潜力则主要来源于劳动有效性的提高。② 从根本上说，人类社会的一切合作性组织都是为增进分立劳动间的协调、从而深化分工而演化生成的，国家组织及其相应的政府机构也不例外。M. 鲍曼就写道："在一定的前提下，将个人的力量凝聚成统一的潜能能极大地促进众人的利益，即便他们必须限制自己的自主权和对个人资源的决定权限。在面临

① 穆勒（即密尔）：《代议制政府》，汪瑄译，商务印书馆 1982 年版，第 5—7 页。
② 朱富强：《有效劳动价值论：以协调洞悉劳动配置》，经济科学出版社 2004 年版，第 2 章。

众多的任务及设想前，相对于个体的孤立努力，有计划地将个人的行为协调成共同的行为将会产生巨大的效率收益，这一点属人类生存的最基本条件。没有将个体力量聚合成分工合作的不同形式，技术和社会的根本成就及对自然和社会的不断改造，也即人类有史以来整个文明的发展都不可想象。作为有目的可协调的合作意义上的组织是人类各种文明的最伟大最不可或缺的原动力之一。恰恰是在对个人利益的不懈追求中，经常会产生建立组织的强大激励，以便通过集体的手段更好地实现个体的目标。"①

　　既然人类社会的发展依赖于财富的创造，而财富创造的效率又取决于社会劳动之间的协调程度；因此，在一个协作系统中，政府的根本作用也应围绕促进劳动有效性提高和增进合作收益这一目的而展开。那么，政府如何发挥起协调作用呢？一般认为，政府的协调作用表现在两个方面：直接的和间接的。其中，直接的协调作用主要是指政府以产权代理者或控制者的身份对经济直接进行计划、管理和经营等活动；间接的协调作用则主要是指以裁判者的身份通过间接的方式——如设定游戏规则、提高国民整体认知水平、培育社会的合作精神等——为市场经济活动提供辅助性支持以提高社会协调性的活动。两者的区别主要在于，是否存在经济活动的直接承担责任者。也就是说，进行直接协调的政府官员站在前台，其作用是可见的；间接协调则是隐性的，隐藏在市场自主活动的背后。相应地，我们可以把政府进行直接协调的活动称为显性协调，而将间接协调的活动称为隐性协调。显然，这一划分也与企业组织中的协调方式及其功能相对应。

　　从演化史看，国家组织本身就是家族、氏族、部落、城邦等社会组织演化和扩展而来的；相应地，这些组织对经济活动的作用及其机理往往也就具有相通性，典型地可以看成是企业组织治理的范围扩大和延伸。这表现为两

---

　　① M. 鲍曼：《道德的市场》，肖君、黄承业译，中国社会科学出版社 2003 年版，第366 页。

个方面：(1) 如同企业组织中存在大量隐性协调的内容和设施一样，如企业文化建设、职工培训等，国家组织中也有大量的隐性协调需要政府来进行，集中表现为社会伦理的培育和法律制度的建设；(2) 如同企业组织中引入了与市场机制很不一样的由管理者主导的计划机制一样，国家组织中也需要政府及其代理人对经济活动进行引导，集中体现在产业政策的制定和规划。因此，要方便理解政府的协调功能，我们可以且需要从企业组织这一微观视角着手。事实上，相对于早期的契约型组织，企业组织的管理协调具有这样两方面的优势：(1) 它通过专人负责的形式在一定程度抑制了个体交易之间的机会主义行为，并提高协作生产者之间的协调性，这是显性协调的典型表现；(2) 在团队生产中往往会滋生相互认同的文化和伦理，提供其他人劳动形成、技能等信息，有助于将个体知识转化为共同知识，从而又培养和壮大了隐性协调。①

　　同时，政府显性协调的极端形式就是经济计划。因此，要真正探讨政府显性功能，厘清计划机制在经济活动中的角色和作用，也需要从企业组织以及企业计划机制的扩展着手。一般地，随着企业规模的壮大，生产等级链就会越来越长，这就为显性协调的存在提供了技术和管理基础；此时，企业内部产生了命令和服从关系，"谈判型交易"演变成了"管理型交易"，生产也就越来越具有计划性。事实上，随着企业规模的增大，计划的范围和强度都会相应增加，甚至演变成地区性、全国性，甚至是全球性的，最终就产生了政府组织的显性协调。因此，在某种程度上，我们可以把企业经济看成一个小的统制经济，或计划经济，它成为政府显性协调或经济计划的缩影和基础。当然，政府计划与企业计划毕竟还是存在差异：一方面，国家组织的规模要比企业组织大得多，因而就遭到更为严重的信息不完全所带来的损害；另一方面，政府管理者不像企业管理者（往往）是直接的收益享有主体，因

---

① 参见朱富强：《协作系统观的企业理论》，社会科学文献出版社 2015 年版。

而就会遭到更为严重的激励不相容所带来的损害。正是从这个角度上说，政府的经济功能往往甚至不是主要局限于生产、销售等计划上，而在于对未来产业发展方面的引导以及基础设施的建设等方面，这就是产业政策。

基于上述分析，我们就可以对国家组织的经济功能作一整体认识。一方面，从起源学角度上说，国家根本上体现为人类为了特定目的而设计、选择的一种组织形态，政府则是一种相应的政治制度；政府机构以及相应制度安排的主要目标在于协调宏观经济以实现社会有序发展，它在宏观经济的治理中起到重要的协调功能，这种功能在很大程度上也可以看成是企业组织之协调机制的延伸和扩展。另一方面，政府显性协调主要表现为经济计划和产业规划等，而这些活动都起源于企业组织内部。根本上说，显性协调或行政机制也就是企业组织机制，政府计划或行政配置方式只不过是企业配置方式在国民经济上的拓延。如果说企业管理协调是在微观经济上对市场协调方式的替代，那么，政府的管理协调就可看成是在宏观经济中取代市场协调方式；而且，如同企业的管理协调引入了企业管理人员一样，国家的宏观协调则引入了政府官员。正因如此，显性协调或行政机制与市场协调或价格机制一样都是引导经济活动的两种基本配置方式。从这个意义上说，两种行为协调或资源配置机制就不可能先验地存在优劣之分，而只有与什么环境相适应的问题，以及实施中的"度"的问题，其中影响两者作用效率的最重要因素是信息结构和激励—约束机制。

当然，新古典自由主义经济学认为，在国家这一协作系统中，不需要政府的介入，每个人在自由市场中追求自身的利益就可以促进其他人或整个社会的利益，这就是"私恶即公意"命题。为何新古典自由主义经济学有此信条呢？K.波兰尼做了分析："市场经济是一个只受市场控制、调节及指导的经济体制；商品之生产及分配的秩序，完全委诸此以自律性机制。这种经济体制是从人类会以达到最大金钱利得而新的一个可能性推衍出来的"，"自律性意味着所有的产品都是在市场上售卖的，而且所有的所得都是从这些售卖中得到的。"但同时，K.波兰尼又强调指出，"自律性市场是闻所未闻的"，从历史看，"管制与市场是同时成长的。"例如，"市场在重商主义制度下高度发展的时期，它们是在中央集权管理——这在农民的家计经济和全国生活这两方面都主张独裁——的控制之下而发生滋长的……（因而）自律性概念的出现是完全违反当时发展之趋势的。根据这些事实可以更全面地了解构成市场经济之基础的一些不寻常假设"。① 其实，新古典经济学也承认，"私恶即公意"命题（社会一般均衡）建立在一系列的假设之上，而且大多数人都公认，这些假设都是不现实的。但是，奥地利学派的罗斯巴德却固执地认为，"私恶即公意""这一事实是经济学分析的结论，而不是开展分析所依赖的假设……是在探究之后而非之前所做的判断"②。

那么，我们究竟该如何认识新古典主义者对市场的坚信而对政府的摒绝呢？这里从两方面作一简要的审视。

首先，就新古典主义者基于互惠共利信条而对自由市场中的拥抱而言。很大程度上，互惠共利仅仅是一种理论抽象的市场理想，现实世界则要复杂得多，涉及市场交易剩余的分配，而分配状况又取决于力量对比。这也就是说，新古典主义者的这一信条是建立在不现实的假设之上。事实上，它仅仅关注市场主体在个人信息以及偏好等方面的差异，却根本没有考虑市场上力量结构的不平衡。正因如此，罗斯巴德才将市场主体的一切行为都视为自愿的，进而只是将国家运用公权力的行为才视为是干预，却忽视了拥有更大资源和力量市场主体往往也可以诱导其他人做出损害自身的行为，这种诱导本质上也就是一种"软"强制；尤其是，那些拥有更大市场力量的大企业和强势者，在利益的驱动下具有更强烈的诱导以及误导他人行为的动机。同时，

① 波兰尼：《巨变：当代政治与经济的起源》，黄树民译，社会科学文献出版社 2013 年版，第 145 页。

② 罗斯巴德：《人，经济与国家》（下册），董子云、李松、杨震译，浙江大学出版社 2015 年版，第 824 页。

与自由市场相反，罗斯巴德还认定国家的干预必然"为某一批人提供收益，而以损害另一批人为代价"：其中，"受到强迫的人，其效用总是因为干预而损失，因为他的行动被干预的影响强制性地改变了"；而从中获得利益的"显然是干预者；否则他就不会施行干预了。在二元干预的情况下，他本人牺牲其他受害者的利益，直接获得了可交易的财货或者服务"。① 果真如此吗？试问：儿女在未成年之前往往会受到父母的"干涉"和"强制"，那么，儿女的利益就一定会因此而受到损害吗？

其次，就新古典主义者基于政府"作恶"信条而对政府功能的反对而言。针对一些学者为支持政府行为所指出的这一理由："尽管一般选民可能没有能力决定需要行动学推理链条的能力，但挑选专家——政客——他们是胜任的。政客们会决定这些事务，就如同个人会在众多领域中的任意一个选择他自己的私人专家顾问"，罗斯巴德提出了强烈批判。罗斯巴德认为，"关键的问题正是在于，对于政府的成功与失败，个人无法像在市场中那样，对他所雇佣的专家做直接的、亲自的检验。在市场上，人们倾向于雇佣那些建议最成功的专家。优秀的医生或者律师在市场上收获奖励，而差的只能歇业；私人雇佣的专家凭借自己的能力而发达。而在政府，对于专家的成功与否并没有市场化检验。既然政府中没有私人的交流或者关系，选民也就根本没有办法估计他所投的人真正专业能力如何"；而且，"政客和政府专家不是从市场化上自愿购买服务而获得收入。他们的收入是从居民那里强制征收的。因此，这些官员完全缺乏直接的金钱激励去关心如何恰当、称职地服务大众"。② 相应地，尽管人的意向和意志在政府形式的选择和政府功能的承担上往往起到明显作用，但是，由于人类本身也存在有限理性和有限知识等问

---

① 罗斯巴德：《人，经济与国家》（下册），董子云、李松、杨震译，浙江大学出版社2015年版，第826—827页。

② 罗斯巴德：《人，经济与国家》（下册），董子云、李松、杨震译，浙江大学出版社2015年版，第834—835页。

题，现实世界中的政府形式往往并不是最好的，它们所承担的协调功能往往也不一定就是合理的。进而，不恰当的经济干预往往会对社会发展带来负效应，当国家组织和政府机构在发展过程中出现变异乃至异化的情形下尤其如此，这也是新古典自由主义经济学重在提防政府"作恶"的原因。那么，这些如何避免呢？就涉及政府官员的聘选机制，涉及社会监督体系，也涉及社会责任伦理和公共企业家精神。①

可见，只要我们将国家当作一个协作系统来看待，就可以清楚地认识到政府的经济功能，这与企业组织的管理部门具有相同的原理。关于这一点，我们也可以看一下赖纳特力推的发展型国家理论："作为经济行为者，国家存在的原因从根本上来说是因为与企业相同的原因，今天以实物交换和原子论为和核心的经济理论并没有很好地理解它们存在的原因。我们认为，导致现代经济理论缺乏一种企业理论的原因与缺乏国家理论的原因是相同的。企业和国家都是由于系统的协调效应而存在的制度，但新古典理论通过资源的完全可分性、完全信息、完全竞争和没有报酬的假设，排除了这种作用。"②同时，赖纳特也指出，企业的规模和力量的大小很大程度上由规模经济和规模不经济这两种相互抵消的力量之和所决定，而这往往与产业和产品的特性有关；但国家的规模和力量却受到这两种相反力量的困扰，因为国家范围的规模经济来自于由人类活动的多样性所产生的协同效应，但这种多样性将为随国家干预程度的增加所带来的一致性而损害。此外，国家与企业还存在其他的差异：（1）企业规模（人员数量）可以根据不同产业以及不同情境而扩展和缩小，但国家规模的缩小却不能体现为成员数量的变动，而只能体现为参与经济活动的范围上；（2）迄今为止的企业管理者的利益与企业经营状况

---

① 朱富强：《如何保障政府的积极"有为"：兼评林毅夫有为政府的社会基础》，《财经研究》2017 年第 3 期。

② 赖纳特：《国家在经济增长中的作用》，载霍奇逊主编：《制度与演化经济学的现代文选：关键性概念》，贾根良等译，高等教育出版社 2005 年版，第 239 页。

之间存在紧密联系，政府代理人的利益与国家发展状况之间最多存在薄弱的联系，因而所需要的激励和惩罚机制是不同的。正是从这个意义上说，政府的经济功能可以从企业类比中找到理论依据，但活动范围和行动方式却存在很大的不同。

三、美国学派的产业政策：学说史的回顾

要理解政府在经济领域的积极作用，我们首先可以对经济学说史作一简单的回顾。事实上，尽管新古典自由主义经济学迷信市场，进而否定政府的任何经济活动；但从学说史的角度看，经济学最初就是作为一种指导政府如何运用政策来促进经济增长和壮大国家实力以及提升人民福利的一门学科，这无论追溯到古希腊的色诺芬开创的经济学研究还是追溯到经济学从道德领域独立出来的重商主义都是如此。赖纳特写道："国家与市场之间的对抗作为 20 世纪的突出特征只是一种相对新的现象。自文艺复兴以来，国家一个非常重要的任务就是创造运行良好的市场，国家通过提供法律框架、标准、信用、物质方面的基础设施——如果还有必要的话——最后还要履行企业家的指南来完成这一任务。"① 同时，无论是率先实现工业化的荷兰和英国还是后来实现工业化的第二代国家如法国、美国和德国以及第三代工业化国家如意大利、俄罗斯和日本甚至是实现赶超的"亚洲四小龙"等，它们的经济增长无一不可归功于政府广泛承担的经济功能。在学说史上，系统阐述政府积极的经济功能并被广泛应用实践进而促进社会经济快速起飞的经济学说是18—19 世纪的美国学派，这里就此作一简单的回顾。

相对于欧洲来说，美国经济学是后起的。事实上，直到 19 世纪之前，

---

① 赖纳特：《国家在经济增长中的作用》，载霍奇逊主编：《制度与演化经济学的现代文选：关键性概念》，贾根良等译，高等教育出版社 2005 年版，第 220 页。

美国都没有一部系统性的经济学著作，经济思想主要是从英国输入，其特点就是重商主义向古典政治经济学过渡。不过，美国取得独立之后，美国社会开始出现了各种报告、小册子和论文讨论纸币、铸币、信用、贸易和财政政策等问题，从而出现了具有明显民族性和系统性的经济学说；这些学说主导了从 1814 年《根特协议》到 1914 年第一次世界大战这一个多世纪的美国经济政策，并被称为美国学派。不幸的是，目前美国学派却已经湮没无闻了，其主要原因是：（1）美国学派主要是由新闻记者、掌权的辉格党（1854 年更名为共和党）追随者中的牧师以及少数商人创立的，他们本身就游离于学术之外；（2）它反对当时高等教育中的自由贸易偏见，从而为正统学术界尤其是美国大学刻意地忽视和排斥；（3）当美国代替英国成为世界上占支配地位的产业帝国之后，美国经济政策也逐渐从保护主义转向了自由贸易，进而学说上也与新古典经济学迅速合流。

独立之后的美国思想呈现出多样化，一些活跃的学者更是表现出不受欧洲传统思想束缚的特点。他们强调，政治经济学的目标并不是为了发现普遍真理，而是为了增进公共和私人财富，从而需要将从经验获得的知识应用到特定场合或既定制度中；相应地，经济政策的制定应该以每个国家的特定历史条件为转移，而不是必须遵从当时英国古典经济学的指引。正是由于强调政治经济学应该建立在各国的历史经验之上，美国学者就将"归纳分析"提升到与演绎分析同等地位。同时，当时美国呈现出不同于英法的社会经济环境：（1）在社会环境上，美国社会没有欧洲社会那样残存的封建等级，同时又有充足的土地等自然资源，因而就衍生出较强的平等主义和自由主义倾向；（2）在经济环境上，美国社会城市化程度较低，资本和基础设施匮乏，同时人口稀少又使得劳动工资比西欧还高，因而产生了依靠保护来发展工业的取向。显然，地大物博使得美国可以不借助与他国贸易而得以繁荣下去，因此，美国学者提出了一种唯物主义的和现实的社会理论，对声称的具有普遍适用性的古典经济学体系发起了挑战，进而尝试建立一种新的"美国政治经济学"。

美国学者对古典经济学的反思和批评集中在马尔萨斯的人口论以及李嘉图的报酬递增理论和自由贸易论上。一方面，美国学者长期不情愿接受报酬递减规律的冰冷逻辑及其展示的灰暗前景，认为马尔萨斯的人口学说忽视了制度因素，从而注重生产劳动的研究。例如，埃弗雷特1823年的《人口新论》就认为，人口增长对于分工和生产率会产生有利的影响，并且这种影响足以保证获得更大程度的丰裕而不是稀缺，这是杨小凯的先驱。另一方面，美国学者也不接受李嘉图基于静态分析的比较优势理论，认为不存在能指导一国在各发展阶段的经验规律，而自由贸易说将现状描述为自然和不可避免的则是错误的，这必然会导致美国对英国的依附。例如，亨利·凯里在19世纪30年代出版的《政治经济学》——美国第一部系统经济学论著就批判李嘉图的地租理论而大力宣扬贸易保护主义观点，这成为后来美国经济思想的主要传统之一。相应地，美国政治经济学的基本主张就是：在国内生产领域实行自由竞争，在对外贸易领域则实行贸易保护。

事实上，在大多数美国学者看来，正统经济学通过选用那些恰好可以得出自由贸易结论的假定、概念和定义来掩盖商业利益的目的；相反，通过对美国社会经济现实的分析以及对自由贸易说及其政策的批判，他们提出了影响深远的贸易保护主义学说。例如，约翰·雷出版的《政治经济学学科的一些新原则的陈述》一书的副标题就是"揭露自由贸易体系和'国富论'主张的一些其他学说的谬误"，该书要求政府通过促进发明和技术进步为社会装备更充分的满足未来欲求的手段。为此，熊彼特甚至说："可以把李斯特最早的一本著作包括在美国的成就以内，因为该书是美国环境的典型产物，也许还可以把约翰·雷的伟大著作包括进去。"[①] 很大程度上，李斯特的保护主义学说

---

① 熊彼特：《经济分析史》（第2卷），朱泱等译，商务印书馆1992年版，第216—217页。

也是在美国以及与美国学者的交流中才得以发展和成熟的。在旅美期间，李斯特结识了一大批美国学者和政治领袖，深受丹尼尔·雷蒙德、亚历山大·汉密尔顿以及马修·凯里等美国第一代保护主义者的影响，从而开始将注意力转向以静态假设和普遍性为特征的自由放任的古典经济学说，并于 1827 年出版了反映美国第一代贸易保护主义思想的著作《美国政治经济学大纲》。

李斯特到美国后很快就与马修·凯里成为朋友，而马修·凯里的儿子亨利·凯里则受到李斯特的影响而进一步阐发了美国的保护主义思想，成为美国第二代保护主义者的领袖，达到了"政治经济学的美国学派"的顶峰。亨利·凯里从事经济学著述的年代是 19 世纪 30—50 年代，正处于欧洲工人运动日益高涨、美国独立战争之后和南北战争之前美国经济迅速发展的时期，此时英法的经济问题和阶级矛盾已经相当尖锐，而美国还未充分暴露。在这种历史条件下，亨利·凯里从整个资本主义国际形势出发，说有必要倡导"阶级利益和谐"论；还从美国国内形势出发，宣扬有可能实现"阶级利益和谐"。特别是，亨利·凯里的思想受美国特殊环境的影响：欠发达而又资源丰富；为此，亨利·凯里把美国设想为一个独立的世界，而主张保护主义以及农工商各行业的调和。美国保护主义学说强调，工业需要国家采取"内部改善"的形式来加以支持，一方面，通过关税保护有助于推动民族工业的成长；另一方面关税收入也可以为工业发展提供融资。自此，这种保护主义很长时期内都是美国学派的主流，并且也深远地影响了此后上百年的美国社会经济政策。赫德森写道："这些保护主义者成为 19 世纪最后几十年美国兴起的制度（历史）主义经济学家的先驱。这条脉络从以马修·凯里和丹尼尔·雷蒙德为中心的保护主义者开始，经过李斯特传到德国，再通过罗雪尔的圈子传承给诸如帕滕和伊利等在德国大学求学的美国学生。"①

---

① 赫德森：《保护主义：美国经济崛起的秘诀（1815—1914）》，贾根良等译，中国人民大学出版社 2010 年版，第 80 页。

保护主义思想不仅仅停留在舆论和理论上，而是体现在国家发展方针和产业政策上，其中，为之奠定基石的就是美国第一任财政部长汉密尔顿。汉密尔顿具有浓厚的重商主义倾向，主张国家干预经济生活，并认为国家政策应以商业利益为重，积极主张实行保护关税政策；同时，汉密尔顿注重保护工业，把它视为商业的基础。在1791年向美国国会提交的《关于制造业的报告》中，汉密尔顿就提出，落后的美国应该保护它的"幼稚产业"免受外来竞争，并提出了一系列促成工业发展和保护制度的纲领和措施，这包括保护性关税和进口禁令、补贴、主要原料的出口禁令、工业投入品的进口自由化和关税退让、发明奖励、生产标准的管制、发展金融和交通基础设施。同时，为把美国建成一个工商金融体系发达的国家，汉密尔顿还为美国构建了货币金融体系的五大支柱：统一的国债市场、中央银行主导的银行体系、统一的铸币体系（金银复本位制）、以关税和消费税为主体的税收体系、鼓励制造业发展的金融贸易政策。其中，国债市场是国家整体信用优劣的最佳指示器，中央银行负责维持银行体系和货币供应量之稳定，统一的铸币体系（后来是美元纸币体系）极大降低金融贸易之交易成本，税收体系确保财政健全和国债市场之良性循环，制造业（真实财富创造能力）则是金融货币的最终基础。

当然，并非所有的美国经济学家都是保护主义者，尤其是美国南方的学者往往倾向于支持李嘉图的自由贸易理论。事实上，美国建国初期的经济体系存在明显的二元结构：（1）本质上与家庭农场的农业相关联的北方幼稚工业；（2）实行奴隶制的南方种植园。相应地，北方致力于促进国内工农业之间城乡平衡，从而出现主张一个强有力国家政府的北方联邦主义；南方则注重为它的棉花、烟草等种植园产品寻找海外市场，从而出现推崇保护州主权的分权制的南方杰斐逊主义。显然，自由贸易说更加符合南部种植园主、农产品出口商、新英格兰船运利益集团以及纽约、费城的银行家们的利益，他们极力主张自由贸易政策，从而导致贸易保护主义被推迟几十年。同时，在政府政策上，第一任国务卿和第三任总统杰斐逊以及第七任总统杰克逊等人都深受斯密学说影响而主张实行自由贸易，汉密尔顿因注重发展工业而长期被杰斐逊以来的许多人攻击为是"平等和自由"的敌人，汉密尔顿鼓吹的城市和商业社会尤其是对他们所钟爱的以种植园经济为核心的美国乡村民主来说是一个威胁。

尽管如此，汉密尔顿的政治遗产在后世却逐渐显现出其高瞻远瞩的视野，包括"工业建国之路"和建立一个强有力的中央政府等等主张在此后的美国历史中起着越来越显著的作用。不过，从历史上看，美国保护主义的确立也是源于特定的历史条件：首先，1812—1815 年的英美战争爆发导致了对英贸易往来的中断，美国的北方资本得以从航运业转向生产原本依赖从英国进口的制成品，从而建立起颇具规模的工业；其次，战争结束后对英贸易正常化的恢复马上又抑制了工业的繁荣，这进一步促使北方联邦主义者转变为保护主义者，而南方在经济上则更加亲英，由此最终爆发了内战；最后，北方在内战中的获胜使得亚伯拉罕·林肯、格兰特以及西奥多·罗斯福等政府可以彻底继承汉密尔顿的遗产而在保护主义之下建立一整套产业发展政策，自此保护主义得以成为主导美国时代精神的成熟学说。①

最后，需要指出，美国政府对经济活动的介入不仅体现在经济起飞和迅速发展的历史阶段，而且还体现在它长期致力于对经济霸权的维持和巩固上。正是通过对美国政府经济功能的深刻剖析，英国经济学教授马祖卡托在《企业家型国家》一书中就强调，美国政府并非只是一个有限政府，而是在生产和创新中发挥出了积极的企业家作用。关于这一点，看一段贾根良对该书的评论："马祖卡托的企业家型国家理论与市场失灵理论最重要的不同在于政府是否应该直接介入生产活动。市场失灵理论承认基础研究具有正的外

---

① 赫德森：《保护主义：美国经济崛起的秘诀（1815—1914）》，贾根良等译，中国人民大学出版社 2010 年版，第 28—29 页。

部性，赞同国家可以直接通过提供科研基金解决私人企业没有动力从事基础科学研究的问题，但是，他们反对国家介入应用研究和科技成果商业化等直接的生产活动。然而，马祖卡托的研究却说明，美国政府的干预并没有局限在'竞争前阶段'对基础科学研究支持的界限，而是深入到了应用研究和技术创新成果商业化的阶段：当美国通过国家科学基金（NSF）支持基础研究的同时，却又通过美国国防高级研究计划局（DARPA）、能源部高级研究计划和国家卫生研究院（NIN）从事应用研究，并通过注入小企业创新研究计划（SBIR）这样的机构履行风险资本投资的职能"。①

四、日本和德国的实践：经济史的考察

要理解政府经济功能在推动经济增长和社会发展中的实际成效，我们还可以作一简单的经济史审视。事实上，自工业革命以来，各国政府对宏观经济的指导和规划就从来没有停止过；特别是，在第二次世界大战后的很长一段时间之内，世界主要国家都曾掀起大规模的国民经济计划和产业规划运动。② 对那些后发国家尤其如此，很大程度上，正是依靠国家强有力的产业政策和资源协调，一些国家才取得高速的经济发展，才取得现代化的成功。"亚洲四小龙"以及日本、德国的发展历程都反映了这一点。例如，20 世纪50 年代到70 年代期间，中国台湾地区就是在政府的积极主导下迅速实现了工业化：（1）1953—1962 年是进口替代工业化阶段，当时一方面贯彻"以农业培养工业，以工业促进农业"的方针，大力发展农业，为实现工业化创造条件；另一方面积极发展以非耐用消费品生产为中心的进口替代工业，建立

---

① 贾根良：《开创大变革时代国家经济作用大讨论的新纲领——评名字卡托的〈企业家型国家：破除公共与私人部门的神话〉》，《政治经济学报》（第 8 卷），经济科学出版社2017 年版。

② 参见博恩斯坦：《东西方的经济计划》，朱泱等译，商务印书馆 1980 年版。

了劳动密集型轻工业基础。（2）20 世纪六七十年代是出口导向工业化阶段，随着替代进口的行业生产已达到饱和点，生产能力过剩，台湾当局审时度势，采取了"进口—加工—出口"的出口导向型战略。（3）20 世纪 70 年代以后是重化工业发展阶段，由于世界石油危机，从 1972 年开始，台湾当局采取"调整经济结构，促进经济升级"的战略，优先发展"高技术、高资本、高质量"的重化工业，开始了第二次的进口替代阶段。①

基于对世界各国现代化经验的考察，经济史学家格尔申克隆和金泳镐提出了现代化的替代模式：在第一局面，先进地区的资本由民间公司自动调节，在民间企业发展较迟的地区，国家和银行起了替代作用。例如，通过梳理日本现代化史就可以发现两点：（1）日本政府对企业的成长和壮大起到非常重要的作用，甚至往往是先由国家创办企业，起步或成长后再将之转化为私人企业，如三菱株式会社；（2）银行也对企业在资金甚至管理上进行扶持，经济力量重心只是随经济的发展而从银行转移到公司。与日本形成鲜明对比的是同时期的中国（清）政府，除了办些军事工业外，在民间企业的成长中所发挥的作用甚微，甚至对官办企业如江南制造局的束缚也大于促进作用；与此同时，中国银行不仅发育迟缓，而且最初的投资也主要在流通领域，这都导致民间企业发展和增长非常迟缓。

表 6-1　现代化的替代模式

	先进地区	中间地区	后进地区
第一局面	公　司	银　行	国　家
第二局面		公　司	银　行
第三局面			公　司

斯蒂格利茨曾指出："假如共产主义在苏联和东欧的失败，证明市场的

---

① 陈万里等：《市场经济 300 年》，中国发展出版社 1995 年版，第 240—252 页。

优越性胜过社会主义，那么东亚的成就就充分证明，一个政府的积极参与介入的经济体，绝对优于自律性市场。"① 为了更好地认识政府在经济发展过程中所起到的积极协调作用，这里以日本、德国为例作一说明，因为这两国的政府在经济增长中所扮演的积极角色非常鲜明，从而提供了极好的观察坐标。

首先，日本的实践有力地证实了政府协调作用的高效性，这主要体现了政府在产业规划方面的显性协调作用。事实上，明治政府建立之初就将"富国强兵""殖产兴业"作为"商工立国"的国策来贯彻，其目的就是要建立近代资本主义产业和经济结构；为此，政府建立"模范工厂"，带动私人企业学习和引进西方先进技术和设备。当官营工厂效益下降而维持不下去之时，政府就把原来官办的工厂以非常低廉的价格出售给三菱、三井、住友、安田等家族或私人公司。所以，本尼迪克特指出："日本所走的是一条与任何西方国家都不可能比拟的道路。这里也是由'阁下'们安排步骤，制定准则。他们不仅制定计划，而且由政府创办并以财政补助他们认为需要的企业。这些企业由政府官僚组织、管理。他们聘请了外国技术专家，并派人出国学习。而当这些企业，如他们所说，'已经组织完备、业务发达'之时，政府就把它们卖给那些私人公司。这些官办企业逐渐以'低廉得荒谬的价格'卖给那些经过挑选的金融巨子，即以三井、三菱两家为中心的著名财阀。"②

同时，日本政府对经济增长的积极作用不仅体现在经济起飞和企业创办之初，而且，即使在市场已经高度发达、经济实力已经急速提高的现代，日本政府依旧对经济的发展提供积极的资助和协调。都留重人在分析日本政府对企业的引导和协调时说，"认为行政指导仅仅是挥舞胡萝卜和大棒两手，都是不正确的。倒不如说，个人接受政府领导的日本传统和普遍承认政府官

---

① 斯蒂格利茨：《序言》，载波兰尼：《巨变：当代政治与经济的起源》，黄树民译，社会科学文献出版社 2013 年版，第 13 页。

② 本尼迪克特：《菊与刀》，吕万和等译，商务印书馆 1990 年版，第 64 页。

员拥有优于一般企业所能得到的知识、经验和信息，再加上政府官员和企业领导人有着共同的价值观念、信念和政治偏好"；"一个负责任的政府机构或者官员在不具有明确的合法权力情况下，能够而且确实可以指导或诱使私营企业或个人采取或不采取某些行动，这就是日本行政指导的本质。在一定程度上，其他资本主义国家也可以进行这类实践"。①

当然，正如贝拉中指出的，日本政府之所以能够高效地协调企业行动和规划宏观经济发展，关键在于日本的官僚们受到了良好的训练，并表现出具有奉献的精神且讲求效率，特别是在通产省的官僚们能够精确地调整经济以便对不断变化的国际市场迅速做出反应。而且，由于日本社会实行的是自由经济体制，因此，通产省不是通过指令来完成这一任务，而是通过掌握信息和信贷，通过依赖私人工业相互间的合作，使政府官僚能够把政府计划一定程度地纳入经济生活。② 实际上，关于政府作用形式和范围的界定，我们也可以从哈耶克的洞见中获得启示，他说："由于各种不同的原因，有些服务是自发秩序无法提供的或无法充分提供的，因此让政府来支配一部分范围明确的资源，使其可以向一般公民提供这些服务，是一种可取的做法。这需要把政府的强制权同政府提供的服务严加区分：在前一种情况下，它的行为应严格限制在实施公正行为规则上，在执行中应排除一切任意决定；而在后一种情况下，它只能把可由它支配的资源用于这个服务的目的，并且它没有强制权或垄断权，但在使用这些资源上享有广泛的自行决定权。"③

其次，第二次世界大战后的联邦德国政府也对国民经济成功地发挥了积

---

① 都留重人：《日本的资本主义：以战败为契机的战后经济发展》，复旦大学日本研究中心译，复旦大学出版社 1995 年版，第 117 页。

② 贝拉：《德川宗教：现代日本的文化渊源》，王晓山等译，生活·读书·新知三联书店 1998 年版，平装版前言。

③ 哈耶克：《经济、科学与政治：哈耶克思想精粹》，冯克利译，江苏人民出版社2000 年版，第 396 页。

极的引导和协调作用，这主要体现为政府通过法律制度的建设和市场秩序的
整顿而引领宏观经济的隐性协调作用。实际上，进入 20 世纪后，德国的经
济发展经常地出现一些严重的问题，这包括：第一次世界大战结束到 20 世
纪 30 年代，战败的德国由于承担巨额的战争赔款和财政赤字而爆发了严重
的恶性通货膨胀，而当时的历史学派学者和官员因采取错误的政策而加剧了
经济问题；20 世纪 30 年代到第二次世界大战期间，当时的纳粹政权对经济
采取了严格的管制政策，不但造成了工业发展的极度失调，更是造成了更为
恶性的通货膨胀；第二次世界大战后，德国经济满目疮痍，艾哈德开始实行
自由主义的经济政策，但由于伴随而来的涨价也招致了民众的骚乱。在这种
情况下，德国的经济学家既反对古典传统的自由放任，也反对各种形式的中
央计划经济。

德国经济学家大多认为，自由放任的市场经济和高度集中的计划经济都
存在缺点：在中央计划经济方面，计划机关无力掌握全部经济活动过程的协
调关系而做出合理安排，政府官吏任意驱使人民而使个人失去经济自由决策
权；在自由放任市场型经济方面，经济自由主义被垄断组织等利用而形成了
供给垄断或需求垄断，破坏了自由价格而导致市场机制失灵。由此，德国经
济学家致力于将理论和历史结合起来而奠定了基本的研究方法，同时，根据
当时德国的情况比较系统地提出了一套理论观点和政策主张以解决战后德国
经济的复兴问题，这就是社会市场经济理论。在他们看来，社会市场经济是
第三条道路，是一条发展经济的"经济人道主义"的道路，社会市场经济类
型也是最好的经济类型；他们认为，不能让市场过程参与者随意决定经济活
动的形式，国家应该担负起影响整个框架和经济活动秩序的重任，国家有责
任形成一种人人可以充分发挥作用的经济竞争秩序。

当然，社会市场经济理论又强调，国家不应深入干预各种经济过程，而
是应制定法律确保市场经济的"构成原则"的实现以建立起经济秩序，这
些"构成原则"包括：货币稳定、开放的市场、私人产权、立约自由、承担

义务、经济政策前后一致和稳定；在此基础上，国家才实行一些辅助性的市场经济"调节原则"，这包括：保护自由市场的垄断调节、收入与财产再分配的社会政策、稳定经济过程的过程稳定政策、萧条时期的最低工资政策以及保护环境的个人与社会成本均等化政策等。这也就是社会市场经济理论的经济秩序政策主张，它强调国家应该为竞争秩序确立一个框架并不断保护这个框架，在保证自由进入市场和防止垄断行为的条件下，市场过程的参与者自由做出决策，而市场则把各个市场参与者的计划协调成一个国民经济的整体过程；正是在这种自由与秩序相结合的条件下，自由竞争才能获得充分的保证，私有财产才不会受到侵犯，个人首创精神也才可尽情发挥，经济资源才能达到有效利用。当然，社会市场经济理论的经济政策除了秩序政策以外还包括过程政策，这是指在既定的或者很少变化的秩序框架和国民经济结构下，所有那些针对经济运行过程本身所采取的、并能影响价格—数量关系变化的各种国家干预调节措施手段的总和，它是一种低程度的政府干预，目的是纠正竞争扭曲。①

最后，从过去世界经济的特征中也可以看出政府的积极作用。事实上，一个多世纪以来，西方经济中最显著的变化就是公共部门的迅速增长，包括政府对私人部门的管制以及公共部门公共所有权的扩大，明显表现在政府税收和政府支出的绝对量和相对量都在急速增长。例如，第二次世界大战之前，美国各级政府的税收还不足国民收入的 10%，但现在却超过了 35%。原因就在于德国经济学家瓦格纳所指出的几点：（1）随着经济的工业化，扩张的市场和这些市场主体之间关系的性质变得更加复杂，从而将产生对商法和合同的需要，这些都需要建立仲裁制度来管理；（2）城市化和高密度的生活将导致外在性和拥挤，因而也需要公共部门来干预和管制；（3）教育、文

---

① 参见冯兴元：《译者的话》，载何梦笔主编：《秩序自由主义》，董靖等译，中国社会科学出版社 2002 年版。

化、卫生和福利等公共品是具有高收入需求弹性的，在经济和收入增长的同时，这些方面的公共开支将以更大比率提高。黄有光则进一步指出，当人们的收入达到一定程度之后，生活品质的提高不仅取决于自己的收入水平，更取决于公共品的消费；究其原因，基于竞争性的攀比消费并不能提高整个社会的福利，而把私人消费转移成为公共开支就可以在没有减少私人的快乐的前提下通过把公共支出用在环保、基础研究、教育等方面而提高人们的快乐和生活品质。正因如此，随着社会的发展，政府的作用非但没有下降，反而有不断上升的趋势。所以，戈登说："存在一种广为流传的观点，即国家（控制）的领域应当减少，但在具体问题上，公众永远要求更多的而不是更少的政府行为。"①

很大程度上，随着公共设施供给的增加，私人企业往往也会更有效率。事实上，面对当今中国长三角和珠三角之间的竞争局面，曾经作为极端私有化和市场经济鼓吹手的张五常也开始宣称，这是"明显不过的有政府策划远胜毫无策划的自由发展的例子"：长三角的私营工业有政府的策划，公路、环保、配套等绝对是先进之邦的水平，而在珠三角没有谁管什么绿化、环保，各自为战；正因如此，投资到长三角，在政府有严格规划的情况下设厂出租，其私人投资回报率比珠三角的大约高两个百分点，而政府的每亩土地收入也比珠三角为高。② 其实，尽管现代主流经济学们标榜自己所信奉的是新古典自由主义，但实质上却是非常虚伪的：一方面，他们希望并要求政府提供更多的津贴以保护他们的市场不为竞争对手所占领；另一方面，他们又要求政府不向他们征取税收或者要求政府不要过多地保护那些非商业阶层的利益，特别不要保护穷人和生产者的利益。显然，尽管现代主流经济学看

---

① 戈登：《控制国家：西方宪政的历史》，应奇等译，江苏人民出版社 2001 年版，第 3 页。

② 张五常：《计划经济与市场经济》，来自张五常的博客：http://blog.sina.com.cn/s/blog_47841af7010003nt.html。

似在客观地分析，新古典自由主义也宣称要自由、平等和民主，但实质上却是为少数富人服务的。因此，如何充分发挥政府的协调功能，把"市场上的自由原则与社会平衡结合起来"，把自由竞争和社会关怀结合起来，把市场的竞争秩序塑造成一种合乎人类尊严和有经济运作能力的社会秩序的真正手段，使得市场机制真正包含了丰富的市场伦理，就是当前学术界和政府官员的重要任务。

五、结语

无论是从理论上还是从实践上看，政府在经济领域的协调作用都是必要的且可行的，它是作为社会宏观经济协作系统有序运行和扩展的内在要求。詹姆斯·加尔布雷思（美国制度经济学代表约翰·加尔布雷思的儿子）就指出，"更广的世界范围内的经验，即使那些最为人鄙视的国家的经验，也没有提供反对经济计划的一般性案例，与此同时也没有案例能证明无羁绊的市场是计划体系的替代物。相反，事实证明在一个设计得宜的体系内，计划和市场能和平共处。它们不是互相排斥的。相反，就一个特殊问题选择计划还是市场取决于哪种方式最能实现目的：它是一个社会和政治分工的问题，工具需要为目的之服务"；"设想得宜的计划可以用今日之资源满足明日之需求。它尤其能解决市场不能解决的问题：即从总量上来说需要进行多少投资，新技术应用的方向是什么，环保议题具有多大的权重和紧迫性，教育以及科学知识和文化的作用在哪里。有关这些问题的决定牵涉到未来的利益，而这利益不能很好地被市场所代表。而且在现代世界，计划经常发生：企业的存在就是为了这个目的。因此，唯一的问题就是将计划功能完全留给私人企业，也即国内外工商业或银行业精英，还是留给政府和更大范围的公众。"①

---

① 詹姆斯·加尔布雷思：《掠夺型政府》，苏琦译，中信出版社 2009 年版，第 167 页。

当然，随着市场经济的蓬勃发展以及市场竞争的日益激烈，现代社会的政府对经济活动的介入以及对经济功能的承担主要不再采用经济计划的形式，而日益体现在产业政策的制定上。赖纳特就指出，发展型国家的重要职能就在于由提供有"自然需求"的制度转变为对某种必要的未被清楚地表达出来的事物创造需求，这主要包括：（1）识别经济增长所具有的活动特定的性质，进而引导国家进入"恰当的产业"；（2）在"恰当的产业"中创造比较优势，进而为未来的自由贸易铺路；（3）夯实产业升级的基础设施，这包括制定规范的产业标准和法律规范，完善交通运输设施，培育有技能的劳动力和企业家等。① 进而，在经济全球化的现代社会，政府的良好产业和经济政策就体现在对自由贸易好处的有效利用。赖纳特认为，经济一体化和自由贸易在生产领域上带来这样一些好处：（1）能够有效实现商品和服务生产的规模经济，因为市场越大，产量越多，生产用于消费的商品和服务就越便宜，从而也就越能增进所有人的福利；（2）能够有效地促进技术变迁和创新，因为创新和技术变迁的成本可以分摊到更多消费者身上，新发明和改良物也可以更快、更便宜地到达世界各地的人手中；（3）能够带来显著的协同效应和集群效应，因为自由贸易和经济一体化将多样化的企业和生产活动联系到一起，通过创造出更大的市场规模而促进更为深层次的劳动分工，进而产生更多的专业化和新增知识。② 当然，经济一体化和自由贸易的这三大好处并不会分摊给每一个国家，任何一个国家如果应对措施不当，那么就可能被边缘化，陷入更为贫穷的状态。显然，所有这一切都涉及产业政策的合理性。

---

① 赖纳特：《国家在经济增长中的作用》，载霍奇逊主编：《制度与演化经济学的现代文选：关键性概念》，贾根良等译，高等教育出版社 2005 年版，第 236—237 页。

② 赖纳特：《富国为什么富　穷国为什么穷》，杨虎涛、陈国涛等译，中国人民大学出版社 2010 年版，第 79 页。

7. 新古典自由主义为何反对有为政府

——政府显性协调的制约因素剖析

从本质上说，有为政府的积极协调是社会协作系统有序扩展的内在要求和可靠保障。同时，政府协调包含了显性协调和隐性协调两方面内容，但协调的主要方式和重点领域在不同时空下具有很大差异。一般地，随着信息社会的发展，政府采取显性协调方式接入经济活动的有效性将面临着两大制约：（1）信息的制约，这将影响显性协调的效率；（2）权力的制约，这将影响代理者行为的目标选择。同时，正是由于这两大制约因素的存在，在传统社会主义国家就广泛存在着软约束现象和代理问题，这也构成了新古典自由主义对有为政府的反对理由。但实际上，这仅仅预示着政府协调方式的转变——从显性协调转向隐性协调，而不意味着政府经济功能的式微。

一、引言

在对待政府的经济职能上，经济学界一直有两种截然对立的观点。一方面，按照新古典自由主义经济学的观点，它以效率作为判断行动性质的准绳，进而基于经济人分析框架而得出结论：政府行为是无效率的。另一方面，非新古典自由主义经济学派大都坚持，由于市场机制会出现广泛的失灵，这就为政府干预经济提供了必要性和合理性的事实和理论基础。哈贝马斯就指出："即使在自由资本主义的制度下，市场也没有独立承担起社会整合的功能。……只有当国家具有补充市场机制而非从属于市场机制的功能时，才有可能通过私人对社会生产剩余价值的占有造成非政治统治。……就其非资本主义手段而言，国家限制着资本主义生产；就其功能而言，国家又维持着资本主义生产。只有当国家对经济进行补充的时候，国家才可以说是经济的工具。"① 进而，前几章的分析也指出，政府的协调功能本质上也是人类社会中的一种基本协调机制：政府的显性协调有助于对社会走势的整体把握，而其隐性协调则更为整个社会的协调提供了基础性的支持。从这一点上说，我们无法简单地将政府协调认定为无效。

问题是，政府究竟应承担起何种经济职能呢？政府参与经济活动又应该采用何种方式呢？长期以来，社会主义国家以及众多发展中国家政府都采取积极的显性协调方式介入经济活动，制定了一系列的经济计划和产业政策。那么，这些政府是否会乱为并产生出另一种更为重要的失灵呢？显然，这就需要探索政府两类协调方式所面临的制约因素，进而深入剖析政府经济职能所需依据的具体社会环境。按照奥地利学派的观点，对政府经济职能构成制约的主要有两大因素：(1) 信息的制约，如果缺乏相应的信息沟通机制，政府就无法有效地对资源进行配置，其显性协调活动就失去了依靠；(2) 权力的制约，如果没有相对健全的实施机制，政府及其代理者的行为就会偏离社会福利的目标，其指令也往往不会得到执行。有鉴于此，本章也从权力和信息这两大角度来解析政府显性协调内在的局限性，进而探索政府发挥积极功能的方向。

二、政府的显性协调方式与权力制约

政府能否有效承担起应尽的经济职能，一个重要的依赖条件就是，是否存在相对健全的实施机制。进而，衡量实施机制是否健全，也有两大基本的

---

① 哈贝马斯：《合法化危机》，刘北成、曹卫东译，上海人民出版社 2000 年版，第 70 页。

衡量视角：（1）受指挥的社会成员是否接受政府的指令；（2）政府行为本身是否受到有效制约。

首先，就社会成员对政府指令的遵循而言。一般来说，社会成员对政府指令的执行程度往往取决于两方面：（1）他对政府权威的认同程度，这主要建立在政府行为的公正性基础上；（2）他对政府威权的服从程度，这主要建立在政府所掌握的力量大小上。在现代市场经济中，社会成员是经济行为的主动体，从而往往不受政府威权的胁迫。事实上，人力资本具有强烈的私有性，这导致个人往往无法将"对自己行为的事实上的控制权转让给他人，这是一种不可转让的、从经验上看同各个资源所有者无法分离的资源"；在这种情况下，获得授权的政府"如果不拥有其他使其权威生效的手段，那么他就要么依赖于规范对象自愿尊重其权威，要么依赖于规范制定者自愿提供帮助"①。正因如此，现代社会中，社会成员对政府指令的执行程度往往取决于政府权威，在于政府行为的合理性；相应地，"善"的国家以及协作者的政府更容易得到社会成员的信任和认同，从而政府指令的贯彻更为彻底。

其次，就政府行为的约束而言。一般地，政府显性协调活动必须以授予一定的强制权力为基础，而这种强制权力只有在受到严格制约下才能运用适宜。事实上，如果没有透明的运作机制和健全的监督体系，强制权力的集中就可能好似一个潘多拉盒子：操纵者打开它放出各种灾难，却将希望留在了里面。在这种情况下，政府及其代理人就可以按照自己的想象或偏好任意行为，甚至是以一些冠冕堂皇的名义行谋取私利之实，这必然会导致社会经济秩序的混乱，从而最终引起人们的反感。进而，在有效监督机制缺失的情况下，政府及其代理人对经济活动的介入往往会脱离合理的度或原先设定的规则，而演变成为那些寻求特权的特殊利益集团服务，从而使得政府对经济活

---

① M.鲍曼：《道德的市场》，肖君、黄承业译，中国社会科学出版社 2003 年版，第 202 页。

动的介入陷入因寻求特权而为两难困境所驱动的恶性循环中。欧肯就警告说:"谁提供了第一份特权,必须知道,他加强了权力并为这一权力争取第二份特权奠定了基础,而第二份特权又为争取第三份特权奠定了基础。"①

以上两方面都表明,尽管政府在社会经济活动中可以且应该起到积极作用,但它也必须采用合适的方式:必须设立一系列具有确定性的规则,而不能采用具有相当任意性的个人命令方式。事实上,哈耶克就特别强调设立一般性规则的重要意义,把它当作社会分工合作以及社会秩序持续扩展的基础。同时,任何社会规则都是人所设立的,都不是所谓的"自然规则";相应地,这种一般性规则就不仅可以与市场机制相结合,而且可以与组织机制相结合。不幸的是,在迄今为止的人类社会中,(1)权力结构存在严重不平衡,以至权力集中在少数强势者手中;(2)对权力运用的制约存在严重的不对称,法律规章往往成为强者制约弱者的武器。结果,不仅一般性规则很不合理,而且政府还更倾向于采用特殊性的命令方式来介入经济活动,以至政府的经济活动也滋生出严重的恶现象。

一般来说,权力的过分集中以及对权力监督的缺位,使得现实社会往往会出现这样两个严重问题:(1)政府及其代理人可以假公济私,以致其决策本身往往偏离了社会目标;(2)基于政府及其代理人的行为,人们就会将国家视为"恶性质"的而不愿主动执行其指令,以致政府的显性协调往往难以得到有效贯彻。戈登写道:"如果国家机构的一个部门可以不受法律的影响,那么至少受到这种保护的某些官员就会滥用他们的权威这一点就不会有什么疑问了。"② 也即,正是由于权力的过分集中,导致政府的显性协调活动往往发挥不出其应有的作用。所以,M.鲍曼指出:"强制权力不能直接滥用于个

---

① 转引自凡贝格:《秩序政策的规范基础》,载何梦笔主编:《秩序自由主义》,董靖等译,中国社会科学出版社 2002 年版,第 40 页。

② 戈登:《控制国家:西方宪政的历史》,应奇等译,江苏人民出版社 2001 年版,第 7 页。

人目的，而且也适于持续地将现存权力关系进行有利于少数有权有势者的位移。"① 很大程度上，正是认识到国家性质和政府功能中的这种"恶性质"，诺思指出，政府的显性协调作用就像一把双刃剑：没有国家不行，但有了国家又会带来麻烦。究其原因，在诺思看来，即使国家当局在进行协调活动时，也是以一个理性主体采取行动的，它追求的是自己效用的最大化。

按照诺思的理论，国家当局有两大基本目的：（1）界定形成产权结构的竞争与合作的基本规则（即在要素和产品市场上界定所有权结构），其主要目的是使国家当局的租金最大化；（2）在第一个目的框架中降低交易费用以使社会产出最大，从而国家税收增加，也即使得整个社会福利最大化。进而，基于国家这两个基本目标，又可以引申出两大重要推论。（1）上述两个目标并不完全一致，甚至存在着内在的矛盾：第二个目标包含一套使社会产出最大化而完全有效率的产权，而第一个目标则是企图确立一套基本规则以保证当局者收入的最大化；相应地，这两个目标很大程度上存在着"交替"现象，这就是有名的"诺思悖论"的内涵。（2）国家基础结构的创立旨在界定和实施一套产权，它的实施就必须由代理人来进行；但是，代理人的效用函数与统治者并不一致，这就产生了委托—代理成本，这是新政治经济学研究的重点。

实际上，政府要对经济活动作有效的集中式协调，最关键的问题在于对代理人及其下属人员的行为控制。一般地，控制范围包括控制的深度和控制的广度两方面：控制的广度是指一个部门的长官能有效控制的个人的数目；控制的深度则是指其能控制的等级层数。格莱库拉斯描述了控制的广度，他认为下属的数量线性增加将导致下属之间关系的数量几何级增加，也就是说，领导要做的协调工作要比下属的数量增加更快；因此，为了降低其内含

---

① M.鲍曼：《道德的市场》，肖君、黄承业译，中国社会科学出版社 2003 年版，第210 页。

的协调困难，人们往往试图增加等级的级数。但是，等级链的增加又引发了新的问题：（1）在每个相邻的级别之间，命令或信息在传递过程中可能耗散、失真、扭曲甚至改变。例如，即使每个等级执行了90%的命令，到第五个等级时，也只有59%的效果了。（2）可能孳生越来越庞大的代理成本，随着显性协调规模的扩大，代理成本也在不断攀升。特别是，对政府行为往往缺少有效的监督机制，这进一步造成显性协调的高昂成本。罗伯茨和米尔格罗姆就指出其中三个方面的费用：（1）当人的权力增大后，他无法克制自己不干涉那些不应该干涉的事情；（2）中央计划的决策人员并非生活在真空中，他们需要依靠下级提供信息和建议才能做出决策，这样就存在下级传递错误信息的可能性，这就是所谓的"影响费用"；（3）腐败造成的费用。①

因此，政府显性协调的有效性也就取决于监督效率，监督缺位的政府往往会扭曲其协调的目的，从而转化为"恶性质"的政府。在这种情况下，政府的主要活动也就不再集中对社会经济活动的协调方面，而是集中在监督和控制其他群体尤其是弱势者的社会经济活动上，体现在如何逼迫社会大众增加其劳动支出以获得更多的转移收益上。试想，如果一个没有满足人们期望的官僚并不会下台，那么，人们又怎样期望他会真正执行那些满足人们需求的政策呢？阿克顿很早就指出，"权力导致腐败，绝对的权力导致绝对的腐败"，"在所有使人类腐化堕落和道德败坏的因素中，权力是出现频率最多和最活跃的因素"。②显然，由于"所有的政府都无可避免地使一些人对其他人行使强制性权力"，③因而，政府及其官僚的行为必须受到监督，其实施显性协调的范围和强度也应该受到限制。一般来说，共同体的规模越大，其管

---

① 参见钱颖一：《企业理论》，载汤敏等编：《现代经济学前沿专题》（第一辑），商务印书馆1989年版。

② 阿克顿：《自由与权力》，侯健译，商务印书馆2001年版，第342页。

③ 戈登：《控制国家：西方宪政的历史》，应奇等译，江苏人民出版社2001年版，第6页。

理者的显性协调所受的限制也就应该更大。究其原因，规模越小，共同体成员的利益联系越密切，管理者越会把个人利益和整体利益结合起来，管理者的行为也越容易受到其他成员的监督。

当然，尽管由于信息的匮乏以及监督的缺位，迄今为止的大多数社会还无法保证政府及其代理人能够充分地发挥其应尽的显性协调效用，但是，这并不意味着政府的显性协调不重要，而是具有较强的客观的合理性和必要性。很大程度上，这主要是相对于市场的协调效率而言的，因为市场的协调效果同样面临着相似因素的制约。而且，即使就人类社会的未来发展而言，政府的显性协调也有很大的存在空间，甚至具有越来越大的空间。事实上，不仅人类个体的利益依赖性越来越强，而且人们的公共品需求也越来越大，这些方面往往都需要有赖于政府发挥积极的作用。被称为波兰改革总设计师的前第一副总理科勒德克就曾指出，国家放弃经济管理有两个标准：（1）必须有一个不受外界的冲击影响并且可以保持长期发展的可依赖的机制；（2）如果不幸受到外界的冲击的影响并产生危机，必须有一个自我执行机制来纠正它。① 显然，这两个标准是永远难以满足的，因此，国家对经济的管理也就永远是不可放弃的。特别是，随着智力社会的推进，政府的协调作用更显必要，只不过协调的方式也越来越多样化。

事实上，从主权者的角度来说，政府的显性协调活动往往存在统治者租金最大化和社会福利最大化之间的矛盾；而从裁判者的角度而言，政府的显性协调也会面临着很高的信息成本和代理成本。正因如此，公共选择理论就具有这样的倾向：（1）它强调基于个人决策的市场失灵问题，如阿罗不可能定理就反映了这一点，因而积极探讨通过集体行动而达成合作解，进而共同获取"合作红利"（cooperation dividend）；（2）它更主要的着眼点在于阐述政

---

① 科勒德克：《从休克到治疗：后社会主义转轨的政治经济》，刘晓勇等译，上海远东出版社 2000 年版，第 302 页。

府失败的原因，如阿罗不可能定理就说明政府无法提供一个福利函数来符合所有人的利益，以致阿罗不可能定理又被称为"福利经济学第三定理"。根据公共选择理论的观点，政府只不过是一个无意识、无偏好的稻草人，但却由经济人或利益集团组成，为政府做出决策的这些政治家和官僚追求的是自身利益，从而会产生官僚主义的弊端。为此，布坎南等人针对政府干预的主张质问道：什么东西能够保证政府做出的决策恰好符合集体偏好的结构？即便这些决策是好的，有什么东西能够保证政府行动的结果符合立法者的初衷？显然，这就需要建立一整套的社会治理机制，尤其是要存在有效的监督和约束机制。

可见，政府的显性协调发挥的有效性与是否存在有效的权力制约密切相关。斯宾塞曾指出："凡对权力的敬畏心最大的地方就是对个人自由侵犯最严重的地方。"① 在现实社会中，正是由于政府的权力过大而不受制约，导致了各种损害私人利益的问题出现。为此，哈耶克猛烈地批判公有制，认为在公有制社会，穷人只有靠有权者的恩惠才能改善生活，穷人必须服从有权势者，以致经济上的计划必然会导致政治上的极权主义。当然，我们不能因此而否定政府所应该且可以承担的显性协调功能，而是要关注如何增进政府显性协调的有效性，如何建立监督体系以防止政府的代理人以权谋私；与此同时，更重要的是在于如何合理界定政府的作用领域和方式，而这又与由政府性质引起的协调收益分配和由信息结构引起的代理成本有关。一般来说，随着社会的发展和人们对国家本质认知的加深，社会大众会建立越来越完善的监督体系来监督政府的活动，防止政府的代理者依靠其权力和信息优势来转移社会的收益，从而使得政府的协调职能大大拓展；但与此同时，随着社会的发展，信息发展日益迅猛，政府显性活动的代理成本急速增加，这在某种程度上又限制了政府的显性协调活动。显然，随着智力社会的深入，而由于

---

① 斯宾塞：《社会静力学》，张雄武译，商务印书馆1996年版，第233页。

知识具有与以往一切主要生产要素不同的特点，信息量加速增长并日益复杂化；那么，政府的协调功能也必然面临着一个转换的过程，这也是时代赋予我们这辈人的重要课题。

三、智力时代的经济计划与信息制约

上面分析了监督缺位导致的政府显性协调功能之扭曲以及政府或国家本身性质之蜕化，接着来分析信息结构对政府显性协调的效果之影响，这主要是把政府置于协调者这一地位进行分析。事实上，通过对企业组织中显性协调的分析就会发现，企业管理者之所以能够积极地发挥显性协调的作用，也就在于他拥有信息优势，因而信息的演化必然影响到显性协调的方式和强度。[①] 然而，尽管政府在宏观信息方面相对于私人具有一定优势，但是，具体的生产活动所需要的信息恰恰主要是微观的，需要关注每一产品在特定时空下的市场供求状况及其变动趋势；同时，由于信息传递和利用过程中的逐级耗散，当在此基础上进行政府决策时，其有效性很大程度上也就会受到信息准确性的影响。

那么，如何才能降低信息对政府经济功能的制约呢？首先，从决策者本身的能力来看。一般地，在一个设计好的层级秩序中，决策者应该具有这样三大能力：（1）决策者协调各种活动以获取有关信息的能力；（2）决策者领会、运用和交流这类信息的能力；（3）决策者激励各类主体努力工作并监督其表现的能力。[②] 其次，从集中决策的机制来看。一般地，根据波兰社会主义经济学家布鲁斯的看法，中央计划经济必须满足这样三个前提条件：（1）中央要具有实现它自己目的的完整知识；（2）信息在传递过程中的速度必须

---

① 朱富强：《博弈、协调与社会发展：协调经济学导论》，广东人民出版社 2005 年版，第 344 页。

② 柯武刚、史漫飞：《制度经济学》，韩朝华译，商务印书馆 2000 年版，第 175 页。

保证信息的有效性；（3）在信息的传递和处理中不能有较大的信息失真。①
这就意味着，随着信息的复杂性和不确定性的提高，经济计划所需要的这些
条件就越来越难以满足，经济计划的效果也就随之下降。

事实上，在现代市场经济中，政府显性协调的效果将会越来越受到如下
一系列因素的制约。（1）信息的获取效率，这与显性协调的规模和管理的等
级有关。一般地，规模越大，等级链越长，信息传递过程中的耗散就越严
重，信息也越不准确。（2）信息的处理效率，这也与两个因素有关：一是协
调者的显性协调能力，二是信息的复杂程度。显然，一个具有较为完善的民
主制度可以最大可能地选拔出贤能当政，而且社会越发达，信息变动频率越
高，集中信息处理的效率越低。（3）信息有效使用的激励效率，这主要关乎
协调者是否自愿正确使用这些信息。显然，在一个具有良好伦理认同并有相
应规范制约的社会，可以做得更好。因此，当一个系统变得复杂和开放时，
制定计划并建立秩序的计划者在认识上的局限性很容易成为一个瓶颈；相应
地，随着信息复杂性和不确定性的增加，集中进行显性协调的基本条件越来
越不能满足了。

一般地，政府显性协调作用的有效性与信息复杂性、不确定性密切相
关，政府作用可看成是信息结构的函数。显然，在快速来临以知识为主的智
力社会，信息越来越庞大，也越来越复杂多变，速度就成为决策效率的第一
重要因素。所以，随着智力社会的来临，日益膨胀而复杂的信息等因素就会
越来越制约政府显性协调功能的发挥。这也意味着，随着智力社会的来临和
推进，政府的协调作用必将经历一个转变过程，政府协调的方式和领域都将
有所转变。一般来说，政府的协调功能的演化趋势为：显性协调逐渐弱化，
而隐性协调的强度和广度都有所加强。也即，政府对经济的直接干预将随着

---

① 布鲁斯：《社会主义经济的运行问题》，周亮勋、荣敬本、林青松译，中国社会科
学出版社 1984 年版。

社会发展而逐渐缩小，其主要功能将转移到为社会经济发展夯实基础设施上来。其中的理由简要说明如下。

第一，信息结构的变化要求与之相配套的决策结构。

一般来说，一定的制度结构须与一定的信息结构相适应，只有信息结构与制度结构恰当配套，才能促进有效性的提升；相反，二者之间的互不配套，则是无效率的根源。同时，决策—信息机制一般有两种类型：层级制决策—信息机制和分散型决策—信息机制，即计划决策机制和市场决策机制两种。其中，层级制决策—信息机制与内部分工体系相联系，每个较低层级的决策者的决策权总是其上级决策的分解，而不是独立于后者的，其特点是分散收集、纵向传输、分层集中整理；分散型决策—信息机制则与外部分工体系相联系，其特点是分散收集、横向传输、分散整理。

然而，在智力社会，知识将成为一切有形资源的"最终替代"，知识的极端重要性将会改变工业组织、公司结构等，经济结构将成为分子式结构并可能根据不同的需要进行重组，乃至经济活动的单元也将趋向微观化。事实上，过去的趋势也表明，传统领域的企业正在加速分界，大型企业被分成了较小的公司单元。同时，一些研究也表明，无论是 OECD 国家、亚洲 NICS 国家（地区）还是中国，企业平均规模都呈现明显的倒 U 形曲线，即企业平均规模越来越小，而且这种趋势的演化正在不断加速。这些都表明，内部分工正逐渐被外部分工所取代，决策权越来越从高层推向边缘；究其原因就在于，低层的人们常常拥有更好、更即时的信息，从而能更快地对危机和机会做出反应。因此，从信息结构与制度结构的配套角度看，在智力社会，要求有与分散的信息相容的决策机制，这要求限制国家的权力。也正如哈耶克对知识或信息的分散性着重强调的，分散性制度机构具有市场运行所产生的结果的自然协调性。

第二，计划的均衡性基础要求充分重视变化的信息。

显性协调最典型的方式就是集中计划决策，计划则是基于一种均衡的反映，基于相对稳定的或者可以预料的信息。一方面，为了使这些计划都能被执行，有必要将它们建立在一系列相同外部事件的预期上。究其原因，如果不同的人将其计划建立在相互冲突的预期上，就会没有这样一系列外部事件能使所有这些计划的执行成为可能。另一方面，在一个以交换为基础的社会中，人们的计划所执行的那些行为必须符合其他个体的行为；进而，只有在人们所进行的不同计划有利于一致的行动时，这些计划才是相容的，这也就是现代流行的网络效应。

然而，在智力社会，知识日日在增长，信息时时在变化，不确定的因素不断膨胀，知识增长的速度和方向越来越不可预料；相应地，计划的准确性就越来越难以保证，长远计划更是越来越缺乏现实可行性和有效性。事实上，计划决策者本身就越来越成为社会分工的产物，他们不仅越来越不了解其他人的"个人知识"，而且也越来越难以了解各领域的技术进展；进而，这些计划者也就根本不可能知道这种向着无限的未来开放的主体间相互作用的结果，这些结果主要只能是依靠市场竞争进行"自发"演化。哈耶克就强调，市场竞争是作为一个"过程"而存在，因为没有人预先知道竞争的结果是什么，人们只有通过参与市场竞争才得以知道必要的信息，并且通过市场竞争随时修正自己的偏好。在这种情势下，计划者要试图对社会经济发展近视"设计"，显然就没有真正认识到知识的增长、未来的不确定性以及其他未能考虑到的因素。有鉴于此，米塞斯认为，自由主义者才是理性主义者，而反自由主义的计划恰是非理性的。

第三，信息爆炸增加了信息的收集、传递和使用的计划成本。

本体上说，计划体现为关于分配现有资源的相互关联的决策的综合。那么，如何进行计划呢？显然，这需要依据那些起初是计划者以外的其他人所知，然后又以某种方式传递给计划者知识或信息，而计划的效果则依赖于这种知识或信息的传递途径。这就带来两大问题：（1）计划决策要求分散的信息一层层向计划者传递，这一传递过程中不仅会引起信息的耗散和失真，而且也必然导致信息的时滞以及决策缓慢；（2）计划依赖于比具体细节的运动表现出更大稳定性的统计总数，但众多未组织起来的有关特定时间和特定地点的知识往往无法进入统计数字，从而也就无法以统计数字的形式传递给任何中央权威机构。基于这两大原因，哈耶克等奥地利学派学者就特别强调，社会经济问题主要体现为如何适应具体时间和地点情况的变化，而最终决策必须要由那些熟悉这些具体时间和地点情况并直接了解有关变化以及立即可以弄到应付这些变化的资源的人做出。

尤其是，在智力社会中，信息愈益分散，个人性知识比重日益增加，从而导致更大比例的知识无法进入统计数字而被计划所吸收。譬如，在智力社会，消费者也开始参与生产，他随时根据自己的偏好设计产品。同时，智力社会使得信息传递的层级变多，这导致信息的耗散程度变大，信息失真的可能性也变高，决策的时滞则变长。此外，现代社会的集体决策往往会采用协商一致或法律程序或两者兼用，这导致决策比分散的个人或企业决策花费更长时间，更难以随着信息变得而灵活决策。更不要说，集体决策往往还具有保守性，因为决策成员为防止其选出的领导人或其他领导机构采取对己不利的行动，往往会采取某低效率的程序来阻止领导人的独断专行或多数人的轻率决策。正因如此，在速度、时间就是效率、金钱的智力社会，大范围的直接显性协调的决策方式变得越来越不能适应市场竞争的需要。

第四，知识分工的日益凸现也要求有相适应的协调机制。

一般地，以资本主导的劳动分工阶段有两个显著特征：（1）巨大的市场交易费用显著制约了分工的深化，此时的劳动分工就主要发生在组织内部，并且存在一些通才式人物，因而也就赋予了政府或企业领袖很大的协调活动空间；（2）资本具有易转让、易积累、易积聚等特性，这导致社会资本越来越集中，企业的规模也越来越大，等级链越来越长，因而也就为内部分工和计划提供了物质和技术基础。相反，以信息控制的知识分工阶段却存在根本不同的特征：（1）社会分工越来越细化，信息越来越不对称，内部分工越来越被外部分工所代，通才式人物越来越不可得，因而靠政府或企业领袖来进行经济计划就越来越困难；（2）知识具有难转让、难积累、难积聚等特性，这使得知识越来越分散，企业的规模将趋于缩小而企业数量增加，组织结构也日趋扁平化，因而高度集中的计划决策就越来越失去组织结构的基础。

事实上，哈耶克很早就曾指出，经济学应当解决而至今没有解决的问题是劳动分工所导致的知识的分工何以没有阻碍劳动分工的协调。一些研究认为，价格制度有两重功能：（1）通过促进有效率的信息不对称来提升生产力；（2）在信息不对称的条件下协调分工和交换。问题是，随着信息变得越来越分散、越来越不对称，分工在提升生产力的同时也创造了机会主义行为的更大空间，此时如何才能最大程度地减少背信行为呢？这就需要依赖制度知识的获取和积累，这种制度知识能够提供"公共知识"，减少博弈中的不确定性。汪丁丁就将制度知识的本质特征界定为：必须是如何协调分工的知识，同时也必须是所有参与分工的人共同掌握的知识。进一步地，人们又如何获取和积累这种制度知识呢？按照奥地利学派的看法，社会制度的变迁根本上是长期演化的结果，而不是理性选择的结果。显然，随着知识分工的兴起，基于特定时间、特定地点并为特定个人所掌握的信息基础上的分散型决策将成为资源配置和行为协调最为重要的方面。

总之，随着智力时代导致信息的分散以及相应组织结构的变动，以集中计划为代表的显性协调将会遇到日益严重的信息制约。斯蒂格利茨曾说，相对于产权而言，信息是影响计划效果的更重要的因素，如果社会主义可以像市场那样"解决"信息问题，兰格运用价格的方法就是正确的。① 问题恰恰在于，经济计划和显性协调受制于信息的不确定，而且这种不确定性在智力时代变得越来越显著，这也就导致政府所承担的经济职能无论在协调的方

---

① 斯蒂格利茨：《社会主义向何处去》，周立群等译，吉林人民出版社 1998 年版，第16 页。

式、范围还是程度上都需要进行调整和转换。一般地，现代社会中的经济活动主要源自市场主体的自主行动，市场经济将成为社会经济的基础，市场机制也成为资源配置的基础性机制。但是，这并不是意味着，政府应该采用自由放任的市场政策，将一切社会经济活动都诉诸市场；相反，任何时代的政府都有其特定的经济职能，都需要面临不同类型的市场失灵问题。不幸的是，在新古典自由主义和有效市场理论的影响下，很多政府官员都搞不清楚自己所应承担的职能，分不清市场和政府的作用领域以及作用的"度"，更不会根据环境的变动采用适合的协调方式。结果，本该由市场来解决的事，却非要横插一杠；而本属政府分内的事，却完全推给市场解决。

四、政府行为的软约束和代理问题

上面两部分，一方面从权力的角度，基于监督体系的缺位状况剖析了政府显性协调功能的扭曲以及实施效果的不彰；另一方面从信息的角度，基于决策对信息的依赖关系剖析了信息日益增强的复杂性和不确定性对政府经济计划构成的制约及其协调方式的转换。不仅如此，权力和信息的不对称还会为政府的显性协调活动带来其他一些问题。一方面，在协作系统的角度上，作为协调者的组织管理者对组织成员往往充满了某种特殊的关爱精神，乃至会罔顾一些规则的约束。特别是，由于社会协作系统庞大，那么，政府对下一级代理人的监督就变得很困难；因此，随着政府对经济活动的参与度日益提高，也就可能产生出越来越严重的软约束现象。另一方面，在组织演化的角度上，集中权力中各级代理人往往有可能偏离基于"为己利他"行为机理的合作精神而追求自身利益，这使得国家作为协作系统的本质也遭到了异化。特别是，由于政府官僚的自身收益与其行为之间不存在直接的关联，因此，他们就可能滥用社会资源，把自己的权力用于其他所追求的目标上，从而滋生出日益严重的代理问题。

（一）软约束现象

政府以公有产权的主体地位对经济活动进行规划和管制所产生的一个重要问题就是软约束，这里先就此作一阐述。一般来说，如果一个市场活动主体的预算约束是硬的，那么，它就限制了该主体的行动和选择的自由；如果预算约束是软的，那么具有法人地位的市场主体在行动上往往就不会受制于自身的财务状况，资金往往只起消极的作用。从这个意义上说，硬的预算约束是一种事先的行动规则，它与市场主体的决策和预期密切相关。不过，如果市场主体之间存在密切联系，它们在某些时候就可以互通有无，那么就可以提高预算的灵活性。譬如，一个大的企业集团很可能会挪用库存的或其他子公司的资金来救济属下某一短期有问题的子公司，这就是软约束现象。就一个国家而言，如果政府控制并经营了一些企业，那么，这些企业之间也就存在一定的联系；进而，如果各企业的财务不是完全独立的，那么，也就必然存在软约束的现象，乃至出现资金的滥用。

当然，并不是所有的软约束对经济发展都是有害的，因为在适当的时候，相互密切联系的市场主体相互扶持可以抵御一些意外冲击以及某些机会主义倾向，这也是制度经济学所阐述的"为何要将各个中间产品纳入同一企业组织进行协作产生的原因"。譬如，日本企业往往比较情愿以较高的价钱向同一企业集团下的成员公司采购，而不愿意接受外国公司所提供的较低价格或较高品质产品，这最终造就了日本企业强大而持续的竞争优势。问题在于，如果进行如此协作的组织规模过大，那么，内部成员的机会主义倾向就会增加，进而也就无法真正弄清楚：某个部门或公司低效率究竟是短期成绩造成的还是根本上不适应形势的发展。相应地，这种软约束就会造成某些部门的发展逐渐脱离实际的需要，很大程度上，这也是日本企业在 20 世纪 90 年代以来爆发出整体性结构问题的重要原因。进而，就国家而言，由于政府所控制的经济活动的规模要比企业或企业集团大得多，其资金总来源比一个企业或企业集团更不受约束；因此，在国家直接参与的经济活动中，软约束现象往往显得更为严重，更容易造成经济的畸形发展。

对国有企业中的软约束现象进行深刻剖析的先驱和集大成者是科尔奈，这里也主要介绍科尔奈的分析。一般地，科尔奈说明预算约束的软或硬主要基于两个维度。（1）生存。如果严重的财务困难使得企业濒临破产，预算约束就是硬的；如果国家通过种种手段——如补贴、免税、以软条件提高贷款、延期偿还到期的贷款等——帮助企业摆脱困境，那么约束就是软的。（2）发展。如果企业的发展是依赖于它自身的财务状况，这包括依赖于从它先前的积累利润和在硬的、"保守的"条件下取得贷款，这种预算约束就是硬的；如果企业的发展不与它现在和将来的财务展开联系在一起，预算约束就是软的。

科尔奈认为，纯粹硬预算约束下的企业行为往往有五大条件：（1）价格外生，即企业是价格的接受者，而非制定者；（2）税收制度是硬的，即税收条例的制定和征收对企业来说也是外生的；（3）不存在无偿的国家拨款；（4）不存在信贷；（5）不存在外部的货币投资资金。显然，只有在这种环境下才是真正的市场行为，其特点是：一方面，企业只能通过调整产量或是改变其投入产出构成来适应市场价格，并对自己行为的后果承担责任；另一方面，企业的生存只取决于销售过程和投入品成本，销售收入和投入成本是企业生死攸关的关键，企业技术进步和增长需要的资金来源也只能从企业的内部积累中产生。当然，绝对"无弹性"的硬约束在现实生活中是很难找到的，因此，科尔奈放松条件，提出了近乎硬预算约束的四个条件：（1）企业可以在狭小的范围内制定价格；（2）在企业之间不存在国家的再分配；（3）硬条件信贷，即只有在企业能以其产品的销售收入偿还时贷款者才能发放信贷；（4）硬的外部投资，即可以用所有者的货币投资于企业的技术进步和企业的扩张，但必须从增加的收入中偿还。

然而，在传统计划经济中却存在明显不一致的情况，表现为：（1）大多数国有企业本身是价格的制定者，因而能将上升的成本转嫁到买主身上；（2）某些企业往往可以得到税收的减征或缓征，或是税额没有严格地征收；（3）存在大量的国家无偿拨款，国家不断地给予长期补贴以抵补偶然的亏损或鼓励特殊的活动；（4）信贷不再是严格的预付，也不再与预期的生产和销售密切相连；（5）业主们向企业投资不是为了发展和扩大企业，而是为了帮助企业摆脱困境。显然，这种预算约束是软的，从而给企业带来了非市场竞争的结果：一方面，企业的生存并不仅仅取决于它能够用销售收入补偿其购买投入品的成本，也可以用国家补贴、税收减免、软贷款等来抵补；另一方面，企业的技术进步和增长并不仅仅依赖于从企业内部资金积累中为投资筹措到的资金来源，还可由国家以无偿拨款或软贷款的形式提供。

显然，在软预算约束下，企业不再是独自承担风险市场主体：如果发展良好，企业的额外利润也可能被国家抽走；如果发展不畅，企业也可以通过提价将亏损转嫁到买主、贷款者和国家身上。相应地，企业的经营活动也充满了不确定性，最终导致严重的短缺。之所以出现短缺就在于，企业自己不是市场活动的真正主体，从而不是以利润为目标；相反，为了追求其他目标（地位、声誉、权力等），企业开始具有强烈的数量冲动和无限的扩张冲动，造成了不可抑制的投资饥渴。

同时，由于国家控制大量的企业，那么，政府对企业既要管束又要保护；相应地，政府和企业之间就存在着父子般的关系，科尔奈将之称为父爱主义。很大程度上，社会发生短缺的根源就在于体制出了问题：父爱主义使得预算约束软化，进而产生短缺以及与短缺相联系的各种现象。例如，对物资不可满足的需求和囤积倾向，对劳动不可满足的需求和囤积倾向，等等，而这导致了社会劳动配置的扭曲。亨塞尔写道："苏联政治领导人经常抱怨极大损害国民经济效率的'软性'企业计划，然而这样的软性计划却是经济秩序使然。为了引导理性经济行为，国家对完成或超额完成批准的或强加的企业计划给予工厂领导和雇员以丰厚的奖金。企业成员因此就会积极努力去完成或申请那些容易完成或超额完成的项目，同时尽量压低项目中的最低业绩要求。因此，按照完成国家制定的计划来决定奖金的发放这一激励原则，使得工厂领导与雇员的利益导向与经济理性发生严重的偏差，这解释了苏联经济秩序的低效率现象。"①

当然，预算软约束问题不仅出现在国有企业中，也出现在很多大型民营企业中。林毅夫就指出，只要企业具有政策性目标，那么补贴和扶持往往就不可避免，而且企业由国有转民营过程中的补贴往往还更多，这可以从俄罗斯的寡头企业中得见一斑。而且，尽管弗里德曼—哈耶克学派幻想企业应该是完全独立自主的，但这种状况即使是在基于私有制和独立微观组织的资本主义制度中也从来没有出现过。资本主义国家也经常通过各种形式干预经济。例如，在许多情形下，它以父爱主义的方式帮助可能倒闭的企业，给予国家担保、优惠贷款、减税，甚至直接的财政援助；在失业增长时期，工会也对政府施加压力，要它支持陷入困境的企业，以维持就业。显然，对一个被视为协作系统的现代国家以及承担协调者角色的政府而言，期待一个依赖选民支持的政府会告诉公众：失业、价格水平、经济增长等完全都是经济内部的事务，而政府对之不负责任，显然是荒谬的。因此，对国家和企业之间或迟或早不可避免地产生或多或少的父爱主义，而且，如果上述是现代资本主义中的情形，那么在社会主义中将更是这样。

（二）代理问题

政府以公有产权的主体地位对经济活动进行规划和管制所产生的另一个重要问题就是官僚行为对社会福利的偏离，这造成了政府的规模日趋庞大而

---

① 亨塞尔：《总体经济视野中的雇员参与决策问题》，载何梦笔主编：《秩序自由主义》，董靖等译，中国社会科学出版社2002年版，第343页。

效率却日渐低下。事实上，根据帕金森定律，无论政府工作量是增加了还是减少了，或者已经根本没有任何业务了，政府机构的人员数目还是在按同一速度递增。究其原因就在于，谋求自身利益最大化的特殊利益集团、官僚和立法官员通常会形成被称为"铁三角"的联盟，从而使政府的预算不断扩大。① 我们知道，在企业中，作为代理人的经理所追求的是金钱的利益，他要受到市场竞争的压力以及其他激励—监督机制的制约而不至于采取明显偏离利润最大化的行动。但在一个国家组织的官僚体系中，官僚之间往往不存在类似的完全竞争，而且，这些官僚们追求金钱收益的行为往往要受到法律限制。在这种情况下，官僚们会全心全意为社会大众服务吗？他的目标又是什么呢？

尼斯坎南率先使用现代经济学的理性经济人分析框架来研究官僚政治行为，并设定了官僚的两大特征：（1）官员是一个非营利性质的组织或机构，他的资金主要来自一次性拨款；（2）官僚机构不会将预算拨款扣除支出费用后的余额私分装入腰包。基于这一前提，尼斯坎南指出，官僚的目标不是以产出最大化为目标，而是包括了一系列可能的目标：薪金、职务的特权、公众的声誉、权力、庇护人的身份、部门的产出、做出改变的自由自在感和管理该部门的自豪之感。显然，最后两项之外的其他诸项都与预算的规模呈正向的、单调的联系。因此，集中来说，官僚的目标就是权力，具体地讲，就是任期内获得最大化预算。之所以可以追求这样的目标就在于，政府部门的关键性特征体现在其产出的非市场性质：一个政府部门并不提供多少个单位的产出，而是提供必须从其中推测出产出水平的活动水平。例如，虽然国防不提供的各种不同程度的防卫和进攻能力，但必须维持大量的作战人员；它的预算是依照它所维持的活动来核定的，尽管购买者——纳税人关心的是这

---

① 樊纲：《市场机制与经济效率》，上海三联书店、上海人民出版社 1995 年版，第164 页。

些活动所生产的作战能力这种"最终产出"。①

正因为在公共部门提供的诸多物品和服务存在着"计量问题"，这就给筹款机构带来了监控难题。首先，在对官僚行为的一般分析中，政府往往被当作是出资者，它向官僚部门购买公共品；其原因是，公共品是由所有人消费的，而所有人的代理者——政府——依照他们的利益行事而成为独家购买者。同时，为了防止浪费性的重复生产，又往往授予某一官僚部门以提供某一既定服务的独家垄断权。这样，官僚部门和出资者之间实质上就体现出双头垄断性质，这又进一步增加了监控的难度。其次，大多数官僚部门具有这样的独家垄断性质：一方面，使得它们得以免除会迫使自己有效地生产的竞争压力；另一方面，否认政府筹款机构作为评价这些垄断部门效率的信息来源的作用。这样，就使得官僚部门的产出性质中所固有的监控问题复杂化。再次，官僚部门的激励机制也可能使得官僚部门生产的无效率。其原因是：在私人部门中，那些经理人可能会因为效率的提高而分享部分剩余；但公共部门官僚们的薪金却往往与效率的改进无关，甚至还呈反向关系。

当然，尼斯坎南的官僚预算最大化模型提出后引起很大反响的同时，随之也引起很大质疑。主要的质疑在于：（1）官僚机构不会将预算拨款扣除支出费用后的余额私分装入腰包的预算最大化与效用最大化并不一致；（2）尼斯坎南预算最大化模型中，官僚根据自己的预算最大化偏好决定供给，而政治家根据中间投票人的偏好决定偏好产出，上述模型仅仅是给出了两个谈判边界，而没有在两者之间找出均衡产出的条件；（3）政治家也可以使用各种控制手段从不同渠道获取信息，从而减少官僚机构供给的配置不当和无效率。面对这些批判，尼斯坎南 1975 年发表的《官僚和政治家》提出了官僚效用最大化模型，官僚机构的效用函数为：$U=a_1 y^{\beta_1} p^{\gamma_1}$；其中 Y 为官僚职位带

---

① Niskanen W.A. *Bureaucracy and Representative Government,* Chicago: Aldine Atherton, 1971.

来的收入现值，P 是由职位带来的非货币额外收入的集合，包括闲暇时间、社会报酬等。但不管如何，由于缺乏直接的自身收益与资源利用效率的联系，公共部门的人不会像私人部门那样有效地使用资源；而预算的软约束则滋生了官僚部门打埋伏机制，尽可能隐瞒不利自己获得预算的那些信息，而夸大自己活动的成本和重要性。

显然，根据尼斯坎南的分析，正是由于公共产品供求中的双头垄断性质以及官僚部门缺乏有效的激励机制，导致政府及各级官僚部门努力追求权力等其他目标，尽可能扩大预算而不是尽可能有效地使用有限的资源。可以说，公共部门是以对外部效率的控制无力和内部的激励微弱为特征的。而且，正因为官僚追求的是预算目标最大化和权力的最大化，那么，在信息不对称的情况下，官僚机构就可以通过歪曲公共品的真实价格和数量的方式成功地促使政府预算增长；并且，官僚体制越大，外部人监督其活动就越困难，致力于增加管理体制规模的内部人就越多。也即，官僚规模具有自增强效应：一些立法者或者政治家每每削减掉一个部门，往往就会生出更多的部门。显然，这就解释了帕金森 1957 年提出的帕金森定律：在严密的等级制组织中，工作的增加只是为了填满完成工作时可资利用的时间，因而为了消磨时间，行政人员彼此之间人为地制造工作，结果，官僚机构越来越庞大。例如，帕金森描述了 1935—1954 年英国殖民办公室的情况：此间英国管制下的殖民地急剧减少，但殖民办公室的行政人员数量却比以前翻了五番。事实上，一个多世纪以来，西方经济中最显著的变化就是公共部门的迅速增长，包括政府对私人部门的管制以及公共部门公共所有权的扩大。

当然，政府规模的不断扩大也涉及其他一系列的因素，这包括利益集团之间的相互制衡和交叉补贴以及作为再分配和公共品提供者的角色等。塔洛克利用多数通过规则提出一个著名的例子对政府规模增长现象进行了解释：假设由 100 个农民组成的一个社区就修筑道路的提案进行表决，其中每一项提案通过产生的道路修筑成本由整个社区的全体农民负担，但收益只有部分农民才能享受。在简单多数通过规模下，任何被通过的议案都需要至少有51个农民赞成，此时他们承担的道路成本仅仅是全部的51%；显然，这51个农民组成的联盟必然支持那些成本总额超过这51个农民自己承担所有成本时的那些议案。事实上，如果他们的收益是51万元，就可能支持成本为100万元的修路提案；如果，这100人中结成了最大数量的C51100个联盟，那么，通过的议案就大大扩大了。在现实生活中，某个农民的合作组织寻求价格支持政府补贴，而致力于动物保护的某个自然主义俱乐部则寻求政府在这方面的投入。显然，相对于一致同意规则，简单多数规则容易导致政府开支的增长，在利益集团林立并存在互投赞成票传统的情况下尤其如此。而且，即使就代理问题而言，现代民营企业的组织结构也和国有企业大致类似，也会存在大量的代理问题，一些著名大企业往往因偶然事件的触发就破产倒闭也正反映了这一点。

五、政府经济功能何以遭到否定

一般来说，从事行政工作的政府代理人往往是那些擅长协调利益冲突、调和社会矛盾以及协调人际关系的人，他们通过对既定规则或规范的维护以保障社会经济秩序的有序运行，而这些社会规则或规范则是全体社会成员共同智慧的结晶；同时，政府及其代理人也主要不是以主权者角色进行财富创造工作，而是以裁判者角色对社会矛盾、冲突进行协调。然而，智力社会中的信息却越来越分散，具有这种协调才能的行政者越来越不能适应具体的微观经济活动；同时，由于特定时期的激励不足、监督缺位以及权力集中等问题，政府的显性协调活动却往往滋生出更为严重的社会问题。有学者就指出："计划经济显得受到无休止的强制，被迫由一个干预走向另一个干预，因为每一次干预都对经济平衡产生进一步的扰动，从而导致新的干预，直到形成一个完全僵化了的彻底的计划经济。"① 在某种意义上讲，政府的显性协调失效或失败的关键就在于，政府的活动超越了它的疆界，过分干预了它不具有优势的领域。

同时，政府要有效承担经济功能，往往需要掌握并使用公权力；但是，一旦公权力集中在少数人手中，这些公权力的占有者就可能为了自身利益而滥用公权力。这样，一方面是信息的缺乏，另一方面是约束—激励机制的不健全，这两者都会导向政府及其代理人的乱为，都会产生出比市场失灵更严重的政府失灵，这在人类历史上时有显露，并为新自由主义经济学所充分挖掘和宣扬。正因如此，尽管新古典经济学理论已经显著地表明了市场潜藏的种种失灵，但在"两害相权取其轻"原则的指导下，很多经济学家还是宁愿要腐败而"无为"的无能官员，也不愿有那种控制力较强的雄心官员，甚至把腐败也视为"经济发展的润滑剂"。特别是，那些本来就崇尚自由主义而"想限制政府作用的人，（更是）敏锐地运用官僚机构糟糕的政绩来支持其立场"②，以及在整个世界范围的理论界和实务界都出现了提防政府乃至反对一切超出"最小政府"界限的活动的声音。

很大程度上，正是考虑到信息和权力问题，进而基于理性经济人的分析框架，公共选择学派就认定政府的经济功能是无效的，这也就是所谓的福利经济学第三定理。布坎南就写道："公共选择提出了一种'政府失败理论'，这一理论完全比得上产生自20世纪30年代和40年代的福利经济学理论的'市场失败理论'。在较为早期的探索中，人们就发现，当根据理想化的标准来检验市场在资源配置和分配上的效率时，以私人所有权为基础的市场体制在某些方面显现出是'失败'的；在后期的探索中，人们通过公共选择理论

---

① 米勒–阿尔马克：《经济秩序的社会观》，载何梦笔主编：《秩序自由主义》，董靖等译，中国社会科学出版社2002年版，第55页。

② 尼斯坎南：《官僚制与公共经济学》，王浦劬等译，中国青年出版社2004年版，第3页。

看到，当依据理想化的标准来检验政府工作的效率和公平性是否令人满意时，政府和政治组织在某些方面也显现出是'失败'的。已经出现的情况是，今天，我们几乎找不到几个见识广博的学者试图根据理想化的模式来检验市场机制。……对比不同的社会制度，是根据人们可以预期的其实际的运作状况，而不是对比关于人们可以希望这些制度如何运作的虚幻模式，这只不过是简单又明白的常识。但是，这样一种简单而又明白的常识在西方人明达的意识中丧失掉已有一个多世纪了。现在这种常识以任何方式也不会被普遍接受，社会主义者装门面的秘诀是，认为国家以及政治都是以某种方法按照指向某种超验的'公共利益'的方式运作。"①

问题是，尽管现代主流的新古典自由主义经济学往往以政府官员的自利心和不断出现的政府失灵来否定政府在经济活动中的积极作用，但试问：政府在经济活动中所扮演的角色果真如现代主流经济学所宣扬的那样是微乎其微、或者往往会产生出反向效应的吗？赫尔曼就指出："没有一个国家，过去或现在，在没有政府对弱小工业的大规模的保护和津贴以及采取避免外部强大力量支配的方法的情况下，能实现经济持续腾飞和从经济落后向现代化转变。"②西方社会过去如此，现在也是如此。为此，斯蒂格利茨曾风趣地说，美国经济顾问对社会主义国家的建议可以用一句话概括："按我们说的去做，但别按我们做的去做。"③在很大程度上，国家本身就是人们通过合作达成基本认同的共同目标的一种组织形式，而政府等则是组织力量实现这一共同目标的事务性机构，它能够完成家庭、企业、部落以及其他社会组织不能完成的任务。

既然如此，现代经济学人尤其是中国经济学人为何如此地坚持"最小政府"理论并反对政府在经济领域的积极作用呢？根本上，这就根基于意

---

① 布坎南：《财产与自由》，韩旭译，中国社会科学出版社 2002 年版，第 102 页。

② 赫尔曼：《全球化的威胁》，《马克思主义与现实》1999 年第 5 期。

③ 转引自崔之元：《"看不见的手"范式的悖论》，经济科学出版社 1999 年版，第 143 页。

识形态。正如瓦格纳所说："在建立政府的权威的过程中，确实存在着浮士德教育的特点。他们（联邦党人和反联邦党人）之间的分歧仅仅在于对交易的信念不一样：由政府通过合理地使用权威加以遏止的恶，与由政府使用权威不当而产生的恶之间，存在着一个相对的平衡。倾向于平衡的哪一端往往由这些人的信念决定。"① 当然，现代经济学人对政府的戒心往往也有实践上认知上的依据，同时也嵌入了被放大的心理效应。这里就此作一总结阐述。

首先，在实践上，政府对经济的干预往往出现在市场失灵严重时期，此时人们也往往会夸大人类的理性作用，从而导致理性主义的膨胀；此时，"那些性急的改革者认为控制政府要比控制民众的理智和意向来得容易、方便，因而常常倾向于过分扩大政府的权限"②，并热衷于对原来瘫痪的社会秩序进行整顿和改革。很大程度上，正是基于这一原因，18 世纪的欧洲大陆就掀起了轰轰烈烈的大革命，20 世纪上半叶则发生了一场席卷全球的社会主义运动；并且，基于对政府积极作用的信任，近一个世纪以来，大多数社会主义国家以及发展中国家都片面理解了政府的协调活动，把它主要理解为显性协调。然而，那些过于强大的显性协调活动（即中央计划体制）反而造成了经济效率的低下，并暴露出了其他许多问题。例如，政府官员在协调活动中的机会主义行为和打埋伏现象，以及政府官员本身的无能和腐败，因为政府官员往往不是根据专长和能力选择的，同时也缺乏社会的有效监督。事实上，国家和政府的主权者或代理人"常常并非为了公众的利益而干预人类事物，或者在错误地理解公众利益的情况下干预人类事物，同时，一些真诚希望改良的人也提出了许许多多轻率的建议，主张通过强制性的法规来实现那

---

① 瓦格纳：《宪法、暴力和宪政秩序》，载罗利编：《财产权与民主的限度》，刘晓峰译，商务印书馆 2007 年版，第 177 页。

② 穆勒：《政治经济学原理——及其在社会哲学上的若干应用》（下卷），赵荣潜等译，商务印书馆 1991 年版，第 366 页。

些本来只有通过舆论和辩论才能有效地实现的目标"。①

其次，在认知上，正是由于政府干预在历史实践中也一再出现失灵，因而社会大众对政府干预本身便很自然地滋长了一种抵触情绪，并滋长了一种倾向，主张尽量限制政府的活动范围。其中的代表人物就是承袭新古典自由主义思维的主流经济学家，他们抛弃美德和公益的传统思维，而以"人性恶"来为政府行为进行定调，从而主张政府只能充当"守夜人"的角色。也正是在新古典自由主义的冲击下，传统社会主义国家的经济学人更是快速地从一个极端转向了另一个极端，社会主义市场化改革也在受"看不见的手"神话鼓舞下，不但政府的显性协调行为遭到了无情的鞭挞、抛弃，甚至连政府在隐性协调方面的努力也受到了强烈的抵制，以致一些经济学人往往"谈政府而色变"。一个明显的事实是，那些处于转型时期的原社会主义国家中大多数经济学家，几乎都彻底否定传统的马克思政治经济学思维，否定政府的积极作用，而极力拥抱新古典自由主义所倡导的市场经济。例如，像科尔奈这样早期的社会主义经济分析大师就急速地从对计划的认同转向彻底否定。② 正因如此，传统社会主义国家的经济学者就逐渐将原本为提高效率而推进的市场化改革当成了目的本身，变成了"为改革而改革"，"为市场化而市场化"，③ 乃至工具和手段都成了改革的最终目的。恩德勒写道："在西方，我们倾向于过分强调工具理性的重要性，而忽视了我们所希望达到的共同目标。用马克斯·韦伯的术语来讲，我们倾向于以牺牲'价值理性'为代价来扩大'目的'理性的适用性，结果，我们面临着独断的风险，而更为糟糕的

---

① 穆勒：《政治经济学原理——及其在社会哲学上的若干应用》（下卷），赵荣潜等译，商务印书馆 1991 年版，第 366 页。

② 科尔奈：《迈向自由经济之路》，王健全、黄美龄译，流远出版公司 1994 年版，第 21 页；程恩富、胡乐明等：《经济学方法论：马克思、西方主流与多学科视角》，上海财经大学出版社 2002 年版，第 209 页。

③ 科勒德克：《从休克到治疗：后社会主义转轨的政治经济》，刘晓勇等译，上海远东出版社 2000 年版，第 158 页。

是，把手段当成了目的。政府的好坏是由于自身的缘故，而不是由于它有助于达到共同目的；同样地，市场也由于它们本身而被加以颂扬或谴责，而不是朝向更高目标的有效或无效的工具。具有讽刺意味的是，西方对工具理性的过分强调破坏了它的工具性，反之，亚洲经济体中明确的目标定位却提高了它的工具性。"①

再次，对政府经济功能的否定，很大程度上也源于一种心理效应。卡尼曼和特维斯基提出的"小数法则偏差"就指出，人们往往容易放大现实世界中一些被凸显的小现象。② 在经济学中就表现为，往往关注某些特定议题，强调某些特定因素的作用，并基于某一特定视角而形成极端化的学说或流派。例如，当第二次世界大战前面临严重的经济危机以及第二次世界大战后面临社会发展的艰巨任务时，绝大多数经济学家都信奉凯恩斯学说，关注政府的积极功能；但是，20 世纪 70 年代"滞胀"现象的出现，绝大多数经济学家又转向了市场，致力于对市场机制的阐发。所以，波蒂特、詹森和奥斯特罗姆指出："尽管多元科学目标和实现这些目标需要做出的取舍已经得到广泛承认，但对于特定目标的相对重要性鲜有共识。有些学者将一个目标或几个目标放到最为优先的位置，以至于对优先考虑其他目标的研究都不屑一顾，认为那些是不科学的研究。"③ 现代主流的新古典自由主义经济学在市场和政府之关系上的认知就是如此，它往往将超越"守夜人"角色的政府功能都视为不合理的，从而也就无视与此相关的研究。其实，由市场失灵可以直接推论出政府功能的合理存在：市场中的个体并不是平等的，从而造成交

---

① 恩德勒：《面向行动的经济伦理学》，高国希等译，上海社会科学院出版社 2002 年版，第 186 页。

② Tversky, A. & Kahneman, D., "Belief in the Law of Small Numbers," *Psychological Bulletin*, 1971, 76（2）: 105-110.

③ 波蒂特、詹森、奥斯特罗姆：《共同合作：集体行为、公共资源与实践中的多元方法》，路蒙佳译，中国人民大学出版社 2011 年版，第 4 页。

易结果的不公正；财产权利具有集中和集聚的特性，从而基于纯粹市场机制会产生马太效应；市场秩序往往是个体行为所汇成的公共选择结果，而个体的功利性和短视性往往会导向社会的囚徒困境；市场秩序中的过度竞争往往会诱致合作的解体，从而导向社会发展的内卷化和秩序扩展的中断；市场竞争的结果也只是产生能够更好利用特定规则和资源的优胜者，却并不是对社会发展有最大好处的优秀者……显然，所有这些都有赖于引入政府的积极作用，这在很大程度上也是政府得以出现并发展壮大的原因。

最后，需要指出，尽管在过去半个多世纪，确实由于监督的缺失、信息的不足以及"理性的自负"等原因而产生了政府失灵，但是，政府的协调功能毕竟是社会秩序扩展的内在要求，政府的合理行动可以有效地弥补市场机制的不足。因此，无论如何，我们都无法像现代主流的新古典自由主义经济学那样从理论上否定政府经济功能的合理性，而只能从实践上说明特定时空下政府经济活动的有效性；而且，这还意味着，政府失灵的存在主要是它的作用领域和方式出了差错，政府及其代理人的行为没有得到有效的监督和制约。基于这种思维，我们不应否定政府的应然功能，而是要剖析政府的实然活动，要界定政府功能的合理领域以及制约公权力的使用，从而保证政府做它该做的事。就现代社会尤其是中国社会的当前情形而言，关键在于建立起一个有效的政府组织和治理体制并不断完善它。事实上，美国建国之初，汉密尔顿就指出美国所面临的一个须紧要作出决定的问题：人类社会是否真正能够通过深思熟虑和自由选择来建立一个良好的政府，还是他们永远注定要靠机遇和强力来决定他们的政治组织。[①] 显然，现代社会尤其是当下中国社会正处于这一关键时刻。

---

① 汉密尔顿：《为〈独立日报〉撰写：第一篇》，载汉密尔顿、杰伊、麦迪逊等：《联邦党人文集》，程逢如等译，商务印书馆1980年版，第3页。

六、结语

从起源学的角度，我们可以看到两类国家性质及其政府功能：（1）即使作为掠夺者的政府，为了谋取自己的长远利益也会对整个社会的行动进行协调，从而促进整个社会的发展，这也就是"坏人会做好事"的理由；（2）即使作为协调者的政府，本质上为整个社会利益而协调，但是由于代理人的自身利益以及有限理性的原因，也可能采取偏离绝大多数人利益的行动，这也就是"好人会做坏事"的理由。显然，综合这两种潜在的可能性，我们就可以对政府在现实世界中扮演的角色有更全面的认知。（1）我们就有必要对政府可能产生的"恶"进行限制，这就意味着政府的职责范围必须具有一定的限度：政府的主要作用就是保护国民不受外来的和内部的侵犯。因此，政府的主要作用就体现为：保护法律和秩序，保证私人契约的履行以及促进市场竞争。（2）也可以发挥政府进行宏观协调的积极作用，因为基于"善"性政府的理解上，政府本身是人们创立的以提高他们自身福利的工具。因此，政府可以进一步发挥孤立个体所不具有的能力，譬如，提供公共教育，健全社会保障，夯实社会基础设施。

问题是，政府所承担的经济功能对社会经济发展是否有效以及产生多大效果？一般地，这恰恰取决于具体的社会环境。通常情况下，政府显性协调和隐性协调所依赖的条件是不同的，因而政府在不同时空下往往也需要采用不同的协调方式。事实上，随着社会环境的变迁，政府的显性协调和隐性协调无论在作用范围上还是表现形式上往往都会有所变化。这样，我们大致可以得出这样两点基本结论：（1）政府发挥其积极的协调作用本身就是社会协作系统有序扩展的内在要求和可靠保障，在市场存在严重失灵的情况下更是如此，从而存在合理性、现实性和必要性；（2）政府的协调作用的领域在不同时期是不同的，同时，所采取的协调方式也应随着社会的发展而调整和转变，否则很可能会出现失灵，甚至比市场失灵还要严重。因此，当今社会的关键问题就在于，理顺政府与市场的作用界限，搞清政府究竟该作什么以及如何确保政府做它该做的事。一般地，随着信息的分散以及个人主义的上升，政府的显性协调将会日渐式微，而隐性协调功能却会日益凸显。

8.有为政府在现代社会的基础性职能
——隐性协调的转向与责任伦理的培育

政府的首要经济功能在于为市场机制运行夯实基础结构、完善保障结构，这种基础设施在现代社会的重要内容就是社会伦理。在必要性方面，基于社会的合理发展而言，公共教育的根本目的不是增进单个人的劳动技能，从而提高个别劳动生产力；相反，它是为了提高人的社会性以促进社会合作，从而提高社会生产力。显然，现代社会中的政府往往是教育的关键组织者和支持者，因而政府在提高人的社会性方面就必须承担重要职责。在可行性方面，人类个体的选择和偏好不是固定不变的，而是受周围其他个体行为的影响，尤其无意识地受主流价值理念的支配。显然，正是由于意识形态等价值伦理观是可塑的，从而就给予了政府影响和培育社会价值和文化伦理提供了可能性。

一、引言

新结构经济学之所以倡导有为政府，根本原因就在于市场失灵的存在；进而，市场失灵之所以广泛而必然地存在，根本上源于市场主体的内在缺陷。①

---

① 朱富强：《政府的功能及其限度——评林毅夫与田国强、张维迎的论争》，《政治经济学报》（第 7 卷），社会科学文献出版社 2016 年版。

同时，有为政府要能够与有效市场构成真正的互补，一方面首先要集中修补存在最大市场失灵的领域，这就是基础实施；另一方面要保障政府真正做它应做的事，这也需要强化责任伦理。① 有鉴于此，无论是现代基础设施的建设还是责任伦理的培育，都指向了公共教育，这也体现在有为政府在现代社会中的基础性职能。相应地，本章集中剖析社会伦理在现代社会中的经济意义，进而探究政府在促进社会协调方面的功能转向，强调有为政府在亲社会性提升方面的积极角色。然而，新古典自由主义者却极力反对和否定政府对教育的承担和干预，不仅将公共教育视为无效的，而且将公共教育视为政府控制大众的一个重要手段。那么，政府在培育责任伦理和提高亲社会性方面的必要性和可行性如何？这是本章致力于探究的关键课题。

二、针对市场失灵如何治本

本质上作为协作系统的国家组织及其政府机构，在演化过程中往往会因为受到不均衡力量的作用而发生蜕化、变质和异化，乃至蜕化为特定"主权者"服务的工具；有鉴于此，就需要培育和壮大各种社会抗衡力量，以对政府机构及其代理人的行为施加有力的监督和制约。尤其是，在市场经济为主体的现代社会中，除了一些具有强烈公共性的事务之外，绝大多数社会经济活动都呈现出显著的私人性；相应地，这就需要充分发挥市场机制或其他社会中介组织的隐性协调作用，而不是简单地诉诸政府的显性协调作用。很大程度上，国家这一协作系统的维持、整合和发展往往需要借助政府组织和市场机制这双重力量，通过两者的互补来解决政府失灵和市场失灵这两大难题。其中，市场失灵的缓和和克服要以金钱权力的适当分散为条件，由此所

---

① 朱富强：《如何保障政府的积极"有为"：兼评林毅夫有为政府的社会基础》，《财经研究》2017 年第 3 期。

建立的市场规则则会趋向合理公正，进而孕育出的市场伦理则会趋向认同和合作；政府失灵的缓解和解决则需要以公共权力的适当分散为条件，由此建立起相对合理的权力制衡体系，进而通过有效监督来保证政府做它应该做的事。

事实上，为了真正缓和乃至克服市场和政府的双重失灵，根本上在于形成和建立一种人们自愿接受并遵循的社会秩序，这种社会秩序根基于"为己利他"行为机理；相应地，它可以弱化人们之间的恶性竞争，进而摆脱由相互争夺而陷入的囚徒困境。布伦南和布坎南就提出两条途径：（1）人类道德改善的能力，使人们总有一天变得相互关爱；（2）制定合作的规则，使自利人的自利行为能够促进他人的利益。在这两条途径中，布伦南和布坎南更注重第二条途径。其理由是，前一条道路已经使得人类付出了大量的精力，但几乎仍然没有观察到成功的记录，因而这种努力是没有价值或没有必要的；后一条道路则一直为经济学家所熟悉和强调，但它已经产生一个社会协作的巨大网络和扩展的社会分工系统。问题是：将思路局限在制度规则的制定上能否从根本上减缓和克服社会失灵？

一般地，市场失灵主要根源于两大方面：（1）市场客体的缺陷，集中体现为信息不完全和制度不健全；（2）市场主体的缺陷，集中体现为个体理性的有限性和人际间的相异性。但两类缺陷在人类社会中的变动趋向并不相同：市场客体的缺陷可以随着市场机制的建设而不断完善，市场主体的缺陷却是很难在短期内得到根本性的克服。这就意味着，市场失灵的根本方面在市场主体，而市场失灵的根本解决也在于人性的完善，在于亲社会怀的提升，进而使得"为己利他"行为机理得到切实的践行和扩展。既然如此，哈耶克、布伦南、布坎南以及几乎所有的新古典自由主义经济学家为何都偏重于市场规则的建设呢？这大致有两方面的重要原因：（1）他们往往想当然地认定不受干预的每个市场主体都会自觉地遵循"为己利他"行为机理，由此将市场的逻辑等同于君子之道，每个人都是着眼于长期交易而进行合作；① （2）他们持有明显偏颇的经济人假设，并通过还原思维而打造出一个逻辑化市场，由此就难以看到真实市场中的问题。

事实上，只要对人性及其行为稍微作一现实观察，我们就可以明显地认识到这样两点。（1）人性并非固定不变的，相反，人类固有的有别于其他动物的亲社会性一直在随着社会演进而提升；相应地，教育的根本目的就在于不断提升这种亲社会性，而不是制造出一个与经济人相对立的道德人。（2）对规则的遵守根本上不是源自外生刺激，而是根基于内生意识，而教育可以加快或强化这一点；相应地，社会分工根本上就是以伦理为基础，社会分工的任何深化都意味着伦理认同半径的延长。由此，也就反映出新古典自由主义经济学思维和理论所依据的人性观所存在的问题：它并非是真正来自日用人伦，由此构造的学说当然也就与现实相脱节。很大程度上，新古典自由主义经济学家的论断几乎都是建立在想当然的"信念"之上，而不是严格的学理性逻辑之上。这种信念又嵌入在社会和谐一致的乐观主义和肯定性理性思维之中。

霍布斯就指出，如果共同利益和个体利益之间没有分歧，他们根据天性增进个体利益的行为也有助于公共利益。② 但现实生活中，个体利益与他人或共同利益之间恰恰存在冲突，人们的快乐往往来自与他人的比较，往往因出人头地而感到得意。人们对相对效用的追求也就意味着，社会伦理内在地左右了个体的偏好、行为，进而也就会引发不同的行为后果。一般地，如果公共领域处于协作有序状态之中，那么，社会成员就会有较强的克制力；相应地，个人的逐利行为就容易导向社会整体利益的和谐一致，社会信任度总体上也可以维持在较高水平。相反，如果公共领域处于失范状态之中，而政府又不知道做什么或者不知道如何做；那么，政府的积极干预往往就不是有

---

① 张维迎：《市场的逻辑就是君子之道》，《第一财经》2017 年 4 月 14 日，见 http://www.yicai.com/news/5266466.html。

② 霍布斯：《利维坦》，黎思复、黎廷弼译，商务印书馆 1985 年版，第 130 页。

为而是乱为，它很有可能将社会导向更加无序和混乱之中，人们之间的信任关系也更为薄弱。所有问题都可归结为：政府如何认识和承担不同时空下的功能。

那么，在社会联系日益紧密的现代社会，政府如何缓和个体间的利益冲突呢？斯达克（Stark）曾指出，既然人们相对经济地位的关心是由人们的妒忌心产生的，并且使经济增长对社会福利的正作用消失，那么，通过教育而改变和弱化人们的妒忌心态，就可以使经济增长产生正的社会福利效果。[①] 从这个意义上说，要促使合作范围的持续延伸和社会秩序的不断扩展，一个关键性方向就是培育和发展出促进社会合作的责任伦理，以"尽其在我"的责任来促进伦理认同，以"为己利他"行为机理的践行来拓展社会合作，而这一切又有赖于通过教育来提升人的亲社会性和道德力的途径。事实上，公共教育的根本目的就在于提高人的亲社会性，培养社会成员之间的合作倾向，进而促进"为己利他"行为机理的形成和扩散，最终促进社会分工半径和合作秩序的不断拓展。

三、政府隐性协调的现代转向

一般来说，在不同环境下的政府所承担功能是不同的。例如，罗素就认为，政府从存在的最早时代起就一直有两种职能：（1）是消极的，主要在于防止暴力，保护生命财产、制定刑法并保障其实施等；（2）积极的，主要是指促使对大多数公民而言的共同愿望的实现，早期主要表现在战争掠夺方面，而现代则越来越转向经济和教育方面。在这里，罗素强调，政府的教育功能并不仅仅体现为学术研究，也包括灌输特定的忠诚和信仰。[②] 很大程度

---

① Stark, D., *"Altruism and the Quality of Life,"* American Economic Review, 1989, 79: 86-90.
② 罗素：《权威与个人》，储智勇译，商务印书馆 2012 年版，第 33 页。

上，公共教育尤其是高等教育是现代社会的关键性基础设施，它不仅普及了科学知识，提高了教育者的生产技能和工具理性，从而提高了个体生产力；而且，也培育责任伦理，提高受教育者的亲社会性和价值理性，从而提升了社会生产力。同时，后一内容越来越重要，它有助于缓解技术进步所衍生的负外部性，这种负外部性集中体现为策略性行为带来的内生交易费用以及相应的社会困局；进而，也就有助于增进社会隐性协调，最终得以缓解和克服社会失灵。从这个意义上说，公共教育就成为缓和乃至解决市场失灵的治本之策，从而也是现代政府的根本功能所在。

（一）基础设施的结构层次

在一个相对成熟的市场经济体中，市场主体主要是具有意向性和自主性的人；相应地，政府最基本的经济作用就集中在基础设施的建设方面，这也已经成为各经济学流派的基本共识。一般认为，基础设施的建设将会产生如下作用：(1) 有助于促进经济发展，进而降低地区不平衡和减少贫困；(2) 有助于深化社会分工，进而提高全要素生产率；(3) 有助于降低交易成本，进而促进潜在比较优势得以转化为现实；(4) 有助于降低个人创新力转化为集体创新力，进而激发社会创新的涌现。问题是，基础设施的建设为何需要政府的力量注入呢？基本理由是，基础设施往往投入量大且正外部性突出，这导致逐利私人企业往往无力也不愿从事基础设施的建设，从而也就成为市场失灵彰显的领域。这也意味着，政府对经济发展的首要作用在于：为市场机制运行夯实基础结构、完善保障结构，对市场功能不及的场所加以补充，而基础设施正是为市场的有效运行提供基础性支持。新的问题在于，如何对基础设施的范围进行界定？一般来说，正是通过基础设施范围的界定，这就为有为政府的职能承担提供了一个方向性的指导。

林毅夫的新结构经济学认为，不同行业所要求的基础设施往往存在很大差异，因而政府就需要将有限资源配置到优先发展的产业中去，这就产生了对致力发展的目标产业进行选择的需要。不过，这里进一步强调的是，尽管不同行业发展所依赖的基础设施确实存在差异，但也有一些基础设施是各行业的发展都必需的，这就是基础设施的基础。有鉴于此，我们就可以将基础设施进行分层：最核心的是所有（或绝大多数）行业共享的基础设施，这是第一层次的；第二层次的是关涉必需品行业的基础设施；第三层次则是关注特定行业的基础设施等。一般地，越是"基础"的基础设施，所带来的规模效应、公共品效应等也就越是显著，从而就越是需要首先得到建设。例如，贝尔就指出现代社会中基础结构的三种类型：(1) 运载人员和货物的交通运输，如公路、铁路、运河等；(2) 输送动力的能源公用事业，如石油管道、煤气、电力等；(3) 输送信息的电讯行业，包括电话、电视以及因特网等。①但显然，这些总体上都属于第一层次的基础设施。

当然，随着时空环境的变化，不同层次的基础设施所包括的内容也会有所不同。譬如，贝尔所指的这三大基础设施主要是有关"物"的基础设施，属于市场机制运行中市场客体方面的硬件；但在现代社会中，市场机制的有效运行还有赖于市场主体方面的软件，这就是有关"人"的基础设施。一般地，引导市场主体如何行为的基础设施就是市场伦理和法制规章，正式的法律制度和非正式市场伦理也是所有市场有效运行的基本依据，并成为政府承担其隐性协调功能的重要领域。同时，贝尔之所以集中关注有关"物"的基础设施，这是与资力（工业）社会相适应的；究其原因，资力社会还处于大批量的工业生产阶段，属于所谓的卖方市场，此时，社会发展就需要尽可能地节省外生的交易成本，从而也就需要致力于基础设施中的"硬件"建设。不过，随着智力（后工业）社会的来临，社会服务逐渐取代物质生产而成为社会经济活动的根本性特征，制约市场交换的主要因素也就转向人与人之间

---

① 贝尔：《后工业社会的来临：对社会预测的一项探索》，高銛等译，新华出版社1997年版，1976年版序言。

的内生交易成本；相应地，人性以及行为方式就日益成为制约社会发展的瓶颈，从而就需要转向有关市场伦理和法制规章等"软性"基础设施的建设。

正是由于关键性基础设施随着时代的推进而存在不同，就导致政府所承担隐性协调功能在具体内容上也出现差异。这就意味着，现代社会中政府承担的隐性协调职能也就不同于传统社会。瑟罗很早就指出："真正有价值的还不是有形的基础设施，而是知识性的基础设施。"① 瑟罗展望的就是以知识为主要生产要素在智力社会的基本特征，此时，政府在知识要素的创造、传递、利用以及为之提供保障和支持方面都应该且可以发挥积极作用。罗沃也指出："富裕的世界之所以富裕的主要原因以及为什么它的经济增长有一半以上来源于生产率的增加，并非它拥有丰富的物质资本和人力资本，而是它拥有丰富的知道如何使用的思想。"② 那么，智力社会时代的基础设施究竟有哪些呢？

（二）现代社会的关键基础设施

通常认为，随着智力社会的来临，基础设施就主要表现为提升教育水平、加强基础研究、优化社会制度等几个方面，这里作一简要阐述。

1. 提升教育水平

教育是提高全社会隐性协调的一个重要内容。其理由是，教育不仅有助于知识的创造、传播和使用而提高劳动生产力，更重要是有助于促进社会认同、互惠合作而提高社会生产力。在某种程度上，成功地完成学业的年数可以度量在学校环境中进行众多合作博弈训练的数量和强度：受教育较多的那些人会采取更多的合作行为，较少破坏规则。其基本机理在于，现代教育往往把一群原本陌生的人结合在一起，在共同的背景中培育其共同的兴

---

① 瑟罗：《资本主义的未来》，周晓钟译，中国社会科学出版社 1998 年版，第 286 页。

② 罗沃：《对思想的看法》，载 D. 尼夫等编：《知识对经济的影响力》，邸东辉译，新华出版社 1999 年版。

趣,从而也必然会促进他们的社会性,从而增进他们未来在社会中的合作性。例如,有资料就显示:"信任程度与收入有关,与受教育程度的关系更为密切:受过大学或更高教育的人可能会以比较友善的态度来看待世界。"①有鉴于此,涂尔干强调,一种扩大的劳动的主要优势不是增加生产,而是增加劳动者的利益和感情的和谐(即有机团结)。很大程度上,正是这些受教育者推动了法规和社会习俗,并且作为一个公民而做了许多社会期望他们做的事情。

从文明演变和社会发展的过程看,教育一直都扮演着关键性角色,它是一切社会资源中最重要的资源,是一切社会生产力中最重要的生产力。同时,如果把工厂、设备比作经济增长的冰山之巅,那么教育、组织和纪律就是经济增长的冰山之脚。问题在于,人类如何进行教育?事实上,尽管劳动生产力的提升有赖于科学知识的发展和工具理性的提升,但历史实践也同时表明,不少科学知识的出现以及工具理性的偏盛不仅没有给人类带来益处,反而增加了人类社会的危险,极大地破坏了社会安宁和扰乱了社会秩序。譬如,火药发明出来后,主要用途就是狂轰滥炸敌人。因此,舒马赫强调,教育的首要任务不是传授技术知识,而是传播价值观念、灌输正确的伦理规范。尤其是,提高人的亲社会性,强化人的社会责任,增进人的合作倾向,是公共教育的根本任务和基本内容。西斯蒙第很早就寄希望于政府能够采取措施来为良好道德的建立和培养付诸努力,通过道德教育和感召力量来改变人们的自私本性,从而使自利和利他相协调,进而实现社会和谐和经济发展;否则,"每个人不顾别人的利益而只追求个人的利益。……于是最强有力的人就会得到自己所要得的利益,而弱者的利益将失去保障……在这各种利益相互竞争的斗争,不合理的事几乎常常在邪气占上风的情况下得到社会

---

① 福山:《大分裂:人类本性和社会秩序的重建》,刘榜离等译,中国社会科学出版社2002年版,第57页。

力量的支持。"①

2.加强基础研究

基础理论研究也是提升社会显性协调和隐性协调的重要方面。其理由是，社会成员之间的行为协调往往依赖于体现共同知识的信号和有效的传输机制，其中，共同知识往往依赖于一个编码过程，有效传输机制则有赖于不断创新的信息技术，这两者都建立在基础理论不断推进的基础之上。例如，知识编码就体现了这样两方面的工作：（1）将那些默会的、难以传递的知识或信息通过一定的规则和程序转化为大家能理解和接受的明示知识，这不仅有助于知识的创造，而且也便于知识的传递和接受，因而也是提高社会隐性协调的重要手段；（2）将社会业已存在的技术标准化，这不仅可以减少社会浪费，而且也可促进技术交流。

同时，基础研究不仅体现在自然科学领域，更主要体现在社会科学领域，因为社会现象远比自然现象复杂得多。在很大程度上，高校里的教师和学者本身不具有处理具体问题的优势，而主要在提供系统性思维方面，而这些基础理论和思维将深深地影响现场者对具体问题的理解力和解决力。显然，基础理论具有极强的外部性、高投入性以及收益的不确定性，因此，基础理论研究就有赖于国家和政府的支持，这包括资金和制度两个方面。事实上，社会领域中任何具体问题的解决都需要非常多的私人知识和公共知识：一方面，应用政策的核心在于对具体问题的了解（即私人知识）；另一方面，决策者需要诚实的解决问题的工具库（即公共知识）。显然，私人知识面临很大的传递障碍，高校学者要获得这种私人知识是非常不经济的；相反，学者通过抽象化思考可以获得公共性的一般原理和思维，这可以通过教育等方式向具体决策者进行转移，从而提高决策的质量。

---

① 西斯蒙第：《政治经济学新原理》，何钦译，商务印书馆1997年版，第243页。

3. 优化社会制度

制度优化和完善是提高社会合作预期、促进社会隐性协调的另一重要基础设施。一般地，社会制度包括两个方面：正式的和非正式的制度。同时，两类制度之间存在这样的基本关系：（1）两类制度的最根本功能在协调，它们都提供了行为互动的共同知识，进而也有助于信息的节约和交易成本的降低；（2）正式制度的法律源于非正式制度的伦理，如威廉姆森就将法律设施视为对带字符信任的供给，而且这种带字符的社会信任具有普适性、确定性和开放性的特点；（3）正式的法律制度体现了较低层次的道德伦理，其给予的监督和协调都是外在的，从而在合作的层次上必然较低的；（4）法律的外在协调和监督也具有刚性特征，也可能会陷入形式主义陷阱，进而导致法律失败；（5）相应地，社会规范本身就应该是多层次的，进而也就形成不同层次的社会合作状态。这就意味着，正式的法律制度就需要非正式制度的补充，其中的核心就是价值伦理。事实上，如果把法律等正式制度的协调作用看成是"无人管理的显性协调"的话，基于道德伦理上的协调就是真正的"无人管理的隐性协调"。

一般地，作为市场机制的补充，政府的基本作用首先在于理顺公共领域的秩序，而公共秩序的基础体现为法制的健全和市场伦理的培育，这些都是政府隐性协调的内容。从这个角度上说，积极发挥政府的隐性协调作用就更值得我们挖掘和推进，而且，隐性协调也更能够体现社会中有关人性的内容。尤其是，在智力社会，信息将成为制约社会发展的越来越严重的瓶颈，此时，提升信息的使用效率以及对信息的节约就是一个社会协调的重要内容；同时，伦理则是凝结了人类历代交往的信息，从而有助于合作协调的形成。一般地，随着社会交往的扩大以及信息重要性的日益凸显，伦理认同的扩展也就成了社会发展的基本要求；而且，由于未来的交流主要在私人之间进行，这使得构建健全的个体主义伦理尤其显得必要。因此，我们说，伦理认同的培育将是政府推进隐性协调建设的至关重要的内容。

四、培育责任伦理何以必要

新古典自由主义经济学的一个重要假设就是，个体基于利益最大化考虑的理性行为完全可以形成自发的行为协调和社会合作，进而可以推进社会合作秩序的持续扩展。为此，新古典自由主义经济学家大多极其推崇自由市场制度。不过，与新古典自由主义不同，社群主义却认为，个人主义有关理性个体可以自由地选择的前提假设本身就是错误的，理解人类行为的唯一正确方式是把个人放到其社会的、文化的和历史的背景中去考察，因为无论是偏好还是行为冲动都嵌入在具体的社会环境之中。例如，社群主义的代表人物桑德尔在《自由主义及正义的局限》一书中就针对罗尔斯的"混沌无知的自我"（Unencumbered Selves）概念而提出"环境的自我"（Sutuated Selves）概念，并由此强调任何自我都要受到各种归属的制约。[①] 再如，社群主义的另一重要代表人物麦金太尔也特别强调文化对自我认同形成的作用，并将一个社群的传统视为是历史地形成的，将个人对所处社群的认识以及社群的共同价值与传统成员的影响也都认定为是历史地发生的。[②] 事实上，根据社群主义者的观点，"囚徒困境"只适用于那些把个人利益放在优先地位的"理性个人"，而不适用于具有美德的个人；对于一个具有强烈的自我奉献精神和公益精神的人来说，就根本不存在这样的困境。

我们当然不会否认，任何社会个体都具有某种亲社会性，具有正义和美德，从而会同情他人和关心社会。但是，这并不意味着，社会个体的行为会根基于纯粹的美德，并给予道德牛顿主义而实现社会和谐和发展。事实上，笔者一直强调，纯粹的无私和利他行为所依赖的条件太高了，它抹杀了人类内在深处潜伏的自我保存本能；相反，如果将无私美德这一条件

---

① 桑德尔：《自由主义与正义的局限》，万俊人等译，译林出版社 2001 年版。

② 俞可平：《社群主义》，中国社会科学出版社 1998 年版，第 54 页。

进行放松和软化，要求人类更多地从社会性出发来追求自己的长远利益，那么，个体行动时也就必须考虑到其行为对他人的影响。进而，如果对实现"为己"目的所采用的可能手段作某些限制：具有亲社会性的社会个体普遍采用"合作"或"利他"的方式或至少不损害他人的方式来追求自身利益，那么，绝大多数囚徒困境就可以避免了。究其原因，囚徒困境产生的根本原因就在于，博弈方是无亲社会性的原子个体，它只关心自身利益，为此甚至不惜采用可能严重损害他人的策略；相应地，每个人都基于这一思维并采取行动，就会导致内生交易成本不断攀升。显然，将他人利益纳入考虑的行为方式也就是笔者一直提倡的"为己利他"行为机理，它在实践中是源于人类长期互动所形成的习惯和惯例之扩展和内化，从而具有非常旺盛的生命力。

正是基于"为己利他"行为机理的社会互动，就孕育出了人与人之间的伦理关系；同时，这种伦理关系在人类代际间得以传承，从而影响和塑造了后世人的行为方式和惯例。这意味着，人类个体的选择和偏好并不是先验地存在和固定不变的，而是深受社会大环境的影响。更确切地说，偏好是带有伦理学和社会文化特征的，它是在个人的伦理学的反省中、同样地也在社会的群体行为间逐渐形成的。例如，象征性行为间主义者米德和托马斯等就指出："我们的世界观，我们的观点强烈地受着团体、共同体中的全体成员的影响。我们不是'在其本身当中'观察财产，而是在不同的关联着的团体的观点的浓密交织当中，在我们赋予财物特征性的定义中观察财产。……事实上偏好总是随着公共机构和社会变化而变化着。"① 经济学方法论大家博兰则认为，人们的奢侈消费也不是一种外生的、由心理上决定的现象，相反，人们的偏好顺序深刻地取决于社会结构；也就是说，人们的消费选择可能更多

---

① 参见科斯罗夫斯基：《资本主义伦理—社会市场经济》，载科斯罗夫斯基、陈筠泉主编：《经济秩序理论和伦理学》，中国社会科学出版社 1997 年版。

地受到人们的社会地位，而不是人们的个人嗜好的影响。① 因此，当前社会上所呈现的就不仅仅是一个资金投入的经济化问题，而是一个人性塑造的社会化问题。

一般地，能够促进社会有序发展的良性伦理本质上都具有合作性，它与人类交往范围的扩展以及"为己利他"行为机理的实施半径相适应。不幸的是，随着全球一体化的推进，当前世界的价值理性反而日益衰落，人与人之间的感情日益淡漠，公民日益缺乏社会责任感和义务意识。正如布隆克所说："纯粹的自由市场的观念促成了社会理念的瓦解，同时使个人主义甚嚣尘上。因此，经济学以及对经济增长的追求显然不应再与人类道德的基本问题割裂开来。"究其原因有二：（1）人类社会急速发展所带来的不确定性。如布隆克指出的："急剧的变化使人们越来越感到不安和迷茫，因为在社会这些群体当中，人们的情感、观念和技能往往赶不上新形势对人们提出的要求，因而无法迅速调整以适应环境。同时，快速的变化也会削弱环境和我们的经济制度本身以足够快的速度顺利地避开巨大的负面影响的能力。……由于激烈变化而导致的不确定性都会使理性的计划和自由市场这看不见的手的效益和效率大大减少。"②（2）小共同体的解体以及传统整合社会的价值理念的消逝，从而使得人与人之间缘关系的崩溃。一些社群主义者就指出，导致这些消极社会现象产生的根本原因在于，自由主义对集体价值和社会价值的忽视，个人主义化的自由主义的极端发展。

事实上，作为内在制度的社会伦理本身就是一种"文化黏合剂"，它能够保持群体的整合。社群主义者查尔斯·泰勒指出，个人的义务是无条件的，他拥有家庭、社会等各项义务；同时，个人的自由则是有限的，只有承

---

① 博兰：《批判的经济学方法论》，王铁生等译，经济科学出版社2000年版，第235页。

② 布隆克：《质疑自由市场经济》，林季红等译，江苏人民出版社2000年版，前言。

认个人的义务才能真正证实个人的自由。① 在很大程度上，正是"强烈要求走出困苦和战败国地位的意愿，创新精神，相信重建在经济领域中发挥作用"，这导致了第二次世界大战后联邦德国经济在不长时间内就面目一新。②相反，在那些崇尚个人主义的地方，得到越来越多推崇的是个人权利而不是社会责任，这使得人的亲社会性急速衰退，进而导致社会争斗不断升级。为此，笔者认为，只有具有较高亲社会性的人才能将"为己利他"行为机理充分地内化在他的行为偏好之中；为此，随着人类交往半径的扩展，就需要人的亲社会性相应提高，否则人类社会秩序的扩展进程就会遭到中断。一般地，个体亲社会性的提高主要源自两方面：（1）人类交往的互动性增强，这是来自直接的经验；（2）通过教育的灌输，这是来自间接的经验。显然，随着人类交往半径的扩大，孤立个人之间的交往已经大不如以前在小规模的共同体内部，因此，靠直接经验来推行基于"为己利他"行为机理的合作就会遇到问题。在这种情况下，要提高人类的亲社会性，教育就越来越重要。

从社会发展的角度而言，公共教育的根本目的不是增进单个人的劳动技能，而是在于提高人的亲社会性，促进社会的和睦协作，从而提高社会生产力。例如，穆勒就写道，"学校教育只是提高智力的必要手段之一；另一几乎同样必不可少的手段，就是积极运用自己的各种活动能力，如劳动能力、发明能力、判断能力、自制能力等，而对这些能力的自然刺激则是生活中的困难。……如果一个民族没有养成为集体利益而自觉行动的习惯，如果一个民族一遇到与共同利益有关的事情就习惯地依赖于政府发命令或采取措施，如果一个民族总是盼望政府为他们做好每件事情，而自己只做习惯性的工作和例行的工作，那么该民族的能力就只发挥了一半，该民族所受的教育就在一极为重要的方面存在着缺陷"；而且，"防止政治奴役的唯一保障，就是在

---

① 俞可平：《社群主义》，中国社会科学出版社 1998 年版，第 30 页。

② 佩雷菲特：《论经济"奇迹"》，朱秋卓译，中国发展出版社 2001 年版，第 28 页。

被统治者中间传播知识，使他们充满活力，具有公益精神，以此约束统治者。……随着文明程度和所受到的保障程度的提高，随着人们以前只能依靠自己的体力、技巧和勇气来对付的艰难困苦和危险一个个地被消除……政府不仅应把与个人有关的事情尽可能留给个人去做，而且还应该允许或毋宁说鼓励个人尽可能多地通过自愿合作来处理他们共同的事务。"①

显然，在当今世界各国，政府往往都是公共教育的关键组织者和支持者，因而政府在提高人的亲社会性方面也就必须承担起重要职责。事实上，如果政府能够塑造出一种良好的伦理氛围，那么，人们之间将更为和睦合作。而且，根据帕森斯的社会功能主义，社会发展本身就是一个不断整合的过程，这种整合在某种程度上需要人的能动作用；同时，由于这种整合需要大量的资源投入，并作为一个公共产品具有明显的外部性特征，因而这也往往需要借助政府的公共权力来主导。当然，基于国家和政府的不同角色之认知，人们对待国家和政府的作用也一直存在两种截然不同的态度。（1）自由主义者强调，交易只能在社会主体之间进行，作为享有实际利益的政府一方如果借助公共权力必然寻求自己的利益，因而极力推崇"最小政府"。在他们看来，国家做了超出这些单位以外的事情，如侵犯个人的思想、生活等自由，就是践踏人权，就应该立刻被制止。（2）社群主义者则认为，人生来就处于一定的社会关系中，国家和政府本身就是人生而处之的社会关系，政府本质上应该为增进人们的利益服务。在他们看来，如果国家没有做应该做的事情，如没有使其人民享受最低的教育，本质上也就是对人权的践踏。在社群主义看来，国家和其他社群都具有两种功能：（1）它有强迫个人从善的权力；（2）它有强迫个人不从恶的权力。②

可见，通过教育来促进责任伦理的培育是政府的一项基本职能。Z. 鲍

---

① 穆勒：《政治经济学原理——及其在社会哲学上的若干应用》，赵荣潜等译，商务印书馆1991年版，第五篇第十一章第六节。

② 俞可平：《社群主义》，中国社会科学出版社1998年版，第126页。

曼就将现代政府比喻为"园丁政府",它不仅致力于统治、保护其公民,确保国家繁荣昌盛,而且企图驯服和教化人类欲望之混乱。事实上,经过人类千百年的实践,人类的基本价值如互助合作、关怀、信任等都是可知确然的;即使人们的各种丰富的价值之间在短期内存在冲突,这些不同价值之间在长期上也更具有互补性:一种价值的改进往往会促进另一种价值的提高。相反,由于人本能上是"为己"的,如果不接受社会伦理的熏陶而听任其本能的发展;那么,在私利的驱使下,缺乏亲社会性的个体往往不能看到或者无力推动这种价值伦理的改进。为此,斯宾塞就指出,任何个体都摇摆于原始的掠夺性状态的道德素质和文明的社会性状态道德素质之间,而一个没有经过教育的人往往前者占主导地位,表现出原始的自私行为。斯宾塞强调:"儿童需要抑制的那些方面正是他们和原始人相似的方面。幼儿园中自私的争吵、游戏场上的幡然,说谎和小偷小摸,对低等动物的粗暴对待,毁坏事物的习性——所有这些都包含了牺牲别人以求得自己满足的倾向,这种倾向使人在荒野中合格,而文明生活中则不合格。"[①] 事实上,人类社会发展的一个基本特征就是:个体从原始的掠夺性状态的道德素质逐渐过渡到文明的社会性状态道德素质。显然,这为政府的培育伦理之功能留下了广阔的空间。

五、培育责任伦理何以可行

上面指出,政府之所以能够对社会价值和文化伦理产生影响,就在于人类个体的选择和偏好不是固定不变的,而是嵌入在社会环境之中并与之共同演进。在短期内,个体偏好受周围其他个体行为的影响,尤其无意识地受流行价值理念的支配。赫什莱佛在1982年曾经用自然选择理论和数理社会生态学理论模拟了那些促进人类合作的制度演进过程,并结合个人道德进行研

---

① 斯宾塞:《社会静力学》,张雄武译,商务印书馆1996年版,第252页。

究而得出如下结论：（1）在大部分情况下，人的天生道德控制是很弱的，与其他动物相比，人有更大的选择空间，人的特点就在于他有更强的学习能力；（2）社会因素和遗传因素都同样受自然选择的影响；（3）遗传适应过程要比社会适应过程缓慢；（4）人类主要的三类社会关系——统治关系、分享关系和私人产权——都是与人性相联系的，每一类关系都是对一种社会环境的适应，每一原则都与一种固有的相适应的道德相联系；（5）进化也许会给予侵犯别人财产的行为一道强大的抵御防线，辅之以对于侵犯的心理抵触和对于潜在挑战者予以一定让步的心理，这两者构成了我们所谓的个人道德。①

　　柯武刚和史漫飞将价值伦理的塑造比作染色体信息的传递：染色体信息传递着我们全部有形的物质性生物性特征，而价值影响有形经济现象的方式类似于无形的 DNA 携带染色体信息的方式。他们认为，价值伦理往往是内在化的，通过实践和体验会深深地渗入人们的心灵，并常常在人们没有明确反应的情况下发挥影响。如果一个社会的基本价值得到坚定而一贯的公认，且有必要得到坚决的卫护，就构成了该社会的制度支柱，并由此而增加社会有序化的可能性；这也正如 DNA 信息决定着人体的有形外表，不断演化的人类在行为上则是由这些普适性偏好来引导。② 由此可以说，基本价值构成了一种生产要素，它往往比物质要素更重要（这已经越来越明显）：一个具有良好基本价值和信念的共同体有利于劳动和知识的分工，有助于扩大共同体的物质资源。当然，社会价值和文化伦理的最集中体现就是意识形态，因此，为了方便、简洁起见，这里主要通过分析意识形态的特点来探究一般价值伦理的可塑性特点。

　　马克思认为，意识形态属于上层建筑，它决定于经济基础，并能够在人

---

①　参见埃格特森：《新制度经济学》，吴经邦等译，商务印书馆 1996 年版，第 264 页。

②　柯武刚、史漫飞：《制度经济学》，韩朝华译，商务印书馆 2000 年版，第 84 页。

的能动作用下反过来对经济基础施加影响；因此，马克思主义者强调，意识形态在一定程度上也是可塑的，这是马克思强调无产阶级为什么需要知识分子来引导、从而从自在阶级转变为自为阶级的原因。在现代经济学中，诺思是意识形态研究的集大成者，他认为，无论是个人相互关系的微观层面上，还是在有组织的意识形态的意识层面上，意识形态都提供了对过去和现在的整体性解释。究其原因，意识形态有三个基本特征：（1）意识形态是个人与其环境达成协议的一种节约费用的工具，它以"世界观"的形式出现从而使决策过程简化；（2）意识形态是与个人对其所领会的关于世界公平的道德和伦理判断纠缠在一起的，从而可以在相互对立的理性和意识形态中进行选择，其中，对收入分配的"恰当"评价是一个意识形态的重要组成部分；（3）当个人的经验与他的意识形态不一致时就会改变意识形态上的看法，而在改变之前往往有一个经验和意识形态不一致的积累过程。①

一般认为，意识形态在社会经济活动中起到这样的作用：（1）意识形态促使交易双方决策过程简化，从而节省了交易费用，并提高了整个社会经济的效率；（2）意识形态在一定程度上又是可塑的，特别是与产权之间也存在着互动的关系；不仅意识形态对产权的界定有着不容忽视的影响，而且产权的变化会引发意识形态的改变。由此，诺思就特别强调一个社会、国家对意识形态的影响作用，并进一步对成功的意识形态加以归纳和说明。在诺思看来，成功的意识形态一般必须具有这样三个特征：（1）能够解释历史，并对现行的所有权结构和交易条件有所说明；（2）具有灵活性，以便能够赢得新团体的忠诚，并能够吸引少数民族和妇女等；（3）能克服搭便车问题，其基本目标是：使个人摒弃个人私利和对个人成本—收益的简单计算，为社会团体行动注入活力。可见，正是意识形态等价值伦理观是可塑的，也就给予了

---

① 诺思：《经济史中的结构与变迁》，陈郁等译，上海三联书店、上海人民出版社1994年版，第53页。

政府影响它、建设它的可能性。

当然，西方社会中也存在一些自由至上主义者如 W. 洪堡、斯宾塞、米塞斯、哈耶克等，他们往往极力反对政府对道德教育的干预，甚至极力丑化政府主导的道德教育。在他们看来，政府对道德教育的干预实际上也就是政府对思想、讨论和不同意见的压制，以及为了灌输对权威的盲目服从等观念。例如，洪堡认为，国家的主要功能是为国民提供安全保障，而这不会使彻底的移风易俗成为必要，因而"公共教育应完全处于国家作用范围之外"①。其分析的基本理由在于：（1）"古代人想应用的道德手段是国民教育、宗教和习俗律条，这一切在我们这里效果甚微，却危害较大。现在往往认为是立法者的英明作用的东西，大多在当时仅仅是已经成为现实的也许仅仅是摇摆无定、因此需要法律认可的民俗"；（2）"公共教育，也就是由国家安排或领导的教育……必然总是有利于某一种特定的形式"；（3）"政府的精神总是在公共教育中占据统治地位，任何公共教育都给予人以某一种特定的国民形式。"基于上述几点，洪堡就主张，"必须处处对人推行最自由的、尽可能少针对国民情况的教育"，"从根本上讲，教育只应该造就人，不要考虑确定的、给予人们的公民形式"。② 同样，斯宾塞也强调："关于国家职责的定义禁止国家管理宗教或慈善事业，因此它也同样禁止国家管理教育。因为政府拿走一个人的财产超过为维护他的权利所必需，就是侵害他的权利，因而是颠倒了政府对他担负的职责；又因为拿走他的财产去教育他自己的或别人的孩子并非为维护他的权利所必需，为这种目的拿走他的财产就是错误的。"③

那么，我们如何理解这些学者对公共教育的反对呢？

①　洪堡：《论国家的作用》，林荣远、冯兴元译，中国社会科学出版社 1998 年版，第75 页。

②　洪堡：《论国家的作用》，林荣远、冯兴元译，中国社会科学出版社 1998 年版，第71—74 页。

③　斯宾塞：《社会静力学》，张雄武译，商务印书馆 1996 年版，第 149 页。

首先，洪堡之所以主张政府应该处于公共教育之外，一个重要原因就在于，当时还处于君主政体时期，如果让政府大量介入到教育领域，那么统治者就会"借道德教育之名"而"行思想压制之实"。正是在这种社会背景下，洪堡主张，国家的基本任务就是保障人的自由，依照其个性最充分和最匀称地培养人。不过，洪堡又承袭卢梭的思想而认为，人本身更倾向于善的而不是自私的行为。确实，这种情况在人类历史以及现实社会中也时有发生"借道德教育之名"而"行思想压制之实"的情形，那些专制国家的政府更倾向于借助于教育来维持其统治，从而也就值得我们提防。

其次，斯宾塞之所以强调应该让儿童自己"按照最好的方式去做他愿意做的任何事情"，一个重要原因就在于他自身的教育源于自学，从而把教育视为一个私人品。斯宾塞说，如果"承认政府负有义务去教育一个人的孩子，那么根据什么样的逻辑能够证明它没有义务去负担他们的衣食呢？如果有一条关于他们心灵发展的议会法令的规定，那么为什么不应该有一条关于他们身体发展的议会法令的规定呢？"[1]事实上，教育本质上是公共品，因为它具有强的正外部效应，可以使所有人都受益；特别是，对个体社会性培育的教育投入，更有助于提高社会的互惠合作，从而促使分工的深化和劳动间协调的增进。因此，教育提升的是一个国家的生产力而不是财富分配，这不仅是指个体生产力提高，而是社会生产力提高。纵观世界近代经济史上成功进行现代化转型的国家和地区：18世纪末19世纪初发生第一代工业化的英国，19世纪中期实现第二代工业化的法国、德国和美国，19世纪末20世纪初实现第三代工业化的意大利、俄国和日本，以及20世纪下半叶进行第四代工业化努力的亚洲新兴国家和地区如"亚洲四小龙"等，就可以发现，这些国家和地区无一不是非常重视教育的。斯坦福大学的教育学和社会学教授英克尔斯甚至认为，凡是对正规教育和在学校里学习读写算等技能感兴趣并给予

---

① 斯宾塞：《社会静力学》，张雄武译，商务印书馆1996年版，第149、150页。

较高评价的人，才是比较现代的人。

同时，斯宾塞也担心政府对人们思想的压制问题，他说，"教育是为了什么？很清楚，是为了使人们适应社会生活——使他们成为好公民。那么谁来说什么样的人是好公民呢？政府：没有其他裁判。……（因此政府就会）按照它自己的判断去决定什么是好公民以及怎样可以把一个儿童塑造成好公民。……如果这样证明了它有正当理由去严格执行它认为最好的那类计划，那么每个政府就应该做欧洲大陆和中国的专制政府所做的事情"，因而"凡是政府把教育担负起来时，其目的都是为了防止威胁他们至上权威的自发教育"。[①] 一般地，要判断政府及其代理人在道德教育投入中的行为是否渗入了私利，关键之点就在于要弄清楚道德教育的本质宗旨。在这方面，道德教育的核心任务在于提升受教育者的亲社会性，从而主动地采用"利他"手段来实现自身目的，将"为己利他"行为机理内在于个人偏好之中，从而可以有效地促进社会的合作和社会秩序的扩展。

显然，如果接受这种内涵的道德教育，那些受过高层次教育的社会精英就会更自觉乃至自发地遵循"为己利他"行为机理，将"己所不欲，勿施于人"的人生格言运用在具体生活实践之中，而不是依靠取得权势尽可能地获取不公平的收益份额。基于这一视角，无论是传统基督教会还是传统专制帝王所主导的道德教育实际上都是"不道德教育"，同样，当前主流经济学基于经济人以及供求力量决定分配的教育也是"不道德教育"。其实，中国历代强调精英治国，何为精英？精英并不简单等同于他的出身、地位、财富或知识，而关键在于他是否积极承担社会责任，能否跳出个人利益的束缚而从社会角度思考政策问题。实际上，尽管古代教育大都是私人传授的（如中国的私塾，古希腊的学园等），但古代社会推崇"知行合一"观，那些具有渊博知识的学人也大多是时刻关心社会、关怀人类的学者；因此，他们在教育

---

① 斯宾塞：《社会静力学》，张雄武译，商务印书馆1996年版，第151、159页。

中非常重视人品的塑造，非常强调知识者重在能够经世济民。正因如此，历代很多思想家（如中国的孔子）都强调，没有道德价值观就没有教育。譬如，传统儒家的所有教育都在于一个"德"字，教育的根本就是激发人之善性，化成人类内在的仁、义、礼、智、信。正是由于传统教育注重人的伦理道德熏陶，因而古代知识分子往往具有承担社会责任的高度理念，这就是真正的知识分子。

事实上，无论是西方社会还是儒家社会，早期的教育重点都在于人文熏陶，在于价值理性的培育，因而知识、理性和美德往往具有等通性。不幸的是，随着资本主义市场经济和物质文明的偏盛，西方社会中的宗教动力与经济动力就开始相分离，其中，经济动力逐渐偏盛而宗教动力则日益式微，从而导致个人主义和功利主义的膨胀；此时，教育就主要退化为科学技能和工具理性的培训，从而就导致了知识和美德的脱节。在很大程度上，正是由于工具理性和功利主义的盛行，关注社会责任的公共知识分子就迅速消逝了，而留下的或制造的仅仅是解决技术问题的专家；而且，机会主义行为也在社会关系中大量滋生，以致整个社会处于日渐松散和解体的状态。德鲁克就说："抛弃道德价值观，那么其结果只能意味着教育将传播错误的价值观。它将传播漠不关心、毫不负责和玩世不恭。"[1]

六、结语

苏格拉底很早就指出，善和智慧是统一的，人的行动往往受制于他的知识，而知识的缺乏应当为道德错误负责。[2] 这里的知识就是价值理性，是对

① 德鲁克：《新现实：走向 21 世纪》，刘靖华等译，中国经济出版社 1993 年版，第 192 页。

② 波普尔：《开放社会及其敌人》（第一卷），陆衡等译，中国社会科学出版社 1999 年版，第 238 页。

社会本质的认知。亚里士多德很早就指出，没有一种伦理德性是自然生成的，而是经由教导和培养而增长，并经过长时间地通过习惯而达到完满。①福山则说："控制犯罪的最佳形式不是一支具有镇压性的经常力量，而是这样一个社会，即首先使年轻人适合于社会生活，遵守法律，并通过非正式的社区力量将犯法者引回到社会主流中去。"②显然，这些都为社会机构或政府对伦理的培育提供了可行性和必要性支持。

同时，公共教育的本质就在于提升受教育者的亲社会性，进而增进"为己利他"行为机理的践行和传播，最终促进社会合作秩序的扩展。例如，斯宾塞就说："教育的一个主要目的使培养性格。遏制不受纪律约束的倾向，唤醒沉睡的情感，加强认识力和培养鉴赏力，鼓励这种感情而压抑那种感情，以便最终使儿童发展成为具有均衡与和谐天性的人。"③同样，穆勒认为，"人类健康所必需的主要条件之一"是"个人的内在修养，这不仅包括他的知识和道德的修养，还包括审美的修养"，而这个目标主要是通过大规模的教育来实现。一位观察家就写道："在穆勒看来，无论是个人还是群体，利他主义的培养和自我的正确导引都可以通过教育实现，因为这就是教育的一个功能。"④一般地，教育程度越高，人的社会性越强，更愿意遵循"为己利他"行为机理，更有助于社会的协调和合作。正因如此，社会化的岗位往往需要那些具有一定教育程度的人士来担任。之所以如此，就在于，伦理培育的真正宗旨是致力于受教育者亲社会性的提升，培育"尽其在我"的责任观，培养"在其位尽其事"的敬业精神，而不是首先要求他人的牺牲。

---

① 亚里士多德：《尼各马科伦理学》，苗力田译，中国社会科学出版社 1999 年版，第 27—28 页。

② 福山：《大分裂：人类本性和社会秩序的重建》，刘榜离等译，中国社会科学出版社 2002 年版，第 33 页。

③ 斯宾塞：《社会静力学》，张雄武译，商务印书馆 1996 年版，第 79 页。

④ 转引自卢兹、勒克斯：《人本主义经济学的挑战》，王立宇等译，西南财经大学出版社 2003 年版，第 39 页。

第 3 篇

保障有为政府的制度基础

要抑制和缓和政府失灵问题，保障政府做它该做的事，并且做好它该做的事，关键在于存在一整套社会制度安排；同时，社会制度安排又有赖于宪法政治体系，因为宪法政治本身就是生成制度的制度。显然，宪法政治体系的根本宗旨在于个人权利的拓展以及个人权利在公共决策中的体现，这就涉及社会民主和自由的维护和保障。从根本上说，民主是体现成员诉求的一种集体行动和决策方式，自由则是保障个人权利的形式，而社会主义则是建立自由与民主之大同的一种社会理想；因此，社会主义与民主自由之间在本质上并没有对立之处。当然，自由的内涵在不同时期的重点有所不同，民主的决策方式在不同时空下的具体应用也呈现明显的差异性，所有这些都有待于我们更深入地剖析自由与民主的本质内涵及其演化。当今中国社会的问题是：社会主义理想已经式微了，自由引入了市场竞争的消极自由，而传统的非民主体制则转变为形式的民主；因此，当前需要做的是：如何保持和回复原来的社会主义理想，而促进目前形式的民主与自由朝实质的民主与自由发展，而这些都可以从儒家传统中汲取营养。

9. 柏拉图的理想主义与"道统"的独立性
——有为政府的理性自由主义基础

    自由呈现出多元化和复杂化的历时性演化趋势：多元化体现为不同时期的自由内涵是不同的，如无支配的自由、无干涉的自由和自律的自由等。同时，自律的自由是自由的高级形态，是自由复杂性演化的一个基本趋势，也是无支配和无干涉这两类自由充分发展的基础。基于这一思维，本章提出三点认识：（1）把人类理性的发展与自律的自由联系起来而为柏拉图长期所遭受的误解进行平反：柏拉图关注的正是更高层次自律的自由，他的哲学王就体现为因理性而具有更强自制力；（2）哲学王所承担的角色和所需要的资质不同于武士：哲学王掌握的是立法权而不是行政权或司法权，从而需要广博知识和社会责任，需要具有考虑人类长远利益和集体利益的充分理性；（3）哲学王和武士的不同职能也确立了"道统"和"治统"的关系：哲学王承继和发展的"道统"独立于"治统"，并且决定着"治统"的合法性。最后，"道统"本身具有某种理想主义成分，"道统"的实践需要有一个从理想主义到经验主义的转化程序。从这个角度上说，柏拉图并不是专制主义者，而是理性自由主义者，这也为有为政府提供了哲学基础。

一、引言

    新古典自由主义对有为政府的否定和对有限政府（或"最小政府"）的

推崇可以追溯到对柏拉图主义的批判。在新古典自由主义看来，有为政府着眼于国家的幸福而不是个人的幸福，推崇社会正义而非个人权利，并通过赋予政府巨大的权力来贯彻这一目标；但是，这实际上就如同柏拉图的理想国，不但永远不能实现，而且还会在实践中造成巨大灾难。自柏拉图以降，西方学术界就长期存在理性主义和经验主义的争论：理性主义往往与集体主义和专制结合在一起，并被西方主流学者视为应该对人类历史上的重大灾难负责；经验主义则与个人主义和自由联系在一起，并被西方主流学者视为体现了自然秩序的基本特征和要求。那么，这种简单化的连接是否合理呢？这就需要重新审视柏拉图学说的真实意义，尤其需要作用考察自由的本质内涵及其演化方向。

一般来说，理性是指人的认知，而自由则是指人的状态。在基本含义上，两者之间并无对立关系，相反，认知的增进反而有助于自由状态的提升，也就是理性自由主义。当然，当这种理性本身是一个"他者"，来自"他者"的理性强加于"我者"之身，强迫"我者"按照"他者"的意志行为，那么，这就可能会干涉到"我者"的自主状态，从而导致"我者"的不自由，最终可能导向专制或集权。在很大程度上，正是由于启蒙运动开启的"自负的理性"，尤其是19世纪中期以降出现的理性学说与社会运动之结合，以及进而产生的思想权威和政治领袖之合一，使得一些"卡里斯马"者能够在社会实践层面贯彻其个人理性，一些理性主义学说也不加审查地运用到实践中，从而最终造成了社会的剧烈震荡。

基于历史的教训，20世纪70年代后复兴的"自由放任主义者"转而就在理性自由主义与集权专制之间画上了等号，进而将柏拉图、卢梭、黑格尔以及马克思等人的学说都视为专制主义的；相应地，那种不受干涉、不受支配的消极自由开始得到推崇，并深深地支配了现代主流经济学的思维。正是受这种思潮的支配，现代主流经济学崇尚个人的逐利行为，重视市场机制的作用，崇尚社会制度的演化，热衷于现象的解释，致力于现实的维护；相应地，也就抵制对个人的干预，放弃对社会规律的探讨，否弃社会理想的存在。问题是，纯粹市场下的个体果真是自由的吗？它符合马克思所倡导的"人的全面自由"的特性吗？很大程度上，这就涉及自由的内涵以及演化的理解。正是通过对自由内涵的剖析，我们才可能真正理解柏拉图、马克思等人的学说，从而为积极的有为政府进行辩护。有鉴于此，本章就此作一阐述。

二、自由的类型及其历时性演化

现代社会往往将自由、平等、民主等都视为人类世界的普遍价值，但显然，这些概念本身的内涵都不是固定不变的，而是随着时空的转变而不断演化。例如，就"自由"而言，我们就可以基于历时演化的角度对自由概念作多元主义的理解。

（一）古代人与现代人的自由

西方学者往往将自由主义的谱系追溯到古希腊时期，甚至将伯利克里和苏格拉底等视为自由主义的奠基人。同时，针对古代社会与现代社会的生活差异，贡斯当又区分了两类自由：古代人的自由和现代人的自由；其中，古代人的自由主要是在公共事务中具有参与决策的自由，现代人则在私人生活领域持有不受干涉的自由。很大程度上，这两类自由反映出了适应于不同历史阶段的截然对立的两类社会情境。一方面，在古希腊时代，公民可以参与城邦发展以及其他公共事务的讨论和决策，因而在作为集体行动的公共领域中每个公民都是自由的，都被赋予平等的权利；但是，当时的经济生活却具有很大程度的配给性质，因而在作为个人发展的私人领域中却往往是不自由的，消费生活就受到氏族和城邦的约束。另一方面，现代社会恰恰相反，个人在经济生活等私人领域中的行动得到了切实的保障，享有不受他人干涉的自由；但有关社会发展的公共事务方面却往往为少数人或集团所支配，普通个体因很少有实质性的参与权而缺乏自由。

贡斯当写道：现代人意义上的"自由是只受法律制约、而不因某个人或若干个人的专断意志而受到某种方式的逮捕、拘禁、处死或虐待的权利，它是每个人表达意见、选择并从事某一职业、支配甚至滥用财产的权利，是不必经过许可、不必说明动机或是由而迁徙的权利。它是每个人与其他个人结社的权利，结社的目的或许是讨论他们的利益，或许是信奉他们以及结社这偏爱的宗教，甚至或许仅仅是以一种最适合他们本性或幻想的方式消磨几天或几小时。最后，它是每个人通过选举全部或部分官员，或通过当权者或多或少不得不留意的代议制、申诉、要求等方式，对政府的行政行使某些影响的权利"；相反，"古代人的自由在于以集体的方式直接行使完整主权的若干部分：诸如在广场协商战争与和平问题，与外国政府缔结联盟，投票表决法律并作出判决，审查执政官的财务、法案及管理，宣召执政官出席人民的机会，对其指责、谴责或豁免……他们亦承认个人对社群权威的完全服从是和这种集体性自由相容的"；"因此，在古代人那里，个人在公共事务中几乎永远是主权者，但在私人关系中却是奴隶……与此相对比，在现代人中，个人在其私人生活中是独立的，但即使在最自由的国家中，他也仅仅在表面上是主权者。"①

确实，随着市场经济和商业主义的发展，越来越广泛的个体获得了法律上的平等地位，个人财产也获得越来越严格的法律保护，从而个体在私人领域的行为就越来越不受到他人的干涉。因此，流行的观点往往认为现代商业社会提高了个人自由，尽管这种自由观本身是非常狭隘的。事实上，随着市场经济的推进，权力分配的碎片化产生了明显的"沉默螺旋"效应，这使得

---

① 贡斯当：《古代人的自由与现代人的自由之比较》，李强译，载《自由与社群》，生活·读书·新知三联书店1998年版，第308—309页。

个体在公共领域中的话语权越来越小了，乃至社会公权力的实质分配也越来越不平等了。但贡斯当等人往往为现代人所享有的这种个人自由欢呼，贡斯当写道："我们已经不再欣赏古代人的自由了，那种自由表现为积极而持续地参与集体权力。我们的自由必须是由和平的享受与私人的独立构成的"，"行使政治权利为我们提供的乐趣仅仅是古代人从中发现的一小部分。但是，与此同时，文明的进步、时代的商业趋势以及不同民族之间的沟通却无限丰富了个人幸福的手段"。进而，贡斯当还批判卢梭说，"这位卓越的天才把属于另一个世纪的社会权力与集体主权移植到现代，他尽管被纯真的对自由的热爱所激励，却为多种类型的暴政提供了致命的借口。"①

　　问题是，随着人类物质水平的提高，参与公共生活的社会自由和政治自由必将越来越成为人们所追求之自由的重要内容，既然如此，我们又如何将现代人所追求的目标仅仅局限在享受有保障的私人快乐这一狭隘领域呢？很大程度上，无论是在公共领域享有的政治自由还是在私人领域享有的个人自由，只是人类自由在不同社会发展阶段上的体现而已，良善的人类社会应该兼具这两种自由。究其原因，如果由少数人垄断政治权力，最终也必将损害人们的个人自由。贡斯当也指出两类自由面临的不同类型的危险："古代自由的危险在于，由于人们仅仅考虑维护他们在社会权力中的份额，他们可能会轻视个人权利与享受的价值。现代自由的危险在于，由于我们沉湎于享受个人的独立以及追求各自的利益，我们可能过分容易地放弃分享政治权力的权利。"因此，现代社会也必须保障人们拥有公共领域的社会和政治自由。贡斯当继续说："放弃政治自由将是愚蠢的，正如一个人仅仅因为居住在一层楼上，便不管整座房子是否建立在沙滩上。"

　　新的问题是，现代社会又该如何保障政治自由的充分实现呢？贡斯当等

---

① 贡斯当：《古代人的自由与现代人的自由之比较》，李强译，载《自由与社群》，生活·读书·新知三联书店1998年版，第314、316页。

西方自由主义者诉诸权力制衡的监督制度。贡斯当写道："制度必须尊重公民的权利，保障他们的独立，避免干扰他们的工作；另一方面，制度又比逊尊重公民影响公共事务的神圣权利，并由此实行控制与监督。"[①] 正是诉诸对当政者的制衡，新自由主义者将公共领域压缩到非常狭窄的领域，从而主张一种有限乃至最小政府。然而，这种主张也存在严重缺陷：（1）它将国家和政府所承担的功能仅仅集中在社会统治上，而忽视了越来越显著的经济功能；（2）任何完全依赖外在约束的自由都必然潜含着很多成本，如基于简单多数原则的公共决策就往往会出现多数对少数的暴政，相应的民主制投票中还潜含了自由悖论，等等。那么，人类社会究竟应该如何充分实现自由呢？根本上在于我们对"自由"的理解，而这需要通过对自由演化过程的梳理来认知人类自由的发展轨迹和特性。

（二）历时性演进的三类自由

D. 米勒基于历史的演化将人类历史上的自由归纳成三种主要传统：（1）共和主义传统，自由必须通过某种政治方式实现；（2）自由派传统，在政治终结的地方才可能有自由的存在；（3）理性主义传统，自由的主要内涵就是自律。[②] 其中，共和主义传统对应了原始共和时代，如城邦时期的古希腊、共和时期的古罗马以及公社制时期的日耳曼部落，这个时期几乎所有公民都通过民主方式参与公共事务；自由派传统对应了启蒙运动以后的西方社会，这个时期私人领域开始得到明确的确认，市场经济获得迅猛发展以及私有财产获得了保护；理性主义传统则应该属于少数人以及未来社会，如孔子的"随心所欲不逾矩"就达到了这一境界。

在 D. 米勒的自由划分之基础上，王胜强提出了三种自由类型：无支配

---

① 贡斯当：《古代人的自由与现代人的自由之比较》，李强译，载《自由与社群》，生活·读书·新知三联书店 1998 年版，第 324—326 页。

② Miller, D., *Introduction of Libery,* Oxford University Press, 1991.

的自由、无干涉的自由和自律的自由。其中，无支配的自由主要体现在公共领域不受少数人的支配，这与古代人的自由相对应；无干涉的自由主要体现在私人领域不受他人的干涉，这与现代人的自由相对应；自律的自由则是指自由已经内化在人的偏好之中，不仅自己追求不受支配的和干涉的自由，也意识到他人享有不受支配的和干涉的自由，从而在更大程度上体现了自由的未来发展。很大程度上，这三类自由之间呈现出一种历时性的关联，而且其内涵也呈现出一种日益复杂化的趋势。例如，按照王胜强的观点："自律的自由观……使人们正视这样一个事实，除了强制之外，自由也可能受到其它手段的制约。"[①] 进而，这种制约主要来自格雷所说的"进行批判与自我批判"，从而可以真正实现孔子所谓的"随心所欲不逾矩"。相应地，在这种状态下的人也就不再是自在的人，而是自为的人，其生活是建立在自我反思的基础之上。从这个意义上说，自律的自由将是自由的高级形态，也是无支配和无干涉这两类自由充分发展的基础。

为了深化对这三类自由的认识，我们想象古代等级制社会（也即马克思所讲的处于人的依赖关系中）孟尝君门客中的一个无人打搅的瘾君子和现代自由社会（也即马克思所讲的摆脱人的依赖关系）劳工市场上的一个无人打搅的瘾君子。首先，分析前一种情况：按照无支配的自由观，这个人是不自由的，因为他处于王胜强所讲的寄人篱下状态；按照无干涉的自由观，这个人是自由的，因为他没有被任何人所打搅；按照自律的自由观，这个人是不自由的，因为他缺乏自制力而无法抵制毒品的诱惑。其次，分析后一种情况：按照无支配的自由观，这个人是自由的，因为他不受任何人支配；按照无干涉的自由观，这个人是自由的，因为他没有被任何人所打搅；按照自律的自由观，这个人是不自由的，因为他缺乏自制力而无法抵制毒品的诱惑。正因如此，我们不能简单、抽象地看待自由，而必须与时代背景结合起来。

---

① 王胜强：《论现代人的自由》，山东人民出版社 2009 年版，第 63 页。

马克思就强调，自由随着历史的过程发展而发展，并且在不同社会阶段以不同的方式呈现。

其实，从本体论上讲，自由本身意味着一种状态，其中人们能够过他们认为适宜的那种生活，这种生活有许多合理的形式，并与他们过那些赋予生活以意义和价值的事物的理解相一致。① 同时，这种状态又需要依赖个体或社会的能力来得以实现或维持，因此，自由又体现为一种力量或能力，目的是为了实现个人的目的或防止他人的侵害。基于这种理解，伯林从消极的和积极的这两个维度来理解自由：消极自由强调主体不受别人的干涉，积极自由则体现为主体能够采取某种行为的能力。这两种自由都存在缺陷：消极自由容易引向宿命论，而积极自由则容易产生冲突。格雷就指出，"没有有效的福利制度所给予的'积极自由'，市场的'消极自由'就只有有限的价值"；同时，"当我们对于善的内容有着深刻的分歧时，求助于权利并没有用。……当普遍的恶发生冲突时，没有一种权利理论可以告诉我们怎么做"。② 而且，在格雷看来，"自由之间的冲突只能求助于其他价值才能得到解决"③，其中的一个重要价值就是公平和尊严。正因如此，就产生了公共制度的需要，它提供了一个个人或群体均能安居乐业的安全空间。

因此，自由本质上具有制度性：没有制度就没有规范，也就不可有真正的自由。同时，在不同时空下的制度和规范是不同的，从而就带来了自由的多元主义。关于这一点，格雷写道："市场并非独立的。它们是相当复杂的法律与文化制度。当它们为其他的、非市场的制度所补充时，它们就最大地

---

① 盖尔斯敦：《自由多元主义》，佟德志、庞金友译，江苏人民出版社2005年版，第3页。

② 约翰·格雷：《自由主义的两张面孔》，顾爱彬、李瑞华译，江苏人民出版社2005年版，第23、20页。

③ 约翰·格雷：《自由主义的两张面孔》，顾爱彬、李瑞华译，江苏人民出版社2005年版，第128页。

促进多元主义和自律。"① 其实。在实践生活中，个性的要求和社会的要求之间是相冲突的：一方面是个人的权利和个人的优先，另一方面是社会的正义和社会的强制。正因如此，新古典自由主义者往往将社会看作是处于个性之上并反对个性的外部强制。但是，马克思却认为，个人本身就是社会的和公共的，是社会的基本实体，因而社会的发展和塑造本身就源于个体的追求，每个人都认识到自身活动的可能性并根据共同的期望和目标认识到彼此之间的联系并互相提高彼此的个性。正因如此，自律的自由就形成了更高阶段的自由形态，也是自由复杂性演化的一个基本趋势。

（三）三类自由对应的历史阶段

要真正了解自律自由的现代性，我们还可以将上述三类自由的诉求与马克思的历史三阶段联系起来；在某种程度上，马克思描述了不同历史阶段人类的依附性，也就隐含对了相应自由的诉求。

首先，无支配的自由实际上体现的是人的依赖性社会关系，主要出现在存在等级制的前资本主义社会阶段，揭示了共同体内部的不平等关系。在这个阶段，个人根据他们在共同体内部的身份、作用和职能相互发生个人的联系，而个人的身份和他们相互关系的性质则是由他们在这个总体内的地位决定的；因此，个性就受着特殊性的束缚，即，受着没有任何变化或不可能变化的一种特殊职能或作用的束缚，个人不能选择、脱离或承担一个不同的社会角色。正因为人们被固定在一套稳定的社会关系中并以一种特殊而具体的方式发挥作用，个体就是具体的、特殊的和不自由的，为此，马克思把这种有机共同体中的内部关系的特征概括为人身依附关系与支配关系或主奴关系。显然，就人的依赖而言，无支配的自由主要体现在

---

① 约翰·格雷：《自由主义的两张面孔》，顾爱彬、李瑞华译，江苏人民出版社 2005年版，第 23 页。

政治层面，追求的是共同体中的平等社会地位，马克思将之称为共同体层面的"实在的自由"。

其次，无干涉的自由实际上体现的是物的依赖性社会关系，主要出现在注重规则治理的资本主义社会阶段，揭示了社会上的形式平等关系。此时，个人从共同体的束缚中解脱出来，不再像以前那样通过内部关系彼此直接关联，而是通过外部关系而发生间接的或社会的联系，共同体内部的人身依赖关系为市场的外部关系所取代。简单交换体系以类似的方式产生了个体之间的平等和相互相，订立契约的行动确立了契约者之间的平等；马克思写道："每一个主体都是交换者，也就是说，每一个主体和另一个主体发生的社会关系就是后者与前者发生的社会关系。因此，作为交换的主体，他们的关系是平等的关系。"① 当然，人身依赖并没有并消灭，只是以物的形式继续存在着，人越来越依赖于货币，依赖于资本，依赖于机器；为此，马克思认为，尽管此时有了人身独立，但个人却转而受到资本的支配，抽象而普遍的外部关系只具有形式上的平等。显然，就物的依赖而言，无干涉的自由主要体现在经济层面，追求的是市场交易中的自由和平等机会，马克思将之称为市场中形式上的消极自由。

最后，自律的自由实际上体现的是个性全面发展的自主性社会关系，主要出现在追求公共个性的社会阶段，揭示了社会上的具体平等关系。此时，不平等的共同体内部关系开始得到重建，社会结合现在成为个人之间相互直接的主体关系，而不再是支配关系；同时，个人现在不再被强制发展那些生产过程所要求的能力，而是自由地发展他们的能力，从而也就克服了对物的依赖。因此，第二阶段的形式平等也转化为真正的、实质上的平等，共同体之内的社会个体成为公共的个人，它不依赖于客体而独立；因此，每个人都是具体自由的，每个人都相互自由地联系着，不是出于物

---

① 《马克思恩格斯全集》第 30 卷，人民出版社 1995 年版，第 195 页。

的依赖的需要，而是出于主体的需要，出自他们彼此的能力、品德和成就的需要。在这种关系中，每一个人都承认其他人也是如同自己一样的自由个体，自由交往的丰富促进了各个人之间差异的全面发展以及每一个人内在的差异的全面的发展，因而每个人既取得了主体的地位又取得了客体的独立。显然，在自律的自由中，每个人所追求的不是成为统治者阶级或成为资本家阶级的自由，而是追求互惠合作和个性发展；此时，个人重新占有了异化的或物化的社会性与普遍性，全面的实质自由也通过社会的相互作用而实现。

三、重新理解柏拉图的学说

基于自由的演化以及自律自由的理解，我们可以进一步对一些流行的谬见进行反思。事实上，柏拉图就因为提出哲学王和理想国思想而长期遭受批判。例如，现代经济学批判柏拉图的理想国是一个道德乌托邦，因为它将当政者视为追求公意的；现代政治学批判柏拉图的理想国潜含了种族主义倾向，因为强调要保障保护者种族的纯正性；波普尔批判柏拉图尝试建立的完美而不会衰败的理想国是一个封闭社会；哈耶克则批判柏拉图的乌托邦工程犯了"致命的理性自负"；更为广泛的新古典自由主义者基于"无支配"自由或"无干涉"自由而将柏拉图学说视为集权主义和专制主义的渊薮，甚至将柏拉图视为一个法西斯分子，主张我们都需要这样一个领袖，如果没有这个人的许可，人们连"起床、走路、洗漱和吃饭"都不可以！① 进而，通过将有为政府所嵌入的理性与柏拉图主义联系起来，有为政府说也就遭到新古典自由主义经济学家的批判和否定。那么，这些认知具有多大程度的合理性？在笔者看来，这些理解具有强烈的片面性，不仅缺乏对自由内涵和演化

---

① 宾默尔：《自然正义》，李晋译，上海财经大学出版社 2010 年版，前言。

的真正理解，而且对柏拉图本人及其思想存在极大误解。这里从两方面对柏拉图学说中理性与自由的关系加以剖析和解读。

（一）就柏拉图的人生观和理性观而言

柏拉图的人生观具有这样几个特点：（1）柏拉图崇尚理性，接受苏格拉底的思想：只有理性的生活才是有意义的，而未经反思的人生是不值得过的；（2）柏拉图认为，人类理性并不是基于行为功利主义的痛苦和快乐的比较，不是现代主流经济学所偏重的对资源配置以及短期物质追求的方式，而是一种着眼于社会长期和谐发展的能力，能够超越自我而追求长期的生命永恒性；（3）柏拉图认识到，这种理性不是人类天生就先验地拥有的，而是面临着一个不断成长和成熟的过程，理性成长和成熟又源于人的学习和实践；（4）不同人的理性发育是有差异的，其中一些人更善于思考和总结经验，从而具有更高的理性；（5）为了过有意义的生活，理性程度更低的人就需要向理性程度高的人学习，甚至接受他的领导，这样，在向更高理性者学习过程中就产生了权威，在极端意义上就出现了哲学王。为此，柏拉图强调，一个良好的社会秩序需要充分发挥这些高理性者的作用。不过，柏拉图的根本立足点在于提高这些低理性者的理性。

事实上，柏拉图在《理想国》中就打了个比方：那些没有受过教育的人就像被囚禁在黑暗的洞穴中的囚犯，他只能看见监狱的墙壁上木偶戏的影子，他自然将这种影子当成真实的东西；"如果有人硬拉他走上一条陡峭崎岖的坡道，直到把他拉出洞穴见到了外面的阳光，不让他中途退回去，他会觉得这样被强迫着走很痛苦，并且感到恼火；当他来到阳光下时，他会觉得眼前金星乱蹦金蛇乱舞，以至无法看见任何一个现在被称为真实的事物"；但是，一旦他的眼睛逐渐适应了阳光，他的四肢适应了新的自由，他也就会逐渐享受起新发现的幸福来，并且，"如果他回想自己当初的穴居、那个时候的智力水平，以及禁锢中的伙伴们时……他会庆幸自己的这一变迁，而替伙伴们遗憾"。① 在这里，哲学王就是那个已经打破枷锁而恢复了自由并在理性的光明中获得真知的人，他的任务就是要回到那个洞穴以启蒙他的同伴；同时，从社会发展的维度讲，哲学王还对现有的社会制度进行审视和批判，从而引领更为合理的发展方向。关于这一点，哈贝马斯也有相似的看法："哲学家从事其批判活动的公共领域并不是纯粹的学术场所。哲学家的讨论面向政府，目的是对政府加以指导和监督；同样，哲学家的讨论也面向公众，目的是引导他们运用自己的理性。"②

　　显然，柏拉图的理性观与现代主流经济学的经济人假说所隐含的理性概念存在着根本性的差异：理性本身是不断演进的，不同个体的理性是有差别的；同时，理性的成长必然伴随着痛苦的经历，因为它必须克制短期的"私欲"，必须抵制各种诱惑。很大程度上，经历、认识和享受痛苦是人之所以为人而不成为一般动物的重要特征，这不仅为叔本华、尼采等所阐发，也为佛法所阐发。例如，叔本华认为，生命意志在本质上就是痛苦，人的本质就是悲观，因为一切欲求都是由于匮乏，是由于对自己现状的不满；显然，欲求得不到满足就会产生痛苦，并且，每次欲望的满足都会成为新欲求的起点，因而生命的欲求绝无止境，痛苦则是无边无际。再如，佛家强调，为追求人生大道，人就会体验到人生经历的苦，所谓苦海无边。同时，不同人的认识力和意志力都是不同的，从而理性程度上也存在差异。相反，那些为意识或短期享受所诱惑的人，往往看不到也无法获得长期利益，从而理性程度也就较低。巴斯夏就写道："通常，一种当时让人觉得舒坦的好习惯，后来总是带来痛苦，比如，生活放荡、懒惰、挥霍浪费。一个人如果仅仅注意到一种习惯的可以看得见的后果，而没有洞悉那些当时看不到的后果，他就会

---

　　① 柏拉图：《理想国》，郭斌和、张竹明译，商务印书馆1986年版，第274、275页。

　　② 哈贝马斯：《公共领域的结构转型》，曹卫东等译，学林出版社1999年版，第122页。

沉溺其中而不能自拔。"①

因此，柏拉图的理性观比现代经济学中的经济人假设所蕴含的理性更为现实，也更为合理。（1）它反映人类区别动物的根本特性：人能够关注长远，从而能够约束自己的短视行为。卢梭很早就指出，野蛮人"的头脑中没有那种能促使他观察常见食物的哲学思想。它的思想受不到任何刺激，完全沉湎于对他当前存在的感觉之中，没有任何关于未来的概念，哪怕这个未来就在眼前"②。（2）它体现人类理性的三大特征：一是认知力，有限认知能力限制其问题解决能力；二是意志力，有限意志力使人们选择并不能符合其长远利益；三是亲社会性，有限自利使人们往往愿意做出牺牲来帮助他人。事实上，古希腊人称之为"akrasia"的"有限的意志力"就是指，某人可能非常清楚应该理性地去做些什么，却没有这么去做。例如，人们往往会暴饮暴食，尽管他们自己也认为这是愚蠢的或不理性的，但依然没有抵制住诱惑。在柏拉图看来，理性、情感和欲望构成了人脑中的三大部分，只有凭借协调得当的情感的帮助，理性才把控制住欲望，从而就可以实现"个人的正义"；同时，柏拉图更为关注"社会的正义"，这体现为社会秩序受理性的支配，而拥有统治权的则是情感受到良好规制的理性的哲学王。因此，基于这三方面的剖析，我们就可以深刻地认识到现实世界中人类理性的有限性，从而也就需要借助其他机制和公共力量帮助来使得决策更为科学和合理，这在很大程度上已经为诺贝尔经济学奖得主如塞勒和卡尼曼等人的行为实验所揭示。

（二）就柏拉图的自由观和国家观而言

柏拉图的自由观具有这样两大特点：（1）柏拉图并非不喜欢自由，相反，他的思想已经远远摆脱了历史的束缚，他不仅仅局限于"无支配"的

---

① 巴斯夏：《财产、法律与政府》，秋风译，商务印书馆 2012 年版，第 6 页。

② 卢梭：《论人类不平等的起源和基础》，高煜译，广西师范大学出版社 2002 年版，第 83 页。

和"无干涉"的自由，相反努力构设和发展自律的自由，而后者是人类自由的更高层次；(2)柏拉图认为，理性提高可以不断提升自身的自律性，最终实现更高程度的自律自由，从而低理性者应该向高理性者学习。因此，柏拉图是一个理性自由主义者，这种理性是为了追求生命的永恒和平和。事实上，只有理性才能驾驭情感，才能克制短期的欲望，才能摆脱世俗之物的支配，才能根据符合本性的法则安排生活，从而实现真正的自由的升华。因此，真正的自由是与理性相连的。例如，斯多葛主义就指出，"圣人"和"智者"就是彻底为理性所化的人，他绝对地把自己交付与自然，而对一切外在的变化都毫不动心。启蒙运动的斯宾诺莎也强调，自由并不仅仅是外在障碍的缺乏，而是理性意志的自律；正是通过理性个人主义就与社会秩序和谐相处。正是基于理性自由主义，柏拉图努力探究以自律的理性为基础的自由状态社会的可能性，这种思想后来为笛卡儿、约翰·穆勒、马克思等人继承和发展，尽管一些实践者和革命者往往有意无意地曲解了他们的本意。

同时，柏拉图的国家观具有这样的特点：理想国学说与其说是革命性的，不如说是学术性的。一方面，柏拉图强调，如果国家由一个受理性支配的团体来统治一批受欲望驱使的公民，且那些协助统治的武士和官僚都具有较强的节制力，那么就可以获得一个稳定而正义的社会秩序。另一方面，柏拉图也不是没有意识到权力所导致的腐败问题，这里强调的"节制力"就是针对腐败的；只不过，他又认为，如果统治者是爱好沉思和勇于承担社会责任的哲学家，那么，受自身善的知识的引导就可以从权力腐败中解脱出来。此外，柏拉图还强调，无论是哲学王还是武士，由于他们拥有规制社会发展和知性法规规章的巨大权力，从而也必须承担相应的更大责任，包括不应该有家庭和私有财产。

不幸的是，现代学者却越来越功利了，在并没有对社会发展有深刻认知的情况下，就妄图从政而做直接管制国家的"武士"；究其原因，在没有彻底法理化以及公共领域很不完善的社会里，那些掌握权力的"武士"可以获得许多实实在在的利益，而市场经济的发展更进一步地激发出了人这种逐利之心。与此同时，在法律平等主义和个人权利主义的影响下，这些拥有权力的"武士"们还企图只承担与普通人一样的责任，拥有平等的"法律"权利，从而不去承担与其权利相称的责任。更甚者，在法律监督体系还很不健全的情况下，这种"武士"们凭借其权力还可以进一步规避连普通大众也承担的责任，由此构成了凭借权力攫取私利的社会利益集团。正是由于上述情形导致了现代社会中普遍存在的腐败现象，很多学者就极力否定所谓的有为政府，并把这种错误的理念归咎于柏拉图；但实际上，这明显误解了柏拉图，也误解了有为政府，看不到柏拉图主义和有为政府说中的高次元精神。

可见，基于多元主义视角来剖析自由概念的历时性演化，进而把自律性演化与人类的理性发展联系起来，这就引发我们对柏拉图的哲学王和理想国等学说进行重新审视，为柏拉图长期所遭受的误解进行平反：柏拉图关注的正是更高层次自律的自由，哲学王的特征就在于因理性而具有更强自制力。阿伦特就写道："柏拉图所要求的哲学王，不是哲学自身在理想的政体中实现的，也不能够实现，倒是意味着由于与其他所有活动相比，更加重视哲学的支配这一能允许哲学存在的方式进行统治。即哲学家拥有闲暇，也不会为共同生活中产生的事情所打扰。"[1] 事实上，在当前社会，尽管批判柏拉图似乎已经成为一种流行思潮，甚至成为自由主义的一个标签，但试问：这些批判有多少反映了柏拉图的真正主张呀！为此，托马斯写道："谨送初学者一句益言：千万别读卡尔·波普尔的《开放社会及其敌人》，除非你读懂了真实的柏拉图，并足够以一种批判的眼光来审视波普尔的批驳。"[2]

---

[1] 阿伦特：《马克思与西方政治思想传统》，孙传钊译，江苏人民出版社 2007 年版，第 48 页。

[2] 托马斯：《政治哲学导论》，顾肃等译，中国人民大学出版社 2006 年版，第 146 页。

四、理解柏拉图的哲学王和武士

大众时代中流行开这样一个观点：社会需要并存在英雄是文明程度低下的历史表现，而且，文明越不发达，历史活动越为少数人所垄断，那么，英雄的影响力也越大。从某种意义上，古代社会中拥有巨大影响力的英雄也就是内圣外王的哲学王。有鉴于此，柏拉图的哲学王和理想国思想在现代社会就遭遇到了强烈的批判。那么，柏拉图的哲学王思想果真一无所取吗？很大程度上，流行的批判往往是基于对柏拉图思想的极大误解，尤其混同了哲学王和武士的资质和职能，乃至以篡夺哲学王地位的武士及其僭越行为来批判哲学王的职能。因此，要真正理解柏拉图的哲学王思想，就必须区分哲学王和武士及其在社会中所承担的角色以及相应的资质要求。

（一）哲学王和武士的职能承担

首先，我们来考察哲学王和武士在社会治理中所承担的主要职能。

从历史上看，尽管哲学王和武士这两大角色在特定时期曾经合为一体，但绝大多数时期是分离的。譬如，在柏拉图所处的希腊城邦社会，法官和行政官就存在着分离；也正是基于这种现实情形，柏拉图才得以发展出了"极高明"的政治理想。在柏拉图的理想国，哲学王和武士构成了两大统治阶层，但两者存在根本性的职责区别：有思想、有理智的哲学王主要职责是制定法律、管理国家和教育后代，而武士则是主要是执行法律和捍卫国家。而且，哲学王对社会的统治并不体现为对社会事务的直接管制，其思想在影响甚至支配社会大众之前往往已经经历了一个漫长的思辨和争鸣过程；在这些思想中固化成社会制度的往往已经为社会大众所认同和接受，并且还必须经过一个严格的程序。这意味着，哲学王掌握的只是立法权而不是行政权或司法权，他们通过设立规章来理顺公共领域的关系，而这种规章的执行则也由一套严格规章来保障；相反，掌握行政权（甚或司法权）的是武士，他们依据法律制度来维持社会秩序和保障社会稳定，他们的行为同时也受到法律的规范和制约。因此，我们说哲学王和武士所承担的职能是分立和不同的。

同时，对哲学王和武士的职能界分，并不会降低哲学王的积极作用，反而在更高层面上赋予哲学王以社会地位。一方面，由于哲学王比一般民众具有更高的理性，更能清晰地洞察社会的变化，他引领下的社会也就能够更为健康地发展。哈耶克、凯恩斯等都曾强调，现世的人们都是前人思想的奴隶，而这些思想的提供者也就是哲学王。另一方面，在任何一个运行有序的国度，社会秩序的稳定和扩展都是建立在不断完善的社会制度之上，而这些社会制度就是经由哲学王反复思考并通过一定程序所制定的。休谟就写道："在所有杰出的留有难忘成就的人物中，首要荣誉看来应属于立法者和国家的缔造者，因为他们为保障后代的安宁、幸福和自由，留下了法律制度和政治体制。"① 正是基于哲学王在人类社会发展的关键作用，人类社会的发展史实际上也就是哲学王的承袭史；相应地，我们观察人类社会的发展和制度变迁，也就是要梳理人类思想史。重视传统的传承和演变一直就是儒家社会的基本特征，老子、孔子、孟子等先哲对社会发展的思考就是以哲学王的传承为线索的。例如，儒家传道的脉络就上接尧、舜、汤、文王、武王、周公，通过孔子形成儒家学派后又传至子思、孟子。只不过，哲学王和武士之间的关系在漫长时期的演化中被严重颠倒了，"哲者称王"逐渐为"王者哲学"所取代；结果，中国的官方史书就成了一部帝王史，而帝王也不是遵循基于哲学王思想所制定的制度规章，而是"六经我注"地选择性使用哲学王思想。

同样，在现代社会中，柏拉图的政体观也得到了很大程度的实现，绝大多数国家实行的是代议民主制，而这就是一种变相的哲学王体制。其中，那些理性程度较高的精英们往往在民主选举中获胜，由他们组成的议会制定了规章制度以引领国家的发展；同时，首相、总统主要扮演规章制度的具体执

---

① 休谟：《休谟政治论文选》，张若衡译，商务印书馆 2010 年版，第 38 页。

行者角色，并对由哲学王组成的议会负责。也就是说，在现代社会，哲学王体现在那些为国家和社会的长远发展立规定制的议员、委员和代表身上，他们的基本职责就是"为天地立心，为生民立命"；武士角色则体现在执行既定之法并使之有效贯彻的总统、总理以及各级政府部门的行政官员身上，他们的基本职责是协调集体行动、缓和社会冲突。显然，作为行政权和立法权相分离的要求，无论在现代社会还是古代社会都是一致的：作为哲学王的议员并不对社会事务进行直接管制，保障社会秩序的制度实施则由作为武士的内阁官员来执行。只不过，现代哲学王和武士与传统哲学王和武士的产生方式是不同的：以前是世袭的或由小范围的选举产生，现代则是通过更大范围乃至全民的民主选举产生。即使如此，在很多国家也实行议会二院制：一个是"政府治理议会"，其目的在于使公民在追求特定结果方面的具体意愿得到反映，从而适合通过选举产生"有能力进行治理"的多数；一个是立法机构，体现了权力分立和制衡的法治要求，从而应当避免受特定利益的支配。①

（二）哲学王和武士的资质要求

正是由于哲学王和武士所承担的职能是不同的，而立法和行政功能的有效性则依赖于不同的能力，这也就对哲学王和武士提出了明显差异性的资质要求。

一般地，哲学王要能够为后世定规立制，根本上就取决于他的眼界，要具有长远的眼光。正是从这个意义上，哲学王的特征就在于因理性而具有更强自制力。柏拉图强调，哲学王就是彻底为理性所化的人，也是具有崇高德性的人。进而，这种理性往往又与知识结合在一起。究其原因，早期的知

---

① 哈耶克：《法律、立法与自由》（第2、3卷），邓正来等译，中国大百科全书出版社2000年版，第434页。

识、理性和德性是等同的，知识主要是有关个人修养、城邦正义等价值理性，它有助于增进社会的合作和促进城邦的治理。与此不同，在柏拉图的眼里，执行法律的武士应该具有保护公民的社会责任，但不应该拥有自己的理想，而只能严格遵守哲学王制定的法律规章。这一点，也得到了加尔布雷思等人的赞同："如果士兵当兵只是为了领取军饷，那么军队就不可能深入关心政治问题——至少只要有现存的军饷可以领取。但是，如果像克伦威尔的部下，当兵是为了拯救自己的灵魂，那么至少在一个邪恶的国家里。他们就不可能长期保持政治中立。英国议会上下两院向他们紧闭大门是对的。倘若像在拉丁美洲，男子参军主要不是出于一种过分尚武的价值取向，而是出于某种政治雄心，甚至就更加危险。"①

其实，有关立法权和行政权的分离以及立法者和行政者的资格差异，很多先哲都做了阐述。例如，卢梭写道："为了发现能适合于各个民族的最好的社会规则，就需要有一种能够洞察人类的全部感情而又不受任何感情所支配的最高的智慧；它与我们人性没有任何关系，但又能认识到人性的深处；它自身的幸福虽然与我们无关，然而它又很愿意关怀我们的幸福；最后，在时世的推移里，它照顾到成员的光荣，能在这个世纪里工作，而在下个世纪里享受。"② 显然，具有这种智慧的就是哲学王，他承担的根本职能就是立法。卢梭接着说："敢于为一国人民进行创制的人——可以这样说——必须自己觉得有把握能够改变人性，能够把每个自身都是一个完整而孤立的整体的个人转化为一个更大的整体的一部分，这个个人就以一定的方式从整体里获得自己的生命与存在；能够改变人的素质，使之得到加强；能够以作为全体一部分的有道德的生命来代替我们人人得之于自然界的生理上的独立的生

---

① 加尔布雷思：《加尔布雷思文集》，沈国华译，上海财经大学出版社 2006 年版，第68 页。

② 卢梭：《社会契约论》，何兆武译，商务印书馆 1980 年版，第 53 页。

命。"① 这也意味着，立法者素质的特殊性，立法与行政的差异。卢梭继续写道："立法者在一切方面都是国家中的一个非凡人物。如果说由于他的天才而应该如此的话，那末他的职务他也同样应该如此。这一职务绝不是行政，也绝不是主权。这一职务缔造了共和国，但又决不在共和国的组织之内；它是一种独特的、超然的职能，与人间世界毫无共同之处；因为号令人的人如果不应该号令法律的话，那末号令法律的人也就更不应该号令人；否则，他的法律受到他的感情所支配，便只能经常地贯彻他自己的不公正，而他个人的意见之损害他自己的事业的神圣性，也就只能是永远不可避免。"②

从历史上看，最高当政者必须拥有哲学王的思维，进而得以承担社会管理的责任，也是早期世界各族的共同要求：在儒家社会，它表现为"圣贤治国"以及"致君尧舜"等思想；在佛教社会，它则表现为"自觉觉他，觉行圆满"的佛义。同时，哲学王对社会发展的作用以及人们对哲学王的遵从在人类社会发展中呈现出一个正 U 形的曲线关系：首先，在早期社会，由于只有少数人才能读书，少数人才能对人类社会的发展进行思考，社会大众称他们为智者并愿意听取他们的建议，这是开明专制或士人政治时代；其次，随着书籍的传播和教育的普及，越来越多的人能够对社会现象进行自由思考和评价，而市场经济滋生的浮躁心理以及网络噪音造成的信息失真导致犬儒主义和自我中心主义的勃兴，此时智者和权威就让位于大众意识，这是多数民主的时代；最后，随着人类教育水平和知识素养的进一步提高，具有更高理性和智慧的智者就会重新获得公认，从而重新担负起引领社会发展的责任，这是真正的圣贤治国时代。

---

① 卢梭：《社会契约论》，何兆武译，商务印书馆 1980 年版，第 54 页。

② 卢梭：《社会契约论》，何兆武译，商务印书馆 1980 年版，第 55 页。

（三）哲学王和武士的遴选机制

上面的分析表明，哲学王和武士的基本职能及其相应的资质要求是不同的，从而也就要求有不同的选拔机制。

一般地，作为立法者的"哲学王"，应该具有广博而高深的专业知识，具有丰富的生活经验和社会责任，从而具有考虑人类长远利益和集体利益的充分理性。显然，这种资质往往需要借助一定考核程序才能显示出来。与此不同，作为行政者的"武士"，则应该拥有高超的管理艺术，拥有克服困难的毅力，从而能够很好地解决大量社会现实问题。显然，这种资质往往在选举中得到展示。事实上，哲学王所具有的社会认知和社会责任往往依赖于长期积累的社会阅历，因而能够担任这种职务的人往往是德高望重的长者，是长期进行社会思考的学者；与此不同，武士所拥有的社会亲和力和控制力则往往源于天生的气质和魄力，因而能够担任这种职务的人往往是意气勃发的年轻领袖，是长期在实践中的社会工作者。

很大程度上，要真正实现"贤人政治"，制度安排上就必须注意这样两点。第一，哲学王必须是在理性发育上更充分的人，这种资质必须借助于一定考核机制才能得到显示，而不能是简单地由民主选举产生，更不能是由某些行政者"钦点"，否则就蜕变成了拥有强大现实"影响力"的武士。事实上，当年孙中山在西方三权制衡的基础上增加了儒家传统上的考试院和监察院，从而在一定程度上保证了那些占据公共领域职位之人士的素质，这也是孙中山思想之伟大的重要体现。第二，选举机制和选民范围等必须进行规范和界定，以防止民主选择中的自由悖论和统治悖论。事实上，尽管民主选举在一定程度上可以发掘具有亲民性和执行力的管理者，但庸俗化和形式化的选举却往往产生寡头型的武士。穆勒就写道："当大多数选民对选举自己的政府缺乏足够的关心，或虽去投票，却不把选举权用于公共的理由，而是为金钱而出卖选票，或者按照控制着自己的人或出于私人原因希望谋求其好感的人的意思投票时，代议制就没有多大价值，并可能成为苛政或阴谋的单纯工具。这样实行的普选，不是防止苛政的保证，而是为虎添翼。"①

事实上，通过考试为公共职位选拔人才的制度还在当今的儒家社会中得到广泛的实施：在日本，全国大学预考中的尖子生被录取到东京大学法律系，毕业后即能在最有声望的政府部门谋得职位，从而可以制定大部分的国务政策而无须向任何人具体负责；在新加坡，国立大学的优等生将获得到美国和英国最高学府留学的政府奖学金，回国后马上被安排到某些公务部门任职。为此，丹尼尔·贝尔说："'贤人政治'显然适合于'以知识为基础的'当代社会。经济、政治和法律事务已经变得如此复杂以至于大多数民选领袖——更不用说普通市民——甚至难以做出合理而有效的判断。换言之，单单是公共事务的复杂性就意味着大量的决策权必须被置于才思敏捷的精英手中，这简直可以说是现代政治社会的功能性要求。政府从来没有像今天这样迫切地需要'智囊'"②。

即使是极力反对柏拉图思想的哈耶克，他对基于多数票规则的选举机制也持有高度的审慎。一方面，哈耶克要求立法者能够避免受利益集团或党派的制约。哈耶克认为，定期选举代议机构全体议员的制度在实践中"会迫使议员们严守党派的纪律"，而"一个负责关注特定利益的代议机构所具有的品质，完全不同于信奉民主的古典理论家预期从全体人民中选出的代表所具有的那种品质"，因而"就立法本身的目的而言，所需要的似乎是这样一个议会，其男女议员必须达到相对成熟的年龄才能享有选举资格，而且任期也要相对长一些，比如说 15 年，这样，他们也就无需再去考虑连选连任的问题了；此外，为了使这些议员完全不受党派纪律的约束，我们还应当在他们任期届满以后既不让他们享有连任的资格，也不强迫他们再回到市场中去谋

---

① 穆勒（即密尔）：《代议制政府》，汪瑄译，商务印书馆 1982 年版，第 10 页。

② 丹尼尔·贝尔（Daniel Bell，本书翻译成了贝淡宁）：《二十一世纪的儒教民主制》，程洁译，载《自由与社群》，生活·读书·新知三联书店 1998 年版，第 380—381 页。

生，而应当保证他们能够继续从事某些荣誉且中立的工作，比如说非专业法官的工作"①。另一方面，哈耶克对强调立法者应该具有丰富的经验和良好的品质。哈耶克认为："可以组成这样一个立法议会，其男女议员的年龄在45岁至60岁之间，而每年有1/15的议员会得到替换。因此，整个立法议会所反映的都是这样一部分人的意见，他们不仅积累了很丰富的经验，而且也有机会赢得声誉，且仍当盛年。"②

（四）哲学王和武士的现实颠倒

在现实世界的政体中，最为不幸的是，人们往往混淆从事立法的"哲学王"和从事执法的"武士"之特质，进而混同两者的选拔机制：目前的选举机制所确定的立法者往往是拥有社会影响力的人而不是具有高度理性的人。

一个明显例子就是中国台湾地区的现状：一方面，"立法委员"是选举产生的，而且基于迥异意识形态的政党争斗，一些冲劲有余而理性不足的年轻人就被选进了"立法院"，结果就导致了"立法院"不时地出现打斗之类吸引眼球的闹剧，却无法心平气和对地区和社会的长远发展进行交流及规划；另一方面，行政机构各部门的负责人或者政务官主要来源于各大学的校长、教授以及"名嘴"，他们虽善长社会制度的长期规划却并无多少管理社会的实际经验，结果就导致了行政上的效率低下和改革魄力不足，这正是马英九团队饱受批评的重要原因。其实，政务官和地方官员都与具体实务打交道，具有相似的特性要求，从而这些岗位上的人才也应该具有较强的流动性：地方官积累了一定的实务经验和管理艺术后可以到"中央"部门任职，从而可以将他们所积累的阅历在更大范围内发挥；同时，"中央"职能部门

---

① 哈耶克：《法律、立法与自由》（第2、3卷），邓正来等译，中国大百科全书出版社2000年版，第435、436页。

② 哈耶克：《法律、立法与自由》（第2、3卷），邓正来等译，中国大百科全书出版社2000年版，第436页。

的政务官退下来后也比较适合到地方任职，这样可以继续发挥其在整体规划中所扩展的视野和阅历。相应地，"立委"与大学教授都致力于对现实问题的思考、对社会发展关系的整理，具有相似的特性要求，从而这些岗位上的人才也具有应该较强的流动性：教授在学术造诣和对社会思考达到一定的深度和广度之后就可以进入立法部门，这样有助于将其较为成熟的理论付诸实践，从而更积极地发挥理论研究的价值；同时，"立委"从立法部门退下来也比较适合进入大学教书，这样他可以对立法过程中遇到的问题作进一步的思考，从而也就有利于进一步发展和完善理论。不幸的是，在当前的中国台湾地区，这两类人才的流动渠道也完全混乱了："立委"卸任后的去处主要不是大学，而是竞选地方官员或者进入国营企事业等；而马英九挑选的那些职能部门负责人或政务官甚至大多都不敢去地方竞选，而热衷于回大学教书。

当然，这种颠倒现象不仅出现在中国台湾地区，而且也是绝大多数发展中国家和地区的普遍现象，甚至在一些民主体制已经出现了上百年的发达国家也是如此。事实上，我们可以看到，在很多国家和地区主要不是大学教授而是文体明星以及电台主持更容易成为议会议员、立法委员。例如，在俄罗斯，2007 年年轻的体操运动员卡芭耶娃和霍尔金娜以及拳击运动员卡尔波维奇都转而成了国会议员，其中 24 岁的卡芭耶娃曾拍摄色情挂历，而卡尔波维奇则为《花花公子》杂志拍过半裸照片。在意大利，时任总理贝卢斯科尼亲自挑选四名美貌火辣的演员或模特竞选欧洲议员：36 岁的安吉拉·索齐奥曾经是全球知名选秀节目《老大哥》意大利版的参赛选手，芭芭拉·马特拉是前意大利小姐参赛选手，埃莱奥诺拉·加焦利是意大利家喻户晓的电视明星，卡米拉·费兰蒂则是肥皂剧女明星。在中国台湾地区，高金素梅、李庆安、余天等众多"立法委员"早先也都是文体明星以及电台主持等出身。显然，从作为"哲学王"的立法者和作为"武士"的行政者之特质与其职能相符这点上看，只有美国、英国等少数几个国家的民主体制比较成熟，这些国家的议员和行政者之特质比较符合要求；相反，其他大多数国家尤其是绝大多数新兴民主国家和地区的民主制度则完全走偏了，导致了一些无知又好斗的"武士们"占据了立法席位。

那么，为什么这些民主社会会出现如此严重的"人才非其所用"现象呢？一个重要的原因就在于，就在于这些国家和地区简单地将选择"武士"的那套选举机制套用到"哲学王"的界定上，在社会大众的认知水平还不尽如人意的情况下，社会影响力而非才能就成为决定性因素。社会影响力的来源是多方面的，既可能是因为当事人在特定领域作出了贡献而成了公众人物，也可能是来自金钱势力、政治势力乃至传统势力的转移。事实上，如果一个人承继或接受了他人的某种势力，他在选举中就容易获胜，表现为政治的家族化和裙带现象。例如，目前台湾地区的"立委"大多有某种政治渊源，如国民党籍朱立伦、吴志扬、林益世、连胜文、李庆安、雷倩、张嘉郡、江玲君和民进党籍余玲雅、林岱桦、王雪峰、邱议莹、谢欣霓、陈亭妃等都出身于政治世家。同时，正是由于这些占据立法岗位的人往往并不拥有"哲学王"的资质，平时也没有多少时间和精力用于思考社会现实和未来发展问题；因此，他们也就根本不能实现古人所倡导的"在其位，尽其职，成其事"，能做的而且乐于做的往往是不断地制造出一些新闻琐料以表明他们的存在。例如，在中国台湾地区，我们经常看到的就是"立委"报料、打架、锁门、占据主席台等现象，而且党派之间在很多议题上都截然对立，造成"立法院"往往流于空转。

总之，从本体论上看，柏拉图意义上哲学王的主要职能在于为人类定规立制，而他之所以能够为人类定规立制，又在于致力于对人类社会的探索，努力吸收了人类社会不断积累并经大儒们整理的经验和知识，从而担负起"为往圣继绝学"的重任。正是从这个意义上讲，柏拉图意义上的哲学王就成为现代社会发展的根本动力，并将越来越成为现代社会中的真正英雄。同时，按照柏拉图的看法，"哲学王"和"武士"所承担的职能是不同的，从而也必然具有不同的资质，由此也应该建立不同的选择机制。不幸的是，一些"自由主义"学者却混同了哲学王和武士这两种角色及其所需要的素养，结果：（1）那些缺乏对人类社会发展的真正认知的或者对理论一知半解的乃至热衷于社会运动的人士竟然都自以为是哲学王；而且，还把睿智和博学哲人视同为聪明伶俐和卡里斯马式的政治人物，乃至"几乎所有党派的头目，尤其是敢作敢为的党派或者成功的党派领袖，都毫无例外是柏拉图主义者"；①（2）在赢者通吃的社会中，一些人凭借在社会地位、特定才能、物质资源甚至武力等方面的优势而获得了广泛的社会影响力，不仅由此转化掌握话语权的社会精英，而且通过选举机制而成为拥有立法和行政权合一的"哲学王"；进而，社会影响力往往还来自特定团体的传承，这就导致了政治世家的大量出现。

五、从柏拉图学说到"道统"的独立

一个良好的社会组织是：从社会大众中选择出哲学王，哲学王探索人类真理并由此制定法律和规划社会发展，武士则根据法律来治理社会。在很大程度上，哲学王和武士间的职责界分就确立了"道统"和"治统"间的关系：由哲学王引导"道统"独立并高于武士维持的"治统"。事实上，"道统"是对真理评估的依据系统，体现为一种话语权，由学者和知识分子来进行阐释；在现代社会中，它转化为管理社会、指导社会中各种关系的思想和理论，并由此取得了立法权。"治统"则是对社会控制的依据系统，体现为一种治理权，由掌握强大国家机器的君王们加以传承；在现代社会中，它转化社会秩序管理和维护的实际政治权力体系，并由此取得了行政权。事实上，在传统儒家社会中，"道统"长期是独立于"治统"的。例如，孟子就把政

---

① 米勒编：《开放的思想和社会：波普尔思想精粹》，张之沧译，江苏人民出版社2000年版，第482页。

治比喻为盖大房子和雕琢璞玉，需要专业人士，而统治者不应该干涉，就像他们不会去指导木匠和玉匠的工作一样（《孟子·梁惠王下》）。而且，在传统儒家社会中，尽管法律往往是用来约束下位者的，但并不是说，上位者就不需要或者不受到制约；相反，他们需要受到更高的道德标准的约束，法律仅仅是最低层次的道德约束。

同时，"道统"和"治统"的关系也就蕴含了理想和现实的关系：从经验主义上升到理想主义、再由理想主义回到经验主义，实际上体现了"道统"与"治统"之间的沟通和联系；其中，"道统"是一种抽象的思想，它转化具体的实践便形成了"治统"。在两者关系中，"道统"决定着"治统"承袭者权力的合法性，而不是由"治统"承袭者来"阐释"道统。因此，"道统"可以对"治统"进行审视而批判，但"治统"却不可以反过来支配"道统"。从这个角度上说，"道统"是独立于"治统"的更高层次。在很大程度上，儒家社会中上位者的道德约束就来自于具有独立性的"道统"，儒生拥有"道统"的解释权，他们根据这个"道统"对社会现象和行为进行审视，对社会政策、制度和结构进行剖析，对权势者的行为进行制约和对社会现象进行批判。正是基于"道统"和"治统"的关系，历代知识分子都以专门传播知识、思想为己任，秉承公共知识分子的立场针砭时弊、监督当政者。

此外，"道统"的独立性也蕴含了学术的特性和学者的使命。事实上，"道统"之所以可以被用于"治统"的审查尺度，就在于"道统"本身具有某种理想主义成分，同时，"道统"又由学者来承继、阐释和发展。在很大程度上，任何社会科学理论都具有某种理想主义成分，这种理想主义的学术体系构成了由学者世代承继而得以不断延续的"道统"，而学者则成为理想的挖掘者和承载者。一般地，学者的基本任务就是不断增进自身对社会的认知，通过"为往圣继绝学，为万世开太平"来更好地服务于整个人类社会。因此，真正学者不同于一般的社会生产者，他在社会发展上所起的根本作用不是体现在即期物质财富的创造上，也不在于为特定利益集团提供理论辩术；相反，他的主要职责和根本任务是在于从人类积累的知识中梳理出有价值的思想，通过不断增进人们的社会认知而更好地服务于人类后代。实际上，任何时代的人类行为都要受到前人思想的指导或制约，因而这些思想的提供者也就是真正的哲学王；发现思想以开启世人的智慧，照亮社会发展的通途，这也就是笔者所理解的柏拉图笔下的哲学王的真正含义。

不幸的是，尽管哲学王和武士、立法权与行政权之间应该存在分离，而且这在儒家社会也一直得到倡导和执行，但是，哲学王和武士之间的角色和社会定位却往往被混淆。一方面，武士往往试图摆脱法律的制约而按照自己的意志行事，甚至取代了哲学王的地位。显然，这在"治统"的力量远大于"道统"力量的古代社会经常发生，古代社会的法律规章基本上都是由属于武士的帝王将相所制定的。正是由于这些武士来引导社会发展的方向，他们的缺乏远见以及功利性就无法产生真正的制度革命，这是纯粹经验主义的弊病。另一方面，哲学王往往过于急切地期望学说得到实践，从而承担了武士的角色。显然，这在社会急剧变革时期常常发生，加尔布雷思就指出："历史上曾经反复出现这样的情形：知识分子深受自己惟一的真理观的影响，以至于把自己看作是生来主动要改变人类思维方式的救世主。"[1] 正是由这些哲人直接规划社会政策，他们的"突发奇想"或者"个人成见"往往就会导致整个社会的动荡不安，这也就是纯粹理想主义的谬误。在很大程度上，人类社会往往在这两种极端之间摆动：启蒙运动过程中强化的理性主义以及唯理主义以及当前社会对理性主义乃至对理性自由主义的否定都是如此。

事实上，正是有鉴于半个多世纪以来人类在建立理想社会制度过程中的失误，学术界开始反思和否定理想主义：不是充分审视武士和哲学王的关系，也不是去审视制度构建的条件和途径；相反，它把"理想主义"这个目

---

[1] 加尔布雷思：《加尔布雷思文集》，沈国华译，上海财经大学出版社 2006 年版，第 150 页。

标本身给抛弃，而是热衷于对现实的解释和辩护。明显的例子就是现代主流经济学，它极端地否弃了伦理价值和社会理想等规范性的东西，而热衷于对现实的描述和实证；同时，它依附于物竞天择的社会达尔文观，为现实的存在提供种种的合理化辩护。正是受这种思潮的影响，在现代社会中，无论是社会大众、学术精英还是政治领袖都失去了政治和价值理想，从而导致功利主义的盛行。事实上，在道德约束体系已经崩溃的当今社会，中国一些经济学家不但对在中国建立相对完善的监督体系完全没有信心，更是不相信伦理道德的积极作用；因此，他们很少在这方面真正展开实际性的探索工作，而往往倾向于把当前所遇到的问题一味地推给市场，主张所谓的"无为而治"。

总之，圣贤政治体制必须处理好哲学王和武士间的关系：掌握行政权的武士必须在掌握立法权的哲学王的领导之下，必须遵循并实施哲学王所制定的法律。不幸的是，人类社会发展恰恰走上了另一道路：掌握武装力量并拥有巨大影响力的武士（古代的执政官或现代的总统）可以轻易地让哲学王们（古代的元老或现代的议员）屈服。结果，人类社会在武士的领导下就往往充满了争斗性和扩张性，最终导致社会秩序的解体和崩溃。在很大程度上，古罗马以及后面的大量历史都为这方面提供了活生生的案例。① 显然，在经历了惨痛的教训后，我们应该重新审视柏拉图所界定的哲学王和武士关系，同时，要设定有效机制保障这种关系的执行。同时，通过对柏拉图倡导的哲学王和武士之地位和作用的剖析，又可以引导对"道统"和"治统"关系以及"道统"独立性的思考；更进一步地，"道统"的独立性又可以引发对学术的理想主义思考。

一般地，人们对柏拉图学说的评价往往涉及理想主义和经验主义两种思维：理想主义强调对社会本质和社会发展方向的关注，而经验主义则关注社

---

① 元老院谋杀恺撒的主要目的也就是希望能够避免行政权凌驾于立法权之上，但在当时军队隶属个人的历史背景下，这种努力几乎不能取得成功，即使杀了恺撒而获得暂时的合理秩序，但面临更具个人野心的屋大维甚至是安东尼时，则只能缴械和屈从。

会的历史演化以及现实可行的政策实施。这两者往往不能混为一谈,理想主义主要是学术层面的东西,需要学术界的自由和广泛的争论;相反,经验主义则更大程度是实践层面的东西,需要有社会条件和满足和有效的执行机制。但是,在革命运动时期,理想主义思潮往往会渗透到社会实践中,从而导致政策的理想化,最终反而招致更大的失败或动荡。正是看到理想主义潜含的"理性自负",顾准等开始强调从理想主义到经验主义的转化。尽管顾准的反思发人深省,却也引发了中国一些知识分子对理想主义的否定。这种思想典型地体现在中国经济学界:绝大多数经济学人都热衷于使用新古典经济学的分析范式对现实进行实证并基于经济人假说加以合理化,从而也就看不到了现实社会中的问题,也无法洞悉人类社会的发展方向,甚至也根本没有社会发展的理想。顾准说:"没有什么终极目的,有的,只是进步。"[1] 其实,这种进步往往是由知识分子加以发现和引导的,这些知识分子也就是哲学王。只不过,这种进步并不是一种先验的虚构,而是源自这些哲学王对人类历史经验的归纳和总结。从这个角度上说,理想主义并不能脱离经验主义,好的学者或哲学王应该是两者的结合,如亚里士多德的学说就是如此。

六、结语

通过对自由演化的分析以及自律性自由的认知,我们就可以更清晰地理解国家组织以及相应社会制度的意义和作用:它们根本目的不是限制人们的自由,而是促进人们自由的发展,保障人们最大可能地过他们感到适宜的生活。斯特雷耶就写道:"今天,我们视国家的存在为理所当然。虽然我们不满于它的要求,抱怨它越来越多地侵蚀了私人空间,但也很难想象没有国家

---

① 顾准:《顾准文集》,贵州人民出版社 1994 年版,第 334 页。

存在的生活状态。……如果他没有国家，他什么也不是。他没有权利，缺乏安全保障，几乎没有机会去得到有意义的职业。在国家组织之外，不存在所谓的救星。"① 同时，我们也可以重新审视柏拉图的学说，理解圣贤政治的意义和价值，剖析圣贤政治在当前人类社会的失落，从而通过制度设计和改进来追寻这一理想。在这里，面临的一个关键问题是：如何才能真正实现选贤任能？究其原因，欧美社会崇尚的选举制往往导致迎合选民短期利益的政客当选，而传统儒家注重的考试制度又过于偏向精英主义而致使普通大众的诉求得不到伸张。

有鉴于此，丹尼尔·贝尔提出了一个将两者结合起来折中方案——两院制的立法机关：下院由民选产生，上院则依据竞争性考试选拔出的代表组成，因而上院也可以称为"学者院"；其中，大多数重要立法来自上院，而下院主要作为对学者院权力的制衡作用。当然，也正如丹尼尔·贝尔承认的："选取公正而有才华的决策者的考试过程是一个有待完善的机制"，但"这一程序比目前所能提供的其他政治推选方式都更有效"；同时，如果"担心将过多权利给予没有经验的年轻人，则可以规定考试的最低年龄为 35 岁或 40 岁。代表一旦选定，他们就可以选择专业领域（成绩最优的候选人首先作选择），例如经济政策或外交事务，然后，他们就在上一批学者的指导下工作一年或两年作为过渡，以培养其达到一定的专业水平"；此外，"还应当保证对社会中各种团体的代表性，尤其是在一个多民族社会，少数民族可能更信任他们本民族的代表"；尤其是，为防止学者院成员对权力的滥用，也"可能需要对其成员实行任期限制，但任期应当足够长（例如，7 或 8 年），使他们有足够的时间了解政治运作并提高办公效率。"② 当然，丹尼尔·贝尔

---

① 斯特雷耶：《现代国家的起源》，华佳等译，格致出版社、上海人民出版社 2011 年版，第 1 页。

② 丹尼尔·贝尔：《二十一世纪的儒教民主制》，程洁译，载《自由与社群》，生活·读书·新知三联书店 1998 年版，第 387—388 页。

的方案在实践中也必然存在这种或那种的问题（或漏洞），但至少为柏拉图的哲学王和儒家的贤能政治思想在现代社会的应用做了有意义的探索，一个良善的社会制度也是集思广益而形成的。

10. 儒家规范与个人自由不相容吗？

——儒家社会中的高次元自由精神审视

相对于西方社会推崇个体权利优先的价值观，儒家社会却强调个人的社会责任和义务，推崇个体责任优先的价值观；由此，儒家社会往往也被视为缺乏个人自由，儒家规范被视为是对个人自由的严重制约。但实际上，儒家的社会规范建立在"尽其在我"责任观之上，它不是对个人权利的剥夺和对个人自由的损害，相反，它有助于自律性自由的培养和发展，有助于克服权利至上的个人自由主义之间的冲突和困境。因此，要真正发展实质性自由，还需要从儒家社会的责任文化及其相应的社会规范体系中汲取丰富营养，这也是有为政府的社会基础。

一、引言

一般来说，有为政府赋予政府在经济活动中扮演更大、更积极的功能，而这嵌入在儒家社会的文化和认知之中。究其原因，儒家社会在更大意义上体现了裁判者性质，从而也容易获得社会大众的信任。然而，长期以来，新古典自由主义者却努力刻画和凸显儒学与自由之间的紧张：自由是传自西方的舶来品，自由观念与儒家的伦理纲常是相悖的，进而儒家社会也被视为专制的。相应地，如果赋予政府更大的经济功能，就必然会损害个人自由。那么，儒家文化及其规范果真与自由相对立吗？确实，传统儒家社会缺乏西方意义上的"自由主义",但也并非没有自由或不重视自由。事实上,儒家强调的"正心""诚意""致良知"以及"养吾浩然之气"都是在追求修养和自由,进而,在追求修养和自由的实现过程中还创设了一系列社会规范,从而得以将个人自由的提升与整体社会的稳定和发展联系起来,进而有助于实现一个包容性的现实世界以及打造出一个大同理想的未来世界。很大程度上,儒家的自由不仅体现为人性的全面升华,还体现为社会责任的自觉承担;不仅体现为一种无干涉的消极自由,还体现为一种自由实现的积极自由;不仅体现为法律约束下的适应性自由,更是体现为一种更为高级的自律性自由。有鉴于此,本章尝试对自由的基本含义以及儒家社会规范体系作一逻辑性的剖解,探究儒家规范与个人自由以及社会发展之间的联系,由此来挖掘出嵌入在儒家社会中的高次元自由精神;进而,通过剖析中西方所侧重"自由"内涵的差异,可以更好地探寻当前中国社会促进自由发展的基本途径。

二、自由的基本内涵及其历时性发展

现代流行的自由主义来自启蒙运动后的西方社会,它以个人主义为基础,并推崇个体权利优先的价值观,进而反对包括政府在内一切外来力量对个人生活状态的干涉。拉斯基写道,"在自由主义看来,这种干预是对个人人格的禁锢。这一切的后果是重要的,因为它意味着,自由主义虽然总是标榜自己的普遍性,但是它不可避免地在它的利益与它所努力导向的社会二者之间更偏向于前者,虽然它拒绝承认理论运用于实践的局限性,不论是阶级方面的还是纲领方面的,甚至是种族方面的,自由主义发挥作用的历史条件仍然是一种限制"①。不同于西方社会致力于将自由主义与个人权利联系在一

---

① 拉斯基:《思想的阐释》,张振成、王亦兵译,贵州人民出版社 2001 年版,第39 页。

起，儒家社会具有强烈的集体主义特征，强调个人的社会责任和义务，强调对社会规范的遵守，进而推崇个体责任优先的价值观。正是基于这些差异，儒家社会往往被视为缺乏个人自由，儒家规范则被视为是对个人自由的严重制约。黑格尔就曾批判说，东方社会的专制政体中没有个人自由，缺乏主体自由。那么，儒家的社会规范与个人自由之间果真不相容吗？这就涉及对自由的本质和儒家规范特性的理解。

其实，"自由"一词本身就有多重含义，这种多义性导致了它常常被滥用。费彻尔就区分了自由主义自由和民主主义自由，其中，自由主义自由以个体为自由主体，把自由视为个性能够在其中得到发展的活动空间，从而要求国家（公共权力）和社会尽可能地少介入每个个人的私人领域；民主主义自由则以公民为自由主体，把自由视为个人被参与塑造共同体生活的机会，从而要求将自由度与公共权力的现实参与度联系起来。[1] 很大程度上，儒家社会与后一分析路径更为接近，因为它把人视为共同体中的一个成员而不是孤立的个体。同时，在本体上，自由意味着人们能够不受干涉地过他们认为适宜的那种生活。由此，"自由"一词派生出了消极自由和积极自由两种含义：消极自由强调主体选择的生活状态不受别人的干涉，积极自由则注重行为主体能够实现其生活状态的能力。问题是，任何一项自由和权利如果不受限制和约束，那么就会退化到霍布斯的"野蛮丛林"，此时只有强者才拥有真正的自由和权利，而且这种自由和权利往往还是短暂的。

由此就产生了社会规范和公共制度的需要。科斯就指出："对个人权利无限制的制度实际上就是无权利的制度。"[2] 托克维尔则强调："再也没有什么事情比大部分带人盲目轻视规章的这个问题更可悲的了。"[3] 同时，在长期社

---

① 费彻尔：《马克思与马克思主义：从经济学批判到世界观》，赵玉兰译，北京师范大学出版社 2009 年版，第 196 页。

② Coase, R.H., "The Problem of Social Cost", *Journal of Law and Economics*, 1960, 1:1-44.

③ 托克维尔：《论美国的民主》，张扬译，湖南文艺出版社 2011 年版，第 547 页。

会互动产生的实践理性也会引导社会个体自觉地遵守公共制度和社会规范，从而就有助于实现各种自由之间以及各种权利之间的共存。相应地，人类自由的内涵就由无支配、无干涉上升到自律性，人们可以认识到自身的长期利益进而对其短期行为进行克制。康德就指出，法律依靠国家强制力量使个人自由与他人自由协调一致，法律所制约的是外部自由；而道德是依靠上帝的权威，是个人自觉地遵守它发出的绝对道德律令，道德所约束的是内在自由。

进而，现代社会的法律制度以及其他规范都体现了社会大众的普遍意志和要求，因而，法治下的自由根本上也就体现了民主主义自由的基本内涵。相应地，人类社会从摆脱外在自然的束缚到摆脱内在自然的束缚就促进了自由主义自由向民主主义自由的迈进，促进了从不受干涉的自由到自律性自由的发展。当然，民主主义自由可以是形式的也可以是实质的，现代社会那种注重一般的抽象规则以及法律面前人人平等的自由实质上就是形式意义上的，因为它忽视了具体个体的身份差异。相应地，形式的民主主义自由最终会导致少数人的诉求和意志被压制，导致少数人对多数人或者弱势者对强势者的依赖，导致公共权力的膨胀和滥用，导致社会阶层的分化。正是基于这一认知，很多有识之士都努力超越这种纯粹的形式的民主自由主义，穆勒如此，马克思如此，德沃金如此，森也如此。[①] 同样，中国大儒们也是如此，他们探索并建立了一系列的社会规范体系来促进实质性自由的发展，促进自律性自由的深化。

最后，需要指出，西方社会关注个体权利的自由观也内含了深刻的逻辑冲突：一方面，它强调人们拥有和平地追求他们利益的独立权利而不受干涉，这包括经济领域中的投资、保留和遗赠的权利以及政治领域中不受国家干涉的自由权利；另一方面，它强调人们拥有获得与贡献相称的劳动收

---

① 马克思就没有明确地区分消极的自由和积极的自由，而是将消极的自由称为形式上的自由，将积极自由称为"实在的自由"。

人、保障基本生活的社会福利的社会权利，这包括经济上对合作的平等条件的要求以及政治上平等地影响政治进程的要求。前者保护个体的天赋权利，承认差异性；后者则关注社会的现实权利，注重平等性。显然，要解决这两种权利间的冲突，就需要求助于儒家的责任观以及派生的自律性自由观，进而就涉及对自由本质的认知。

三、儒家社会立体式的社会规范体系

西方社会基于自然主义思维将自由视为人生来就享有的不可剥夺的权利，从而发展出个体权利优先的价值观；同时，它把所有社会个体都视为平等的，从而在天赋人权的基础上强调个体的自由和平等。与此不同，儒家认为，个人不可能脱离社会或共同体而孤立生存，而人与人之间联系的强弱是由每个人所处的具体地位和社会环境决定的；正是基于对社会中个体之间以及个体与集体之间的依赖性以及依赖程度不同的认识，儒家社会形成了集体主义和特殊主义的认识。在此基础上，儒家把人的权利视为源于社群关系，即，每个人都将包括所有其他伙伴的公共福利视为己任；结果，西方社会中存在的那种权利之间的冲突性在儒家社会就大大地化解了，甚至还可以塑成共生共融的关系。

儒家之所以特别强调每个人所应承担的义务，基本原因就在于，个体出生以后首先是从别人或社会那儿获取生存的营养，一开始就享用了人类社会文明的成果。正如梁漱溟所说："看似群体不外于个体集合以成，其实个体乃从社会（种族）而来。社会为本，个体则其支属。"[1] 相应地，儒家社会就形成了一种"尽其在我"的人伦观，这种人伦观强调，个体应该对群体和社会尽义务履责任，要"躬自厚而薄责于人"（《论语·卫灵公》）。也就是说，

---

[1]　梁漱溟：《人心与人生》，上海世纪出版集团 2005 年版，第 13 页。

不同于现代社会的权利优先价值观，儒家社会强调的是责任优先：个体首先对他的首属群体具有责任，需承担一定的义务；在这种价值观的基础上进一步形成了儒家社会的责任文化，并衍生出一套齐家治国平天下的社会观念。

基于个体与群体的依存关系，儒家的"尽其在我"责任观还呈现出这样两大特性。首先，与西方社会他律性的法律约束相比，"尽其在我"责任观主要源于自律。唐君毅写道："我们常人的习惯，总是想把力量往外用，总想对外界有所支配。这同自觉的道德生活，是极端相反的。我们若不求自觉的道德生活则已；如欲求自觉的道德生活，我们首先要把我们全部的生活习惯，翻转过来，把力量往内用。所以我们首先要把指派自己的价值，看成比支配世界高，去做如上之思维。"[①] 其次，基于社会关系的强弱不同，"尽其在我"责任也存在层次性。一般地，社会责任首先表现为在有机形成的个人关系内部发挥其作用：既然人的行为脱离不了其所属的共同体，从而也就表现出明显的社会人式的行事方式；而且，在关系越密切的共同体中，这种社会责任表现得也就越强烈。

进而，正是基于这种自律性和层次性，"尽其在我"责任观也呈现出相当强的软约束性质。因此，如果缺乏足够强的社会规范体系，那么，软约束问题最终将会瓦解建立在"尽其在我"责任观之上的社会秩序。既然如此，儒家又是如何建立和维持它的社会秩序的呢？这就涉及儒家社会中逐渐演化出或"设计"的一整套、多层次的社会规范体系，这里简要作一梳理。

第一，尽管"尽其在我"的责任之间本质上是互补的，但人们也可能不尽自己的责任，那么，又如何制约这种不履行责任的行为呢？针对这种情形，儒家社会首先强调的是借助社会舆论的力量。一个不尽责任的人将失去社会大众的尊重，在关系本位的社会中将会很没面子，从而带来耻辱的心理

---

① 唐君毅：《道德自我之建立》，广西师范大学出版社 2005 年版，第 15 页。

制裁；这对上位者尤其严重，因为上位者的地位和尊崇以及来自下属的信任都与他的责任行为密切相关。

第二，尽管儒家社会舆论崇尚"仁"，但这种仁爱又具有特殊主义的特点，从而可能造成狭隘的本位主义，那么，又如何克服本位主义之"仁"呢？针对这种情形，儒家强调通感的扩展，主张以"义"来补充"仁"，"义"就是以"仁"为基础而做出的合适的正义判断。① 在儒家看来，仁爱和正义本身则是责任的基本构成要素，一个具有社会责任的人同时要兼顾仁爱和正义，只有这样才能充分发挥善性的本质。由此，儒家特别强调公和私之别：私的领域实行"仁"的亲亲原则，公的领域则实行"义"的兼爱原则。在这里，儒家不仅强调上位者的社会责任，强调公私分明，而且要求上位者充分发扬其善性而将亲亲原则和博爱原则有机结合起来。

第三，由于不存在先验的绝对律令使人对恶行产生畏惧，一些人也可能利用"亲仁"的名义损害他人或集体的利益，而同时，儒家社会在相关的社会监督方面却存在明显不足，那么，又如何解决这一监督问题呢？针对这种情形，儒家社会又试图借助"礼"来克服这一点。礼是个人依据正义标准做出判断后表现出的外显行为，并且逐渐形成了一种行为的社会准则，进而对人的行为产生了约束。显然，基于"礼"的这种行为规则强调正义和利他，而不是私亲，即"夫礼，自卑而尊人，先彼而后己"（《礼记·曲礼》）。

第四，在传统儒家社会中，对"礼"遵守和制约主要是依靠个人的自律或社会舆论的力量，因而"礼"本身往往成为一种软约束。而且，如贾谊所说，"法之所用易见，而礼之所为生难知"。因而"礼"本身就会日益外在化，

---

① "義"字从"我"从"羊"，我谓己，羊谓善祥之意，因而"義"字意为我善良，深深含着人性本善之义，是人与生俱有的德行，因而有"夫义者所以济志也，诸德之发也"之说（《礼记·祭统》）；相应地，"义"也引申为德之宜（道德的准则）、事之宜（立身处事的依据）、天理之所宜（顺乎天道自然的法则）之意。

并可能演化为一种形式，甚至是一种虚伪。那么，如何缓和这种软约束呢？针对这种情形，儒家还是强调"仁"这一根本，通过教育使得人们不能忘记这一"初心"；所谓要"祭神如神在"，否则"人而不仁，如礼何，人而不仁，如乐何"（《论语·八佾》）。

第五，一般顺性而为、顺习而行的人，往往只能进入"循规蹈矩"的自然境界，而本身构成不了道德行为。这如孟子所说，"行之而不著焉，习矣而不察焉，终身由之而不知其道者，众也"（《孟子·尽心上》）。实际上，孔子强调"三十而立"，就是能够"立于礼"（《论语·泰伯》）。不过，三十岁时能够循礼，却并非已经能够对"仁""义""礼"有充分的了解，并得以真正进入了道德境界；相反，只是随着知识的提高才能有真正的"仁"和"义"的行为，即只有依靠"智"才能"四十而不惑"。有鉴于此，儒家又主张通过教育和学习来促使人们"智"的提高，所谓"知者不惑"（《论语·宪问》）。

第六，诉诸单纯的"智"也有问题，如西方社会强调的工具理性之"智"就导致功利主义和机会主义的盛行。这也正如孔子所说，"知及之，仁不能守之；虽得之，必失之。知及之，仁能守之，不庄以莅之，则民不敬。知及之，仁能守之，庄以莅之，动之不以礼，未善也"（《论语·卫灵公》）。因此，为了做到表里如一，儒家在"智"的基础上又强调"信"，从而形成了所谓的"子以四教：文、行、忠、信"（《论语·述而》），并把人性的"四善"转变为实践中的"五常"。

正是基于上述逻辑，儒家社会特别注重社会行为规范，强调要"居仁由义""交接以礼""言而有信"和"修身以道"。如孔子说，"君子义以为质，礼以行之，孙（逊）以出之，信以成之，君子哉"（《论语·卫灵公》）。相应地，儒家社会就构建了一系列引导所有社会成员之行为的社会礼仪和制度，形成了仁、义、礼相结合的多层次的立体型社会规范体系。当然，西方的基督教也重信，但西方宗教信仰在外，信者与所信是分开的；相反，中国的信则是出自善的天性，因而信在内，是信自己、信己心，并扩而为人与人相交之信，因而信者与所信是和合为一的。[1]

四、儒家社会的自律性自由及其人文关怀

儒家社会基于责任文化而构设了多层次的社会规范体系，从而有助于社会秩序的维持和稳定。但实际上，社会责任观不仅充盈于儒家社会，也是整个人类社会的价值观体现。例如，美国肯尼迪总统的就职演说中被经常引用的一句话就是：不要问你的国家能为你做些什么，而问你能为你的国家做些什么。当然，任何人为组织本身都不是目的，而是实现人类自身利益的手段；因此，注重个体的基本权利也是任何人类社会都不可避免的，儒家社会也不例外。那么，我们又如何理解儒家社会对个人权利和自由的关注呢？很大程度上，"尽其在我"责任观以及保证其实施的社会规范并不是对个人基本权利的剥夺，相反恰恰是为了更好地保障和提升个人的基本权利，使每一个人尤其是弱势者能过上他们认为适宜的生活，这也正是自由的根本精神所在。

在很大意义上，西方社会的自由是与权利联系在一起的，而儒家社会的自由则与责任联系在一起。与权利相连的自由是一种无干涉的自由，它强调个人权利的自然属性，需要依赖社会的制度保障；与责任相连的自由则是自律性自由，它强调责任的"尽其在我"，源自个体的内心追求。唐君毅写道，"你当认识你自己对你自己，负有绝对的责任。你不能把你的任何行为之产生，只溯其原因于你之遗传与环境。你必须把你的一切行为，都视为你自己做的自己决定的"，"支配自己、改造自己，必须把被支配的自己，与能支配改造的自己，视作同一的自己。所以，我们必须对于我们过去之行为，负绝

---

① 参见钱穆：《现代中国学术论衡》，生活·读书·新知三联书店 2001 年版，第 1 页。

对的责任"。① 那么，我们如何比较这两种自由的优劣呢？这就涉及它们在不同时空下的适应性。

一般地，注重权利的自由观关注自由的普遍性和对称性，但是，它必须以权利之间具有相容性为前提，否则自由之间就会引发冲突，相应的自由理论也就缺乏内在一致性。而现实生活中，不同权利之间恰恰缺乏这种相容性。例如，信息自由是否比隐私保障更重要？自由雇工是否比不受歧视更重要？上网自由是否比社会道德更重要？公民的言论自由是否比社会安全更重要？然而，迄今为止，人类社会还没有确立对此进行评价的标准，从而就无法对这些自由进行优先排序。这意味着，人类社会还不存在一套绝对的、基本的可能完全共存的权利，显然，这就瓦解了西方自由观的基础。贝拉米写道："一旦承认了这一点，那么就必须承认为自由主义打下普遍有效原则的基础的计划失败了。自由主义将被迫与其他的社会组织形式进行竞争，它们提供了同样合法和有效的、促使人类繁荣的不同替换模式。"②

与此不同，儒家社会从个人与社会的关系中来把握自由与责任关系：将责任视为应优先考虑的产物，将社会责任的履行视为个人自由的保障。显然，社会责任的履行程度主要取决于个体的主动性和自律性，因而每个人的"尽其在我"责任之间就是高度相容的。当然，这一点也需要作两点说明：（1）每个人所承担的责任与社会岗位和个人能力密切相关，从而往往并不是等量的，这导致以责任为优先的"自律性自由"显得并不是普遍的；（2）根据权利与责任的相称原理，承担较大责任的一方往往也拥有更大的权利，如参与社会规范的制定、对他人的行为引导等，从而儒家社会的自由也呈现出某种不平等性。尽管如此，自律性自由体现了实质自由的内涵，从而在很大意义上也就体现了社会需要和发展方向。

---

① 唐君毅：《道德自我之建立》，广西师范大学出版社 2005 年版，第 16 页。

② 贝拉米：《重新思考自由主义》，王萍等译，江苏人民出版社 2005 年版，第 217 页。

有鉴于此，这里继续就中西方的自由传统作一比较，进而挖掘儒家的自律性自由的要义和精髓。

（一）就儒家社会的人文关怀而言

由于儒家社会强调个体的责任而不是权利，从而往往被批评为重视社会需要而忽视自然人性，重视集体而忽视个体。例如，梁漱溟就写道："中国文化最大之偏失，就在于个人永不被发现这一点上，一个人简直没有站在自己立场说话机会，多少感情要求被压抑，被抹杀。"①但实际上，儒家社会的责任是针对所有人而言的，每个人尽责任正是体现了对人性和个体的尊重，所谓"忠恕"二字就是充满人文关怀的；尤其是，儒家更强调上位者和有力者的社会责任，强调他们对弱势者的关怀。与此相反，尽管西方社会强调个人的独立，但它的主张更突显为个体自力更生，从而反而缺少了人文关怀，尤其是缺少对弱势者的人文关怀。例如，钱穆就写道："中国人既看重了做人的道理，便不再有人权之争。小孩在家庭便教他孝道，那何尝是主张父权呢？满到年龄成丁，你才能独立算个人……西方人不同，西方人从小就要教他独立，婴孩晚上就独自睡一间房，晚上父母到房间，把电灯一关跑了。小孩不能独立，要叫他独立；老年人不能独立，还得叫他独立。中国人则扶幼养老。……倘使我是个小孩，我不情愿独立。现在我是一个老人，我告诉各位，幸而我还是个中国人，不要我独立。"②

同时，儒家还要求，政府应该提供足够的物资和服务来接济那些需要帮助的人们，这显然不同于西方社会。罗思文就写道："孔子坚持把哪怕是地位最卑贱的农民都包括在他的关怀之中，他还主张，官府的首要职责就是保障其辖区人民的温饱，不然就是可耻的失职，其次是帮助人民富裕，等大家

---

① 梁漱溟：《梁漱溟集》，群言出版社1993年版，第312页。

② 钱穆：《人生十论》，广西师范大学出版社2004年版，第102—103页。

富裕了，然后还要去教化他们。这不就是那些通向作为民主理想的公共自治同样要求的特质吗?"① 这意味着，儒家社会的责任观体现了对他人的关怀和帮助以提高他人的积极自由，这显然对弱者是有利的；相反，西方社会的权利观则主要体现了不受他人的干涉和奴役以保障自己的消极自由，这显然更有利于强者。当然，两者在现实社会中的具体展现也往往可能出现变异。梁漱溟就写道："一个人在中国只许有义务观念，而不许有权利观念，乃起因于伦理尊重对方，反而没有站在自己立场说话机会。谁亦不免于被压抑被抹杀，但其压抑抹杀之者，是'理'而非'法'。……中国人是吃亏在讲礼让，看对方重于自己，超过了'承认旁人'那句话，与起因在不顾旁人者相反。近代西洋人既由相争而达于互相承认，两得其平，此时乃信有非中国之所及者。"②

(二) 就儒家社会对个人自由的尊重而言

尽管儒家强调人不是孤立的，而是隶属于社会关系中，却也并非不关注个人的自由。实际上，英国前首相撒切尔夫人就指出，家庭是自由社会的基本基石。显然，儒家社会比西方社会更重视家庭的基石作用。当然，儒家所关注的自由确实有异于西方社会所理解的自由：西方社会是强调外在的行为自由，而儒家社会则崇尚内心的自由，追求"从心所欲不逾矩"的自由境界。正因如此，儒家特别注重心性之修养，所谓"君子不可以不修身"(《中庸·二十章》)，"自天子以至于庶人，壹是皆以修身为本"(《大学·一章》)。一般地，儒家之所以重视教育和学习，其目的是多重的：不仅是获得认知，更重要是为了修身。究其原因：(1) 通过修身，人们不仅可以提高自身的社会性，而且也就有利于社会人际关系的和谐，提升社会成员间的合作；(2)

---

① 罗思文:《谁的民主? 何种权利?》，载《儒家与自由主义》，生活·读书·新知三联书店 2001 年版。

② 梁漱溟:《梁漱溟集》，群言出版社 1993 年版，第 347 页。

修身不仅是学习书本知识，更重要的是要实践中学习，所谓"好学近乎知，力行近乎仁，知耻近乎勇。知斯三者则知所以修身"（《中庸·二十章》）。孔子强调，只有通过修身，才可以实现"仁者不忧，知者不惑，勇者不惧"（《论语·宪问》）。

同时，正是通过修身，儒者不仅塑造了理性人格，而且积极承担了社会责任，进而还将自身观念和行为扩展出去而形成和合的社会关系。也就是说，传统中国关注的是自律性自由，是内在的心灵自由，这种自由含义更符合亲社会性的提升和社会发展的需要。钱穆写道，"西方人无不向外争自由，而亦终至失去其己身之存在。如希腊、罗马，乃及现代国家，无不皆然。而中国则自由自在，五千年来，依然一中国"；然而，"今人则一意向外，只要外面有一罅缝可钻，即认为乃一己自娱所在，肆其性情，尽力争取，求变求新，无所不用其极。而个人之本来面目，则全已失去，渺不复存。亦不知在此上作计较。如此则仅知有外在之自由，即不再知有内在之人格。人格失去，复何自由可言"。[1] 事实上，尽管在工具理性的支配下，西方社会不断地推动社会扩展和制度变革，学术上也不断地求新求变；但是，正如罗素指出的，如果真正反省一下的话，就会发现"我们所谓的进步也不过是一场不息的变更，根本没有把我们朝着向往的目标带近一步"。[2]

（三）就儒家社会对政府的期待而言

自由主义自由认为，公共权力是危害自由的最危险的敌人，从而对政府以及其他社会组织都持极不信任的态度。不过，民主主义自由却强调，在权力高度集中且不受其他力量制衡的古代社会，对君主或其他统治者的不信任是情有可原的，但在权力得到制衡和监督的民主社会，这种对政府的极端不

---

[1]　钱穆：《中国思想通俗讲话》，生活·读书·新知三联书店 2002 年版，第 95 页。

[2]　罗素：《中国问题》，秦悦译，学林出版社 1996 年版，第 154 页。

信任就显得不适宜了。究其原因在于，在真正的民主社会中，政府以及代理人的行为一切都在法律允许和国民的监督之下，而法律本身就是人们通过一定程序制定的。所以，费彻尔说："国家中的市民只需要遵守自己制定的法律，因此，他们是在服从中获得自由的。"[1] 显然，儒家眼中的政府就是人民的政府，孟子的"君轻民贵"则体现了儒家治国的最高理想，从而往往赋予政府以信任和信托。钱穆就写道：儒家的国家或"政府不是代表一个权力，而只是一个机构，来执行一种任务，积极发扬人类理想的文化与道德的。政府的主要意义，在其担负了何种任务，而不是具有了何种权力"。[2]

同时，自由往往被理解为对自然奴役状态的摆脱，它有两种含义：(1)摆脱外在自然而获得的自由，摆脱对自然环境现实的依赖，摆脱诸如山峦、河流、海洋、风与气候等造成的障碍，这种自由往往依赖于人类理智的提高和科学技术的发展；(2)摆脱人自身的（生物）自然而获得的自由，通过社会教化与自我教育而使得人不再依赖动物本能的满足，这种自由往往依赖于人类理性的提高和社会价值的发展。这也意味着，遵循法规的"这种社会自由再次与人摆脱自然而获得的自由交叠在一起"。[3] 而且，在很大程度上，对人类生物性的摆脱是一种更高等级的自由状态，它体现了人性的发育和自律性的提升；同时，这种自由的实现又有赖于社会的合作，有赖于社会有机体的完善。因此，这种自由也就是人类发展的合理方向。事实上，即使在西方社会，基督教所要求的人从自然中解放就不仅表现为对外在自然的征服，更表现为对内在自然的理性控制。显然，儒家社会也尤其注重对生物性的摆脱，注重人性善的发展和充盈，注重社会规范的建设和完善，从而推进了

---

① 费彻尔：《马克思与马克思主义：从经济学批判到世界观》，赵玉兰译，北京师范大学出版社 2009 年版，第 198 页。

② 钱穆：《中国历史精神》，九州出版社 2012 年版，第 29 页。

③ 费彻尔：《马克思与马克思主义：从经济学批判到世界观》，赵玉兰译，北京师范大学出版社 2009 年版，第 198 页。

"自律性"自由的发展。

五、儒家社会"德治"和西方社会"法治"的比较

我们说儒家社会有助于社会共同体的建设和"自律性"自由的发展，具体又如何理解呢？这就涉及儒家社会规范体系的基本特性：它注重社会成员之间在权利和责任上的对称性，权利越大，责任越大；相应地，儒家对上位者的要求也越高，这就是儒家社会的"德治"观。事实上，儒家注重修己治人，并强调治人之本在修己，修己最终达于治人，从而实现内圣和外王的统一。显然，修己是伦理，治人则是政治，因而儒家将伦理与政治统一起来，而政治思想的最高原则就是"德治"。不过，流行的观点往往认为，"德治"本身是软性的，从而又与"人治"相联系；相反，"法治"则是硬性的，它的约束性更强。相应地，流行的观点往往将软性的"人治"视为是造成当前中国社会失序、裙带关系以及贪污腐化的根源，而将硬性的"法治"视为西方社会有序、透明和公正的保障。那么，儒家社会的"德治"又是如何推动"自律性"自由地发展的呢？这就需要认真剖析"德治"的内涵，同时也要剖析"德治"的现实蜕变。

事实上，儒家社会基于"尽其在我"责任观之上的规范体系不同于西方社会的法律和宗教：一方面，西方社会重视自然法则，并由此产生了一般的抽象规则，基于制裁而遵守社会设定的法律规章；另一方面，在法律制约不及的地方，西方社会引入了超自然的宗教力量，基于信仰而服从来自上帝的绝对律令。显然，西方社会的两种约束机制都具有抽象性和先验性：其中，法律来自于自然法规则，是人们基于抽象理性进行思维和演绎的产物；宗教道德律令则来自上帝，也是与经验事实相脱节的先验产物。成中英写道："如果我们将孟子所说的不忍之心与康德的无上律令理论作比较，就会知道道德的情操是在认识具体情境经验中具体实现的，而康德的无上律令却是理

性的抽象演绎。因此，要应用儒家的道德并没有什么实际的问题，而要应用康德的无上律令于人生具体情境中却发生困难的问题。……在儒家哲学中，具体的理性并不是单单地符合康德所使用的实践理性，也不是单单地符合康德所使用的纯粹理性的抽象理性，因为在中国哲学中所范示的具体理性，不仅要处理人的实际问题，而且要保证在人生的实践中自始至终与理性相联结。"① 儒家社会"德治"和西方社会"法治"的特性及其对自由发展的影响，这里作如下几点简要比较。

（一）儒家社会的道德约束主要是针对上位者

儒家社会的规范体系建立以社会责任为基础，而社会责任又与其地位和职位有关，越是上位者，所担责任就越大。从某种意义上讲，儒家社会所建立起的一整套社会规范体系，主要是来约束上位者的。事实上，儒家认为，只有通过内心的静修和社会的实践才可以培育起高贵的德行，它所推重的那些圣贤或君子就是修身已经达到一定境界、从而在好学和力行"仁道"方面都堪称楷模的人。正因如此，这些圣贤的德言以及榜样的作用都可以成为庶人修心成圣的示范，如孟子所说，"圣人，人伦之至也"（《孟子·离娄上》）。正是通过他们的引导，社会大众的心智和理性才不断提高，从而得以建立稳定和谐的社会秩序。在很大程度上，"圣"就可以与"天"和"神"和合为一。所以，《诗》曰："文王在天，克配上帝"（《诗经·大雅·文王》）；孟子说，"圣而不可知之之为神"（《孟子·尽心下》）；而周敦颐则说："士希贤，贤希圣，圣希天"（《近思录·为学》）。相应地，中国所祭祀的神往往也都是那些具有高尚德行的人死后所化，如老子、关羽、岳飞都是。

当然，那些圣贤和君子之所以能够成为圣，关键在于他们都具有高超的

---

① 成中英：《从中西互释中挺立：中国哲学与中国文化的新定位》，中国人民大学出版社 2005 年版，第 23 页。

道德使命感，所谓"君子有三畏，畏天命，畏大人，畏圣人之言"（《论语·季氏》）。相反，那些"小人"则是身心发育不全的人，他们没有这样的道德使命感，从而也就不畏天命和圣人之言；为此，他们就需要"大人"的制约，其行为应该基于天道性理所构建出的有效合理的典章制度。正因如此，在儒家社会中，道德是用来衡量上位者是否称职的一个主要标准，那些通过其他途径取得权力的人也要受到它的制约。事实上，古代帝王往往从小就需要经受儒家经典的严格训练，孟子一派的心性儒学和荀子一派的政治儒学都强调这一点，而那些通过考试进入仕途的士子也深受儒学的熏陶。相反，法律则是用来制约那些德性不足的"小人"的，因为法律只不过是体现了最低层次的道德。所以，荀子说，"圣也者，尽伦者也；王也者，尽制者也。两者尽，足为天下之极也"（《荀子·解蔽》）；否则，如孟子所言，"天子不仁，不保四海；诸侯不仁，不保社稷；卿大夫不仁，不保宗庙；士庶不仁，不保四体；天子不仁，不保四海"（《孟子·离娄上》）。

（二）道德制约和法律制约基于不同的理论基础

一般地，法律制约主要关涉外在的行为，其理论基础是性恶论；道德制约则关心内心的动机，其理论基础是性善论。显然，法律制约往往要比道德制约更为确定和强硬，而且两者在产生或施行上的逻辑顺序也是相反的。一般地，基于性善论的儒家伦理致力于教导人们看到并理解善的生活，强调约束来自内在的"自律"；相反，基于性恶论的西方社会则强调约束来自外在的权威，从而非常注重正式制度（法制）的建设。关于这一点，我们可以看荀子的阐述："今人之性，生而有好利焉；顺是，故争夺生而辞让亡焉。生而有疾恶焉；顺是，故残贼生而忠信亡焉。生而有耳目之欲，有好声色焉；顺是，故淫乱生而礼义文理亡焉。然则从人之性，顺人之情，必出于争夺，合于犯分乱理，而归于暴"，"尽人之性恶，必将待师法然后正，得礼义然后治。今人无师法，则偏险而不正；无利益，则悖论而不治。古者圣王以人性恶,以为偏险而不正,悖乱而不治,是以为之起礼义,制法度,以矫饰人之情性而正之,以扰化人之情性而导之也,始皆出于治,合于道者也"(《荀子·性恶》)。

当然,由于儒家并没有明确区分基于维系社会生活的义务道德和基于追求理想境界的愿望道德,在实践中反而会以愿望道德来取代义务道德;结果,儒家社会往往以一样严苛的道德标准来要求社会大众,不但因道德说教而"礼法"苛峻,并且还导致基本法制建设的忽视或落后。与此另一种情形则是,西方社会推重的法制仅仅反映了最低程度的道德要求,结果,法律制约非但不能为人类普遍的合作现象提供坚实的社会基础,反而因过分强调而导致其他社会规范的解体,从而促进了相互间的策略行为并由此导致内生交易费用的高涨。在很大程度上,儒家之所以重视"德治",也正在于看到了"法治"的缺陷,看到法律运用中的问题。孔子就写道:"知及之,仁不能守之;虽得之,必失之。知及之,仁能守之,不庄以莅之,则民不敬。知及之,仁能守之,庄以莅之,动之不以礼,未善也"(《论语·卫灵公》)。这就涉及两种制约的互补问题。罗尔斯写道:"在一个组织良好的社会中,除了保证问题使刑法成为必需之外,其它方面不再有对刑法的需要;就在部分情况而言,刑法正义属于部分服从的理论,而对分配正义的解释属于严格服从的理论,因而也属于理想方案的思考。"①

(三)"德治"和"法治"理想的现实畸化

在中、西方社会的内部,往往都存在一些抵消这种差异的文化因素。一方面,儒家社会的羞耻愧感往往会蜕变成社会性的,是对他人批评的一种反应,以他人的存在为前提,从而需要依赖外部的制裁;结果,中国人反而难以成为一个道德上的自主性主体,而是更可能滋生出一种机会主义倾向。另

---

① 罗尔斯:《正义论》,何怀宏译,中国社会科学出版社 1988 年版,第 304 页。

一方面，西方社会的罪感文化本身是一种内化的信念，它是具有"内我取向"的自省，体现了超我与自我之间的内化的紧张性，诸如十诫这样的道德律令也都具有普适性，都会制约西方人的机会主义行为；结果，现代西方人的行为反而显得更为得体，散发出较为强烈的道德性。显然，这种差异在当前中、西方社会人们的日常行为中得到充分的展示。就儒家社会中羞愧耻感文化的蜕变而言，大致有这样两大原因。

第一，羞愧耻感具有道德性和社会性双重含义。一方面，对追求人性圆满和发展的"君子"而言，所耻者主要是因为个人修为之不足而不能达至"自我认同"的理想境界，这与行为的他律性无关。这可以从儒家经典中看出："故君子不耻不修，不耻于污；耻不信，不耻不见信；耻不能，不耻不见用"（《荀子·非十二子》），"君子耻其言而过其行"（《论语·宪问》）。另一方面，对那些人性发育不全的"小人"而言，他关注自己的行为是否符合"礼"所规制的个人之身份与角色，从而耻来自面子、尴尬和社会身份的事，这主要源自外部的制裁。显然，正是对这种"耻"的关注，一般人往往是尽量做到"表面的无违"而不管礼的内涵和精神。因此，博德指出："这是一奇异的矛盾：礼的原则乃是给予生命以德性，并以防止形式主义，但事实上却反而造成了形式主义。"①

第二，儒家文化具有强烈的现世性和实用性。一方面，在传统中华文化中，来自神的一切惩罚都体现在此岸中，即使不祸及自身也会殃及子孙，而没有天堂、地狱或往世、来生的闪避之地；因此，中国人一直都很注重此生此世"德"的修炼，希望通过做义事来"积阴德"以为自己及子孙祈福。另一方面，自从晚近西方功利主义传入中国后，中国人发现此生中神并没有惩罚自己的不义行为，自己的不义行为与子孙也没有关系，从而导致了功利主义和机会主义的泛滥；与此同时，儒家社会又缺乏西方社会那种制衡力量和

---

① 转引自金耀基：《金耀基自选集》，上海教育出版社 2002 年版，第 123 页。

制度，任何有权势的人都会努力最大化使用他所拥有的信息、地位以及资源等以谋取私利，这导致了"青出于蓝而胜于蓝"的结果，儒家社会中的功利之心比西方社会还要膨胀。

事实上，儒家的"德治"源自"修己治人"的诉求，尤其是针对上位者而言的，因为只有他们才有能力和机会承担更大的社会责任。例如，"饿死事小，失节事大"根本上是泛指做人应当守气节，强调"纵使饿死，也须还我堂堂地做人"，体现"富贵不能淫，贫贱不能移，威武不能屈"的气节；而且，这尤其是针对那些承担国家重任的士大夫而言的，强调的是对国家和人民的"忠义"。同时，"饿死事小，失节事大"一语的提出者程颐，也是针对晚唐五代人欲横流以及贞操观念淡却的现实有感而发的；而且，程颐的真实意思是：假使女子要为死去的丈夫守节、不能再嫁，那么，男子的妻子若死，作为丈夫也应为亡妻守节、不应再娶。然而，随着儒学的蜕化和僵化，"节"的含义就不断退化，甚至专指成了妇女的"节操"，成为摧残和禁锢妇女身心的礼教。尤其是，随着西方权力观的引入，当前中国社会的"德治"又发生了进一步的颠倒，一些权势者往往以"德"来要求下属和社会大众，自己却信奉"强权就是正义"，从而就造成了普遍的道德虚无主义和犬儒主义。

总之，儒家的社会规范是多层次的，这些规范根基于善的人性以及修己的基础，从而产生"德治"的政治理想。徐复观说："德治的出发点是对人的尊重，是对人性的信赖。首先认定'民之秉彝，即是懿德'；所以治者必先尽其在己之德，因而使人人各尽其秉彝之德。治者与被治者之间，乃是以德相与的关系，而非以权力相加相迫的关系，德乃人之所以为人的共同根据。"① 同时，"德"的要求首先并主要针对上位者，尤其是那些担任公职的人。

———————————

① 徐复观：《中国人文精神之阐扬》，李维武编，中国广播电视出版社 1996 年版，第231 页。

《论语·尧曰》中就记载了这样一段话：子张问于孔子曰："何如斯可以从政矣？"子曰："尊五美，屏四恶，斯可以从政矣。"子张曰："何谓五美？"子曰："君子惠而不费，劳而不怨，欲而不贪，泰而不骄，威而不猛。"子张曰："何谓惠而不费？"子曰："因民之所利而利之，斯不亦惠而不费乎？择可劳而劳之，又谁怨？欲仁而得仁，又焉贪？君子无众寡，无小大，无敢慢，斯不亦泰而不骄乎？君子正其衣冠，尊其瞻视，俨然人望而畏之，斯不亦威而不猛乎？"子张曰："何谓四恶？"子曰："不教而杀谓之虐；不戒视成谓之暴；慢令致期谓之贼；犹之与人也，出纳之吝谓之有司。"相应地，儒家就不是不关注人的自由，相反特别重视对小民私利的保护，同时也提别提防公权力的滥用。只不过，儒家社会因过于重视个人的自律而忽视权力的制衡，导致没有将这种要求上升到法律层面的制度安排，从而导致后来发展中的扭曲和异化。

六、认识儒家的高次元自由精神

儒家社会和西方社会在对待个人权利的内涵和外延以及尽社会责任的方式上都存在差异，从而产生了明显不同的社会规范体系：儒家社会注重个人责任，并由此发展了多层次的软性社会规范体系；西方社会则崇尚个人权利，并发展出了以硬性法律的监督和制约体系。之所以出现这种差异，就在于两个社会的认知思维是不同的：儒家社会的思维源于对社会共同体生活的关注，具有强烈的集体主义倾向；西方社会的思维则源于对自然孤立事件的关注，具有强烈的个体主义倾向。显然，社会共同体是由差异性的个体所构成的，具有明显的等级结构和不对等权力，其中一些占据高层地位的个体拥有更大的权力；为此，儒家强调，他们也应该承担更大的义务，对较低地位的个体负有责任。相反，自然世界中的个体具有平等的倾向，它们为个体的存在和发展而相互作用和竞争；相应地，个体之间主要就不是义务关系，而是权利关系，这种权利又以平等个体为基础。正因如此，儒家社会往往更关注实质性的东西，如自律自由、实质正义等，从而建立起了差序性社会体系，要求差别地对待不同个体；相反，西方社会更推重形式性的东西，如无干涉自由、形式正义等，从而建立起等序性社会体系，要求对所有人一视同仁。

正是由于中西方社会的认知思维和社会规范体系不同，从而对社会发展的影响也就有所不同。一方面，西方社会崇尚个人自由和基本权利，但由于权利和自由始终是以计较争夺以为个人牟利为根本，从而权利和自由在不同个体之间往往会产生冲突。辛格就认为，权利的个人主义和对抗主义是联系在一起的。① 显然，从西方社会这一百年来的发展中也可以看出，这种权利至上的"群己分裂"观已经造成了社会的极大混乱，因而如何解决这一问题一直是西方社会无法突破的困境。另一方面，儒家社会重视集体价值和社会责任，责任的根本特点就是"尽其在我"，承担起与自身能力和地位相称的责任，从而具体个体责任间具有强烈的互补性而非冲突性。同时，西方社会个体主义衍生出的人与人之间的独立、冷漠而不互信，个体行为仅仅为抽象的上帝负责，遵从上帝颁布的抽象律令；儒家社会注重个人与人之间的联系，基于圈层扩展的社会关系将"己"与"群"合为一体，从而发展了"仁义礼智信"的规范体系，它强调个体人与人之间的互信。因此，要促进人类秩序的扩展和完善，在很大程度上就需要从儒家社会的责任文化及其相应的社会规范体系中汲取营养。

事实上，儒家社会规范尽管强调个人对他人或团体的社会责任，但这并不是对个人自由的损害，而是对个人自由的保障。究其原因，社会责任观注重个人的自律，人人都自律，当然人人的自由也就得到了保障。因此，儒家社会的社会责任观在很大程度上就有助于自律性自由的培育和发展。荀子就

---

① 辛格：《实用主义、权利和民主》，王守昌等译，上海译文出版社 2001 年版，第 17—23 页。

写道，"礼起于何也？曰：人生而有欲。欲而不得，则不能无求。求而无度
量分界，则不能不争。争而乱，乱则穷"（《荀子·礼论》）。显然，儒家社会
从基于社会责任的"群己一体"观为个体自由提供了精义注释，这种自由关
注人性的提高和行为的"自律性"，关注对自然依赖和束缚的真正摆脱。卢
梭就写道："唯有道德的自由才使人类真正成为自己的主人；因为仅只有嗜
欲的冲动便是奴隶状态，而唯有服从人们自己为自己所规定的法律，才是自
由。"①即使在当前中国社会，由于对西方社会权利观和法制观的极力引入而造
成日益加剧的社会冲突以及实质自由的式微，但是，由于传统儒家思想还是
根植于一般中国人的心理意识之中，因而社会冲突还是受到有效的控制。费
彻尔就写道："中国传统的儒家社会哲学通过对社会和谐以及负责的上级等道
德榜样的强调，减少了社会冲突的发生……否则，在社会冲突的背景下，这
些倾向会频繁地出现。"②因此，在深化中国社会的民主自由时，就不能简单地
否定基于责任意识的儒家社会规范而照搬基于权利意识的形式自由。

在很大程度上，儒家的自由观之所以遭到现代社会的忽视以及贬斥，就
在于我们以市场经济意识来审视和评判儒家的思想。这种市场经济意识推崇
个体的自主性，而自主性认为，选择项越多，人就越自由。为此，新古典自
由主义经济学就关注个人行为的受干涉程度：受干涉程度越小，自由度就越
大。相应地，新古典自由主义经济学就把对自由的理解局限于消极自由一
隅，关注市场机会大小。问题是，选择集越大，机会越多，人就越自由并越
愿意参与吗？现代心理学就否证了这一点。事实上，自由度本身是有限度
的，超过了一定程度并不会促进选择效率，也不会带来更好的结果。例如，
斯坦福大学曾设计过一个"教授退休金投资方案"，但参与的人很少，因而
校方就邀请一些经济学家来重新设计一套方案；而经济学家们研究了原投资

①　卢梭：《社会契约论》，何兆武译，商务印书馆1980年版，第30页。
②　费彻尔：《马克思与马克思主义：从经济学批判到世界观》，赵玉兰译，北京师范大
学出版社2009年版，中译本序言。

方案后认为，是可供选择的项目太少才导致教授们不愿参与。于是，经济学家将选项从几十个增加到上百个，但结果，参与"教授退休金投资方案"的人更少了；为此，教授福利委员会主席就说，经济学家误导了大家，在很多情况下并不是选择越多人们就越愿意参与。① 显然，更多的选择并不一定带来更好的结果，相反，过多的选择反而可以使人因决策过程更为艰难而感到沮丧，从而放弃选择权，"选民的无知"理论就反映了这一点。

显然，这提醒我们，在探讨自由时，不能简单地局限在抽象和形式的选择度上，而是要看这种选择是否能够提升我们的生活，是否能够促进人们的参与度。譬如，小布什和戈尔在 2000 年的总统选举中就如何为老年人提供处方药保险展开论战，戈尔认为，应该将处方药保险划入医疗保险，由专家审议团决定哪些药物被纳入处方药清单，从而老人无须收集信息来自己做决定；但小布什却相信，市场竞争本身具有神奇的魔法，可以有效提高质量并降低价格，从而坚持由私人保险公司提供多个药物方案给老人自行选择最符合自身需要的。显然，这里体现了美国两大党对自由理解的差异，但我们并不否定他们对自由的关注。而且，这两种方案究竟哪个对多数老人更有利呢？事实上，尽管市场化提供的选择机会似乎增多了，但同时也将责任转嫁到并没有能力的人身上，从而并不一定带来好的结果。施瓦茨就写道："人们对市场的信心无可厚非。但小布什的做法的确是把做决定的担子转嫁到了民众身上。医疗保险的条款极为繁复，我想，我一生中怕是遇不到一个人可以真正弄明白他自己的保险，包括所保项目、附加项目，以及保险公司的繁复声明等。但是这样赌注可就大了，事物的代价也变得尤为巨大。"②

总之，我们应该以更广的视野来看待自由与权利，而不能为流行观点和

---

① 彭凯平：《推荐序：经济学家的错误假设》，载施瓦茨：《选择的悖论：用心理学解读人的经济行为》，梁嘉歆等译，浙江人民出版社 2013 年版。

② 施瓦茨：《选择的悖论：用心理学解读人的经济行为》，梁嘉歆等译，浙江人民出版社 2013 年版，第 24 页。

传统智慧所左右。尤其是，就儒家社会而言，尽管强调社会责任的文化限制了个体的某些选择项，但它并没有压缩人的自由度；相反，由于相互的责任承担以及对弱势者的人文关怀，反而增进了人们的实质自由。譬如，就为当前社会所责难乃至被视为吃人礼教的"孝"文化而言，它也并非单纯地限制个体的选择自由，而主要是凸显青年的社会责任；而且，"孝"并不是单方面的，而是与父母的"慈"相对应。钱穆就指出，人心之仁往往随着年寿而异，青少年时期常见于孝，中壮年时期则常见于爱，而老晚年时期则常见于慈；因此，孝、爱与慈都源于仁，青年应该孝敬父母，壮年应该爱其配偶，老年则慈爱晚辈。事实上，中国、西欧和印度三大文化大流都源于此，只不过各有所偏。其中，中国主"孝"，这是重青年之教；西欧主"爱"，这是重壮年之教；印度主"慈"，这是重老年之教。为此，钱穆总结说，"中国为孝的文化，欧西为爱的文化，而印度为慈的文化"；相应地，"中国乃青年性的文化，欧西乃壮年性的文化，而印度则老年性的文化"，而"中国之孝弟，西洋之恋爱，印度之慈悲，各得仁之一面"。[1] 譬如，西方文学中的主人公（青年男女）往往陷于爱欲而不得解脱，乃至于杀身殉情；与此相对应，儒家社会中则流传了各种父子之孝的故事，乃至有《二十四孝》以及《女二十四孝》等流传。但现代社会却大肆抨击中国的父子之孝，而鼓吹西方的男女之爱。但正如钱穆指出的："中国相传二十四孝以及百孝之故事，即抵一部西洋浪漫恋爱小说之汇编，此亦中国文化之柱石也。若谓礼教可以吃人，维特之自杀，非即恋爱之吃人乎？印度佛门弟子之舍身殉法者多矣，非即慈悲之吃人乎？"[2] 也就是说，中国、西欧和印度三大文化只是关注的重点不一样，而且由于中国中青年之教，从而更有助于社会秩序的健全。钱穆说："青年可以望壮，壮者可以望老，而慈者不再壮，壮者不再青。孝其父

---

① 钱穆:《文化与教育》，广西师范大学出版社 2004 年版，第 2 页。

② 钱穆:《文化与教育》，广西师范大学出版社 2004 年版，第 3 页。

母,岂有不爱其配偶,慈其伦乎?"因而"中国如新春,前望皆生成也;欧土如盛夏,前望则肃杀矣;印度如深秋,前望则凝寂矣"。[①] 因此,我们说,儒家社会并不是没有个人自由,而是从前望的角度来引导自律性的自由,这是嵌入在儒家社会中的高次元自由精神,也应该为现代社会所借鉴和汲取。

七、结语

本章揭示了儒家学说和社会规范中嵌入的高次元自由精神,这有两大含义:(1) 相对于儒家社会长期以来打上的专制烙印,它挖掘出了儒家传统中更值得承继和发扬的自由精神;(2) 相对于西方社会关注的无支配和无干涉自由,它揭示出儒家倡导的自律性自由的高阶特性。同时,本章还表明,儒家的自律性自由根基于"尽其在我"的责任文化之中,从而将责任与自由联系起来,这显然不同于来自西方并根基于权利维度的流行自由观。当然,权利与责任根本是不可分的,因而西方学者来阐述权利和自由时也必然会涉及责任问题,这体现在 20 世纪 70 年代以来罗尔斯引发的各种平等主义和正义秩序观之中,也体现在更早的法律著作中,因为法律所关注的正义首先体现在责任价值观之中而非个人权利之中。不过,论述西方自由和权利观中的义务因子不是本书的重点,相关论述和剖析体现在其他专门论文之中。事实上,尽管西方社会的自由和权利根本上脱离不了义务思想,但无论如何,权利而非义务构成了西方社会自启蒙运动以来确定制度和规范的基本视角,无论是罗尔斯、德沃金、森还是阿内逊、科恩等人都是如此,以诺齐克、罗斯巴德等为代表的自由至上主义者以及新自由主义者更是如此。同时,以权利还是以义务为视角来分析人与社会的关系以及制定相应的社会规范,至少是西方社会与儒家社会以及西方学说与儒家学说比较明显的特征(尽管不能

---

① 钱穆:《文化与教育》,广西师范大学出版社 2004 年版,第 5 页。

说所有的学者都一致）；因此，本章也就基于这一视角来挖掘和凸显儒家的自由精神特色，通过高次元和低次元的辨析而挖掘真正值得承继和发扬的东西。

很大程度上，正是由于儒家社会和西方社会基于不同维度来认识和审视自由，从而就赋予自由不同的内涵，进而在提升和保障自由上也形成了不同规范，乃至对政府及其官僚行为的制约机制也就存在显著差异。一般地，基于个人权利的优先原则，西方社会构建了一整套硬性的法律制度，并以此来约束个人和政府行为，由此发展出三权分立和权力制衡的宪法政治体系。与此不同，基于社会义务的优先原则，儒家社会则发展了一种可塑性的多层次的规范体系，并以此来强化处于不同地位的个人以及作为作为裁判者的国家和政府所应承担的责任，由此也孕育出了基于高次元民主精神的四大制度安排。同时，从表面上看，相对于西方关注人与人之间权利界定的自由，儒家伦理中的自由更多地体现为人生境界论意义上的自由。那么，儒家社会的自由观有何意义呢？是否就是政治无涉的或社会无涉的呢？这一议题也需要从两方面加以剖析。一方面，需要重新探究自由的本质内涵，除非是个体活动状态下的动物界，人类自由必然不是个体性的而是社会性的，从而必然需要一定的规范加以调适和引导。另一方面，要真正理解儒家的自由观，根本上还涉及中国的文化传统和社会秩序，涉及儒家社会的组织和社会治理机制，涉及儒家倡导的"修己治人"观。由此可知，儒家所注重的"尽其在我"责任文化及其派生出的自律性自由绝非只是停留在人生境界的意义上，而是内含了显著的政治性和社会性。事实上，任何社会的健康运行都离不开"人"这一主体，外在的强制措施最终也需要内化为人的偏好才能真正发挥效率，因而"尽其在我"责任文化及其自律性自由也就是人类社会有效治理的基石。

11. 儒家学说与民主精神不相容吗？

——兼论民主的本质

民主可以看成是人类的普世价值，但这却并不等于新古典自由主义者所理解和推崇的多数至上民主。从本质上说，民主要求集体决策能够体现全体成员的意志，因而合作是其根本特性。显然，儒家学说就体现出了"合作制"民主观的基本精神：人民主权、公民平等和民主对话。因此，基于社会结构和文化传统的根植性要求，当前我国的民主体制建设，就不能简单地照搬源于西方社会的多数至上民主制，而应该从儒家的典章制度中汲取营养，从而打造和完善实质性的民主体制。

一、引言

有为政府要得以积极有为而非乱为或不为，一个重要条件就在于它能够了解社会大众的偏好和需求，而这又需要有一种民主体制使得大众的偏好和需求得到显露和传递。然而，长期以来，有为政府的集中决策往往被视为不民主，它往往依赖于决策者的个人信息或偏好，从而就会导致不理想的结果；同时，这种不民主特性还被视为根植于儒家文化和组织之中，儒家社会的政府长期以来被视为专制的代表。有鉴于此，新古典自由主义就会极力否定有为政府而推崇有限政府乃至"最小政府"，把有限政府视为自由、人权和民主的保障。果真如此吗？

　　毋庸置疑，自由、人权和民主都可以看成是人类的共同追求，试问，谁不想有思想和行动的自由？谁不想获得基本权利的保障？又有谁不希望自己的意见能够得到社会的关注。但问题是，人类所需要的自由、人权和民主是否就是新古典自由主义者所理解和推崇的那种自由、人权和民主。这里涉及两个基本问题：(1) 自由、人权和民主的内涵和本质究竟为何？ (2) 西方社会崇尚的民主、人权和自由存在何种问题？譬如，就民主而言，目前流行的民主观源于西方社会，主要等同于政治选举中的一人一票，并由此建立了基于多数原则的决策制度。但是，正如穆勒、托克维尔以及哈耶克等指出的，这种民主往往会诱发某种顺从，从而使舆论本身变成一种暴政。

　　有鉴于此，我们就必须重新思考民主的真谛，而不能让流行的观念遮蔽民主的实质。鲍尔斯和金蒂斯写道："一旦一个政治习语成为政治的混成语时，它往往便包括了各种鲜见的意义。在民主的发展过程中，它因而会毫无区别毫无顾忌地向一切形式的特权挑战。"[①] 其实，在现代社会中，民主的内涵已经大大拓展了：它具有了超越公共投票以外的更广泛含义，越来越被看作公共理性的实践，体现为平等的对话协商。这意味着，现代意义的民主更接近于民主的实质内涵，因为民主本质上要求集体决策能够体现全民的意志。进一步地，基于民主制的本质内涵，我们就可以对中、西方社会中民主体制和政党制度的根本特性作一挖掘和比较。由此，我们可以发现，现代西方社会盛行的民主体制并非一定就是最优的，也并非一定就是中国社会体制未来改造的基本方向；相反，如果能够更充分和积极地汲取传统儒家的精华，反而更有可能建立起实质性民主，为此，本章对民主的本质作一剖析，并由此来挖掘儒家社会中高次元的民主精神，进而为有为政府进一步夯实社会基础。

---

　　①　鲍尔斯、金蒂斯：《民主与资本主义》，韩水法译，商务印书馆 2013 年版，第 9 页。

二、流行的民主概念及其问题

从起源学上看，民主来自于希腊语 demokratia，意指"人民统治"，而且意味着直接的人民统治而非代议制，即由全体人民（而不是他们选出的代表）平等地、无差别地参与决策管理。事实上，古代希腊人没有代议制民主，古典民主政治最成功的例子是公元前 5 世纪的雅典，当时雅典的一切重大政治决策都是由自由男性成人公民通过他们对议会的参与做出。雅典的政治体制主要是三大机构：（1）全体公民都能参加的公民大会，是最高权力机构。公民大会一般要达到 6000 人（当时雅典公民约 4 万人，不包括 4 万左右外邦人和 35 万左右的奴隶）才是法定最低人数，它每年至少召开 40 次，对包括战争、条约、外交、财政、法律、流放等事务以及包括宗教、喜庆、摆渡等议题进行讨论和表决。（2）500 位成员组成的议事会，是公民大会的常设机构。议事会成员从雅典 10 个部落抽签抽出，任期一年，每个公民一生最多担任两次议事会成员；议事会除节日和不吉日子外每天都要召开，任何公民都有权经五百人议事会向公民大会提出建议与议案。（3）200 多位公民组成的民众法庭。当时没有专业法官和专业律师，控犯就由民众法庭进行审判并根据多数票断案，苏格拉底就是被陪审团认定有罪而被判处死刑的。

雅典民主诠释了民主最基本的一些理念，展现了人类对民主理想的追求：（1）实行直接民主，所有公民（当时的公民在雅典总人口中只占少数）一律平等；（2）民主的范围涉及所有的公共事务，包括选举权、发言权、辩论权；（3）民主的目的在于维护城邦内全体公民的整体利益。当然，这种直接民主制也存在明显缺陷：（1）它以大量没有公民权但从事生产劳动的奴隶为保障，否则经常参加会议就会使得 6000 个公民及其家庭无法生活；（2）它只适用于人数较少的城邦，当时雅典面积最大时为 2000 多平方公里，人口最多时为 50 万人；（3）它十分重视意见表达，但往往会出现议而不决、议而难决的问题。正因如此，这种直接民主政治只延续了 180 多年，而后就蜕变为僭主政治。显然，流行的民主政治和寡头政治这两种制度都是不健全的，甚至可被归类为两种极端形态。一方面，当时的直接民主并不是实质上的"人民统治"，而是实际上的"穷人统治"，因为至少相对来说，当时大多数公民都是贫穷的；另一方面，当时的寡头统治也不是真正的精英治国，而是少数的贵族和富有者的统治，因为这些寡头并不是社会公选的贤良之士。在很大程度上，此后雅典共和国就在这两个极端之间进行转化，从而也导致了剧烈的社会动荡。

有鉴于此，当时具有深远洞见的思想者对这种民主体制大多持批判和反思态度，它不仅显得没有效率，而且还会成为乌合之众做坏事的借口。其中，对民主体制的批判往往可追溯到苏格拉底，他根本不赞成雅典民主制度的权力集中在那些没有主见的"群氓"手中，并嘲笑那种凭运气选择执法官的做法。受其影响，苏格拉底的学生柏拉图认为，由穷人和富人组成的国家不是一个国家而是两个国家——穷人的国家和富人的国家，两者放在一起将造成对立和斗争；为此，柏拉图既不喜欢僭主政治，也很反感民主政治，而是寻求一个基于自然分工而安宁有序的理想社会。同样，柏拉图的学生亚里士多德认为，任何纯粹的君主政体、寡头政体、民主政体都体现了一种极端形式而无法兼顾社会整体利益的正义，而理想政体由各种纯粹政体的混合而成的并能体现正义各方面标准的共和政体。按照亚里士多德的观点，共和政体意味着不能把全部的权力集中到一个单独的机构手中，从而使得城邦各阶级的要求都能在不同程度上得到满足，使他们的正义原则在城邦政治生活中都能有所体现，最终达到各阶级力量平衡。除了苏格拉底学派的三代学者之外，历史学家修昔底德及后来的罗马共和国晚期最有影响的政治家、思想家西塞罗等都加入到批判雅典民主和民主政治的行列。

古希腊以降，柏拉图等所向往的由哲学王统治的理想国不断地唤起历代思想者和改革者的巨大热情，甚至还被周期性地付诸社会实践。但是，由于迄今为止人类社会还缺乏相应的社会基础，导致构建理想国的社会实践往往在狂热之后就走上失败。正是历史上多次失败的实践,理想国就逐渐被认定为是不切实际的,以致西方社会转而皈依了亚里士多德所提倡的混合体制。事实上,从公元前 5 世纪的古希腊直到 200 年前的大部分西方历史中,民主都被认为是一个与共和政体完全不同的、坏的政府形式,好的共和政体兼有君主政治、贵族政治和民主政治的因素。例如,古罗马共和国就混合了君主制、贵族制、民主制,把国家权力分配给执政官、元老院以及公民大会掌握,300 人左右组成的元老院掌握着实权,两位执政官则由百人组会议选举并经元老院批准,民众会议由区会议、百人组会议、部族会议及平民会议组成,其作用有限且为贵族所把持。同样,美国的国父们也有意识地反对民主,其构设的宪法也是以混合体制写成:存在君主的因素(总统)、贵族的因素(参议院)和民主的因素(众议院)。即使因写了《美国的民主》一书而使民主成为一个好词而扬名的托克维尔,他在对民主与暴政进行对比时也区分了"民主的暴政"和"民主的自由";在托克维尔看来,尽管现有的美国体制偏爱民主的自由,但仍然具有对民主的传统恐惧。

其实,尽管人们往往将人民民主与贵族寡头对立起来,但两者的共性实际上大于分歧:它们都是反自由的,并且,寡头统治往往源自所谓的多数民主。究其原因,多数规则往往会产生循环的大多数,这就是孔多塞悖论。例如,选民 A、B、C 的偏好分别是:X>Y>Z、Y>Z>X、Z>X>Y;那么,在多数表决下,X 和 Y 表决中 X 以 2∶1 获胜,Y 和 Z 表决中 Y 以 2∶1 获胜,X 和 Z 表决中 Z 以 2∶1 获胜。显然,这种集体偏好顺序为:X>Y>Z>X>Y……它是非传递的,从而就与任何共同善概念不相容。这样,当多数原则与民主集中制结合在一起时,往往就会产生穆勒所洞悉的那种结果:"将这种权力交给这种多数中的多数,而这种多数可能并往往不过是全体中的少数。"[①]事实上,多数民主将导致权力集中到少数人手中,这就是米歇尔提出的寡头铁

---

① 穆勒(即密尔):《代议制政府》,汪瑄译,商务印书馆 1982 年版,第 103 页。

律；在极端的情况下，多数民主甚至会导致权力集中到某个人手中，这就形成僭主制。在很大程度上，正是由于建立在多数原则乃至是简单多数原则之上，西方社会的民主结果往往与公共利益并不一致，人类的共同利益也很难根据多数原则来提供。

从历史发展来看，近代人民主权理论的提出是在经历被称为黑暗时代的中世纪后的文艺复兴运动中衍生出的：首先是布丹、格劳秀斯和霍布斯等人强调了"主权在君"思想，其次是斯宾诺莎发动了从"主权在君"到"主权在民"的过渡，洛克则从"议会主权"论入手而确立了"主权在民"思想，最后由卢梭为人民主权论定格。但是，尽管卢梭等倡导的人民主权理论高度重视"公意"和彰显民主，但对人民参与政治和国家管理的设想或主张却缺乏操作性。相反，在现实世界中，西方社会在"民主"旗号之前逐渐加上了一些限定修饰词，如"代议民主""精英民主""多元民主""宪法政治民主""程序民主"等等，而美国国父之一的汉密尔顿首先使用了"代议民主"这个词；从此，"民主"一词被赋予了全新的含义：政府的正当性可以通过选举自己的"代表"来实现，而不必体现在民众直接管理。这样，经过上述几次转换，"民主"完成了"人民的统治"向"人民选择统治者"的转型，"人民"变成了"选民"，"民主"变成了"选主"，民意的表达仅在于选出人来做主。

然而，这种转换显然偏离了真正的民主，导致真正公意的消失。卢梭就强调，"主权既然不外是公意的运用，所以就永远不能转让；并且主权者既然只不过是一个集体的生命，所以就只能由他自己来代表自己；权力可以转移，但是意志却不可以转移"；[1] 相应地，"正如主权是不能转让的，同理，主权也是不能代表的；主权在本质上是由公意所构成的，而意志又是绝不可以代表的；它只能是同一个意志，或者是另一个意志，而绝不能有什么中间的东西。因此人民的议员就不是，也不可能是人民的代表，他们只不过是人民

---

[1]　卢梭：《社会契约论》，何兆武译，商务印书馆1980年版，第35页。

的办事员罢了；他们并不能做出任何肯定的决定……英国人民自以为是自由的；他们是大错特错了。他们只有在选举国会议员的期间，才是自由的；议员一旦选出之后，他们就是奴隶，他们就等于零了"。① 因此，在很长的历史时期，民主在西方社会都被看作"坏东西"，而近现代经过改造的"民主"则已经与原先的直接民主有根本的不同。

总之，尽管当前不少人高喊"民主"的口号，但流行的民主原则已经出现了蜕变。事实上，这种民主观主要强调少数人对多数人的服从，而没有关注少数人的基本权利。当然，这种多数至上论往往有不同版本：如民粹主义版本认为，只要一个国家的政府所实行的法律或政策得到最大多数公民的赞成，它就是一个民主国家；更为复杂的版本则认为，只有当一个国家的制度给予公民有了解实情并作深入思考的机会，且允许大多数公民选择官员以制定符合他们意志的政策时，它才是一个民主国家。② 不管如何，这种当前流行的民主、人权和自由观，不仅有其独特的历史和社会渊源，而且还具有明显的逻辑缺陷和现实困境。例如，法国革命领袖巴贝夫曾指出民主的两种发展走向：民主既会造成一个平等的制度，也会造成一个利己主义的制度，这取决于私有财产是被社会化还是被神圣化。不过，这两种理解显然都是极端的，其实践结果往往会造成两类不平等的极端统治：（1）以财产平等为名义的极端主义统治，（2）以自由市场经济著称而在利己主义制度下的人类历史上最大的不平等。③ 因此，尽管民主确实是个好东西，我们也有必要从本质角度对民主的内涵及其表现进行审视。

---

① 卢梭：《社会契约论》，何兆武译，商务印书馆 1980 年版，第 125 页。

② 德沃金：《至上的美德：平等的理论与实践》，冯克利译，江苏人民出版社 2003 年版，第 413 页。

③ 参见贝拉等：《心灵的习性：美国人生活中的个人主义和公共责任》，周穗明等译，中国社会科学出版社 2011 年版，2008 年英文版序言。

三、民主的本质内涵及其合作特性

一般地，民主本身体现了有关公共事务的集体决策，社会成员之所以参与这种集体决策，根本上就在于，通过致力于整个社会的善而获得自身的善，这也就是民主的本质。相应地，合作就成为民主的根本特性：社会成员通过致力于社会公共利益的提高来实现自身利益，它与价值的协同创造联系在一起；相反，非民主方式的本质则竞争性的：社会成员努力通过剥削其他社会成员来实现自身的利益，它与价值（或收益）转移联系在一起。这里，我们就需要对两类民主进行区分：（1）流行的多数至上民主，（2）实质的合作性民主。多数至上民主的决策方式是投票，少数应该服从多数的意志，从而体现了"主权"特征。在很大程度上，多数至上民主与传统专制的差别仅仅在于主权的归属：多数至上民主的主权属于"多数人民"，而传统专制的主权属于"少数寡头"；但是，两者的运行方式都是一致的，都是利用力量（无论是选票还是武力）迫使其他人屈从于自己的意志，从而具有强烈的竞争性和争夺性。因此，我们说，无论是基于简单多数原则的"人民统治"还是少数特权精英的"寡头政治"，它们在很大程度上都只是披着民主的形式外衣却背离了民主的实质内容，它们与价值转移而非价值创造联系在一起。

一般地，基于民主的本质，实质民主就有两大基本特征：（1）社会和经济政策的集体决策应该集中体现全体民众的偏好和基本诉求，而不应存在主权者（统治者）和非主权者（被统治者）之分；（2）集体决策的结果应该尽可能地体现每个成员的应得权利，而不能仅仅关注特定个人或群体的利益。穆勒就指出："纯粹的民主制观念，照它的定义来说，是有平等的代表权的全体人民治理的全民政府。通常所认为的，也是迄今所实行的民主制，则是独占代表权的人民的简单多数所治理的全民政府。前者和一切公民的平等同一意义；后者则是特权的政府，有利于人数上的多数，实际上只有这个多数在国家有发言权。"①

相应地，实质民主与合作性和对话联系在一起，也就是"合作制"民主。一方面，"合作制"民主体现了协作和裁判的性质，"民"治是指全体人民的统治，他们作为充分平等的合作者，在一项集体的自治事业中共同行动；他们不仅对政治竞赛进行裁判，而且本身是支持者和候选人的统一，并在以不同的方式促进民意的形成，决定着其他公民的投票。另一方面，"合作制"民主采取了对话和协商的方式，作为公共事务的平等参与者，每一个成员都是最终的裁定者，而最终决策往往要说服对话者而不是逼迫对话者，从而必然是采取平等对话和协商的方式；正是通过对话和协商，就可以尽可能地将大多数人意志和诉求纳入决策中，从而实现最大多数人的最大幸福。很大程度上，之所以实行代议制而不是直接民主制，就在于能够更好地在不同意见和利益者之间展开对话和协商；因为被选出的代表（议员）相对于普通公民往往具有更高的智慧和理性，更清楚地认识到大家的共同利益，也更容易地找到解决分歧的途径。

既然民主的根本目的在于增进合作，使得每个人的利益尤其是公共利益在法律规范中得到体现和规定，这就对目前流行的选举制以及政党制度提出了反思和挑战。哈耶克就指出："严格意义上的立法却不应当受利益的支配，而应当受意见的支配，也就是受人们关于何种行动是正当的或不正当的观点的支配——这意味着立法不应当成为一种实现特定目的的工具，而应当成为一种恒久的规则，且不论它对特定的个人或特定的群体所具有的影响。人们在挑选那些最优可能关注他们特定利益的人的时候，以及在挑选那些他们相信会公允无私地捍卫正义的人的时候，很可能会挑选完全不同的人，这是因为有效地担当上述第一项任务所需要的品质，完全不同于践履第二项任务所必需的品质，而对第二项任务来说，正直、智慧和判断力这样一些品质，无

---

① 穆勒（即密尔）：《代议制政府》，汪瑄译，商务印书馆 1982 年版，第 101 页。

疑具有至关重要的意义。"① 事实上，穆勒很早就强调，快乐的质量主要由人们的品德高低、智慧大小决定的，因而"做一个感到不满意的人要比做一头感到满意的猪更好，做不满意的苏格拉底要比做满意的傻瓜更好"；并且，"如果傻瓜或猪有不同意见，那时因为他们只知道问题的自己的一面，而人或苏格拉底却知道对两方面加以比较"。② 为此，穆勒强调，人或苏格拉底在公共事务中就应该拥有更大的发言权。

当然，这种理想化的实质民主迄今还没有真正地出现在人类社会中，还有待于不断成熟。从这个意义上说，民主又不是一种建构的设计，而是体现为一个持续的发展过程。相应地，民主体制又衍生出另外两大特征：(1) 正是在这个过程中每个成员都意识到自己的责任，民主也在寻求行动的公众的广泛支持：当规则损害某些人的利益时，就会积极地参与对规则的修改；从这个意义上说，在民主的决策过程中，对行为的约束往往是自我实施的。(2) 民主本身是一个过程也意味着，民主并非仅仅基于一定的规则决策，也并非指简单的多数法则；事实上，这种理解仅仅表现集体行动的"合法性"，而并不意味着集体行为的"合理性"。考夫曼写道："法治国家的民主并不是一种人们可以高枕无忧的状态。民主与法治国家是一种具有进程性的东西，必须当作经常持续性的任务，毫无歇止地加以形成。国民必须为了法治国家与自由民主地利益而有所作为，国民必须在此持续进行的过程中贡献心力，遇有不正义的事，不能视而不见。"③

总之，民主本身不是抽象的，而是具体的，不是先验静态的，而是动态发展的。鲍尔斯和金蒂斯就指出："民主并不是一成不变的。凡在民主制度

---

① 哈耶克：《法律、立法与自由》（第2、3卷），邓正来等译，中国大百科全书出版社2000年版，第435页。

② 斯皮格尔：《经济思想的成长》，晏智杰等译，中国社会科学出版社1999年版，第321页。

③ 考夫曼：《法律哲学》，刘幸义等译，法律出版社2004年版，第413—414页。

已经扎下根的地方,它们常常已经扩张和深化了。"① 在很大程度上,民主本身就是一个历史性和社会性概念,是人类为应对公共领域中的集体决策所创设的一个名词。一般地,民主的实践结果往往取决于人类所赋予它的内容,而所赋予内容的优劣又在于我们为民主体制所设定的追求目标。同时,在公共领域的集体决策中,好的民主过程应该能够体现每个成员的偏好,好的民主决策结果也能够实现每个成员的应得权利,这就是民主的合作本质。合作型民主的一个重要体现就是共同参与和平等对话,尤其是要建立在已有制度安排缺陷的批判和揭示基础上。

然而,多数至上的庸俗化民主却极力迎合"大众"的意见,出版、印刷、广播、电视等都日益大众化,从而就摧毁了真正独立的公众,这是哈贝马斯所揭示的;相应地,这种社会文化就不再是某种批判理性的领域,而只是变成一种意识形态的消费,这是马尔库塞所揭示的。相应地,政治决策已经远离议会,不再反映公正无私的辩论中达成理性共识的结果,而是反映不同博弈势力的特殊利益之间的妥协;同时,议会中的代表们也已经成为政党机器的被动工具,而不再体现社会发展的真正诉求。② 为此,哈贝马斯强调,真正的民主应该对流行的各种舆论进行审视,而不能直接将各种舆论视为公众行为的现实形式,他问道:"这种'公众舆论'究竟是以公共交往的形式,还是以一方被剥夺了权利的非交往的形式,得以实现的;此外,应该如何理解这种'公众舆论'呢? 它究竟传达了大众自身无法表述出来的倾向,还是将完全有能力表达自己,却被强行加以整合的意见降低成一种公民表决中的随声附和?"③

---

① 鲍尔斯、金蒂斯:《民主与资本主义》,韩水法译,商务印书馆 2013 年版,第 9 页。

② 安德森:《思想的谱系:西方思潮左与右》,袁银传、曹荣湘等译,社会科学文献出版社 2010 年版,第 145 页。

③ 哈贝马斯:《公共领域的结构转型》,曹卫东等译,学林出版社 1999 年版,第 287 页。

四、儒家社会的民主精神及其价值

从民主的合作本质来看，现代西方社会流行的多数民主体制以及相应的政党制度并非就是最理想的，它们主要是建立在权力斗争以及由此形成的权力均衡之基础上，体现为一种异化的形态。哈耶克就指出："我们均不能郑重其事地断言，民主的每一步扩大都是一种收益，或者民主的原则要求民主应无限地扩大。"[1] 同样，穆勒强调，对自由的威胁不在于政府，而在于"多数的暴政"；只有少数有才智的人的利益和意见得到反映才是真正的民主政体，其出发点是充分实现个人自由。之所以如此，就在于多数至上的民主是工具性的，多数派以一种投票形式来合理化其对少数的压制和统治。进而，为了降低民主的社会成本，西方社会又把民主政府简化为代议制政府，从而进一步压制了人们的实质参与。哈耶克就曾经说道："一个独裁者是有可能以自由主义的方式进行统治的。而且一个民主政体也可能以全无自由的方式统治。我个人偏向于自由的独裁者，而不喜欢缺乏自由主义的民主政体。"[2] 由此观之，如果真正落实儒家的人文关怀精神和全体主义思维，反而容易创设出更为合理的政党和民主体制，更大程度上体现出人们的应得权利。梁漱溟就认为："中国之民主存在于理（理念），西洋之民主存在势（形势）。存在理者，其理虽见，其势未成，纵然高明，不能落实。存在势者，其势既成，其理斯显，虽或了无深义，却较稳实。"[3]

长期以来，儒家社会往往被视为专制主义而与现代民主精神背道而驰，但实际上，儒家社会一直都充盈着民主精神。如钱穆所言："在中国史上，

---

① 哈耶克：《自由宪章》，杨玉生等译，中国社会科学出版社 1999 年版，第 86、87、89 页。

② 转引自鲍尔斯、金蒂斯：《民主与资本主义》，韩水法译，商务印书馆 2013 年版，第 19 页。

③ 梁漱溟：《梁漱溟集》，群言出版社 1993 年版，第 372 页。

当封建制度之旧一统时代，即西周时代（下及春秋），早已有一种民主思想与民主精神，散见于群经诸子与当时之史实……位吾人当知中国是一到郡县制度之心一统时代，即秦汉时代，而中国人之民主思想与民主精神乃此地实现而具体化、制度化，成为一种确定的政治标准。……故封建旧一统时代，乃中国民主思想与民主精神之萌芽时代，而郡县新一统时代，则为乃中国民主思想与民主精神之成熟时代也"。① 从漫长的古代中国社会也可以看出，至少从秦汉以降直到宋代，实际政权都不在皇室而在政府，宰相负政治上的一切责任，尽管皇帝是国家的唯一领袖。这种宰相负责制体现了高度的民主性：一方面，宰相府之类的官邸在早期社会是非常开放的，人人有事甚至可以直接到相府进行关白；② 另一方面，还存在一群知识分子专门对政府的施政进行评说，并以此来监督政府行为，政府也从中获取民情。

当然，传统儒家社会所实践的民主体制并不等同于现代西方社会的多数至上民主观，相反，它更类似于德沃金提出的"合作制"民主观。德沃金指出了合作制民主的三大内容：（1）人民主权，这不同于多数至上观所强调的最大多数公民最终贯彻其意志的权力，而是强调作为一个整体的公众与组成政府的不同官员之间的关系，要求人民而非官员当家作主；（2）公民平等，公民在享有集体主权的同时，也作为个人参与他们共同充当裁判的竞争，并充当这些过程的参与者，而不会因为付不起昂贵的发言价格而被排斥出政治辩论；（3）民主对话，在集体行动之前公民将作为个人进行思考，对共同体发表看法，而不是受到新闻审查的限制。③ 阿伦特认为，希腊城邦的政治重心存在从行动到言说的转变，城邦中的任何事情取决于话语和说服而不是暴力和强迫，言说成为一种说服的手段，而命令则是前政治的，是用来对付城

---

① 钱穆：《文化与教育》，广西师范大学出版社 2004 年版，第 78—79 页。

② 钱穆：《国史新论》，生活·读书·新知三联书店 2005 年版，第 74 页。

③ 德沃金：《至上的美德：平等的理论与实践》，冯克利译，江苏人民出版社 2003 年版，第 419—421 页。

邦之外生活的人的特有方式。①

也就是说，儒家思想与现代合作制民主观具有明显的相通性：（1）它强调国家乃是全体人民的国家，集体行动应该符合所有公民的利益，这实际上就是主张人民主权；（2）它强调所有成员都是大家庭的成员，不因其地位的差异而遭受歧视，或者不应以简单多数来损害少数，这就是公民平等；（3）它强调上位者必须认真倾听下位者的心声，集体决策应该尽可能地反映最大多数人的意见，这就是民主对话的实质。熊十力就指出："《周官》为民主政治，不独于其朝野百官皆出自民选而可见也，即其拥有王号之虚君，必由王国全民公意共推之。"② 同时，在实践中，儒家社会还通过科举制来促进社会阶层流动以保障社会成员的平等，通过"德上法下"的社会规范来保障上位者更好地考虑约束自身的行为，通过"下位者监督上位者"的问责体系来推行社会共同治理。

当然，儒家的民主观与现代合作制民主也存在一些差异：传统的儒家社会并不是社会、政治地位人人平等的社会，而是存在严格的社会等级和中央集权；相应地，公共和社会决策并不是由社会大众平等地投票决定，而是由特定的可以流动的社会精英代为决策。但无论如何，浓郁的人本主义使得儒家中浸淫了合作民主的精髓：（1）儒家强调对人民需求的关注和满足，代为决策的那些精英如同其"父母官"成为所展示的那样深受社会大众的信赖；（2）儒家强调"民贵君轻"，这与"民有、民享"的现代民主观相通；（3）科举带来较高的社会迁移和阶层流动，破除了主权者和非主权者之间的永久性隔阂和对立，而将所有人民置于相同的社会地位。从这个角度上说，儒家社会非常注重社会的相互依赖性和公民的平等性，而公民的平等性又以社会性的提高为基础，社会性的提升则源于人的学习和践行。钱穆说："人类的

---

① 阿伦特：《人的境况》，王寅丽译，上海世纪出版集团、上海人民出版社 2009 年版，第 16 页。

② 熊十力：《论六经·中国历史讲话》，中国人民大学出版社 2006 年版，第 51 页。

理想,乃使人人同为上等人,人人同为圣人,此是中国人的平等观。"①

最后,需要指出,现实社会中不存在这种理想的平等,因而儒家所强调的公民平等就主要体现在质的意义上:每个人的应得权利应该得到保障,每个人的利益都应该得到关注;而不是体现在量的平等,不是强调每个人的决策权是相等的,不是每个人对其他公民和社会都拥有相等的影响力。究其原因,基于人性的发展说,儒家认为,人之贤愚是不同的,他们对社会公意的关注和社会责任的承担也存在很大的不同,那些具有更高能力和责任感的人应该拥有更大的投票权;相反,如果由社会成员平等地决策的话,就可能潜伏着多数暴政的危险。因此,传统儒家社会强调圣贤政治,把那些既有德行又愿为人民服务的圣贤视为治理国家的必然人选;这些"圣贤"是通过一定的考核而选拔出来的社会精英,组成成员可以流动的集团就成为官僚统治者。很大程度上,儒家社会的选人主要就是从社会层面进行考虑的,钱穆就写道:"中国人的人品观中,主要有君子和小人之别。君者,群也。人须在大群中做人,不专顾一己之私,并兼顾大群之公,此等人乃曰'君子'。若其小人,心胸小,眼光狭,专为小己个人之私图谋,不计及大群公众利益,此等人乃曰'小人'。"②

五、儒家民主观对现代民主建设的启示

上面的分析表明,儒家社会和西方社会都各自发展出了民主体制,因为民主形式本身是多样的,任何民主体制都与特定的社会历史相适应,而不存在一种普适性的民主。③ 确实,如果仅仅从一人一票原则而言,传统

① 钱穆:《国史新论》,生活·读书·新知三联书店 2005 年版,第 194 页。
② 钱穆:《国史新论》,生活·读书·新知三联书店 2005 年版,第 194 页。
③ Sen, A.K., "Democracy and Its Global roots: Why Democratization is not the Same as Westernization," The New Republic, October 6, 2003: 28-35.

中国社会没有产生出基于权力制衡的西方式民主制度；但是，民主的实质并不是专指基于权力制衡的规则，而是强调社会成员之间的权利和义务关系。显然，基于这种理解，儒家社会发展出了更为实质性的民主制度，因为儒家一直强调每个人的社会责任和义务，重视他人意见、关怀弱势利益。譬如，儒家一直强调"己所不欲，勿施于人"，强调"为己利他"的行为方式，这实际上就是平等对话。因此，儒家的民主观不同于目前流行的民主观。如梁漱溟就强调："中国非无民主，但没有西洋近代国家那样的民主。"① 同时，由于不存在一个普适性的民主，同时，每一类民主不仅都有其适应环境，并且也都存在缺陷；因此，我们在借鉴西方社会的民主制度以推进中国民主体制建设时，就必须持审慎的态度。这里从三方面加以说明。

（一）西方民主制在其他社会的适用性

现代世界各国往往模仿和照搬西方社会中流行的那种基于权力制衡的多数至上民主制，但是，这种民主制与西方社会特定的社会文化和共生制度相适应，如果没有其他一系列相关制度的支持，那么，这种民主观很可能会导向多数暴政。这里作一说明。

一般地，近代西方社会民主制度的建立和维持存在这样两个条件：（1）在产生上，民主权利的取得依赖于长期的权力斗争，以最终形成的一种相互制衡的权力平衡；（2）在维持上，民主权利的使用和扩展依赖于一个较高素质的国民，以防止公权力被篡夺。考夫曼就指出，"民主是所有国家形态中最为困难的一种，也是一种富有风险性的国家形态，其经常面临失败的威胁"，"民主制度需要所谓'成熟的国民'，可以自我负责地做决定并有所行事，即使是遭遇若干风险的情境，仍然依靠自己。成熟的国民并不期望所有

---

① 梁漱溟：《梁漱溟集》，群言出版社 1993 年版，第 336 页。

的事物均已获得确保"。①

同时，社会制度往往与文化传统和社会结构相联系。早在1789年，当法国大革命试图重复美国的经历而建立民主共和制时，当时的美国驻法大使就写道："他们（法国人）希望有一部美国宪法，而认识不到他们不会有美国人来支持该宪法"，从而注定不可能成功。②显然，即使在文化和经济水平如此相近的美国和法国都是如此，社会文化意识与西方相差悬殊的中国就更加无法简单地照搬西方民主制。蒋庆曾指出："民主思想不像科学技术，不是人类共法，而是西方历史文化传统的产物，深深打上了西方文化的烙印，不具有普世的真理性，只是世界上各种文化思想中的一种文化思想而已。这即是说，民主思想在其思维方式上具有西方文化的特质（重形式思维而非实质思维），在思想内容上具有西方文化的特质（重法律权利而非道德自觉），在政治理念上具有西方文化的特质（重偏至精神而非中和精神），在政治运作上具有西方文化的特质（重理论推理而非实践艺术）。因此，民主思想只能是西方的，而非全人类的；只能属于某一特定文化的，而非中国的。世界上只有西方的民主思想，而不可能有人类的民主思想或中国的民主思想。民主思想深深植根于西方两千多年来的历史传统重，深受西方哲学、宗教、道德、习俗、法律等文化形式的影响，不可能通过简单的论证公式'合乎逻辑地'推成全人类的或中国的。"③此外，尽管现代民主概念主要源于西方，并主要强调一人一票和多数决定的原则；但是，这种民主本身也内蕴着很大的缺陷。德沃金就指出，西方社会民主是"一个允许人民中的多数把其意志强加于少数的过程，并没有内在的价值。多数统治本身既不公平也没有价值：

---

① 考夫曼：《法律哲学》，刘幸义等译，法律出版社2004年版，第414页。

② 哈茨：《美国的自由主义传统》，金灿荣译，中国社会科学出版社2003年版，第33页。

③ 蒋庆：《政治儒学：当代儒学的转向、特质与发展》，生活·读书·新知三联书店2003年版，第284页。

只有当满足某些条件时，这包括参与多数决定的政治过程的人之间的平等要求，它才是公平而有价值的"。①

（二）儒家民主观对西方民主的补充

由于西方民主本身具有非常高的社会条件，因此，中国社会的民主建设就不能简单地照搬源于西方社会的多数至上民主制，而应该从儒家的典章制度中汲取营养。尤其是，要将儒家社会的民主观和西方社会的民主观契合起来，究其原因有二：（1）儒家的典章制度与西方的民主法制之间存在着明显的共通性；（2）儒家的典章制度可以为西方社会的民主提供互补。这里作进一步的说明。

就共通性而言，儒家的价值理念与西方的民主理念并不完全冲突，譬如，儒家社会主张贤人政治，但如何确定贤人呢？中国古代社会有两种方式：选举和考试。其中，选举在古典表现为察举，也就是官方和民间共同推选之意；而考试则考察其对传统经义的了解程度以及对社会是非的认知程度。事实上，儒家社会尊崇哲学王，天下惟有德者居之，执掌政权的领袖同时也应该是道德的完人；但是，哲学王并非就是直接的统治者，而是试图为社会建制立法，从而制约上位者的行为，如孔孟就被称为"素王"。正因为世俗统治者应该受到道德的制约，因而中国社会就盛行着一种更换上位者的禅让制，它是儒家道统战胜政统的标志。古代的禅让往往都是力量较量的结果，是让"强"而不是真正的让"贤"。② 不过，不管如何，中国可以在选举和考试相结合的基础之上完善贤人政治和民主制度。

就互补性而言，儒家不以静态的眼光看待社会政治制度，它的最高理想是建立和谐的大同社会，但同时又认为在不同时期应该有不同的制度。

---

① 德沃金：《至上的美德：平等的理论与实践》，冯克利译，江苏人民出版社2003年版，第419页。

② 要做到这一点就需要合理地处理国家的军事力量。

譬如，古代中国由于幅员广大且百姓认知有限，从而并不适合民选政治，但同时，除了国家稳定之象征的皇帝终身制外，其他各上层管理岗位都必须择贤而任，而不是由一人或一家族垄断；因此，中国积极发展上层之选举，这也就是选举考试制度的实质，这产生了中国社会的民主性。显然，社会发展到现代，由于信息传播的发达以及人民素质的提高，如果把皇帝一职也改成民主选举，那么也就相当类似于西方社会的民主制了；而且，儒家的理想还不止如此，在它看来，人类历史应由据乱世、升平世向太平世演进，而这种自由民主制仅仅是适应于升平的小康之世，而它终究会被天下为公的选贤与能的太平大同之世所取代，因而儒家所追求的政治理想比西方社会的民主制度更高出了一层。正如前面指出的，与西方重主权的传统相反，中国传统不在意主权的归属，而注重政府的责任何在，职权如何分配以及选拔何人来担当此重任；因此，任何人只要符合法制上的规定条件与标准，都可进入政府，这也就形成了中国人推崇的全民政府的思想，这也是当前中国政府开始强调代表全民利益的思想传统。正因如此，中国的历代政府往往都努力调和社会矛盾，建立和谐社会也一直是中国人的理想。罗思文就指出，古典的儒家传统要比西方基于民主的自由主义传统更为高明。①

六、结语

现代民主是人类社会迈向身份平等的产物，但同时，它的庸俗化发展也会导向新型的专制和集权。卢梭就曾指出："就民主制这个名词的严格意义而言，真正的民主制出来就不曾有过，而且永远也不会有。多数人统治而少

---

① 罗思文：《谁的民主? 何种权利?》载《儒家与自由主义》，生活·读书·新知三联书店 2001 年版。

数人被统治，那是违反自然的秩序的。"① 事实上，在现代民主兴起的初期，托克维尔在对美国民主作了系统的观察后就写道："在我们这个时代，领导社会的人肩负的首要任务是：对民主加以引导；尽可能地重新唤起民主的宗教信仰；洁化民主的风尚；规范民主的行动；逐步将民情的经验用治世的科学取代，将民主盲目的本能用于其真正利益的认识取代，是民主的政策与时间和地点相适合，并且根据环境和人事修正这些政策。"② 这意味着，要建立起真正的民主社会，就不能简单地将民主视为一个抽象的笼统概念，而是要历时性地看待民主的发展。就当前中国的情形而言，在借鉴西方民主制来推进中国民主制时，更要了解西方民主本身存在的问题，否则就很可能会造成相反的效果。

自五四运动起，中国的热血青年之所以努力引入西方的民主体制，也是试图以"人民统治"来反抗"君主专制"。显然，"人民统治"或"人民主权"是在特定时期对"势"的应用，从而是无可厚非的。问题是，仅有"势"，长期来看并不能真正实现实质民主，反而会滋生出各种形式的"暴政"。贝拉等就指出，一个人的统治既可能是一种君主政体，也可能是一种暴政；少数人的统治则既可能是一种贵族政治，也可能是一种寡头政治；但是，多数人的统治几乎是不存在好形式和坏形式，它彻头彻尾是坏的。③ 针对早期美国开创的民主制度，托克维尔就指出，"我最挑剔美国所建立的民主政府的缺点，并不在于它软弱无力（像绝大多数欧洲人所指责的那样），而是恰恰相反，在于它拥有不可抗拒的力量。我最为美国担心的事情，并不在于它推行极端的民主，而在于它反对暴政的措施太少"，"相反，如果立法机构组织得既能代表多数又一定不会受多数摆布，使行政权拥有自主的权利，使司法

① 卢梭：《社会契约论》，何兆武译，商务印书馆1980年版，第88页。
② 托克维尔：《论美国的民主》，张扬译，湖南文艺出版社2011年版，第5页。
③ 参见贝拉等：《心灵的习性：美国人生活中的个人主义和公共责任》，周穗明等译，中国社会科学出版社2011年版，2008年英文版序言。

当局独立于立法权和行政权之外，就可以建立起一个民主的政府，并使暴政无法出现。"①

事实上，按照鲍尔斯和金蒂斯等人的理解，人民主权的根本含义是："权力对于那些因行使权力而受影响的人们是负有责任的，并且在某种意义上对于这些人中的每一个都负有同等责任。"② 这意味着，任何权力都必须受到制约，权力和责任应该是对等的，只有这样，才能保障权力的合理使用，才能保障少数派的权利和诉求得到维护。而且，从本质上说，民主并不在于少数服从多数的简单投票，而在与平等对话以尽可能反映所有成员的诉求，尤其要关注和照顾少数派的利益。为此，民主就在所有成员的参与，要为成员的声音传递提供渠道，需要建立和完善用手投票的机制。不幸的是，现代自由主义却极力贬低成员参与的价值，冷对发言而崇尚退出；与此相适应的民主主义也"有效地把社会生活领域（诸如经济）的民主化或者等同于它的依循无碍退出原则的组织过程，或者同化于自由民主国家的过程。结果，自由主义的思路难以使民主选择的清单超出对市场和社会民主安排的保守依赖，而推进到一个扩大了的状态"。③

显然，正是受这种庸俗化的民主思想支配，商业原则就充斥了当前社会的方方面面，并获得了前所未有的一致性，排除了一切异己和一切反抗，压制一切不同的意见和声音，甚至消弭了一切批判与否定的因素。尤其是，在过去的一个世纪里，中国学人大多没有深入对民主本质内涵的理解，而是热衷于对西方"多数制民主"的简单照搬。为此，米尔斯区别了现代社会中的"公众"与"大众"："公众"具有福利自主性，热衷于表达和接受意见，并形成有效的交流体系；相反，"大众"则往往受大众传媒的影响，往往无法

---

① 托克维尔：《论美国的民主》，张扬译，湖南文艺出版社 2011 年版，第 176、177 页。

② 鲍尔斯、金蒂斯：《民主与资本主义》，韩水法译，商务印书馆 2013 年版，第 9 页。

③ 鲍尔斯、金蒂斯：《民主与资本主义》，韩水法译，商务印书馆 2013 年版，第 177 页。

从机构中获得自主性，也往往倾向于接受意见而非表达意见。[1] 马尔库塞则将发达资本主义社会视为实质上的极权主义社会，因为"大众"文化塑造了一种缺乏批判和反思的单向度社会。

与此不同，从历史的经验看，如果将儒家社会视为专制的话，它也应被称为开明专制，更像是一个独裁者在以自由主义的方式进行管理。进一步地，为了从儒家传统中汲取民主之"理"，应该深入了解儒家学说的整套社会规范体系。当然，传统儒家社会的实质民主得以存在的一个基本条件就是：存在一系列的社会规范体系，尤其是，上位者内在的道德敬畏构成了对其权力的内在制约。如果个人主义和行为功利主义的盛行而打碎了这种道德束缚，失去道德制约的上位者开始把权力当成了为己谋私利的资源，传统的儒家民主制就会被彻底摧毁。

---

[1]　哈贝马斯：《公共领域的结构转型》，曹卫东等译，学林出版社 1999 年版，第 295 页。

12. 如何构建有为政府的制度基础
——儒家的高次元民主精神和制度安排

　　为了保障有为政府积极"有为"而不"乱为"和"不为"，根本上要建立一套制度制约体系。但是，这种制度制约体系不能简单地照搬西方社会的权力制衡的宪法政治体系，因为这种权力制衡体系必然导向有限政府而非有为政府；相反，它可以从儒家社会中理念和实践中汲取养分，因为有为政府与儒家社会的全民政府和圣贤治国理念相通，都强调对全民利益的关注和对社会责任的承担。事实上，儒家社会在漫长演进过程中酝酿出了高次元的民主精神以及相应的制度安排。其中，儒家社会治理的核心问题是：上位者如何选择以及其行为如何得以监督，这就涉及"下位者监督上位者"的问责制度和"德上法下"的社会规范体系。同时，儒家社会的上位者不仅受到来自下位者的监督，而且还要面临着更高的道德约束，这就是"德治"观。进而，要保障上位者受到"德治"的约束，又必须存在一套独立"道统"；其中，"道统"的阐释权和发展权在"士"，上位者则必须向"士"学习并接受"士"的监督，从而确立了"在下而不在上"的道统观。

一、引言

　　林毅夫的新结构经济学倡导积极的有为政府，这就带来一个核心问题：如何切实保障政府机构以及官僚们致力于产业转型和经济发展的积极"有为"

而不会出现以权谋私的"乱为"和推卸责任的"不为"呢？韦森在评论新结构经济学时就说，NSE 分析框架仍然实际上是"制度缺位"——尤其是政治与法律制度缺位的，而"在一个国家和地区的政府领导人在增长甄别和因势利导的发展规划以及实际操作和运作中，如果不考虑制度约束和体制变量，而只是理想地提出政府领导人和决策者当怎样行为和怎样才是最优选择，其现实有效性、可实施性和操作性是要大打折扣的"①。

按照新自由主义的政治学和经济学观点，这根本上需要建立一整套的法律规章等正式制度安排，其中的关键又在于建立权力制衡的宪法政治体系。然而，这种宪法政治体系存在这样两大根本性问题：(1) 西方的三权分立体系在实践中也并没有阻止行政权的一权独大，并出现了波普尔所称的"民主悖论"和"自由悖论"，这显然与自由主义的根本诉求背道而驰；(2) 独立的三种权力分别赋予立法、行政和司法，这会严重影响政府运行和政策效率，这明显与发展中国家所面临的经济发展任务背道而驰。

事实上，西方自由主义者极力推崇的三权分立体系根基于"恶棍"假说这一前提，② 由此对应的治理模式也是关注个人的自由权利而不是应尽责任；相应地，这不仅无法充分发挥被监督者的积极性，而且还会造成人与人之间相互提防而产生不信任。在这种以监督为主的治理模式下，任何当事人在遇到问题时首先想到的就是推卸责任，努力在不完善契约中寻找有利于自己的漏洞；因此，这种制度往往是强于监督而弱于激励，从而也就无法产生理想的"有为"政府。其实，古典和新古典自由主义之所以倡导权力制衡的制度安排，根本目的也正是为了降低制度的运作效率；因为在古典和新古典自由主义者看来，好的社会制度就应该能够尽可能降低坏的当政者做坏事所带来的危害，而不是尽可能激励好的当政者做好事所发挥的效率。

---

① 韦森：《探索人类社会经济增长的内在机理和未来道路》，载林毅夫：《新结构经济学：反思经济发展与政策的理论框架》，苏剑译，北京大学出版社 2014 年版，第 75—76 页。

② 休谟：《休谟政治论文选》，张若衡译，商务印书馆 2010 年版，第 27 页。

同时，民主的实质根本上也不是专指基于权力制衡的规则，而是凸显社会成员在权利和义务上的对等关系。正是基于这一本质，民主宪法政治的内涵和外延就需要在现有理解上加以拓展：不能限于正式的权力制衡方面，还需要发挥伦理熏陶和人格塑造的功能。美国政治学教授埃尔金就指出，适当的宪法政治制度不仅关注需要关注权力的限制，更要关注社会问题的明智解决和国民性格的型塑，从而具有教育性的道德内容。更进一步地，除了经济发展这一历史任务外，特定的社会结构和文化传统也决定了当前中国社会并不适合直接照搬欧美这种三权分立的宪法政治体系：注重权利的三权分立宪法政治体系根植于个人主义文化传统和社会结构之中。既然如此，我们又如何在赋予有为政府以积极功能的同时又能够保障其行为不逾矩呢？很大程度上，我们可以转向儒家的理念和经验中寻求启发。

事实上，基于对民主本质的理解，我们就可以更好地认识到，儒家社会充盈着更为实质性的民主制度。究其原因，儒家一直强调每个人的社会责任和义务，重视他人意见、关怀弱势利益。譬如，儒家一直强调"己所不欲，勿施于人"，强调"为己利他"的行为方式，这实际上就是平等对话。进而儒家社会"尽其在我"责任观对社会发展也带来两个重要特点：(1) 它促使拥有更大权力的政府承担起更大责任，也赋予其更高的行动自由，从而形成信托型政府；(2) 它促进人与人之间的相互信任，也降低了人与人之间的策略性行为，从而形成和谐型社会。进而，相互信任和责任承担的社会关系有助于个人能动性的有效发挥，因而儒家社会也就拥有丰厚的激励资源。

当然，任何责任和职能的承担都不能仅仅依靠当事者的"自律"，也需要在社会制度基础上的"他律"。有鉴于此，在长期的实践中，儒家社会还构建了一整套的社会制度安排，以保障政府行为以及官僚行为受到有效制约，促使政府或官僚活动尽可能地符合社会"公意"。显然，这些制度对当前我国的有为政府建设有显著的启迪意义。那么，我们究竟如何理解儒家社会中的民主精神以及相应的制度安排呢？本章就此作一探究，并从中汲取营养来为有为政府夯实制度基础。

二、儒家社会的有为政府及其嵌入的民主精神

传统观点认为，现代民主宪法政治起源于西方社会，而儒家社会只有专制，没有自发产生出西方式的多党制，也就没有基于选举的现代民主，没有有效的政府监督和制约机制。果真如此吗？徐复观曾指出，儒家社会中存在低次元文化传统和高次元文化传统，其中，低次元文化传统主要是指表现在具体事象上的风俗习惯，它成为人们不问理由、相互因袭的生活方式，从而缺少对生活的自觉，缺乏自我批判、自我改造的力量；高次元文化传统则是指隐藏在具体事象背后的并体现一个民族精神的最高目标、最高要求和人生的最高修养，它必须通过人的高度反省和自觉才能再发现，在反省、自觉和再发现中将历史的过去连接到现在并通向未来，并有意识地吸收新事物而形成新的传统。[①] 同样，在民主宪法政治上也是如此，儒家社会在看似集权和人治的背后一直都嵌入着高次元的民主宪法政治精神，这是儒家社会长期稳定的基础。也就是说，尽管儒家社会没有自发地产生现代西方社会的多党制和选举民主制，但这并不意味着就没有民主基因；相反，儒家社会蕴含了与民主本质更为接近的理念和精神，它有利于政府更好地服务于全体人民而不是部分群众，进而使得儒家社会的大众对政府更为信任。有鉴于此，这里就儒家社会中的高次元民主精神作一剖析。

（一）儒家社会的有为政府

一般来说，西方社会的国家组织具有明显的主权特性，它主要维护主权

[①] 徐复观：《中国人文精神之阐扬》，李维武编，中国广播电视出版社 1996 年版，第22 页。

者的利益，从教会主权、君主主权、议会主权到人民主权都是如此；同时，主权的分解和分散产生了权力制衡和三权分立的权力结构，政府的根本职能则体现在对社会成员潜在的机会主义的监督和控制上。与此不同，儒家社会的国家呈现出明显的裁判特性，帝王也只是代天行道，这里的天就是所有百姓或者公意；同时，社会大众对政府的充分信托和放任而演化成中央集权，政府的根本职能体现在对社会利益的协调和社会福利的促进上。国家性质的不同进而导致儒家社会和西方社会在政府构成、民主体制以及政党形态上都呈现出明显的差异。(1) 随着权力的分散和民主的推广，西方社会的官僚阶层发生了从贵族世袭到权力和选举相结合的演变，从而开始实行多数票原则的民主制度；基于获得政权的需要又催生出了政党，每一政党代表了特定群体的利益，从而形成了多党制的政党形态。(2) 儒家社会的官僚阶层发生了从科举取士到考试和选举相结合的演变，其民主制度建立在合伙制原则基础之上；每一政党往往宣称代表全体成员的利益，从而演化为全民制的政党形态。

正是由于在国家组织的基本性质和政府机构的职能承担上存在根本性的认知差异，儒家社会和西方社会也就蕴含了不同的民主精神和宪法政治制度。一方面，在西方社会，国家代表了一种主权，一种力量，国家运用这种主权和力量以实现某种功利的和物质的目的；同时，为了防止政府及其官僚以损害他人的方式谋取私利，西方社会后来又进一步发展出了权力制衡的制度结构，进而也就导向了新自由主义宣扬的有限政府。另一方面，在儒家观念中，国家却是一种道德的和文化的机构，其任务在于积极发扬人类理想的文化和道德，从而实现"平天下"的最终目标；相应地，儒家的政府存在的主要意义，不在于具有何种权力，而在于承担了何种任务。① 进而，儒家社会赋予政府的基本任务在于它要满足全体人民生活（富之）和修养（教之）的需要，官员们每为官一任，就承担起教化一方之责，这就导向了积极的有

---

① 钱穆：《中国历史精神》，九州出版社 2012 年版，第 29 页。

为政府。那么，儒家社会的有为政府如何有效地承担它的职能和完成它的使命呢？关键就在于选出胜任者当政。进而，何种人物才是合适的当政者呢？这又涉及儒家的人性观。

儒家认为，人们因为后天的学习和努力差异而产生了贤愚不同，进而对社会公意的关注和社会责任的承担也存在很大的不同，那些具有更好能力和责任感的人应该拥有更大的投票权；相反，如果公共问题由社会成员平等地决策，就不可能做出最明智的选择，反而可能带来多数暴政的危险。因此，传统儒家社会强调"圣贤"政治，把那些既有德行又愿为人民服务的"圣贤"视为治理国家的必然人选。这些"圣贤"是通过一定的选拔和考核而选拔出来的社会精英，他们进入政府而形成了官僚统治集团；同时，由于官僚统治集团的成员又是可以在全社会流动的，因而所组成的政府也就是全民政府。孟子就指出，"尊贤使能，俊杰在位，则天下之士皆悦，而愿立于朝矣"（《孟子·公孙丑上》）。正是由于儒家社会推崇"圣贤"治国，关注社会成员在智力和道德上的差异，从而就赋予全民政府的基本使命：决策应该关注全体人民的"公意"。进而，基于这种尚贤不尚众的信念，使得儒家社会传统上不重视多数，连带对于党徒产生轻视，以致没有自发建立起依靠多数投票决议之制度，尤其是没有自发产生代表特定利益集团的政党政治。

事实上，如果少数人相互抱团结党，也就无法实现"公意"了。卢梭就写道，"为了很好地表达公意，最重要的是国家之内不能有派系的存在，并且每个公民之内是表示自己的意见。……但如果有了派系存在的话，那末就必须增殖它们的数目并防止它们之间的不平等"。① 有鉴于此，中国儒士历来不喜欢为了一己之私的政党或党争，如东汉党锢、唐代牛李朋党、北宋新旧党争，古代社会中的那些政治组织都被视为危害社会的朋党而遭到无情的打击，甚至有"国之将亡，必兴朋党"之说。究其原因：（1）从思想层次看，

---

① 卢梭：《社会契约论》，何兆武译，商务印书馆 1980 年版，第 40 页。

贯穿儒家教义的是王道思想，而王道思想的核心就是，统治者乃是受"天命"而为全体黎民之利益着想。例如，荀子所云，"天之立君，以为民也"（《荀子·大略》）；董仲舒则强调，"天之生民非为王也，天之立王以为民也"（《春秋繁露·尧舜不擅移汤武不专杀》）。（2）从政治层面看，儒家把政府视为是为全体人民的利益着想的公共机构，作为"治国平天下"的理想则在于："无偏无党，王道荡荡；无偏无党，王道平平；无反无侧，王道正直"（《尚书·洪范》）；为此，儒家社会注重政治体制的建设，注重创法立法者的遴选，所谓"上无道轨，下无法守"。

正是基于这种天下观和责任观，儒家不仅主张"和而不群，群而不党"，而且还通过完善政治体制而实现"人人有职可循，有道可守，用不到结党"①，从而也就抑制了那种追逐特殊利益的政党之出现和成长。事实上，即使出现了这类政党，它们往往也不能公开以权谋私，更不会形成现代西方社会那种最小政党联盟。相反，按照儒家的理念，朝野之间更应该建立起良好的对话和协商体系：大党的政策体现了大多数人的利益要求，但它也必须照顾少数者的利益，而不能以大欺小；小党则仅仅反映了小规模特殊利益团体的要求，从而也应该更大程度地尊重多数人的利益，而不能以小挟大。孟子就强调，"惟仁者为能以大事小，是故汤事葛，文王事昆夷；惟智者为能以小事大，故太王事獯鬻，勾践事吴。以大事小者，乐天者也；以小事大者，畏天者也。乐天者保天下，畏天者保其国"（《孟子·梁惠王下》）。也就是说，在儒家社会，所有当政者以及所有的党派都要承担起应有的责任，要关注全民利益，以至儒家社会往往就只有所谓的哲人党或者全民政府。

（二）儒家社会的治理逻辑

一般地，全民政府的根本特质在于它的利益无偏性，以服务全体人民为

---

① 钱穆：《国史新论》，生活·读书·新知三联书店 2005 年版，第 98 页。

根本理念，从而在规则的制定和政策的施行上也应该遵循一致同意原则。当然，在现实生活中，一致同意原则的实现往往需要极高的成本，因而往往无法得到真正的贯彻。既然如此，儒家社会的实践又是如何尽可能地接近这一理念的呢？在这里，儒家像绝大多数现代国家一样也是采用了代议制，由少数社会精英作为社会大众的代表来管制社会。不过，与现代民主国家不同的是，儒家代议制中的精英代表不是基于民众的"选举"而产生的，而是通过"科举"的考核而遴选出的（当然最初也是通过察举和推荐）。正是由于儒家社会和西方社会的官僚阶层的来源和特性不同，这也就造成了社会治理的任务和方式的差异。

我们知道，在西方君主制社会中，社会存在严格的身份等级：官员主要来自于特定的贵族阶层，甚至是职位世袭的，这就严重限制了社会人才的发掘、选择和利用。卢梭就写道："有一种最根本的无可避免的缺点，使得国君制政府永远不如共和制政府，那就是：在后者之中差不多唯有英明能干的人，公共舆论才会把他们提升到首要的职位上来，而他们也会光荣地履行职务的；反之，在国君制之下，走运的人则每每不过是些卑鄙的诽谤者、卑鄙的阴谋家；使他们能在朝廷里爬上高位的那点小聪明，当他们一旦爬了上去之后，就只能向公众暴露他们的不称职。人民在这种选择方面要比君主会更少地犯错误；而且一个真正有才能的人而能出任阁臣的，几乎就像一个傻瓜而能出任共和政府的首脑一样，是同样罕见的事。"① 与西方社会不同，儒家社会几乎不存在身份等级，社会管理阶层向全社会开放，有才能的人通过科举考核而获得管制和决策权，以至政府中集中了大量的社会精英。钱穆就曾指出，在传统中国社会，"政府与民众是上下一体的，民众中间，本来不断有人去参加进政府了"②。显然，科举考核保障了儒家社会的士官体制可以从

---

① 卢梭：《社会契约论》，何兆武译，商务印书馆 1980 年版，第 96—97 页。

② 钱穆：《国史新论》，生活·读书·新知三联书店 2001 年版，第 115 页。

全社会选择精英，从而就避免了现代社会基于多数票原则而产生的自由悖论和民主悖论。

正是由于儒家社会的管理者和上位者经历了一系列的考核，进而也就被塑造成具有更高德行和才能的人，社会大众或下位者往往对之也就持有高度信任和期待的态度。相应地，越是上位者，就越是被授予更大的权力，进而也被赋予更大的责任。进而，最高位的帝王往往就被塑造成"天命之人"，从而具有足够的法理基础或卡里斯马魅性；相应地，帝王就可以放心大胆地起用德才兼备的"圣贤"，而不用担心这会瓦解自身的政权基础，从两汉的举孝廉到后来的科举制度都是如此。事实上，卢梭也指出："假如臣民永远是完全服从的话，那末这时候君主的利益也还是要使人民能够强大有力，为的是这种力量既然归自己所有，也就能够使自己威加四邻。"① 显然，这与现代政党制下的官僚存在显著的差异：现代社会中经过选举上台的政府往往维护特定集团的利益，从而不仅没有儒家帝王那种拥有权威的法律基础，也逐渐失去开创者所具有的那种卡里斯马魅性；于是，现代政府中上位者选人时也就不再"唯才是举"，而更看重他的忠诚度，从而就造成了社会治理效率的日益低下，造成官僚的乱为和不为现象。②

同时，在根基于"尽其在我"责任观的社会治理中，儒家社会实际上体现出一种从属性的互惠关系：不同社会地位所拥有的权力不同，所承担的责任也不同，但权力和责任关系却是对等的。这意味着，越是上位者，所负责任就越大，所谓"在其位，尽其职，成其事"。例如，父母拥有更大的权利，可以引导、命令乃至强制子女的行为；但同时，他们也应承担更大的责

---

① 卢梭：《社会契约论》，何兆武译，商务印书馆 1980 年版，第 95 页。

② 很大程度上，卡里斯马魅性也源于一定的社会和文化基础，如传统的中国封建王朝就以儒家教义和汉族文化为基础。基于这种标准，元王朝和清王朝的卡里斯马魅性都大大不如其他王朝；相应地，它们在起用德行之士上就受到很大的牵制，而忠诚标准则得到更大程度的施行，这可以说明曾国藩等人为何难获朝廷大用的原因。

任，必须承担子女的抚养和教育之责，也必须对子女的未来发展负责。由此我们可以看到，这种互惠关系主要不是体现在社会地位平等的个体之间，而是在社会地位具有差异的个体间实现质上的平等。相应地，由对称的社会责任又衍生出"互为义务"的名分观，每个人都受一定权利和义务的制约：君仁臣忠、父慈子孝、夫义妻听、兄良弟悌、朋谊友信，否则就会，君不君则臣不臣、父不父则子不子、夫不夫则妻不妻、兄不兄则弟不弟、朋不朋则友不友。如《论语·八佾》中说："君使臣以礼，臣事君以忠。"《孟子·离娄下》中则说："君之视臣如手足，则臣视君如腹心；君之视臣如犬马，则臣视君如国人；君之视臣如土芥，则臣视君如寇仇。"

当然，"尽其在我"的责任观根本上是自律性的，它源自儒家社会中自我发展的超越性以及对他人关爱的亲社会性。问题是，这种自律主要适用于家庭这样的小规模共同体中，因为父母和子女的关系紧密，父母不仅出自内心地爱护子女，这种爱护也容易获得子女的认同；相反，在规模较大的社会共同体中，上位者和社会大众之间的关系往往比较疏远，从而就缺乏这种发自肺腑的关爱，而且那些"爱民"的做法也未必能够得到社会大众的认同。也就是说，利他主义以及伦理认同的强度在家庭成员之间和社会公民之间是完全不同的。尽管如此，儒家却将对上位者的充分信任作为社会治理的依据，并将这种信任关系和治理方式从家庭拓展到社会中，从而也就没有形成一套完善的监督和制衡体系来对上位者行为进行制约。结果，基于上位者自律的国家治理和家庭治理就产生了很不相同的结果：在国家治理中，上位者往往会醉心于玩弄权力而尽可能地逃避他的责任，从而就会导致日益失衡的社会关系；同时，由于上位者凭个人喜好决策的"人治"色彩越来越浓厚，从而也导致日益严重的官僚腐败。

（三）全民政府的民主精神

儒家社会从科举考核中选择出社会精英而组成全民政府，全民政府要承担起社会大众所赋予的责任而形成了有为政府，有为政府为满足社会大众的信托而拥有更大的自主权力，进而在社会治理上体现出明显的"人治"特征。同时，"人治"的实际效果往往与决策者的个人能力和偏好有关，从而也潜含着某种瓶颈：一般地，"人治"比较适合小规模的共同体，比较适合功能单一的政府；但是，随着社会的规模越来越大，政府所承担的功能越来越庞杂，"人治"就越来越适应不了社会要求。事实上，正是由于社会的复杂化发展，儒家实行两千多年的政治制度到 19 世纪末就陷入了困境，从而迎来了西方社会的民主体制和政党制度，儒家社会中也出现了新式的现代政党。

问题是，引入西方社会多数至上的民主体制和多元化的政党制度，就能够为解决当前中国社会的问题提供行之有效的建议或措施吗？答案是否定的。一方面，西方的党派政治本身就暴露出严重问题：不仅政党间的恶斗现象越来越严重，而且关键少数也拥有越来越大的权力，乃至实质民主日益衰败和解体。哈耶克就指出："如果一种制度可以使得任何一个群体都能够向整个社会敲诈勒索——只要这个小群体碰巧在那些对立的群体之间起着举足轻重的平衡作用而且某个党派还能够因为得到它的支持而攫取到特权，那么，这个民主就决不是什么民主制度或者'社会正义'。"[①] 另一方面，西方社会对国家和政府的理解与中国传统存在根本的不同：西方人基于主权的观点往往把政府视为为当权者谋私利的工具，因而"在西方，政府与民众，本来是敌体，不断由民众中间抛出来，争持政权是我们的，他们结着党来监督政府，至少好使政府不敢不负责"[②]；相反，儒家社会却往往赋予政府更多的责任，要求政府为社会大众排忧解难，关注社会的实质正义，而不是把政府当成争权夺利的工具。

事实上，尽管近现代以来中国社会也先后出现了不少政党，但由于受传统儒家思想的影响，每个政党上台后往往都会宣称自己代表全体人民的利

① 哈耶克：《法律、立法与自由》（第 2、3 卷），邓正来等译，中国大百科全书出版社 2000 年版，第 269—270 页。

② 钱穆：《国史新论》，生活·读书·新知三联书店 2001 年版，第 115 页。

益，从而都是所谓的全民党和全民政府，执政党或政府也几乎都由在全社会各阶层流动的社会精英组成。即使受到儒家文化熏陶的新加坡也是如此：独大的人民行动党就是一个由社会精英组成的全民党，它关注全民的社会福利；相反，被视为西方自由民主制核心的利益集团在儒家社会中往往遭到鄙视，朋党腐败尤其成为打击的对象。

新的问题在于，体现"人治"的全民政府能否真正实现"有为"而不"乱为"？流行的观点认为，"人治"的根本特性就是在于，社会决策主要体现为上位者的偏好或利益，不仅因偏好的多变而具有不确定性，而且还会因个人利益而损害社会或他人的利益。有鉴于此，人们往往将"人治"的儒家社会与"专制"联系在一起，把它视为现代民主社会的"对立面"。进一步的问题是，"人治"果真与民主精神相悖吗？或者说，儒家社会就不存在民主精神吗？根本上，这涉及对民主内涵的理解。一般地，民主的最高境界在于实现一致同意原则，使得每一个人的利益诉求都能够在集体决策中得到体现。罗尔斯就强调："一种正义宪法必须在某种程度上依赖于公民与立法者采纳一个较广泛的观点，并在运用正义原则中发挥良好的判断。看来不能先允许他们采用一种褊狭的或集团利益的观点，然后再来调整立法过程，以便它能导致一个正义的结果。"① 由此，我们可以得出两点推论：（1）基于利益集团的多党制并不代表真正的民主，因为它并不一定达到正义的要求和结果；（2）一党独大的全民政府也并不意味着就是没有民主，因为它的决策同样可以汇合社会各方面的诉求。

事实上，民主有三种基本的类型：（1）直接民主制，所有成员都直接参与到公共决策之中；（2）代议民主制，人们选择自己的代表进行公共决策；（3）协商民主制（Deliberative Demcracy），它是直接民主制的一种变体，所有成员之间展开理性对话，通过训练有素的协商来塑造公众的选择意向，而

① 罗尔斯：《正义论》，何怀宏译，中国社会科学出版社1988年版，第349页。

不是简单地通过清点选票来决定什么是有利于公益。一般地，协商民主的目的在于缩小分歧，解决冲突，超越"敌对民主"（Adversary Demcracy）而形成共识和合作；进而，这就要求成员具有平等的地位，要求社会具有高度的流动性。很大程度上，儒家社会也注重每个人的社会责任，注重人与人之间的关爱，而反对依靠强势对弱者进行剥削、奴役和支配，从而更接近于协商民主制。同时，但从历史实践看，儒家社会一直都充盈着民主精神。如钱穆所言："在中国史上，当封建制度之旧一统时代，即西周时代（下及春秋），早已有一种民主思想与民主精神，散见于群经诸子与当时之史实……唯吾人当知中国史一到郡县制度之新一统时代，即秦汉时代，而中国人之民主思想与民主精神乃次第实现而具体化、制度化，成为一种确定的政治标准。……故封建旧一统时代，乃中国民主思想与民主精神之萌芽时代，而郡县新一统时代，则为乃中国民主思想与民主精神之成熟时代也。"[1] 由此可见，儒家社会具有明显的人治特质，但全民政府并不意味着没有民主精神，从而也就不能将儒家社会视为专制主义的。

三、儒家进行社会治理的四大制度安排

上面的分析表明，儒家社会从全社会中选择出精英而组成了全民政府，上位者不仅被寄希望能够承担更大责任，而且也被赋予更大权力。问题是，不同个体之间的利益毕竟存在冲突，而居高位的"精英"也有其自身的利益，儒家又是如何保障这些"精英"为人民服务的呢？也就是说，执政为民，为所有社会大众的利益服务，这些理念本身并没有错，但正如钱穆所说的："问题是在如何尽职和胜任。"[2] 究其原因，一旦这些社会精英获得了社会权

---

[1] 钱穆：《文化与教育》，广西师范大学出版社 2004 年版，第 78—79 页。

[2] 钱穆：《国史新论》，生活·读书·新知三联书店 2001 年版，第 115 页。

力，他们也就拥有了追求个人利益的更大力量。卢梭写道："就连最好的国王都想能够为所欲为，却又并不妨碍自己依然是主子。……国王的私人利益首先在于人民是软弱的、贫困的，并且永远不能够抗拒国王。"①而且，如果管理者的私欲得不到抑制的话，儒家社会又何以能够维持数千年的强大和繁荣？很大程度上，这就有赖于儒家社会所崇尚的性善论以及所建立的一整套礼仪制度，这些制度使得民主精神得到切实落实，因而这里继续对儒家社会中保障实质民主运行的系列制度安排作一剖析。

（一）基于合作民主的政治协商体系

传统儒家社会的民主观与现代西方社会的多数至上观之间存在很大的不同，而更类似于目前日益受到重视的"合作制"民主观。合作制民主有三个主要内容：（1）人民主权；（2）公民平等；（3）民主对话。②显然，儒家社会浸淫了合作民主的精髓：（1）它强调国家乃是全体人民的国家，集体行动应该符合所有公民的利益，这实际上就是主张人民主权；（2）它强调"民贵君轻"，不应该存在主权者和非主权者之间的永久性隔阂和对立，任何成员也不因其地位的差异而遭受歧视，或者不应以简单多数来损害少数利益，这就是公民平等；（3）它强调上位者必须认真倾听下位者的心声，集体决策应该尽可能地反映最大多数人的意见，应该像"父母官"那样照顾弱势者，这就是民主对话的实质。而且，这种合作制民主体现了民主的真正本质，并蕴含了相应的政治协商要求。埃德蒙·伯克就指出："议会不是一个来自不同的敌对利益集团的代表作组成的大会，在其中每个人都必须作为代理和拥护者来反对其他的代理和拥护者而维护某些利益，相反，议会是一种拥有单一利益的单一国家的审慎的会议，是全体人民的会议；在议会中，应该成为导向的不是局

---

① 卢梭：《社会契约论》，何兆武译，商务印书馆 1980 年版，第 94—95 页。

② 德沃金：《至上的美德：平等的理论与实践》，冯克利译，江苏人民出版社 2003 年版，第 419—421 页。

部的目标，也不是局部的偏见，而是源于全体人民的普遍性和普遍的善。"①

显然，从合作与对话的角度看，现代西方社会流行的多数民主体制以及相应的政党制度并非就是最理想的，它们主要是建立在权力斗争以及由此形成的权力均衡之基础上，并且体现为一种异化的形态；相反，儒家社会推崇的圣贤政治强调上位者必须倾听人民的呼声，所谓"天视自我民视，天听自我民听"（《尚书·泰誓》），而且还有足够的能力来调和社会矛盾，从而更能体现民主的实质。很大程度上，如果真正落实儒家的人文关怀精神和全体主义思维，将更容易创设出更为合理的政党和民主体制，更容易促进社会大众之间的自由交流和政党（或团体）之间的自由对话。同时，与多数至上观的民主试图说服社会大众以获得多数者的支持不同，合作制民主所要求的交流和对话根本上要说服反对者，要促进最大范围的合作。正因如此，合作民主要求建立有效的协商机制，它具有这样的作用：（1）通过形成更好的解决方案而带来帕累托最优；（2）通过为弱势群体提供更好的保护而使结果在分配正义方面更加公正；（3）就任何一项决议带来更广泛的共识；（4）产生更为合法的决议。② 很大程度上，当前中国社会实行的多党协商制度也体现了合作民主的要求，有效的民主协商有两个基本要求：（1）通过协商要寻求分歧的消除，同时，达成一致的意见应该形成制度或政策，应该被有效执行；（2）通过民主协商对上位者的行为进行监督，对上位者的责任进行审查，从而形成有效的纠错机制。

（二）下位监督上位的问责制度

儒家历来重视对上位者的监督，中国社会历来也都存在着"位轻职小者

---

① 埃尔斯特：《导言》，载埃尔斯特主编：《协商民主：挑战与反思》，周艳辉译，中央编译出版社 2009 年版，第 4 页。

② 甘贝塔：《"Claro！"：论欢娱中的大男子主义》，载埃尔斯特主编：《协商民主：挑战与反思》，周艳辉译，中央编译出版社 2009 年版，第 24 页。

而监督位重职大者"的制度安排。事实上，自秦以降的儒家社会就有了御史丞和谏议大夫这样官制，专门监督宰相和皇帝的言行。譬如，在汉代，御史大夫仅仅是宰相的副手，而他又有两个副官：（1）御史丞，专门监察宰相领导的政府工作；（2）御史中丞，专门监察皇室的行为。同时，尽管御史丞或御史中丞比皇帝或宰相的地位要低几级，却有权监督他们；同样，在汉代的地方制度上，六百石俸的州刺史可以监督二千石俸的郡太守。唐代也承隋制，置御史台为全国最高监察机关，并设正三品的御史大夫，御史台的次官为正五品下的御史中丞；同时，在御史台内设有三院，即台院、殿院、察院，分别由侍御史（从六品下）、殿中侍御史（从七品上）、监察御史（正八品上）居其职，合称"三院御史"。唐太宗尤其重视御史台的作用，他要求三省和御史台官员各尽其责，真正起到互相检查的作用。后来，这些制度在唐代及以后又演变为台谏分职：御史台专负纠察百官之责，并不再受宰相直辖；而谏官则专为对天子谏诤过失而设，如魏征就是一个谏议大夫。再到宋初，它沿唐制而设台官和谏官，并专门设置谏院，谏院下设鼓院，以左、右谏议大夫为之长；此时，尽管谏官本意是要他对皇帝谏诤，但由于谏官不再为宰相属僚，他开始转过来评论宰相的是非，以致谏院成了掣肘宰相的机构。此外，辽代的门下省和中书省分别设左谏院和右谏院，沿置谏议大夫等职；金代有谏院，设左、右谏议大夫、司谏；而元朝搁置不设，明初洪武期间置谏议大夫及左右司谏，不久废除。正是由于长期存在着这种下位者监督上位者的制衡体系，传统儒家社会就形成相互监督的社会共同治理机制。钱穆写道："中国传统政治职权分配特别的细密，各部门各单位都寓有一种独立性与衡平性，一面互相牵制，一面互相补救。"[①]

当然，后来随着帝王权力的不断增大，"治统"逐渐控制和取代了"道统"，以至帝王开始拥有"学成文武艺，货与帝王家"的主权者地位；这样，

---

① 钱穆：《国史新论》，生活·读书·新知三联书店 2001 年版，第 94 页。

儒家的"道统"就逐渐式微了，也就无法构成对"治统"的约束，乃至原本有效的监督体系也崩坏和瓦解了。事实上，自宋以降，谏官、台官不再由宰相推荐，也不再从属于宰相，相应地，谏官的职能也从监督皇帝变成了与政府对立。其中，最重要的转折点是明朝的洪武皇帝朱元璋，他不仅要掌控政治权力，而且还要掌控社会舆论；结果，明代以后索性把谏官废了，而只留下审核皇帝诏旨的给事中，到了清代，甚至连给事中的职权也废止了。这意味着，后来中国社会走上的集权和专制本身是与传统儒家思想相悖的，甚至在很大程度上是渗入了"民主的寡头铁律"效应的结果，进而又基于特定的路径锁定而形成的社会困境。为此，我们就需要重新反思当下社会的治理体系。一般地，任何有效的治理体系都应该具有这一要求：上位者的权力由下位者来监督。究其原因，如果上位者仅仅由更高的上位者来监督，那么，该由谁来监督最高位者？一般地，这种下位者监督上位者的体系有两种渠道：（1）显性的专门监督结构，如现代西方社会的独立检察官、特侦组以及反贪局等；（2）隐性的普选制度，社会大众可以通过选举废黜不胜任者。事实上，被监督者往往因惧怕监督者对他不利的报告而会听从监督者的命令，那么，如何避免监督者成为发号施令者？这就需要建立将行政和监督分开的体系，如采用业务考察的方式派任。① 在很大程度上，当前的巡视制度也是在特定时空下的一种监督安排体系，未来需要做的是将它进一步规范化和制度化。所以，王岐山说，要把巡视作为党内监督战略性制度安排，目的是实现自上而下的组织监督和自下而上的民主监督的有效结合。②

（三）德上法下的社会规范体系

儒家社会的上位者除了受到其他专门机构的监督外，还受到传统儒家教

---

① 许倬云：《从历史看组织》，上海人民出版社 2000 年版，第 22 页。

② 王岐山：《巡视是党内监督战略性制度安排彰显中国特色社会主义民主监督优势》，《人民日报》2017 年 7 月 17 日。

义的制约。事实上，儒家素来主张圣贤治国，而圣贤治国的核心规范就是德治，而德治首先是针对上位者的。如孟子所说，"惟仁者宜在高位，不仁而在高位，是播其恶于众也"（《孟子·离娄上》）。也即，在儒家看来，处于上位者的应该是君子，是具有高尚品德的"仁人"，他们能够自律而不需要外来的监督，并能够通过自身的学习和修炼来提高自律性；相反，处于下位者的则是"四端"没有发展成熟的庶人，身心修养不够的"小人"，他们需要"大人"的引导，需要受到礼、法的制约。事实上，儒家认为，只有通过内心的静修和社会的实践才可以培育起高贵的德行，那些圣贤或君子就是修身已经达到一定境界、从而在好学和力行"仁道"方面都堪称楷模的人；同时，这些圣贤的德言以及榜样的作用又可以成为庶人修心成圣的示范，如孟子所说，"圣人，人伦之至也"（《孟子·离娄上》）。正是通过这些圣贤和君子的引导，社会大众的心智和理性才不断提高，从而得以建立稳定和谐的社会秩序。所以，圣在很大程度上就可以与天与神和合为一，所以，《诗经·大雅·文王》中说："文王在天，克配上帝"；孟子说，"圣而不可知之为神"（《孟子·尽心下》）；而周敦颐则说，"士希贤，贤希圣，圣希天"（《近思录·为学》）。当然，那些圣贤和君子之所以能够脱凡成圣，关键在于他们都具有高超的道德使命感，所谓"君子有三畏，畏天命，畏大人，畏圣人之言"（《论语·季氏》），从而就产生了"德治"的要求；相反，那些"小人"之所以身心发育不全，也就在于他们没有这样的道德使命感，不畏天命和圣人之言，从而就产生了"法治"的要求。

正因如此，儒家社会形成了"德上法下"的社会规范体系：其中，"德"是针对上位者的，体现了较高层次的道德要求；而"法"则是针对一般大众的，法制仅仅体现了最基本的道德要求。正是通过这种"德上法下"的社会规范体系，整个社会得以形成上行下效的效果。如孔子所说，"君子之德风，小人之德草，草上之风必偃"，"政者正也，子帅以正，孰敢不正"（《论语·颜渊》），"为政以德，譬如北辰，居其所而众星共之"（《论语·为政》）。在儒家看来，只有那些能够将"内圣"和"外王"结合起来的圣贤人物，不仅可以形成自我约束，而且可以根据天道性理构建出有效合理的典章制度；这样，就能够领导一个道德化的政府，从而施行"仁政"。所以，荀子说，"圣也者，尽伦者也；王也者，尽制者也。两者尽，足为天下之极也"（《荀子·解蔽》）；否则，如孟子所言，"天子不仁，不保四海；诸侯不仁，不保社稷；卿大夫不仁，不保宗庙；士庶不仁，不保四体"（《孟子·离娄上》）。为此，在儒家社会中，道德是用来衡量上位者是否称职的一个主要标准，而法律则是用来制约那些德性不足的社会大众的；同时，为了使法律规章彰显正义，儒家还主张，对那些社会底层者的被告给予最多的宽容，而给上位者以最严厉之制裁和约束，因为上位者有更多的资源去逃避和隐藏他的不道德和违法行为。

（四）在下而不在上的"道统"观

儒家社会的"德"源于道，儒家将人道、人心视为社会的根本。一般地，"道"在下则社会由"士"推进，而"道"在上则圣君贤相领导。显然，除了具有法家精神的韩非力主以上御下、以君制民外，儒家社会基本上都承袭孔孟之道，主张"道"在下而不在上。正因为"道"源于下，源于"士"，因而"德治"也就体现了"下"或"士"对"上位者"的监督和约束。（1）上位者不能高高在上，而必须倾听人民的呼声，所谓"天视自我民视，天听自我民听"（《尚书·泰誓》）。事实上，尽管中国社会往往被视为专制的，但"中国皇帝向来没有讲过'朕即国家'这句话，即使明清两代的皇帝也都不敢讲"。① （2）上位者不能以"政"凌"道"，而必须听从"士"的言传身教。事实上，尽管儒者往往拥戴居于权力顶点的慈父般的君主，但中国历代帝王往往需要"士"作为老师，需要给儒者以充分的礼遇。正因如此，儒家学说得到无论是处上位者还是下位者的全社会成员的认同，如孔子就被称为至圣

---

① 钱穆：《中国历代政治得失》，生活·读书·新知三联书店 2001 年版，第 145 页。

先师，其社会地位远高于历代君主，而历代君主则宣称遵从"圣人之道"进行治国。相应地，政治体制的合理性和正统性往往体现在有德君主的传统权威和君主对臣民福利的实现上，因而儒家社会常常讲君道、君德而非君权、君力。例如，王符在《潜夫论·本政》中就写道："夫天（民）者，国之基也；君者，民之统也；臣者，治之材也……是故将致太平者，必先调阴阳；调阴阳者，必先顺人心；顺人心者，必先安其人；安其人者，必先审择其人。"正是基于"道"在下而不在上的信念，儒家就强调"道统"相对于"治统"的独立地位。例如，孟子就把政治比喻为盖大房子和雕琢璞玉，需要专业人士，而统治者不应该干涉，就像他们不会去指导木匠和玉匠的工作一样（《孟子·梁惠王下》）。正是由于"道统"处于独立于"治统"的更高层次："道统"决定着"治统"承袭者权力的合法性，"道统"可以对"治统"进行审视，但"治统"却不可以反过来支配"道统"。

正因如此，儒家社会就形成不同于西方社会的政治理论：现代西方社会的政治组织主要基于少数服从多数原则，但这一原则也潜伏着多数暴政，从而不存在一个缓解这一困境的政治理论；相反，传统儒家社会却强调由"道统"指导"政统"，"道统"的根基在学校和"士人"身上，而政府只是"道统"的维护者和执行者。[①] 显然，对"道统"的服从是儒家社会的最高政治理论，而且"道统"是不能简单地凭借多数原则来判定是非的，而是必须"选贤与能"。也就是说，儒家社会的上位者面临着强有力的道德约束：来自于具有独立性的"道统"；同时，"道统"的解释权和发展权又归属于儒生：儒生不仅以专门传播知识、思想为己任，而且秉承公共知识分子的立场针砭时弊。正是这种相对独立的"道统"，传统儒生就有了一份自信，他们努力阐发这种"道统"所蕴含的价值体系和判断标准，并以此对社会现象进行批判，对社会政策、制度和结构进行剖析，对当政者的行为进行制约；只要认为对的

---

① 参见钱穆：《中国历史精神》，九州出版社2012年版，第38页。

事往往会据理力争，甚至直接与当政者抗争，告诉当政者哪些作为是对的，同时应该如何做。而且，即使被当政者惩罚，也得到"士林"的认同、尊重，甚至得到拥戴和流芳百世。所以，钱穆写道："就中国传统思想而言，士应该能负担道，代表道，即是负担代表此传统文化理想与传统文化精神者。因此由士来主导教育与政治，即是政教一致。由教育阶层来领导政治，再由政治阶层来领导着社会，如此则社会全体将永远向文化理想与文化精神之大目标大路程而前进，此乃中国成立'四民社会'意义之所在。"[①] 顾炎武则有"读书通大义，立志冠清流"之说，这也是强调"道统"的传承者往往重气节，轻名利，辨是非，鄙权贵。显然，正是由于掌握"治统"的上位者受到"士"的监督和"道统"的制约，从而也就无法方便地利用其权力来追求个人私利。不幸的是，随着"治统"权势的日渐扩大，当"道统"逐渐为"治统"控制和支配后，上位者就拥有了判断真理和是非的权力，其行为也就越来越不受约束，从而导致了全面的专制。

四、有为政府要嵌入儒家的民主精神和制度安排

有为政府要承担起比有限政府更大的职能，也就需要拥有比有限政府更大的权力，需要得到人们更大的信任。问题是，政府及其官僚一旦拥有了权力之后，也就可能违背人们的信托而出现"不为"和"乱为"的可能，从而也必须受到制约。那么，我们又如何规制有为政府呢？显然，不能简单地照搬西方社会基于三权分立的权力制衡宪法政治体系。究其主要原因有二：（1）与三权分立的权力制衡宪法政治体系相对应的是有限政府，这将严重制约政府的职能承担和运行效率，无法实现经济转型和发展中国家的经济发展任务；（2）三权分立的权力制衡宪法政治体系与当前中国社会的政治、文化

---

① 钱穆：《民族与文化》，九州出版社 2011 年版，第 13 页。

和社会结构都不相符，稍有不慎反而会造成权力失衡和社会失序。相反，它可以从儒家社会中理念和实践中汲取养分，这也有两方面的原因：（1）有为政府要获得社会大众的信托，就必须树立起为全体人民而非特定利益集团服务的理念，从而有为政府必然与全民政府相通，这与儒家社会的政府特质和社会形态是一致的；（2）儒家社会在漫长演进过程中，不仅酝酿出了高次元的民主精神，而且还形成了维护民主实质精髓的四大制度安排。有鉴于此，本章最后再次对儒家的民主精神以及相应的制度安排作一总结性回顾。

儒家将国家视为一个协作系统，政府是为所有公民服务的机构，而不是特定个人或群体获取私利的工具；相应地，儒家所主张的不是基于多数票原则的多党制而是"贤者在位，能者在职"的全民党制，不是不同利益集团相互制衡的有限政府而是承载全民信托和期待的全民政府，不是少数服从多数的简单民主制而是平等对话的合作民主制。这种合作民主制虽然不是体现了量上的平等关系，却体现了质上的平等关系，注重"人尽其才"。很大程度上，这也体现了现实社会的需要，因为人类个体本身是有差异的。儒家强调，心属性，人人所同，而德属人，可以人人有异。譬如，饮食男女是人之性，但如专在此上用心，就是专养小体的"小人"，而那些不专顾一己之私而兼顾群体之公的人就是有德行的君子。因此，尽管每个人都会存在一定的私心，但对私心的克制程度不同却造成了每个人在德行上的差异。显然，社会治理和发展就需要依靠那些具有高度社会责任的圣贤之指引，这也是中国社会主张贤人政治的缘由。

很大程度上，圣贤政治是与全民政府相通的，它要求由那些具有高度社会责任而不是为特定利益的人来承担国家治理之责；同时，圣贤政治和全民政府所关注的是全民利益，与其相对应的也就是合作民主制。那么，如何保障这种合作民主制有效呢？关键在于如何选拔出"圣贤"以及如何保障"圣贤"的行为。（1）就"圣贤"的选拔而言，这涉及儒家社会长期实行的察举和科举制度，察举和科举制度使得当政者不再出身世袭贵族或商贾豪门而是社会大众的"贤能";同时，儒家社会中有关官员升降的铨叙权也由专门机关执掌，皇帝、宰相都不能随意录用和升降人。（2）就"圣贤"的监督而言，这涉及儒家社会中实行的下位者监督上位者的问责制度和德上法下的社会规范体系，这使得儒家社会不是实行自上而下的单向监督体系，而是对上位者提出更高的道德要求；在很大程度上，"尽其在我"的责任观要求上位者承担更大的社会责任，具有更高的道德要求，这就是儒家"德治"观的要旨。

同时，为了保障上位者受到"德治"的真正约束，又必须存在一套独立"道统"。在传统儒家社会"道统"的阐释权和发展权集中在"士"，"治统"的合理性在于接受和贯彻"道统"的思想；相应地，上位者就必须向"士"学习，并接受"士"的监督。事实上，传统儒家社会非常强调官僚的品性，帝王从小就要接受儒家经典的严格训练，那些通过考试进入仕途的士子也经受长期的儒学熏陶；正因如此，尽管传统儒家社会对上位者的正式监督制度往往显得不足，但由于上位者本身就存在着对经典儒说的敬畏之心，从而也会克制自身的贪欲和腐化。很大程度上，正是存在这样一整套的隐性的制度安排，保障了上位者的行为受到严格监督，保障了社会大众的利益得到关注；同时，即使上层社会政治发生了变动或更迭，但自成体系的"道统"却有助于社会保持长期稳定和有序发展，所谓"政统乱于上而道统犹存于下"。

五、结语

儒家传统中嵌入了高次元的民主精神，并由此衍生出四大制度安排：基于合作民主的政治协商体系、下位监督上位的问责制度、德上法下的社会规范体系和在下而不在上的道统观。相应地，要构设具有根植性的民主体系，进而为时下的有为政府夯实制度基础，当然也就应该积极从中汲取营养。事实上，随着社会的否定之否定式发展，儒家文化和制度传统也在当前中国社会潜滋暗长，中国共产党和政府都在努力挖掘并吸收儒家传统中的合理性制度安排，从而使得体现儒家民主精神的相应制度得到相当的重视和重塑。例如，各地政府的纪委书记不再由党委书记推荐或任命，相反，他可以监督级别更高的党委书记；党政官员也被要求交代其直系亲属，也被要求登记或公开财产；政治协商体系也在进行人员的甄别，并日益受到重视。下一步则需要进一步深化和落实"在下而不在上"的道统观，这是一个社会认知推进、制度优化和秩序稳固的基础。

13. 良善社会如何构建合理的制度
——有为政府与二维宪法政治体系

宪法政治的根本要义在于维护和保障公民的基本权利和自由，而对自由的侵害主要来源于公领域的政治权力和私领域的金钱权力的分布不均。同时，两类权力集中的成因和特性是不同的：政治权力的集中主要依靠组织力量，提防其集中就要求组织的分立和多元；金钱权力的集中主要依赖交换机制，提防其集中就要求交换机制的公正和合理。为此，一个健全的宪法政治体系是二维的：（1）政治自由主义，防止"政治寡头铁律"导致的个人权利受损；（2）经济民生主义，防止市场马太效应造成财产权利过分集中。这种二维宪法政治是复杂自由主义的基本主张，也是有为政府有效发挥作用的制度基础。

一、引言

要保障有效政府的积极有为，关键是要能够对那些无为或乱为的行为进行监督和制约，这就需要建设一整套相对完善的法律体系，而这套法律体系的基础则是宪法政治（constitutionalism）。

从历史上看，现代西方社会的宪法政治理念起源于启蒙运动时期，目的在于反对封建社会的身份等级制以及王权至上的权力集中，进而集中推行政治领域的权力分立和制衡；但是，这种宪法政治体系在保障富人财产不受公权力侵害的同时，并没有考虑到金钱权力不对等所潜含的危害，反而赋予了集中金钱权力的富人在社会经济、政治生活中的主导地位。海尔布隆纳就指出，资本主义社会中财富与权力是不可分割的，资本在很大程度上具有指挥他人和让他人服从的力量，这就是权力。[①] 正是随着资本主义不受抑制地向前发展，就出现了日益严重的资本所有权集中以及市场从自由走上垄断的趋势；同时，随着金钱权力集中对社会生活的危害逐渐暴露出来，就引起了马克思等人对资本主义宪法政治体系的批判，而这种批判也为后来的马克思主义者所承袭。很大程度上，基于三权分立的宪法政治将会导向有限政府乃至"最小政府"，而正统马克思主义的宪法政治则有可能导向统制政府。那么，如何建立起与有为政府相适应的宪法政治呢？

根本上，这涉及对宪法政治本质的理解。一般地，宪法政治是制定规则的规则，一个国家的宪法政治体系就决定了其他制度安排的特征。卢梭写道："好法律会使人制定出更好的法律，坏法律则会导致更坏的法律。"[②] 从这个意义上说，宪法政治是任何国家所必需的，也是根本性的制度安排。那么，如何构建全面的宪法政治体系呢？这就与社会权利的分配有关，而社会权利的分配又涉及不同权利的性质甄别。正是从这个角度上说，流行于西方社会的现代宪法政治还存在严重不足，因为它主要关注政治领域的政治权利分配，主要考虑对政府统治权力的约束，却忽视了越来越不平等的经济权利，忽视了政府所承担的越来越大的经济功能，进而就会导致经济领域出现严重的公权力缺位。有鉴于此，要为有为政府构建合适的制度或宪法政治基础，就必须深入对宪法政治本质和权利属性的探究。本章就此作一探讨。

---

① 海尔布隆纳：《资本主义的本质与逻辑》，东方出版社 2013 年版，第 19 页。

② 卢梭：《社会契约论》，何兆武译，商务印书馆 1980 年版，第 124 页。

二、宪法政治旨在防止权力侵害自由

宪法政治是一种主张国家权力来自并被一部基本法律约束、规定公民权利的学说或理念，宪法政治的要义或根本目的就在于维护和保障公民的基本权利和自由。也即，权利和自由是宪法政治的两个基本点。因此，要讨论宪法政治问题，首先就需要对权利和自由的真正内涵有清晰而深刻的理解。很大程度上，目前社会各界之所以对宪法政治有着巨大的争论和对立，主要就在于对权利和自由的内涵理解上存在差异。就现代主流经济学人而言，一方面，他们在理论思维上基于自然主义思维而将市场主体还原为同质的原子个体，这些个体处于相同的市场地位并拥有相同的权利；另一方面，他们在政策主张上基于新古典自由主义而从自由劳动、自由交换和自由决策等角度来强调维护个体自由的意义，不仅将基于力量和供求所决定的市场经济等同于自由经济，而且也极力主张遵循基于同一规则的市场竞争和自由放任的经济政策。问题是，不受约束的市场经济能够确保每个人拥有相同的自由吗？这涉及个体的人际异质性以及权利与自由之间的关系，也反映出新古典自由主义对自由内涵理解上的浅薄性。

一般地，自由和权利之间的关系是双重的：一方面，两者很大程度上是相辅相成的，自由即意味着个体的基本权利受到保障，从而能够追求自己想过的那种适宜生活；另一方面，任何自由和权利又都不是绝对的，是一定约束下的自由和与一定责任相称的权利，否则必然会引起内在冲突和对抗。在这里，权利对自由的影响是：一方面能够促进和保障自身的自由，另一方面也会派生出某种权力而侵蚀其他人的自由。因此，在现实世界中，个人权利和自由就必然要受到一定的制约，这主要有两大来源：（1）内在的自我制约，主要起源于社会生产力水平和自身能力；（2）外在的他者制约，主要源自社会权力结构的失衡。相应地，基于个体自由的理解，我们可以得出这样两点看法：（1）从普世意义上说，个人自由根本上就是指社会个体不受他人的剥削、压迫和奴役，个体追求自由生活的行为不受他者的制约和阻止；（2）从现世意义上说，对个体自由构成制约、剥削、压迫和奴役的他者不仅包括凌驾于个体之上的社会组织和机构，也包括其他社会个体。有鉴于此，针对自由所遭受的侵犯，我们就可以追问这样一些问题。

首先，在现实世界中，一些个体为何会遭受其他个体或组织的剥削、压迫和奴役呢？关键就在于他们所拥有的权力是不对等的。权力是什么呢？从客体上讲，权力体现了一种品质或属性，可被理解为"一个人或一群人在社会行动中影响和制约自己或其他人的价值和资源的能力"。其中，广义的概念就是"一个人能够在多大程度上以及怎样获得他所需之物的能力"，这个概念的适用范围可以从自然科学一直延伸到社会科学；狭义的概念则是"一个人为取得所欲之物而支配他人做事的能力"，这个概念主要适用于互动的社会关系领域，从而也为政治科学家所偏爱。因此，在社会科学领域，权力含有"影响""权威""强制""支配""命令"和"统治"之意，反映出一个人或一群人相对于他人的优势。显然，如果社会成员的权力分配是不对等的，那么，权力大的一方就拥有了某种优势而产生对社会或他人的强制和支配，进而就会产生出剥削和奴役现象。其逻辑在于：社会权力的集中导致强势者拥有更大的社会制度和分配规则的制定权，相应的社会制度和分配规则往往就是不公正的；相应地，此种制度和规则下的收益分配必然也是不合理的，由此必然衍生出种种的社会异化。

其次，权力集中是如何侵害个体自由的呢？一般来说，社会权力越是集中，社会制度和分配规则就越是不公正，社会异化现象也就越严重，少数强势者就越能够剥削、压迫和奴役多数弱势者。为此，奥克肖特等就强调，自由是建基于一种由众多相互关联的制度和个人倾向所构成的联合体之上，它表现为对压倒一切的权力集中之憎恶。奥克肖特写道：自由"既非源于教权与王权的分裂，也非源于法治，或者私有财产，或者议会政府，或者人身保护令制度，或者司法独立，它也非源于我们社会千千万万的设计、制度安排和特点中的任何一个，它源于所有这些标志和代表的意义，即我们生活的社会没有权力的高度集中"，"只要权力的分散是不充分的，我们就认为我们的自由是不完善的，假如任何一种利益或者各种利益的结合需要特权，即使它可能是绝大多数人的利益，我们就认为我们的权力受到了威胁。"① 因此，危害自由的根本因素就在于权力的集中，相应地，要保障公民的自由，关键也就在于防止权力的高度集中。哈耶克就强调，"宪政的根本就在于用恒定的政制原则限制一切权力"。②

再次，我们又如何认识侵害个体自由的权力呢？它有哪些种类？来自何处？又有何特点呢？作为第二次世界大战后最富创意的保守主义思想家，奥克肖特、施特劳斯、施密特以及哈耶克等人主要集中批判政府对权力的垄断和集中，不同于通过对三权分立体制的设置来防止政治权力的危害，而且积极引入企业家和资本的力量来抵消政治权力的影响，从而极力鼓吹英美式的自由市场。但实际上，权力的内涵要广泛得多，权力分配的不均等充斥于人类社会的各领域。例如，马克思主义者博尔丁就归纳了三种主要的权力类型：威胁权力（threat power）、经济权力（economic power）和整合权力（integrative power），并把它们分别称为大棒、胡萝卜和拥抱。③ 其中，威胁权力主要体现在政治领域并为政治科学家格外关注，经济权力则体现在市场领域并为经济学家所关注，而整合权力则是对社会关系的创造和协调以期实现一致的目的，如法律制度作为整合权力就有利于缓和政治权力和经济权利的集中及其带来的破坏性。

面对复杂而多维的权力内涵，为了更好地认识自由所遭受的侵害，这里

---

① 转引自格林：《再造市民社会：重新发现没有政治介入的福利》，邬晓燕译，陕西出版集团、陕西人民出版社 2011 年版，第 3 页。

② 哈耶克：《法律、立法与自由》（第 2、3 卷），邓正来等译，中国大百科全书出版社 2000 年版，第 269—270 页。

③ 博尔丁：《权力的三张面孔》，张岩译，经济科学出版社 2012 年版，第 2 页。

从施行主体角度而集中分析这样两类权力。(1) 个体自由会受到社会组织的侵害，这主要体现在社会政治领域。原因在于，社会政治领域的公权力（政治权力）出现了高度集中，少数组织或机构垄断了公共事务的决策权，并由此支配了社会个体的生活。(2) 个体自由会受到其他社会个体的侵害，这主要体现在社会经济领域。原因在于，经济领域的私权力（金钱权力）出现了高度集中，少数人控制了市场交易的规则，并由此决定了市场交换中的财富分配。也就是说，危害个体自由的权力集中主要体现在政治和经济两大领域。显然，不同市场主体所担心的自由侵犯类型是不同的：对富人而言，由于在市场交易上拥有优势，从而更担心在政治领域遭受自由侵害；就穷人而言，它更关注自己的经济生活问题，从而对经济领域所遭受的自由侵害体验更深。为此，60 多年前，加尔布雷思就指出："由于保守主义担心的是政府的力量，所以自由主义者更担心企业的力量。"① 这里加尔布雷思所讲的自由主义者，是主张民生关怀的改良自由主义者。

同时，在当今经济学界，这两类权力集中也分别为马克思主义经济学和新古典自由主义经济学所关注。(1) 马克思基于经济基础决定上层建筑原理而发现了经济权力的重要性，并基于财产所有制以及相应的生产关系决定政治权力原理而将公权力和私权力联系起来。在马克思主义看来，有钱的人就有权力，他们不仅可以操纵政治选举，甚至可以直接拥有枪支而垄断暴力；这样，在一个无约束的资本主义社会中，整个社会就会受到不受控制的财富寡头的统治，所谓的三权分立也只是资本家及其代理人的游戏。为此，马克思主义经济学集中剖析了金钱权力对社会制度以及政治权力的影响。(2) 新古典自由主义经济学却将社会权力的不平等归咎于特定的身份制度和政治制度，认为一切专制都是以超经济的手段进行统治和分配财富。在新古典自由

---

① 加尔布雷思：《美国资本主义：抗衡力量的概念》，王肖竹译，华夏出版社 2008 年版，第 8 页。

主义经济学看来，对物质权力和物质剥削的控制仍是核心的政治问题，从而需要建立"纯粹形式的自由"以控制政治权力。为此，新古典自由主义经济学致力于宣扬政治集权的弊病，推崇三权分立和权力制衡，反对任何超经济手段产生的专制，乃至对任何政府干预都持提防和反对的态度。

显然，不能只是看到问题的一个方面，否则所构设的社会制度和宪法政治体系就会存在明显的失衡。

三、两类权力所对应的权利及其特征

在人类历史发展中，无论是政治领域中的公权力还是经济领域中的私权力都呈现出集中的趋势：在政治主导的社会机制下，社会公权力不断自我强化；在资本主导的市场机制下，金钱权力不断自我强化。但是，两类权力集中的形成原因以及所呈现的特征是不同的：公权力的集中主要依靠社会组织的力量，提防公权力的集中则要求社会组织的分立和多元，甚至要求将绝大多数公权力界定到个体；相反，私权力的集中主要依赖交换机制的作用，提防私权力的集中则要求交换机制的公正和合理，甚至要求对交换引发的集中效应进行制度抑制。那么，为何对公权力和私权力的分配和发展有不同的要求呢？这就跟与之相对应的两类基本权利有关：公权力对应于个人权利，而私权力对应于财产权利。事实上，个人权利和财产权利的基本特性是不同的，这导致了两类权力呈现出不同的走势，并蕴含了不同的政策要求。

一般地，个人权利是指符合某种资格并归个人所有的权利，如选举权、被选举权、对话权、生活权以及其他基本功权，这主要体现为公共领域的政治权利等。财产权利则是指并不需要符合特殊功能性角色的权利，它可以作为初始权占有，也可以从以前所有者那里获得，这主要体现为私人领域中的所有权、收益权、使用权等经济权利等。显然，这两类权利存在一个明确的区分标准——可继承性：个人因承担某种角色而获得的个人权利，一旦丧失了这个角色后即告失效，如合作组织中的成员选举权；财产权利却可以转换为遗产而留给继承人，如公司组织中的股东选举权。显然，正是由于两类权利与个体身份的关系不同，因而它们的发展趋势以及相应的集中度也存在明显差异：当直接控制权附属于特定功能角色时，控制权不会因累积效应而膨胀，这种控制权就会受到"约束"；相反，当最高控制权附属于可转让媒介时，控制权就会发生积聚或集中，这种控制权就会出现失衡。①

两类权利的特性差异也意味着，由个人权利衍生的公权力一般不会因所有权集中而出现严重的分配失衡，由财产权利衍生出的私权力则往往会因所有权集中而出现严重的分配失衡。这样，特性差异的两类权利就会导致两类权力的不同分布，从而对自由产生不同影响。基于自由的保障，一个良善社会的制度或宪法政治设计在两类权利的界定上也应存在不同原则：个人权利缺乏积累性和集聚性，个体的初始地位相对平等，因而应确保机会平等，实行基于初始分配的获得正义原则；财产权利具有积累性和集聚性，个体的初始地位很不平等，因而应关注能力平等和资源平等，实行补偿正义和纠正正义原则。也即，我们可以得出这样的基本认识：凡是不能积聚和转让的权利应该充分保障其自由使用，而易于积聚和转让的权利则应该限制其使用的"度"，这样才可以塑造真正的人本社会。

推而广之，凡是与个体身份联系在一起的属性（如权力、禀赋、知识）等都难以高度集中，因而个体可以且应该拥有充分的使用权或所有权；相反，与可转让媒介联系在一起的属性（如权力、禀赋、知识）则往往会不断积聚和集中，从而应该实行某种限制。否则，如果对与可转让媒介相联系的财产权利不加以限制，这不仅会造成财产权利的集中以及金钱权力的膨胀，而且还会侵蚀个人权利，造成政治权力分布的严重不均。一般地，对与可转

---

① 艾勒曼：《民主的公司制》，李大光译，新华出版社1998年版，第48—50页。

让媒介相联系的财产权利和与身份资格相联系的个体权利处置不当的方式有三类，从而也就会造成三类不良情形：（1）如果两者都限制，那么就会造成权出一孔，产生专制等级社会，封建社会就是如此；（2）如果两者都不限制，则造成了金钱权力对基本个体权利的左右和挤压，产生资本统治社会，当前西方发达国家就是如此；（3）如果限制前者而放任后者，则产生专制与资本相结合的资本寡头社会，拉美以及其他一些发展中国家都是如此。

人类社会历史已经提供了充分的经验事实：在早期社会，个人权利和财产权利都受到限制，因而为争取民主权利的斗争和为保护私有财产的斗争就具有一致性，它们共同掀起了启蒙运动并导致了传统等级制和集权制的解体；随着封建专制的崩溃和资本主义的发展，个人权利和财产权利之间的冲突开始显现，不断集中的财产权利逐渐侵蚀个人权利，从而产生了资本统治社会；进而在一些发展中国家，财产权利往往不受约束，而个人权利则得不到保障和拓展，从而就转化为资本寡头社会。事实上，在 19 世纪末到 20 世纪初，巨额财富和社会权力就几乎是同义词，洛克菲勒家族、范德比尔家族、摩根家族以及惠特尼家族就有效控制了美国的银行、铁路、公用事业以及其他基础制造业，并在政府机构中安插了大批代理人。所以，海尔布隆纳和米尔博格总结说：在前市场社会，财富倾向于跟着权力走；到了市场社会出现之后，权力则倾向于跟着财富走。① 显然，无论哪种情形，都会出现财富与权力的结合，从而造成社会的等级化。因此，一个组织良善的社会就需要打破财富与权力的这种结合，从而保障每个人的利益和自由，尤其是关注弱势者的诉求。

---

① 海尔布隆纳、米尔博格：《经济社会的起源》，李陈华、许敏兰译，格致出版社、上海三联书店 2010 年版，第 21 页。

四、良善社会中宪法政治的两大诉求

上面的分析表明，不受干预的经济自由必然会导致财产权利的集中，这也是自坎铁隆、马克思以来诸多学者早已发现的普遍性规律。关于这一点，我们可以审视一下中国社会中的财产权利发展状况。随着市场化进程的推进，对财产权利的传统束缚得以解除，这就激发出了人们的经济动力和创造能力，进而极大地促进经济效率的提高和经济财富的增长，这可以从中国社会改革开放初期得到明显的反映。但与此同时，由于在财产权利不断膨胀的过程中缺乏适当的规范、制约和干预，这使得经济财富和财产权利迅速积累和集中，从而不仅导致了社会经济的严重不平等，而且还引发了越来越大的社会矛盾，最终制约了社会经济的进一步发展。同样，在西方社会，随着20世纪70年代之后新古典自由主义的勃兴和偏盛，财产权利不断膨胀和集中。例如，1970年，美国前100名高层管理者的收入所得是全职工人平均收入的38倍，2000年该比率则大于1000∶1。[①] 在很大程度上，现代美国已经走上了一个通向公司国家之路，经济权力被集中到较少数超级公司手中，甚至逐渐取得了世界经济的统治地位。[②]

同时，随着财产权利的不断集中，不受干预的财产权利与个人权利的拓展之间会产生日益尖锐的冲突：如果财产权利不受限制，必然就会制约个人权利的发展；而个人权利的不断拓展，也必然会限制财产权利的使用。从人类发展史上就可以清楚地看到这种关系的发展。（1）在19世纪随着工人运动的兴起，个人基本权利就获得了较大的重视和扩展，它产生了对"居有自由境域之中的资本主义的基本威胁"并推动了资本主义制度的改造。鲍尔斯

[①] 豪斯曼、麦克弗森：《经济分析、道德哲学与公共政策》，纪如曼、高红艳译，上海译文出版社2008年版，第209页。

[②] 富斯菲尔德：《公司国家在美国的兴起》，载图尔、塞缪尔斯主编：《作为一个权力体系的经济》，张荐华、邓铭译，商务印书馆2012年版，第205页。

和金蒂斯说："受到各种权利之间对抗侵蚀的运动力不能够简化为经济问题或阶级冲突。自由资本主义之中的社会变迁最好理解为个人权利和财产权这两种以体系的规模扩展的逻辑之间的相互作用的产物，而不是理解为资本主义积累体系的内在收缩的结果。"① (2) 在 20 世纪 70 年代以来，随着新古典自由主义的兴起，导致财产权利的不断集中和扩张，个人权利转而受到不断的挤压和萎缩；相应地，社会矛盾也就日益尖锐化，从而在整个资本主义社会又重新滋生了个体权利与财产权优先性间的对抗关系。②

因此，为了促进个人基本权利的不断拓展，为了保障公民基本自由的享有和提高，就应该对财产权利施加一定的约束和限制。加尔布雷思在《经济学与公共目标》一书中就得出这样一个结论："如果任凭其自由发展，那么，一切经济权力，恐怕只会有利于那些特权阶层，普通大众将很难从中获得更大的益处。"③ 为此，加尔布雷思一直强调对抗力量之间的制衡，主张通过政府培育和引入抗衡力量来帮助弱势者对抗强势者，这就需要通过立法的形式来限制财产权利的任意使用。并且，加尔布雷思还从社会收入、权力分配、教育、环境、外交和国际关系等方面来阐述了一个美好社会的轮廓：人人有工作并有改善自己生活的机会，有可靠的经济增长以维持就业水平，青年人在走向社会之前能够享受教育和得到家庭的温暖，为弱者建立一个安全网，人人都有根据自己的能力和抱负取得成功的机会，损人利己的致富手段受到禁止，消除通货膨胀对人们的威胁，在外交上体现合作和同情的精神。

与财产权利不同，现代社会的政治权利是不能转让和遗传的，从而也不能长期为个人或家族所把持。所以，斯宾塞很早就指出，政治权利就如镜花水月般是虚幻的，而掌握财产权利才是王道；在很大程度上，对政治权力的占有根本上也是为了改变财产权利和经济关系，否则，如果没有经济生活的

---

① 鲍尔斯、金蒂斯：《民主与资本主义》，韩水法译，商务印书馆 2013 年版，第 45 页。
② 鲍尔斯、金蒂斯：《民主与资本主义》，韩水法译，商务印书馆 2013 年版，第 38 页。
③ 加尔布雷思：《经济学与公共目标》，于海生译，华夏出版社 2010 年版，前言第 7 页。

自由，政治体制的改革就变得毫无意义。事实上，中外历史和现实都表明，社会经济两极化加剧往往会导向寡头政治，为此，社会底层或劳工阶层被动员起来而克服集体行动困境，并且通过组成各种利益团体或政治党派来追求自身的经济权利；在这种情境下，由富人掌控的政权就会对这类要求和运动进行镇压，这导致政治动员过程就会演变为政治暴力，甚至往往导向内战或革命。而且，即使在民主制度已经为人类社会普遍认可和接受的现代社会，那些集聚巨额财富的富豪也努力通过掌控媒体、院外游说等手段来影响政府决策，这些都影响了社会成员在政治权利上的平等程度。

有鉴于此，在一个组织良善的社会中，制度安排就应该具有这样两大基本诉求：一方面，在政治领域，维护个体基本权利，尊重思想、言论和新闻的自由，既反对少数专制，也提防多数暴政，反对以"公意"之名侵害个人权利；另一方面，在经济领域，关注交换起点和程序上的不平等，关注弱势者的经济要求，既不相信个体利益与集体利益之间的和谐一致，也不相信"看不见的手"的有效性。

因此，一个良善社会的宪法政治体系不仅涉及政治领域，也涉及经济领域，需要对经济领域进行干预以及对财产权利进行限制。究其原因主要有二：（1）市场机制的马太效应会导致财产权利的集中，从而危害穷人的经济自由；（2）财产权利的集中还会导致政治权力的集中，从而危害穷人的政治自由，阻碍民主体制的建设。事实上，收入的不平等和财产权利的集中，加大了弱势者通过民主制进行再分配的可能性；面对民主制带来的这种再分配威胁，富裕者为了维护其财产就会努力掌控国家权力，增加对自由和选举活动的限制，乃至对民主要求进行镇压。相反，收入的相对平等以及财产权利的分散有助于人际关系的改善，有助于社会信任度的提升，进而也就有助于民主体制的深化。鲍什就以农村的财富分配与人力资本水平间接测量了从19世纪中叶到20世纪晚期的国家中收入不平等程度对制度转型的影响，尤其计算了从1950年到1990年期间每年收入分配影响下的民主转型和溃败的概率。统计分析表明：过去 200 年间，在世界范围内，较高的收入平等程度和农村财产的平等分配持续推动了民主化，特别是民主巩固的进程。①

五、构设与有为政府相称的二维宪法政治体系

自由并不意味着行动完全不受约束，而是在于避免权力不平等带来的对个别主体的危害。同时，不平等的权力不仅体现在政治权力上，也体现在经济权力上；进而，社会冲突不仅体现为个体间的对抗，也体现为集体之间的对抗。相应地，为了提高自身的抗衡能力，弱势者往往会借助于联合或其他媒介来提高自身力量。这也意味着，在市场经济主导的社会中，自由并不仅仅体现为个体的"自由"行动以及个体间达成的自由契约，而且还包含了集体行动以及相应的社会契约。维塞尔就写道："私人契约自由并非自由主义学派试图描述的终极目标。由于劳动阶级地位的软弱，建立在个人合作基础上的阶级意识比建立在利己主义之上的个人意识获得了更高的评价。只有前者才足以强大到可以使公众的利己主义发挥正面影响。依靠个人自己，公众的个人利益几乎是无力的。由于弱势个人的无助性，自由主义学派的口号，'自由放任'，几乎沦为笑柄。那些真正希望自由的人必须毫不吝啬地将自己托付给阶级，尽管他们可能充分了解阶级利己主义很容易过分随意地侵害其成员的个人利益。"② 根本上说，自由不是抽象的而是现实的，它必然要受到各种社会制度的制约和保障。

事实上，诺尔曼·巴利（N.Barry）就区分了"程序"自由主义（或规则自由主义）和"终极"自由主义（或秩序自由主义），其中，程序自由主义或规则自由主义主要是从社会行为赖以产生的方式而言的，表明所涉及人

---

① 鲍什：《民主与再分配》，熊洁译，上海世纪出版集团、上海人民出版社 2011 年版，第 9 页。

② 维塞尔：《社会经济学》，张旭昆等译，浙江大学出版社 2012 年版，第 478 页。

员之间自愿协议和自愿交换是合意的；终极自由主义或秩序自由主义对业已实现的秩序形式是否合意的评价则依赖独立于其形成过程的观察。正是基于终极自由主义或秩序自由主义的考虑，对政治领域和经济领域就产生了不同的规则和要求，而这又与个体权利和财产权利的特性有关。一般地，财产权利具有继承、传递和积累的特性，这使得金钱权力在市场机制的作用下会发生集聚和集中，并由此在经济领域构成了对自由的危害。为此，我们不能将自由简单等同于不受干涉的市场交换，不受干涉的财产使用；相反，应该在政治、经济的不同领域构建不同的政策体系，其中，经济领域必须进行适当的政府干预，需要通过收入再分配机制来保障分配正义。事实上，这在西方发达国家已经成了不容置疑的事了。例如，Higgins 估计，1982 年占 20% 的英国最贫困家庭只能挣得 0.6% 的国民收入，但收入再分配使他们的可支配收入上升到了 11.3%。Beckerman 和 Clark 的研究表明，如果没有现行的社会保障制度，英国生活在贫困中的人将比实际多出 7 倍。①

　　同时，就个体权利和财产权利之间的发展而言，也不是和谐一致的。事实上，两者只有在共同反对封建等级或专制社会时才具有一致性，而在自由放任的市场经济中则会凸显出明显的冲突，尤其是财产权利的集中会压制个人权利的行使和拓展，从而失去社会平等参与的机会。鲍尔斯和金蒂斯写道，"像战场上的联盟一样，一旦他们共同的敌人倒下长眠，他们便伸手去掐彼此的喉咙"；因此，"只有当个人权利和财产权利所允许的运用的范围不成问题时，它们之间假定的和谐才看来是合情合理的。"② 这样，为了保护"不可分割的"个人自由权，就需要对财产权利的使用范围加以限制。鲍尔斯和金蒂斯写道："契约交换的性质不是依赖是否存在市场，而相反恰恰是

---

　　① 参见怀恩斯：《贫困陷阱》，载巴尔、怀恩斯主编：《福利经济学前沿问题》，贺晓波、王艺译，中国税务出版社、中国滕图电子出版社 2000 年版，第 76 页。

　　② 鲍尔斯、金蒂斯：《民主与资本主义》，韩水法译，商务印书馆 2013 年版，第 213—214 页。

依赖什么是允许交换的，依赖交换别的什么和确切地在什么条件之下……个人权利能够，并且在正常情况下确实开始直接发挥决定财产的种种限制的作用。可交换的财产所有权资格只有在一个既定的、由社会决定的和法律认可的束缚之中才是容许的。"①

因此，与有为政府相适应的宪法政治体系是二维而非一维的，它不仅要保障人民在政治领域的自由不受侵害，保障并扩大人们的基本权利，而且也要保障人民在经济领域的自由不受侵害，保障并扩大人们的财产权利。事实上，目前流行的西方宪法政治之所以是一维的，就在于它起源于封建社会末期，当时对人类自由构成危害的根本上在于政治权力，财产占有根本上也由政治权力决定，因而宪法政治的首要目的就在于根除这种政治权力集中构成的自由障碍。但是，资本主义发展的事实却表明，不受控制的市场发展却带来了财产分配的两极化，进而导致政治决策等也受到金钱权力的左右，从而最终会窒息自由的实质发展。事实上，马克思之所以批判资本主义制度，就是"因为在这个体系中，财富意味着凌驾于别人之上的政治权力"②。显然，相对于早期的宪法政治先驱，我们更清晰地看到了无节制的市场经济造成的后果，从而也就不能将宪法体系局限于政治领域。尤其是，我们看到，人类社会的发展已经使得人们不仅追求基本的不受干涉的消极自由，而且需要壮大追求更高的自我实现的积极自由；不仅希望享有平等的政治权利，而且希望享有平等的经济权利，至少拥有平等的福利机遇。这就是二维的宪法政治体系。

其实，罗尔斯提出的正义秩序就具有这样的二维特性，体现为两大基本原则。（1）平等原则：在一个平等的基本权利与所有人享有自由完全相应

---

① 鲍尔斯、金蒂斯：《民主与资本主义》，韩水法译，商务印书馆 2013 年版，第214—215 页。

② 波普尔：《开放社会及其敌人》第二卷，郑一明等译，中国社会科学出版社 1999年版，第 309 页。

的系统中，每个人都拥有平等的权利，该系统与所有人享有的基本自由的系统是相容的，在这一系统中平等的政治（仅指政治的）自由的公平价值将得到保障。（2）差异原则，社会和经济的不平等的存在必须满足两大条件：I.它们必须满足所有的工作和职位在公平的机会均等的条件下向所有人开放；II.它们必须做到最有利于那些处于最不利地位的社会成员。①当然，罗尔斯所提出的正义原则具有"词典式排序"特性，究其原因，这是与个人自由和个人权利的内涵逐渐深化以及外延不断拓展相适应的：在资本主义发展早期，人们诉求的是摆脱身份束缚的政治自由和个人追求自身利益的自主权利；经过资本主义物质的大发展，人们逐渐转到对物质满足的平等或者追求物质利益的机遇平等的诉求上来。相应地，第一个正义原则就反映了资本主义宪法政治的固有要求，针对早期的身份隶属制而倡导每个人拥有平等的政治权利和自由；第二个正义原则则反映了社会主义宪法政治的新要求，针对资本主义中的实质经济权力不平等而打造每个人都拥有平等的福利或福利机遇。同时，罗尔斯倡导的正义秩序和公平社会与本章基于个人权利和财产权利之分析上所构建的良善社会是相通的：其中，罗尔斯的平等原则和差异原则 I 对应于个人权利，强调通过制度安排来确保社会成员具有平等的参与权；差异原则 II 对应于财产权利，强调社会福利、收入再分配等应该有利于那些在社会中最少受惠的社会成员。显然，罗尔斯的正义原则很大程度上也正是基于复杂自由主义理念，基于二维性的宪法政治理念。

　　不幸的是，市场经济和商业社会的发展滋生出了严重的庸俗化、实用化和媚俗化效应，它消解了人们的自由意识、批判精神和否定力量，而将现存社会视为最好的、最合理的，并从认同这个社会并接受它的观念中获得快乐和幸福。相应地，社会大众就逐渐蜕变成马尔库塞意义上的单向度的人，他

---

① 罗尔斯：《正义论》，何怀宏译，中国社会科学出版社 1988 年版，第 56 页。

们缺乏对社会现象的批判和反省，对自身和他人的未来也漠不关心，对周遭一切现象都采取听之任之的态度乃至毫无批判地接受。正是在这种社会情境中，经济领域的奴役和剥削现象在西方社会中就遭到了长期的漠视，反而在富人的推动下对政府行为进行严格的限制和排斥；结果，现存的一维宪法政治体系就广为人们所认同和接受，乃至宪法政治也就被等同于几年一度的政治选举等，却严重忽视了人们在经济福利上的平等性要求。这种思潮的影响是如此之深，甚至与马克思主义传统关系密切的博尔丁也只是将经济权力主要视为一种生产能力，视为一种增进人与人之间互惠互利关系的能力，而没有积极剖析它对个人自由的潜在威胁，更为没有揭示经济权力取代政治权力对人类社会的统治。

不过，尽管流行的观点往往将资本主义和民主联系在一起，新古典自由主义尤其推崇资本主义的民主，但根本上说，现实的资本主义和民主之间所呈现的并不是互补的而是对立的关系。究其原因就在于，资本主义的民主仅仅体现为一个维度，它忽视了经济权力的集中及其对个人自由造成的危害。鲍尔斯和金蒂斯就指出，资本主义和民主"是调控人类发展进程和全部社会历史演变的两种反差鲜明的规则：一种规则的特征就是以各种从产权为基础的经济特权的优先性，另一种规则就是坚持以个人权利行使为基础的自由权和民主责任两者的优先性"，因此，"在民主乃是保障个人自由权和使用权的运用负有社会责任这个直截了当的意义上面，今天没有任何一个资本主义社会可以合理地称为民主社会。"① 相应地，要建立真正的社会主义民主，就必须消除当前资本主义社会中种种的经济集权体制，这将为人们的政治生活和经济生活创造一个真正全面的平等机会，从而有助于扩大而不是制约人类社会所追求的自由。这里，我们可以以 K. 波兰尼的话作一结语："只要人们仍忠于其为全人类创造更多自由的任务，他就无需担心权力或计划会变成自由

---

① 鲍尔斯、金蒂斯：《民主与资本主义》，韩水法译，商务印书馆 2013 年版，第 7 页。

的障碍，并因其工具性而摧毁他所构建的自由。这就是在复杂社会中自由的意义，它赋予我们渴望的安定感。"①在很大程度上，这种宪法政治理念也为有为政府提供了坚实的理论基础。

六、结语

要真正保障政府积极有为而不乱为，要尽可能减少剥削、奴役以及不自由等社会问题，就需要同时避免政治权力和经济权力的集中，从而需要建立二维的宪法政治体系。从经济学说史上，新古典自由主义者偏重于政治权力集中潜含的危险，从而产生了资产阶级的宪法革命；马克思主义者则更关注经济权力集中带来的危害，从而导向了财产权利的重新分配。显然，更完善的制度建设应该将两者的认知和思维契合起来，实现两者的互补而非替代。关于这一点，我们可以回顾一下波普尔对马克思制度观的评述：首先，就马克思对资本主义不受约束的经济权力之抨击而言，波普尔认为，"马克思对无约束的'资本主义体系'的不公正和不人道的描述，是无可责疑的……我们看到，只要自由不受限制，它就会击溃自身。不受限制的自由意味着，一位强者可以自由地威胁一位弱者，并剥夺他的自由"，"即使国家保护公民免受经济力量的误用而击溃我们的目标，在这样的国家，经济上的强者仍然有威胁经济上的弱者的自由，并剥夺弱者的自由。在这种情况下，无约束的经济自由可能正好像不受限制的物质自由一样自我击溃，经济力量可能近乎和物质暴力一样危险；因为那些拥有剩余食品的人无需使用暴力，就可以驱使那些因饥饿而被迫'自由'接受奴役的人。假定国家将其活动限制为暴力镇压（和保护财产），一小部分经济上强大

---

① 波兰尼：《巨变：当代政治与经济的起源》，黄树民译，社会科学文献出版社 2013 年版，第 426 页。

的人就可以用这种方式剥削那些大部分经济上薄弱的人";其次,就马克思以国家经济干预取代经济自由政策的主张而言,波普尔认为,马克思"忽略了对人的自由所构成的最大的潜在危险。

尾论：新自由主义的九大考辨

　　基于本体论、起源学、演化史以及经验数据等方面的学理性考辨不难发现，号称"普世价值"的新自由主义实际上嵌入了深深的政治性动机、口号化抽象以及实用性政策。首先，就自由的内涵而言，它是历时性的而非普世性的，自由的内涵一直在发展、丰富和转换，从而不能以普世而先验的政治经济哲学观来定义自由；它是制度性的而非个体性的，自由本质上只能是一定制度约束下的自由，从而不能打造成脱嵌于具体社会关系的个人主义形态；它是使然的而非天然的，自由根本上源于特定时空下的社会选择，从而不能被等同于天赋人权的绝对律令。其次，就自由的演进而言，它具有社会的而非生物的特性，自由演进体现出一个人为选择的否定之否定过程，从而不能被视为不断进步的自发过程；它呈现出复杂化而非简单化的趋势，自由的内涵在演化中不断丰富和多元，从而不能被简单化为普遍而单一的标准；它在否定之否定的发展中孕育出两类新自由主义，诞生于 19 世纪 70 年代的 new liberalism 具有更丰富内涵，而诞生于 20 世纪 70 年代的 neo-liberalism 则出现了简单化的返祖。再次，就新（古典）自由主义的政策而言，它将市场经济视为人类社会的最佳形态，并积极倡导和推行私有化、市场化和自由化的"华盛顿共识"，但迄今为止的实践效果远不能说是成功。最后，新（古典）自由主义根本上是一种意识形态而非科学认识，它服务于富裕的工商阶层及其政府并得到它们的资助和传播。由此就可以获得这样的基本论断：在维护社会个体的独立、基本权利的保障、对适宜生活的追求以及社会的宽容和谐的层面上，自由体现了人类社会的一项普世价值；但就流行的新（古典）自由主义而言，它已经被赋予了特定内涵而蜕化为实现特定政治目的的工具。

一、引言

自启蒙运动以降，自由主义就成为西方社会根本性的价值理念和意识形态，进而也成为西方主流经济学的理论和政策基础。因此，即使在凯恩斯主义如日中天之时，西方国家也依然存在众多坚守自由主义思潮的学术中心，如英国的伦敦经济学院、美国的芝加哥大学以及德国的弗莱堡大学等，进而以这些学院为中心发展出了货币主义、供给主义、理性预期、公共选择、奥地利经济学以及新制度经济学等经济学流派，它们共同构成了广义上的新（古典）自由主义经济学。同时，20世纪70年来以来尤其是20世纪90年代苏东剧变以来，欧美资本主义列强致力于向全世界推广新自由主义的政治、经济范式，并在世界范围内形成以"三化"为基石的"华盛顿共识"。"华盛顿共识"的基本政策包括，严格控制预算赤字的财政纪律、遵循经济收益原则的公共开支、扩大税基而非税率的税收政策、由市场决定利率的金融自由化、统一的竞争性汇率、基于低水平统一关税的贸易自由化、通过国内外公平竞争以促进外国直接投资、国有企业私有化、取消限制竞争的规制措施以及建立合法制度来保护产权等。

然而，进入21世纪后，新自由主义以及"华盛顿共识"推行的政策却遭到普遍的失败：不仅拉美诸国几乎都陷入"中等收入陷阱"，而且致苏联东欧原社会主义国家"卡住于转型"；不仅全球收入差距在急速拉大，而且很多国家都爆发"颜色革命"和动乱。相应地，新自由主义以及"华盛顿共识"也就招致了广大发展中国家的普遍反对，甚至在欧美发达国家也出现了越来越强烈的反思和批判之声。与此形成对比的是，中国采取了有别于新自由主义的政治和经济政策并获得了相当的成功，相应地，众多世界级经济学家都致力于探究中国崛起的"秘密"，由此还诞生出新的比较经济制度分析思潮。尽管如此，有部分学者倾向于新自由主义的思维和信念，在政策上则主张以"三化"为社会改革的根本目标，并以此来审视和批判时下出现的各种社会经济现象以及推出的各种社会经济措施。但问题是，基于新自由主义的"三化"政策果真能有效地促进经济增长和福利提升这一基本经济目标吗？

同时，新自由主义者竭尽能事地把自由鼓吹为"普世价值"，但他们果真洞悉了自由的真正内涵了吗？新自由主义者极力宣扬不受干预的市场自主行动，但他们真正了解新自由主义所嵌入的价值取向吗？新自由主义者致力于摧毁社会等级和各种组织，但他们所推行的政策能够推动自由的实质发展吗？新自由主义者极力推崇人性的多元、人格的独立和思想的自由，但市场经济的偏盛能够促进人类个体发育而成为能动的全面自由的人吗？事实恰恰表现为，随着市场经济的发展和政治权利的普及，社会个体的独立性和自主性似乎并没有多少实质性提高，反而陷入马尔库塞意义上的单向度状态；同时，社会大众对公共事务的参与以及相应的话语权也没有什么实质性增进，反而滋生出诺尔–纽曼意义上的"沉默的螺旋"现象。有鉴于此，我们就需要重新审视和反思新自由主义的实质及其潜含的内在问题。一般地，审问可以从三个层次展开：自由的本质内涵如何？自由主义的演化路径如何？新自由主义的政策实践如何？同时，在每一层次上，我们还可以从不同维度进行剖析。为此，尾论基于三大层次以及九个维度对时下甚嚣尘上的新自由主义作一系统的逻辑审问。

二、自由是个体性的还是制度性的

新自由主义者的普世观根基于西方社会根深蒂固的自然主义思维，自然主义思维衍生出脱嵌于具体社会关系的个人主义，它强调个体先于社会，进而推崇个体权利优先的价值观。相应地，新自由主义就致力于维护个人的独立和自由：独立，意味着个人不隶属于他人或集体；自由，意味着个人不受他人或集体的干涉。这一信念同样可以追溯到启蒙运动时期，当时的古典自由主义认为，在公共领域或与私人领域之间存在着一条明确的界线：在界线之内，任何人都可以按照其意愿行事，只要他的行为没有干涉到他人的行为或侵害到他人的利益。正是由于承袭了古典自由主义理念，新自由主义经济学诸流派（如新古典经济学和奥地利学派）都极其重视个体的自主性。同时，由于嵌入了根深蒂固的自然主义思维，新自由主义经济学往往倾向于将异质的市场主体还原为同质的原子个体，将丰富多样的生活目的化约为对物质利益的追求；相应地，它就极其推崇个体自由，集中从劳动自由、交换自由和决策自由等角度来剖析个体自由的实现程度，进而也就致力于市场一般规则的探究。

问题是，私人领域和公共领域是否能够清晰地界定和分割？事实上，任何社会经济现象都不是孤立的，而是与其他社会经济现象联系在一起的；相应地，任何社会个体的行为也不是孤立的，而是都对他人的行为和利益产生影响，这就是社会现象和社会行动的社会性。譬如，生产就具有外部性，因为任何生产都必然会使用他人也需要的社会资源，或者引起相应生产要素以及市场产品的价格变动；同样，消费也会产生明显的外部性，这或者体现为你的消费会引起市场需求进而市场价格的变动，或者体现为你的消费直接影响到他人的相对效用。从这个角度上说，并没有绝对意义上的私人领域，任何社会行为和事物都呈现出一定的公共性，差异只在于公共性的程度上。也正因如此，几乎所有的社会行为都会受到习俗的、法律的、社会组织的以及政府的管制和约束，只不过管制的方式上存在差异。进而，我们也就可以理解，现代西方国家为何对新自由主义经济学所认定的那些纯粹私人生活加以限制，这包括每周最高工作时间是多少？每小时最低工资是多少？何时应该关门歇业？等等。

同时，实质性自由意味着人们能够不受干涉地追求自己认为适宜的那种生活，即自由可被定义为："一种在可能的生活计划中不受可排除的内部或外来的约束，而可自主选择的能力"。① 问题是，人们如何才能获得这种实现自由的能力？一般地，自由往往与权利联系在一起，任何时代的个体实现自由的基本前提就是，个体基本权利能够得到有效保障。其实，启蒙运动时期所孕育出的自由主义也是针对当时个人基本权利的缺失，相应地，它的直接使命就在于，反对按照出身和教义而被授予社会特权，并以不可剥夺的天赋权利来反对封建等级对人性的制约。拉斯基就写道，正是"由于渊源方面的原因，它一直将传统视为对立面：出于同样的原因，它总是偏爱赞美和佑护个人的创新，而不支持政治权力所追求的大一统局面。也就是说，它一直认为传统和集权压制了个人将自我判断、自我认识变成一项普遍原则这个权利。普遍原则并不需要政府的接受，它需要的是别人引起固有的准确性而自觉地认可它……因此，它总是倾向于在自由和平等之间做出对照，也因而把强调热情奔放的个人行为放在第一位，将独裁主义者的干预带来的可能后果放在第二位"②。

问题是，在现代社会中，个体基本权利如何得到保障和拓展呢？这就有赖于一套公共制度。从这个意义上说，现实世界的自由绝不是抽象的，而必然与特定的社会制度紧密相连。关于制度对自由的保障和实现，我们可以从两方面作简要说明。一方面，不受干涉的生活状态往往依赖个体或社会的能力来得以实现或维持，在这个意义上的自由就体现为一种力量或能力，目的是为了实现个人的目的或防止他人的侵害。显然，在社会个体间的力量或势力呈明显不均等的现实世界中，如果没有制度的制约，就会形成一种依靠强力维系的等级制社会，而这正是自由主义致力反对和根除的对象；同时，即

---

① 贝拉米：《重新思考自由主义》，王萍等译，江苏人民出版社 2005 年版，第 34 页。
② 拉斯基：《思想的阐释》，张振成、王亦兵译，贵州人民出版社 2001 年版，第 39 页。

使社会个体的差异较小的社会中，如果没有制度的协调，每个人追求其理想的生活状况也必然会引发激烈的生活冲突。面对此种情形，试问：自由是否意味着要回到"一切人反对一切人"的野蛮丛林？另一方面，流行的自由概念往往强调人们能够自主选择其生活，但是，人们选择生活的偏好根本上不是先验的，而是受到其社会环境的强力型塑，诸如不同阶层的昂贵性嗜好和廉价性偏好都是如此。显然，正是原初状态的不同以及随后环境的变动，那些出身贫困的人往往"先天"地具有强烈的宿命论取向，往往会自觉地满足于较低的生活水平和福利状况，极端者甚至会甘愿卖身为奴；同时，另一些出身豪门的人则追求更高的生活标准，甚至可能会选择成为他人或社会的主宰者，偏好那种不能流芳百世就会遗臭万年的极端行为。面对此种情形，试问：能够允许人们有选择做奴隶或者强盗的自由吗？

根本上说，无论是强调不受干涉的消极自由还是推崇主体能动性的积极自由，两者都内含了严重缺陷：一方面，消极自由容易引向宿命论，因为人们往往可以通过降低自身欲望而减少挫折，这就如犬儒主义或斯多葛主义者所主张的那样；另一方面，积极自由则容易引发冲突，因为每一方都可能会运用你自己的自由去损害处于法律保护下的其他人，这就如启蒙运动所催生的那样。关于两类自由的滥用，伯林自己也已经做了清楚的说明。① 进而，消极自由和积极自由之间也存在严重冲突。格雷就强调，"消极自由与积极自由是彼此对立的善；一种不受强制和干涉的消极自由将会同另一种自由冲突；一种保护个人自由自律性某一方面的积极自由会同一种保护个人自律性另一方面的自由对抗；如此等等。"② 既然如此，在现实世界中又如何避免不同自由之间的冲突呢？格雷认为，"当我们对于善的内容有着深刻的分歧时，求助于权利并没有用。……当普遍的恶发生冲突时，没有一种权利理论可以

① 伯林：《自由论》，胡传胜译，译林出版社 2003 年版，第 372 页。

② 约翰·格雷：《自由主义的两张面孔》，顾爱彬、李瑞华译，江苏人民出版社 2005 年版，第 127 页。

告诉我们怎么做"。① 范伯格则认为，关键是要规定"是摆脱什么的自由，或是自为地做什么的自由，更确切地说，目前所讨论的究竟是'谁'的自由"②。显然，要在不同个体所享有的自由之间实现平衡，就需要引入合理的公共制度。格雷就认为："一个通过节制各种自由来解决它们之间冲突的制度，要比一个在其中一些自由被压制而其他自由也得不到很好保护的制度强。"③

正因为制度对自由的保障和平衡如此重要，因而，任何时期的自由都只能是一定制度约束下的自由，任何个体的权利也只能是与一定责任相称的权利。相反，任何一项自由和权利如果缺乏有效的限制和约束，那么，就必然会引起社会冲突，进而也必然会损害自由和权利本身；其结果就是，实质上不存在真正的自由和权利，或者只有强者的自由和权利。哈维就指出，尽管追求个人自由的政治运动往往将社会正义作为首要的政治目标，但"个人自由的价值和社会正义并不必然相容；追求社会正义预设了社会团结和下述前提：考虑到某种更主要的、为社会平等或环境正义进行的斗争，需要压抑个人的需求和欲望"④。基于不同个体的自由和权利之间存在冲突性，现实世界中的任何个人行为也必然需要受到某种制约。一般地，行为制约有两大主要来源：（1）内在的自我制约，主要与社会生产力水平和自身能力有关；（2）外在的他者制约，主要与社会权力的不平衡结构有关。相应地，在对待个体自由这一问题上就可以形成这样两点看法：（1）从普世意义上说，个人自由根本上就是指社会个体不受他人或群体的剥削、压迫和奴役，个体追求自由生活的行为不受他者的制约和阻止；（2）从现世意义上说，对个体自由构成

---

① 约翰·格雷：《自由主义的两张面孔》，顾爱彬、李瑞华译，江苏人民出版社 2005年版，第 20 页。

② 范伯格：《自由、权利和社会正义》，王守昌、戴栩译，贵州人民出版社 1998 年版，第 3 页。

③ 约翰·格雷：《自由主义的两张面孔》，顾爱彬、李瑞华译，江苏人民出版社 2005年版，第 141 页。

④ 哈维：《新自由主义简史》，王钦译，上海译文出版社 2016 年版，第 43 页。

侵害进而引发剥削、压迫和奴役行为的他者不仅包括凌驾于个体之上的社会组织和机构，也包括其他社会个体。

显然，正是为了保障社会成员的实质自由，协调不同个体之间的权利冲突，就产生了社会规范和公共制度的需要，其最终目的则在于提供一个所有个人或群体均能安居乐业的安全空间。① 譬如，通过对毒品的管制，不仅可以防止某些人陷入毒瘾而毁灭自我，而且也可以防止毒瘾者危害他人和社会，从而有助于构建更为和谐的社会。同样，以交通信号对自由的限制为例，哈丁就指出，"交通信号如果合理加以限制，就根本不构成对自由的哪怕是微弱意义上的限制。实际上，它们绝非什么限制，它们促成而非限定了行动。人们可能振振有词地反对交通信号系统，指责它干扰了我们的行动。然而，设置完好的交通信号非但不构成干扰，反而能在一般意义上起到协同作用，使人们的行动更加便利。人们对协作的不解，部分原因是社会协作的解决之道通常是体系性的，而非零敲碎打的。我们不是要在当下的某一个时刻来看路上是否有交通信号；而往往是看路上是否总有交通信号，或根本没有交通信号。当我接近一个交叉路口的那个时刻，才考虑是否有信号限制，在这个层面上来推理并提出解决问题之道是没有任何意义的。"② 很大程度上，新自由主义经济学正是基于局部分析，从而往往就忽视了制度的意义。

从这个意义上说，自由本质上就具有制度性：公共制度对个人或群体的行为施加了一定的限制和约束，同时也通过明确预期而增进了不同行为间的协调，从而为增进社会分工和互惠合作夯实了基础。这意味着，自由根本上与制度不可分离：没有制度就没有规范，也就不可有真正的自由；同时，制度约束看似"削弱"了个人自由，实际上恰恰增进了个人自由。孟德斯鸠就

---

① 盖尔斯敦：《自由多元主义》，佟德志、庞金友译，江苏人民出版社 2005 年版，第4页。

② 哈丁：《群体冲突的逻辑》，刘春荣、汤艳文译，上海世纪出版集团 2013 年版，第31页。

强调："自由是做法律所许可的一切事情的权利；倘若一个公民可以做法律所禁止的事情，那就没有自由可言了，因为，其他人同样也有这个权力。"① 托克维尔则指出："民主时代的人在规章上感到的不便，恰恰是有利于自由的地方，因为规章的主要作用在于在强者与弱者之间、统治者与被统治者之间设立一道屏障，以便在强者或统治者做出随意决定后能给弱者与被统治者时间再想想对策。"② 由此我们也可以明白，自由主义与制度主义本质上具有相通的而非对立的关系：制度主义强调人们的自由行为需要由制度加以规范和引导，自由主义则要强调制度的规范是为了保障人们享有更大的自由。

同时，制度也是协调个性的要求和社会的要求之间冲突的需要。个性的要求和社会的要求之间的冲突表现为：一方面是个人的权利和个人的优先，另一方面是社会的正义和社会的强制。面对此困境时，新自由主义者持有极端的社会原子论和个人主义，它将个体与社会其他成员相隔离，将社会看作是处于个性之上且反对个性的外部强制，从而极力将私人权利从公共义务中分离开来。但显然，这种主张使得个人无法认识到自身对社会负有的义务，其结果就是回到所有人相互对抗的自然状态。③ 而真实世界却是，任何个人根本上都是社会性的和公共性的，是具体社会中的基本实体；相应地，社会的发展和塑造根本上源于个体的追求，每个人都认识到自身活动的可能性并根据共同的期望和目标认识到彼此之间的联系进而互相提高彼此的个性。为理解这一点，我们可以回顾一下马克思对"人之所以为人以及人性发展"的认识：正是在共同的劳动过程和社会发展中产生出人的类本质。进而，从革新与社会的共同演化中，我们就可以更好地理解历时性发展的三种自由类型：无支配的自由、无干涉的自由和自律的自由。其中，自律的自由是指自由已经内化在人的偏好之中，不仅自己追求不受支配和干涉的自由，也意识

---

① 孟德斯鸠：《论法的精神》（上卷），许明龙译，商务印书馆 2012 年版，第 184 页。
② 托克维尔：《论美国的民主》，张扬译，湖南文艺出版社 2011 年版，第 547 页。
③ 贝拉米：《重新思考自由主义》，王萍等译，江苏人民出版社 2005 年版，第 19 页。

到他人享有不受支配和干涉的自由，从而在更大程度上体现了自由的高级形态和未来发展。事实上，也只有自觉地遵守人类社会在长期实践中形成的社会规范，一个真正宽容和谐的社会才会来临。格雷就指出，"自律的价值在于，它使我们在那些理性不能决断的价值之间做出选择。自律是可贵的，因为通过运用自律，我们每一个人都可以在那些无法比较价值的生活方式之间做出选择"。①

最后，制度化自由主义也就要求人们在追求个人自由时不能仅仅着眼于孤立的个体考虑，而是要关注个体之间的联系，关注体现社会成员的"共同善"。究其原因，人类本身就生活在一个共同体中，不同个体所追求的自由本身就是息息相关的。贝拉米就强调："社会并不是伯林所认为的那种充分实现了的个体……相反，作为一种理想，而不是一个经验性的事实，它代表了所有人类能力的普遍发展，而个人则是其中一个独一无二、特殊的合成体。个体一方面在寻求他们自身的善，同时又在探寻怎样才能给人类这个整体带来善，即所有那些与其自身相似的探求所必然具有的共同之处。在这个过程中，他们为共同的善做出了贡献。社会正是这种在它的法律、习俗、道德规范和制度中被具体化了的双向探求的体现。"②很大程度上，理性的社会个体也能够充分认识自身利益和他人利益间的关联和冲突，也能够清醒认识到公共利益的价值，这样，具有亲社会性的个体往往就会自觉地遵守公共制度和社会规范，从而最终达致"随心所欲不逾矩"的境界，这也就进入自律性自由状态。但是，如果像新自由主义那样片面强调个人利益至上，盲目推崇市场竞争，乃至将许多有价值的非市场行为都纳入市场之中进而接受市场效率的检验，那么，由个人利益驱动的市场竞争就不仅不会创造出一个自由社会，反而会摧毁它，因为它会破坏选择的自由和多元化。凯克斯就指出，

① 约翰·格雷：《自由主义的两张面孔》，顾爱彬、李瑞华译，江苏人民出版社 2005 年版，第 128 页。

② 贝拉米：《重新思考自由主义》，王萍等译，江苏人民出版社 2005 年版，第 59 页。

自由主义是前后矛盾的，因为它的价值实现将会增加自由主义者们想要避免的邪恶（主要是消极自由关注的独裁、拷问、贫穷、不宽容、压迫、歧视以及无法无天等），还会减少这些邪恶依赖于创造与自由主义价值相反的条件（主要是积极自由关注的个人能够过其良善生活的条件）。①

三、自由是天然的还是使然的

根基于自然主义思维的新自由主义不仅将自由视为普世的，而且也将自由视为天然的：自由是天赋人权，是康德意义上的绝对律令。受这种自由天然观的影响，新自由主义尤其推崇消极自由和经济自由。其主要理由是，不受干涉的自由体现了对自然状态的遵守，进而也就反映出自然秩序的本质。果真如此吗？其实，从本体论上看，"自由"的本质并不体现为安于自然状态，也不是对现实状态的认同；相反，它主要体现为对理想生活的追求，体现为马克思意义上的人的全面自由发展。同时，从历史实践看，自由也呈现为一个动态的发展过程，其原因就在于，自由的实现程度往往依赖于具体的物质条件和社会环境（如生产力和生产关系），进而也就会随着物质条件和社会环境的变动而发展。有鉴于此，格雷指出："以这样的方式认为市场自由源于基本人权是一个根本错误。像其他的人类自由一样，体现在市场化制度中的人类自由的合理性在于它们满足了人类的需求。如果它们不能满足人类的需求，就有理由改变它们。不仅仅包含在市场制度中的自由是如此，所有的人权都是如此。"②进一步的问题是，如何促进自由的深化和拓展呢？一般地，这不仅与人们的认知有关，也与社会力量的较量有关。在这个意义上，自由根本上就不是体现为自然状态，而是社会选择的结果，是"使然"

---

① 凯克斯：《反对自由主义》，应奇译，江苏人民出版社2003年版，前言。

② 约翰·格雷：《自由主义的两张面孔》，顾爱彬、李瑞华译，江苏人民出版社2005年版，第23页。

而非"天然"，否则就不会有制度变迁和社会进步。

我们知道，新自由主义极为推崇自生自发的市场秩序，积极为不受干预的市场经济和商业社会辩护，甚至认为只有在自发秩序和市场经济中才能有充分发展的个人自由和经济自由。但实际上，如同封建社会的等级制本身就体现了拥有政治权力者对缺乏政治权力者的压榨一样，商业社会中的市场体制也体现了拥有金钱权力者对缺乏金钱权力者的剥削，只不过新自由主义者往往想当然地认定基于（市场）价格机制的财富转移比基于（行政）命令机制的财富转移更合理。迈克杰斯尼写道："新自由主义，从另一方面来说，却是真正的'毫不留情的资本主义'。它代表了一个商业力量更强、更富侵略性而且比以前面临更少的有组织的反抗的时代。在这样的政治氛围中，他们试图在每一个可能的阵线上将其政治权利变成法典；结果是，向商业挑战愈加艰难，非市场的、非商业的和民主的力量几乎根本不可能生存下来。"① 同时，从经济史上来看，无论是重商主义还是贸易自由主义，上层阶级都是借助政府的力量来推行的。多斯桑托斯写道："现代工业经济越发展、越强盛，集体性、责任心更强的经济任务越受重视，政府就越要承担支持经济发展的责任。因此，18、19 世纪的自由主义政府承担起了更多的任务：取消曾推动殖民帝国商业扩展的贸易垄断；反对重商主义……特许在整个帝国（宗主国和殖民地）发展基础设施建设——铁路、轮船、现代港口、电话、煤气、电力、采煤。"② 正因为自由是选择的结果，那么，随着社会发展带来对社会基本权利的认知深化和实践拓展，人们所追求的自由也必然会容纳越来越广泛的内容。

自由作为人为选择的属性，也可以从自由的内涵演化及其社会地位嬗变

---

① 迈克杰斯尼：《导言》，载乔姆斯基：《新自由主义和全球秩序》，徐海铭、季海宏译，江苏人民出版社 2001 年版。

② 多斯桑托斯：《新自由主义的兴衰》，郝名玮译，社会科学文献出版社 2012 年版，第 59 页。

的思想史分析中窥见一斑。19 世纪以降，西方社会兴起了三大政治意识形态：保守主义，自由主义和社会主义。其中，保守主义是对现代性来临的一种反应或反动，极力阻止或延迟正在到来的社会变革；自由主义将现代性这一新世界观视为真理，并致力于清除过去的"非理性的"残余，从而一开始就作为保守主义的对立面出现；社会主义则稍后出现，它最初以法国大革命的继承人和拥护者自居而属于自由主义阵营，后来因法国大革命受到广泛指责而被自由主义排挤出去，以致那些比较富有战斗性的自由主义者后来就被称为激进主义者。① 显然，起源学表明，自由主义本质上并不是不要政府的学说，相反还力主强化政府功能：不仅将政府视为实现选举权、福利制度等政治目标的必要工具，而且还进一步将政府置于进行合理改良的主导地位。有鉴于此，华勒斯坦就指出，上述三种意识形态都离不开国家（有为政府）：社会主义者利用国家来执行全民意志，保守主义者利用国家来维护传统权利，而自由主义者则利用国家创造维护和拓展个人权利的条件。②

　　进一步，我们还可以考察 19 世纪三大意识形态之间的关系演化。从起源学上看，自由主义和社会主义之间具有更强的相通性：一方面，自由主义和社会主义的结合根植于 18 世纪的自由平等思想，根植于反对专制君主制度的政治斗争，雅各宾派、共和主义者和社会主义者则是自由主义者们中比较激进的一群，他们共同反对保守主义者；另一方面，自由主义和社会主义都赋予社会以进步性，并都根植于功利主义而主张进行自觉的、不间断的和明智的改革以促进人们福祉的提升。一个典型例子就是约翰·穆勒，他往往被称为自由主义的社会主义者。自由主义和社会主义之间的差异则主要体现为：自由主义力图以井然有序的方式和最低程度的破坏和最大显著的控制推

---

　　① 华勒斯坦：《自由主义的终结》，郝名玮、张凡译，社会科学文献出版社 2002 年版，第 75—76 页。

　　② 华勒斯坦：《自由主义的终结》，郝名玮、张凡译，社会科学文献出版社 2002 年版，第 85 页。

动社会社会变革和进步，从而推崇社会改良；社会主义者则相信，只有借助于巨大的援助才可以加快历史进程，才可以有效促进社会进步，从而往往倾向于以"革命"代替"改良"一词。华勒斯坦说，自由主义和社会主义的主要分歧并不在于有关变革或进步的可取性或必然性，而是在于不同的意识形态和政治规划："自由主义者们认为社会进步的过程是、抑或应该是个持续平稳渐进的过程；这一过程的根据是专家们对当前问题的理性评判和政治领袖们根据这一评判而不断有意识地推行明智的社会改良的努力。社会主义者们对改良主义者们仅凭明智的善良愿望和主要依靠他们自己是否能够完成重大变革表示怀疑，从而提出了自己的规划。社会主义者们想走远点、走快点，并认为：没有民众的强大压力，就不会有进步。"①

不过，1848 年之后，自由主义者中温和派和激进派的分歧开始加剧，进而使得自由主义者与社会主义者之间也就出现分离。此时，古典自由主义在个人和市场意识上日益激进化，政府则被视为危害个人和市场的猛兽，也成为公民社会的对立面，而不是公民社会意志的体现。与此同时，保守主义者开始利用改良主义来实现保守派的保护财产等，从而导致自由主义与保守主义者逐渐趋同。尤其是，随着新（古典）自由主义的兴起，"自由主义"一词就似乎与"保守主义"完全相通了，两者都主张维护资本主义和自由市场体制。明显的例子是哈耶克，他倡导的新自由主义是最彻底的经济自由主义，进而反对一切形式的国家干预，乃至往往又被视为保守主义者，并被推崇为新奥地利学派、新维也纳学派、伦敦—芝加哥学派或弗莱堡学派的共同理论权威。当然，鉴于严格意义上的保守主义对社会变化的反对以及"它天生不能为我们正在前进的方向提供另外一种选择的可能"，哈耶克也极力撇清社会舆论加在他身上的保守主义者形象。②

---

① 华勒斯坦：《自由主义的终结》，郝名玮、张凡译，社会科学文献出版社 2002 年版，第 98 页。

② 哈耶克：《自由宪章》，杨玉生等译，中国社会科学出版社 1999 年版，第 576 页。

因此，从思想史中，我们就可以清楚地看到自由主义到新自由主义的转变。一方面，原先的自由主义居保守主义和社会主义这两极的中间地位，甚至更靠近社会主义一边。如华勒斯坦写道："保守主义和社会主义的立场十分明确，易于理解：一个是尽可能地延缓；一个是尽可能地加快；一个是尽可能地抵制平等倾向；一个是尽可能地摧毁不平等的体制；一种观点是只能进行一丁点真正的变革；一种观点是只要人们扫除所存在的一切人为的社会障碍就能够进行任何一种变革！"而"自由主义走的是中间道路。不太快，也不太慢，以恰到好处的速度进行变革！""诚然，自由主义者们认为政治变革不可避免，但也认为：只有变革的方式方法合情合理，政治变革才会导致美好生活的建成。"① 另一方面，经过简单化和原教旨主义思维的改造，以新面貌出现的新自由主义开始趋向极端，它支持新古典经济学的自由市场原则而反对凯恩斯的政府干预理论，进而反对一切形式的政府干预和管制；结果，它就逐渐成为社会改良主义和社会福利思潮的对立面，却与极力维护私有财产和天赋权利的保守主义相融合。哈维指出，"新古典主义经济学的科学严密性并非严丝合缝地与其政治上的个人自由理念相合，而其对一切政府力量的不信任前提，也与如下要求不合：要求一个强大且在必要时具有强制性的政府，保护私有财产、个人自由和企业自由。"②

同时，从思想史中，我们还可以清楚地看到自由主义转向新自由主义中的人为选择痕迹。事实上，直到 20 世纪 70 年代初，追求个人自由的人和追求社会正义的人还能为共同事业而团结奋斗。此时，他们也面临着共同的敌人：强大的企业集团与干预主义政府的同盟造成了个性压迫和社会不公。例如，两者对环境的破坏，对盲目消费主义的推动，处理社会事件和应对多样

① 华勒斯坦：《自由主义的终结》，郝名玮、张凡译，社会科学文献出版社 2002 年版，第 148 页。
② 哈维：《新自由主义简史》，王钦译，上海译文出版社 2016 年版，第 22 页。

性方面的无能以及通过国家规定和传统控制手段严格限制个人可能性和个体行为。但是，由于对企业和市场体系的监管和整治危害和削弱了工商阶层的利益和力量，于是，他们就操纵个人主义理念而将自由主义转变为反对政府干预和管制，进而以新兴的新自由主义来承担这一意识形态任务。同时，相对于传统改良色彩的自由主义，新自由主义也作了策略上的调整，开始强调消费者选择的自由：不仅选择特殊产品，而且包括生产方式、表达方式和一系列文化实践的选择；同时在政治和经济上构建一种以市场为基础的新自由主义的大众文化，以满足分化的消费主义和个人自由至上主义。譬如，美国在 20 世纪 70 年代以后就着力培养商会的势力，这使得美国商会的规模从 1972 年的 6 万家扩大到十年后的 25 万家，并组建了规模庞大的集团用于政治游说和从事研究。①

为了促进新自由主义的扩散和传播，英美等国政府还致力于这样两方面的努力。一方面，利用庞大的经济实力加强对学校、媒体、出版社和法院的影响。例如，美国传统基金会、胡佛研究所、美国商业研究中心以及美国企业研究所等智囊团都是依靠企业支持而成立，它们撰写论文以及相应的哲学论辩都是为了支持自由主义政策。相应地，新自由主义的意识形态和价值取向逐渐渗透到了经济学教科书中，进而扩散到媒体舆论中，从而就通过各种途径改变了民众的观念、偏好和意志；于是，大多数民众就诚心诚意地支持这种以他们的名义所进行的制度变革，从而就会出现一种"被制造的同意"。另一方面，利用庞大的国际机构加强对发展中国家的思想和舆论的影响。哈维写道："新自由主义怎样如此彻底地取代了镶嵌自由主义呢？在有些情况下，很大程度上是借助强力（如在智利依靠军事力量；或靠财政力量，如借助国际货币基金组织在莫桑比克或菲律宾的操作）。压迫可以使人产生对如下观点的宿命论式的（甚至是绝望的）认同。即过去和现在都——如玛格丽

---

① 哈维：《新自由主义简史》，王钦译，上海译文出版社 2016 年版，第 44—45 页。

特·撒切尔一贯主张的——'没有别的选择'。"①

由此可见，尽管新自由主义将市场秩序视为自然的，将市场经济视为最能体现人权和正义的体制，从而鼓吹其理念具有强烈的天然性；但是，无论是在产生还是传播过程中，它都不是如新自由主义者所言"是自然和自发的"，而是充斥了有意识的选择过程，这包括动用经济的、政治的、媒体的乃至军事的力量。哈维继续写道："新自由主义者为抵抗他们最担心的事物……不得不为民主治理设置很大限制，转而依靠不民主和不负责任的机构（诸如联邦储备局或国际货币基金组织）做出关键决定。这造成的悖论是，在一个认为国家不该干预的世界，国家和政府却通过精英和'专家'忙于干预活动"；"新自由主义国家在这种情况下能够设置一种秘密武器：国际竞争和全球化可以被用来规训各个国家内部反对新自由主义安排的活动。如果这一武器失败了，那么新自由主义国家必须求助于劝说、宣传，必要时也求助于赤裸裸的强力和政策力量，来镇压反对新自由主义的声音。这一点恰恰如波兰尼所担心的：自由主义（包括新自由主义）的乌托邦计划，最终只能靠权威主义来维持。"②

最后，既然自由的内涵往往源自人类的有意识选择，那么，我们就需要对自由的实质进行探索，对自由的实然内容进行甄别。事实上，强权者往往会以自由主义为名实行极权和奴役之实，那么，我们又如何避免自由所潜含的极权和奴役呢？显然，这又需要回到前一部分的分析：建立良善的公共制度。一般地，这主要包括两大方面的考虑：（1）要确保所有成员都享有不同时代的"基本自由"，贝拉米认为，"个人自由包含了这样的预设，即所有社会成员都对发展一种特殊的、强调自主性的生活质量负有道德上的义务"；③（2）要根据不同时空下的差异而对自由主要内容进行有针对性的选择，格雷

① 哈维：《新自由主义简史》，王钦译，上海译文出版社 2016 年版，第 42 页。
② 哈维：《新自由主义简史》，王钦译，上海译文出版社 2016 年版，第 71—72 页。
③ 贝拉米：《重新思考自由主义》，王萍等译，江苏人民出版社 2005 年版，第 33 页。

就强调，"人权的目标不是保护世界上某个独有的政治或经济制度，而是在那些总是存在差异的制度之间确定'权宜之计'"。事实上，只要一提起自由或自由主义，人们即刻就会想到多元化的价值存在，如宽容、自律、权利以及平等等，因为自由的最低层次就是不干涉他人的生活或选择；相应地，新自由主义也将自己打扮成多元价值的维护者，因为它所推崇的市场鼓励了个人的自我选择。但究其实质就会发现，新自由主义恰恰是不宽容的，因为它将市场经济的效率作为唯一或根本的评判标准而极力排斥了社会正义等主张和追求；新自由主义恰恰是不平等的，因为它忽视了人与人之间自然的和社会的不平等，以统一标准来对待不平等实质上就是不平等；新自由主义也不是自律的，因为它鼓动经济冲动力的膨胀而抑制道德约束力，行为功利主义促发的逐利行为只能是贪欲而不是自律；新自由主义更不关注真正的权利保障，因为它无视所有公民应该拥有普遍性的福利资格，无视社会权利向住房、医疗、教育、卫生等领域的拓展，反而力主由单一化的市场机制来解决传统的公共问题。由此，我们就需要甄别新自由主义的内容优劣，同时要剖析新自由主义得以被选择的原因，这就需要剖析自由的演化史及其背后的力量。

四、自由演进是生物性的还是社会性的

对自由的理解，不仅要从本体论上剖析它的本质内涵和特性，还需要从起源学和思想史角度剖析它的演进特性和发展趋势。事实上，正如前面的分析已经表明的，自由的内涵和外延本身随着社会发展演化，进而也就会随着时空变动而转化。新自由主义同样承认自由的演化性，这就如它承认市场秩序和社会制度具有演化性一样。既然任何个人都处于不断演化的社会之中，他追求的生活方式当然也就会随着社会环境而变动；相应地，任何自由本身也就必然要受到不同制度的制约和保障，进而随着社会环境的变动和社会制

度的变迁而拓展。正是从这个意义上说，自由主义也就具有鲜明的革新性。有鉴于此，哈耶克专门就自由主义和保守主义作一区分："严格意义上的保守主义是对剧烈变化的一种合理的、可能是必然的、并且理所当然广为流传的反对态度"，而"自由主义者不反对进化和变迁；在自发的变化被政府控制所遏止的地方，它要求大幅度改变政府政策"。① 问题在于，我们究竟应该如何理解自由演进的特性和趋势？

一般地，新自由主义所持的基本观点是，社会变迁是自然和自发的过程，是由市场调节的人类行动的无意识结果。哈耶克继续写道："保守观点的一个基本特征是对变化的恐惧，对新事物怀有忧心忡忡式的不信任；而自由主义的立场建立在勇气和信心的基础之上，基于有充分准备让变化沿着自己的道路发展，即使我们不能预见它将导向哪里"；相应地，"保守主义者倾向于使用政府的权力来阻止变化或限制它的发展速度，以迎合更加胆小怕事者的那一套。在展望未来时，他们缺乏对自发调节力量的信心；然而正是这种力量使自由主义者毫不犹豫地接受变化，即使他不知道怎样促成这种调节。"② 从中可以看出，新自由主义充满了对市场和自然秩序的坚信，因为它们体现了上帝的精神和旨意。相应地，新自由主义眼里的自由也具有明显的自然性和先验性，它被视为个体的自发互动所产生的一种状态，体现出一种在没有人为因素下的自然秩序，自由的发展也体现出人类社会的无意识演进过程。

很大程度上，嵌入新自由主义的现代主流经济学倾向于将没有人为干预的自然秩序视为上帝理性体现，将竞争性市场中形成的自然价格视为上帝所设计的公正或正义价格，进而也就将自由市场、自发秩序、自然规则以及社会正义等同起来。相应地，新自由主义者就热衷于探究市场秩序中的一般规

---

① 哈耶克：《自由宪章》，杨玉生等译，中国社会科学出版社 1999 年版，第 576、578 页。

② 哈耶克：《自由宪章》，杨玉生等译，中国社会科学出版社 1999 年版，第 579 页。

则，将资本主义社会的市场秩序、法律规章以及民主自由等视为万民法而推广到全世界。但是，正如华勒斯坦指出的，这种新古典主义只不过是欧洲中心论的新面具，"欧洲人将其特有的价值观强加于世界其他地区的人们，伪称他们的价值观是具有普遍意义的价值观，他们以此强化其自身的宗主地位、攫取了更多的物质利益。实际上，种族中心论是普济主义的决定性的、最最伪善的表现形式是优胜劣汰。这一思想主张'激烈的竞争'要公正地进行，却不顾这样一个事实：即竞争者起跑的始发点各不相同——这一决定性因素是社会性的，而不是历时性的。"① 很大程度上，新自由主义的信念和主张根基于一维单向的演化观，这种演化观根本上是自然性的和生物性的，这里从两方面作一说明。

首先，这种演化观根植于自然主义思维之中。自然主义思维认为，人类社会只是自然世界的一部分并都受相似的内在规律支配，人类之间的互动行为与物体之间的相互作用也是相似的并受制于同一机理。正是基于自然主义思维，西方社会就确立了先验的个人主义思维；相应地，在探究人性及其行为机理时，现代主流经济学也就撇开了历史性、人文性、社会性和演进性的考虑，而以一种形而上学的人性观作为理论的基础和分析的前提。同时，鉴于自然界中各物体之间独立和普遍的关系，生活界中人类个体之间的关系也被视为独立的和普遍的，进而从自然界获得的普遍主义和个体主义就被拓展到对人类社会秩序的分析中；相应地，以先验的人性观为基础并结合"看不见的手"这一预定协调原理，新古典自由主义经济学就得出了"私恶即公意"命题。

其次，自然主义思维又衍生出社会达尔文主义理念。社会达尔文主义将自然世界中的"物竞天择、优胜劣汰"说直接拓展到人类社会中，进而广泛

---

① 华勒斯坦：《自由主义的终结》，郝名玮、张凡译，社会科学文献出版社 2002 年版，第 177 页。

用来支持市场竞争和自由放任资本主义，反对任何形式的普世道德和利他主义，甚至为社会不平等、种族主义辩护。事实上，自然界中的万物之间本身就存在强者和弱者，存在不平等的秩序和弱肉强食的规律；相应地，尽管新自由主义强调人生而平等，但这种人类平等仅仅是指法律上的机会平等，或者只是人类个体在潜力上的平等。显然，现实市场中每个人的努力和付出都是不同的，从而也就获得了不同的收益；其中，富人因辛勤劳动、积极进取心和节俭禁欲而致富，穷人则因懒惰、不负责任和浪费而贫困。相应地，在新自由主义眼里，富人应该得到他们的收入和财富，因为他们是适应社会的，而且他们是通过使自己变得有钱或者保持有钱证明了自己的适应性；而对穷人则不应该进行救济，因为他们的贫困主要是自身原因：往往智力低下、不务正业、没有远见和缺乏雄心。

正是基于程序公正而非结果公正的角度，新自由主义极力捍卫市场体制，认为市场机制能够给予人们与其努力和贡献相应的回报，进而还将这种认知建立在边际生产力分配理论之上。果真如此吗？实际上，边际生产力分配理论本身就面临着一系列的挑战：（1）生产要素的独立性，否则根本计算不出不同生产要素的边际贡献；（2）生产规模报酬不变条件，否则总产品根本无法在各生产要素之间分配净尽；（3）完全竞争的产品和要素市场，否则就会产生边际产品收益与边际产品价值之间的差异；（4）边际生产力分配论的规范性，这混淆了非人力生产要素与要素拥有者的贡献差异，也没有解释稀缺要素得到较高价格的伦理标准，更无法解释边际内工人所得报酬为何少于其对总产品贡献。事实上，对现实市场中的收入分配机制进行深入的剖析就很容易发现，市场收入分配根本上不是由劳动支出或贡献决定的，而是由特定的分配规则决定，而分配规则涉及其他非技术和经济的因素，根本上涉及社会权力结构及其相应的社会制度。进一步，不少批评家也指出，即使市场过程在程序上是自由和公平的，但高度不平等的结果也会损害以后交易中政治和最终意义上的程序性的自由和公平。事实上，如果大鱼的自由意味着小鱼的灭亡，由此就需要保护小鱼不被吃掉的自由；那么，人类社会更有理由去维护周期性的收入再分配，从而在雇主、劳动者和消费者之间保持一个平等的竞技场。①

当然，奥地利学派也承认市场会产生失业和贫困现象，但将之视为只是千千万万宗购买和销售行为产生的无意识结果，从而这些现象仅仅被认为是不幸而不是不公平，而试图改变这种状况的尝试则几乎肯定是独裁专断进而也就是不公平的。果真如此吗？其实，嵌入在新自由主义中的一维单向的生物演化观及其社会信念本身就面临着两大根本性问题的挑战。（1）如何理解自然秩序？例如，哈耶克将无意识的市场互动结果视为一种自然秩序，马克思则将"按一定比例分配社会劳动"描述为一种自然法则；哈耶克将不受干预的市场价格视为公正价格，马克思则将等价交换视为商品规律。进而，黑格尔相信社会发展过程中会不断折射出绝对精神，马克思由此还发现出共产主义。那么，共产主义是否也是自然秩序的体现呢？但波普尔却将这种发展观称为历史主义决定论，是一种封闭思维的产物。②（2）如何理解社会达尔文主义？例如，哈耶克就从两方面批评了流行的社会达尔文主义者：（1）只关注那种在先天性方面更优的个体的优胜劣汰问题，而这种淘汰过程相对于文化进化极为缓慢；（2）完全忽略了规则和惯例之优胜劣汰进化过程这个具有决定性主要意义的问题。③凡勃伦则提出了相反的认知：一方面，尽管人性及其行为深刻地受到本能与习惯的影响，人类行为根本上是由社会和制度塑造的，而不是本能的和由遗传决定的；另一方面，尽管社会制度是演化

---

① 贝拉米：《重新思考自由主义》，王萍等译，江苏人民出版社 2005 年版，第 201 页。

② 早期西方学者往往将自然秩序或争议秩序解释为上帝的意志，但根据早期基督教教义，在整个中世纪的君王都被视为接受上帝的委托而具有管理世俗事务的权力；但新教改革之后的众多信徒却转而相信，根据上帝的谕旨，人民有权自己选择地方官员，并有权对这些官员的权力进行界定和约束。

③ 哈耶克：《法律、立法与自由》（第 2、3 卷），邓正来等译，中国大百科全书出版社 2000 年版，第 499 页。

的，但社会演化一定会朝向好的方向稳定发展，相反不理想的制度往往取得胜利。

进而，要真正理解上述两大问题，根本上又涉及对社会变迁中的行动主体、演化动力、演化进程以及演化结果等的认知，涉及人类世界与自然界在这些方面的差异。有鉴于此，我们就可以区分两类演化思维：（1）新古典经济学家推崇的生物演化思维，它倾向于把自然选择学说简单地从自然界搬到人类社会，倾向于将生物学隐喻引入到人类社会之中，注重行为的无意识性、选择的随机性以及演化过程的均衡性；（2）非正统经济学家倡导的社会演化思维，它关注社会有机体和生物有机体之间的差异，注重人类行为的目的性、选择的私人性以及演化的非均衡性。很大程度上，嵌入新自由主义的现代主流经济学恰恰采用了生物演化思维，从而就将一般意义上的生物学和自然达尔文主义观引入到社会经济现象的分析中来；结果，这些分析就严重误解了社会经济现象，也误导了社会制度的发展。譬如，基于生物演化思维，现代主流经济学就对社会现实往往持正面肯定的态度，从而也就热衷于对社会经济现象的解释；相反，基于社会演化思维，"异端"经济学更偏好于以批判性思维来审视现实社会制度，从而热衷于对现象背后的结构性影响进行剖析。

正是根基于生物演化思维，新自由主义倾向于将自然选择原理简单地从自然界拓展到对生活世界的观察中，进而把社会经济领域中的生存和发展也视为是对外在标准（如理性的市场）逐渐适应的过程；相应地，它不仅用自主的理性意识以及个体互动的无意识结果来解释一切经济行为及由此衍生出的社会和制度变迁，而且还以适者生存法则来为市场上的竞争行为以及分化结果进行辩护，为所有权集中的社会现实提供理论依据。进而，正是由于嵌入了新自由主义信念，现代主流经济学也将社会达尔文主义推向极致：凡是存在的就是合理的。这样，对现实世界的理解就是：一方面，市场经济中的财富分配就是公正合理的，因为一个人的收入高低恰恰反映出他的贡献；另一方面，自发演化的社会制度也是合理的，因为它恰恰体现了个体的偏好以及基于自然力量博弈的均衡。但显然，基于力量的博弈均衡必然会产生完全有利于强势者的社会制度以及相应的分配规则，乃至基于"自由"市场均衡的交换结果必然会进一步加剧社会政治地位和经济力量的不平等，这为自由资本主义的发展所充分证明。

其实，生物演化思维和社会演化思维的差异也可以从推动演化的基本力量上窥见一斑。一般地，自然界中各物种个体的能力和行为根植于基因之中，它们往往只能通过使自己被动地适应不变的自然环境和利用既有的自然条件而获得生存和繁衍。也即，物种竞争和生存主要是依赖生物的自然优势。但与此不同，生活世界中人类个体的能力和行为却根植于社会关系之中，他们往往能够通过主动地创造有利的社会环境和设定有利自身的社会规则而获得生存和繁衍。也即，社会个体竞争和生存主要凭借社会的人为优势。因此，如果听任人类社会依据个体力量的博弈进行分配和变动，必然会导向急速分化且必然失范的社会。事实上，诺思就说："我们必须强调生物进化和经济演化的两点不同。第一，生物演化中的变异是沿着孟德尔链通过基因突变和性别重组实现的。针对这一点，经济演化并没有贴切的类比。第二，如前面强调的，生物演化论中的优胜劣汰机制和经济演化中的选择机制不同，不是由经济演化中人们对最终结果的信念来支配的。而且在后者中，参与者的意向性通过他们逐渐形成的制度反映出来，从而决定了经济绩效。"① 有鉴于此，我们必须对人类社会中的演化特性进行深刻的剖析，而不能简单地接受和推广嵌入在新自由主义中的生物演化观。

最后，对生物演化思维和社会演化思维的区分还可以从社会现象与自然

---

① 诺思：《理解经济变迁过程》，钟正生、邢华译，中国人民大学出版社 2008 年版，第 61 页。

现象的性质差异上获得依据。一般地，社会现象是人类行为产生的，而人类行为是由心理意识推动的，因而社会现象一直处于持续的变动之中，不仅具有很快的演化速度，而且也一直处于非均衡状态；与此不同，自然现象则是由自然物相互作用产生的，而自然物是无意识的，因而自然现象往往比较稳定，不仅演化速度非常缓慢，而且在相当长时间内可以看作一种均衡状态。譬如，就制度演化而言，生物演化观将制度视为一种自发的自然演进过程，是大量个体间的无意识互动结果；但实际上，制度演化根本上并非是一个自然淘汰过程，而是一种自觉的人为淘汰和改进过程，是特定个人或群体基于其目的的有意识选择结果。然而，新自由主义却嵌入生物演化思维，它将人类本性视为比制度环境更为重要，将能力和行为的变异都根植于与本性这一基因之中；相应地，现代主流经济学就坚持经济人假设，并由此来分析和解释人类行为和社会现象，却否定制度环境变迁可能带来的任何颠覆性可能。进而，在新自由主义眼里，人类自由将会在市场竞争中逐渐呈现和发展，人类社会最终也必然由个体的逐利行为所构成的道德秩序来终结，这种道德秩序也就是自生自发的扩展秩序。但实际上，这种以个体为基础的道德秩序也可能逐渐腐蚀乃至蜕变为道德无政府主义，使得人们之间丧失相互尊重和信任，也失去了遵守普遍性法规与行为准则的责任感，这在当前社会已经得到了日益明显的呈现。

五、自由演进趋向于简单化还是复杂化

嵌入生物演化思维的新自由主义往往将社会发展以及自由演进简单化，乃至导致市场原教旨主义的盛行；由此，新自由主义还进一步在全球推行单一的政治经济范式：诉诸个人的逐利动机来推动社会经济的发展，鼓励和推行以自由市场机制为主导的生产、消费和分配政策，进而倡导和建设以贸易经济自由化、定价市场化和企业私有化为基石的全球秩序原则。受此影响，

新古典经济学以及奥地利学派等对政府在经济活动中的积极作用完全丧失信心，倾向于将大多数社会性事务交予市场。问题是，市场原教旨主义依赖于完全竞争的有效市场，而这是对现实市场的严重误读。究其原因，现实市场主体根本上是有限理性的且是异质性的，这导致真实世界的市场逻辑与教材上所宣扬的那种逻辑化市场存在明显的不同；相应地，基于逻辑化的市场理念来理解现实市场行为甚至构设市场规则，就会扭曲市场的现实发展，并导致经济危机的不断重现和社会矛盾的周期性爆发。例如，当前的国际金融危机也就是这种自由放任政策的结果，美国的"占领华尔街"运动也是对这种自由放任市场体制的反动。

市场原教旨主义的盛行更深层次的根源在自然主义思维：自然主义思维把市场视为先验的自然之物，由力量决定的市场秩序也就是自然秩序的一部分，是无法改变的。受自然主义思维的影响，新古典经济学以及奥地利学派等学派就将自利动机等同于物理学中的万有引力，认为自利行为将会引导整个社会秩序的和谐。问题是，即使物理现象确实是由万有引力引起的，但人类也没有将万有引力作用下的所有自然结果都视为合理的，而是通过利用万有引力来做自然改造而为人类所用。相应地，即使社会经济现象很大程度上是由个人的逐利行为所衍生的，但这种逐利行为的结果也并非一定是合理和有利的，如大量的公地悲剧和囚徒困境；为此，经济学也应该建设一系列的社会设施来防止这种危害，甚至化不利为有利，而不是如正统经济学那样固守自然主义思维，似乎只要是市场的也就是好的。事实上，任何理论的功能都不仅局限现象的解释上，更不是将表象合理化，而是要能够改造现实以服务人类的需要和理想。

我们就应该更深层地审视新自由主义所嵌入的基本思维，而不是简单地信守新自由主义的传统智慧；相应地，这就需要对市场的真正含义和功能进行辨识，尤其要剖析现实市场运行中所潜在的负作用。事实上，无论是政府还是市场都存在失灵问题，否则社会问题的解决也就会简单得多。这也意味着，我们不能简单地将自由主义与干预主义或者保守主义等对立起来，政策上也不能简单地在政府干预和自由市场之间作"二择一"的选择；相反，要努力在政府和市场之间寻求一种平衡，要实现政府功能和市场功能之间的有效互补。

事实上，真正的知识分子往往拥有强烈的社会责任和人道关怀精神，进而会致力于对现实社会问题进行剖析而不是粉饰，或者努力发展出一种自圆其说的理论来论证现实的合理性。相应地，他们也对那种将自由主义等同自由放任的新自由主义和市场原教旨主义进行批判，并试图对简单自由主义造成的人类社会"自我荒谬化"倾向进行拨乱反正。同时，那些知识越渊博、思想越深邃的学者，往往越是能认识到自发市场秩序的内在缺陷，越是会全面地审视社会中的异化现象，从而也就拥有越强烈的人本主义精神。从经济学说史的角度看，无论是斯密、西斯蒙第、马克思、穆勒、马歇尔、凡勃伦、加尔布雷思还是森，这些学识渊博的学者都不会简单地认同自由放任或国家干预的政策，而是寻求两者的结合。进而，从经济学说史的角度看，那些对人类影响越大的学者，其思想的复杂性往往也越明显。例如，马克思思想的复杂性实际上已经在历史、哲学、宗教、法律、政治学、社会学乃至心理学等领域得到充分的挖掘。

根本上，自由主义体现为对个人权利的尊重，进而反对以"公意"的借口来损害个人权利；但同时，个人权利并不是固定不变的，其内涵往往随着社会发展而不断丰富。为此，复杂自由主义强调，我们不应持守某种先验的信条，而是要关注弱势者的需求和社会福利问题。德沃金就认为，在经济政策方面凡是持如下立场的人都是自由主义者：政府应当通过累进税制实现的福利和其他再分配形式减少财富上的不平等；政府应当干预经济以便提升经济稳定、控制通货膨胀、减少失业以及提供市场无法提供的各种服务；政府在投资、生产、价格和工资方面应该进行一种务实的有选择的干预而不是进行激进变革；政府应该通过限制在教育、居住、就业方面的公开歧视和私下歧视以保障种族平等。① 事实上，真正的自由主义并不把权利视为政府权威根本不敢侵入的私人领域，而是努力地审视权利的内涵和外延，他们更为关注人的自由和发展，并致力于将个人权利与平等联系起来，从而也就是人本主义者。也就是说，真正能够全面体现平等和自由之双重特征的是"复杂自由主义"概念而非简单化的"新自由主义"概念，复杂自由主义关注的不是抽象的自然权利，而是把权利置于具体的社会历史背景中，特别关注弱势者的应得权利。

显然，自由主义的复杂性演化也呈现出多维属性，从而不能设定一个普遍而单一的"自由"界定标准，更不能将自由"口号化"和"政治化"，乃至将质疑和反对自然秩序和市场至上的人都称为自由主义的敌人。同时，我们还可以看出，复杂性自由主义内含了多元主义价值，进而洞悉自由主义、人本主义、民生主义以及社会主义之间的共通性。譬如，一个学者既可以在政治上反对国家对个性的压制，同时也可以在经济上主张政府对市场的干预；一个学者既可以主张依据效率原则对经济制度进行积极变革，同时也可以主张依据合理价值原则对传统文化进行有效维护；一个学者既可以是少数专制以及中央计划经济的批判者，也可以是多数极权以及自由市场经济的批评者；一个学者既可以主张市场机制调节的基础性地位，同时也可以重视有为政府的积极作用。只要他致力于挖掘现实世界的各种问题，致力于推动社会进步和制度变革，致力于提升经济和社会福利，致力于促进个体全面自由发展，也致力于维护自身人格的独立和思想的自由，他就是复杂性意义上的自由主义者。

从思想史上看，正是政府对经济的积极干预才使得第二次世界大战后西方国家出现繁荣景象，而后来的自由放任政策则使得 20 世纪 70 年代后的社会不断分化。试问：我们又如何将自由主义简单地等同于市场主义呢？事实

---

① 德沃金：《原则问题》，张国清译，江苏人民出版社 2005 年版，第 244 页。

上，真正的自由主义者往往都会致力于人性的完善、人格的独立、行动的自主和能力的提升，从而使得人们有能力自主地选择自己想要过的生活。正如习近平主席强调指出的："人，本质上就是文化的人，而不是'物化'的人，是能动的、全面的人，而不是僵化的、'单向度'的人。"① 但是，要做到这一点，并不是简单地诉诸一个能够自我调节的资本主义市场制度，将市场视为保障个人自由的充分必要条件。相反，没有节制的市场往往会导致社会大众受到新型的乃至更严重的宰制：劳动力成为商品显然从根本上导致工人丧失了自主性，掠夺性的市场竞争则会使得底层大众只能获得最低生活水平的工资，经济不平等导致政治不平等使得大多数人根本无法获得公共领域的话语权乃至参与权，金钱主导的市场关系更是摧毁了人们之间的友爱、信任和温情；显然，所有这些都会严重窒息人类个体的多元性和创造力，进而也就严重阻碍了自由的实现。有鉴于此，我们就不能简单地将市场和政府对立起来，而是要看到它们之间在保障和提升国民基本权利和社会权利上的互补性，这也就是复杂自由主义的内涵。

由此可见，随着社会的发展以及社会基本权利的拓展，自由主义将呈现出复杂性演化，自由的内涵将变得越来越丰富、复杂和多元。不幸的是，流行的新自由主义却简单地将自由等同于无干涉的消极自由，将财产权和契约法等视为普遍人权的直接应用，进而将市场经济体系视为普遍的正义体现。事实上，尽管市场制度确实有助于人们通过互惠性的竞争来代替破坏性的冲突，进而有助于个人自律和社会多元主义；但是，市场并非是自然，而是一种相当复杂的法律和文化制度，并且只有在其他非市场制度的互补下才能最大限度地促进多元主义和市场制度。② 很大程度上，正是深受这种简单化的新自由主义的影响，两种极端化思潮在当前社会中也就流行开来：一方面，

---

① 习近平：《之江新语》，浙江人民出版社 2007 年版，第 150 页。

② 约翰·格雷：《自由主义的两张面孔》，顾爱彬、李瑞华译，江苏人民出版社 2005 年版，第 22—23 页。

市场自由主义认为自生自发的社会秩序具有持续的扩张性；另一方面，国家干预主义则认为政府总是可以解决很多市场不能解决的社会经济问题。同时，由于这两种观点潜含了不同的利益要求，从而分别受到不同群体的支持和倡导：市场自由主义往往会受到广大工商业主以及保守（自由）主义知识分子的支持；国家干预主义则往往受到上层官僚集团以及激进（自由）主义知识分子的支持。与此不同，复杂自由主义者既重视社会秩序的自发机制，又意识到自然机制的局限性；既不满于现实中的种种不公平现象而希望对社会进行改良，又担心建构主义的乌托邦对社会造成的震荡，进而努力提防政治权力和金钱权力的集中。

六、思想史上如何出现两种新自由主义

社会发展呈现出复杂化趋势，但新自由主义却嵌入了生物演化观的简单化思维，这导致它往往倾向于对社会作简单化的处置，或者构成一种普遍而单一的社会秩序，或者基于自然演化机制来构造复杂性。在新自由主义看来，人类社会存在一种普遍的、理性的共识，与此对应着一种最好的生活方式和价值理念；由此，新自由主义也就致力于构设一种普遍的、最佳的政治制度，并形成了承担"守夜人"角色的"最小政府"观。事实上，时下流行的新自由主义就重视对个体自由的维护，推崇市场机制的作用，尤其是，在新的历史条件下致力于对古典自由主义的改造并由此推行市场化、自由化和私有化的社会经济政策改革。但是，纵观思想发展史，我们可以明显地看到两种不同内涵的"新自由主义"：一是出现在19世纪70年代并一直延续到20世纪中叶，二是出现在20世纪70年代中期并在20世纪与21世纪之交达到顶峰。在很大程度上，前者体现了自由的复杂化演进，从而使得内涵不断丰富；相反，后者则是一种简单化的抽象，乃至蜕化为一种乌托邦式的政治口号。有鉴于此，这里对两种新自由主义的内涵和特性作一比较和辨析。

一方面，从 18 世纪一直到 19 世纪中叶盛行的古典自由主义主要是针对封建政治特权和重商主义的经济管制而兴起的一种基本哲学，它致力于保卫个人权利不受君主和其他统治者的支配，并反对设立公用事业、发放许可证，反对职业选择、人口流动以及国际贸易的限制，反对运用国家权力来干涉市场竞争等。但是，古典自由主义描绘的美好前景并没有随着自由资本主义的推进而成为现实，相反，社会呈现出越来越两极化的趋势，经济危机也开始周期性出现。有鉴于此，19 世纪中叶之后开始出现了一种具有改良色彩的新自由主义（new liberalism），它主张政府应该对经济进行广泛管理和适当干涉，通过公共政策来解决市场不能克服的经济问题，采取积极措施以保障每一个公民拥有平等的机会，进而促进社会福利的提高。

显然，这种新自由主义强调的是制度框架内的自由而不是放任自流，从而是作为古典自由主义的对立面出现的，或者是对古典自由主义的复杂化发展。正因如此，这种新自由主义往往被称为现代自由主义或者改良自由主义。自此，在随后的一个世纪中，改良色彩的新自由主义就成为英国官方政策的重要基础，影响力也逐渐将扩展到整个西欧，进而引起西方政治思想和政治实践的深刻变化。特别是，第二次世界大战后，随着"福利国家"政策在西方世界兴盛，改良色彩的新自由主义的影响也达到了顶峰，法国的社会党、英国的工党、德国的社民党、瑞典的社民党等都吸收了这种改良主义思想。

事实上，改良色彩的自由主义更忠实地承袭了启蒙运动的思想实质，诚如哈耶克所言，这种"在欧洲占主导地位的理性主义的自由主义，很久以来一直是社会主义的开路先锋之一"①。相应地，在世界政治经济中心的英国和美国，自民党（以及后来的工党）和民主党都与这种自由主义存在紧密联系。例如，相对于共和党和保守党而言，民主党和自民党更加关注社会公正和社会福利，更加注重社会贫困和穷人住房，更加重视环境保护，更倾向于高税

---

① 哈耶克：《自由宪章》，杨玉生等译，中国社会科学出版社 1999 年版，第 576 页。

收，更热衷于提供公共服务，更倾向于制定商业规则。正是在这种社会背景下，政治学甚至开始出现一些不再区分自由主义立场和保守主义立场的论题，政治家们也开始不情愿将自己标签为"自由主义者"或"保守主义者"，而更倾向于将以前被认为是自由主义者的立场和被认为是保守主义者的立场结合起来，以致德沃金说，"自由主义曾经是各种不相关政治立场的临时结合体"。①

另一方面，到 20 世纪 70 年代末期，随着撒切尔夫人和里根的上台，自由主义和保守主义之间重新出现分离，甚至产生了争夺"自由主义"解释权的争论。尤其是，随着凯恩斯主义干预政策问题的暴露以及苏东剧变，西方社会中越来越多的人开始回归保守主义或古典自由主义，进而将流行的那种改良色彩的新自由主义称为伪自由主义。同时，鉴于"liberalism"一词长期以来已经被赋予了改良自由主义的内涵，因而哈耶克等人就创造了一个新词"libertarianism"以承袭和传递古典自由主义的精神和内涵，而盛行了一个世纪的"liberalism"一词则被用来指代那些赞成社会福利并具有左倾色彩的思想流派。不过，哈耶克、弗里德曼等人又不情愿将 liberalism 称号拱手送给其他流派，从而又创造了一个新词"neo-liberalism"，用来指称 20 世纪 70 年代后古典自由主义复归思潮；进而，与改良色彩的现代自由主义"new liberalism"相区别，并把它称为真正的自由主义。

显然，如果说"新自由主义"已经成为具有改良色彩的"new liberalism"的习惯称呼，那么，基于对自由主义概念和内涵的否定之否定的认识，"neo-liberalism"一词就应该更恰当地被称为"新兴自由主义"或"新古典自由主义"，它对应 20 世纪 70 年代后逐渐流行的、主张回归古典的自由放任主义的自由主义思潮。这样，基于学术史的梳理就可以区别开两个基本概念：一是古典经济学后期出现的"新自由主义"（new liberalism）一词，它是改良主义的习惯称呼，是对古典自由主义的反动；二是 20 世纪 70 年代

---

① 德沃金：《原则问题》，张国清译，江苏人民出版社 2005 年版，第 240 页。

后出现"新兴自由主义"（neo-liberalism）一词，它是对凯恩斯主义和改良自由主义的反动，并且是对古典自由主义的回归和复兴。

事实上，尽管"new"和"neo-"都含有"新"之意，但从严格的词义辨析角度来讲，"neo-"表达的"新"更多地具有"复制、模仿（copy）先前事物"之意味，而"new"更在于表达不同于过去的"革新、变更"之意味。也即，19世纪中期以后的改良主义者所使用的"新自由主义"一词相对于"古典自由主义"一词就是一种复杂化发展；而当前流行的"新兴自由主义"或"新古典自由主义"则是回归原先的简单化状态，它倾向于将基于力量和供求决定的市场经济等同于自由经济，其经济政策也是简单地诉诸市场规则和自由放任。在经济学史中，马歇尔开创的侧重于微观均衡分析的新古典派经济学实际上信奉"new liberalism"，同时期的维克赛尔的瑞典学派、凡勃伦的美国制度学派，甚至早期的奥地利学派等也都有类似主张。与此不同，20世纪70年代兴起的以理性预期假说为基础的新古典宏观派经济学则开始推崇"neo-liberalism"，新古典宏观经济学的其他分支包括货币主义学派、供给学派、真实周期理论学派以及公共选择学派等。

通过思想史的梳理和对两种新自由主义的辨析，我们至少可以得到这样三点认识。（1）"自由主义"一词的内涵在不同时期是不同的。德沃金就写道："自从18世纪以来，'自由主义'一词一直被用来描述具有各种政治立场的不同宗派，但是在不同时代在被称为'自由主义'的不同政治宗派中间并不具有重要的原则相似性。"[①]（2）从历史的发展来看，"自由主义"一词的内涵以及相应的社会政策本身都具有不断复杂化的发展趋势：改良主义者所使用的"新自由主义"一词就是对"古典自由主义"的复杂化发展，这种复杂化趋势也代表了自由主义内涵的丰富和成熟，从而有助于推动社会的进步。（3）20世纪80年代后盛行的"新（古典）自由主义"实质上是回到了原先那种

---

① 德沃金：《原则问题》，张国清译，江苏人民出版社2005年版，第238页。

简单化的自由主义状态。阿巴拉斯特就指出："从政治角度看，哈耶克、弗里德曼和市场理论家以及他们在政治家中的信徒所代表的自由主义本质上是对赫伯特·斯宾塞和19世纪的归回——这种自由主义完全反对新自由主义和凯恩斯的所有洞见、调整和进步——而凯恩斯一直是哈耶克自身和许多其他人所攻击的首要目标。"①

相应地，我们就不能简单地鼓吹全世界都应该推行同一种的新（古典）自由主义的价值理念和政策主张，否则就如格雷所说，这等于迫使复杂多样的人类屈从于一种自由主义的原教旨主义。在格雷看来，自由主义有两张面孔：一是就最佳生活方式达成理性共识的宽容，体现为追求一种理想生活形式的规划；二是寻求不同生活方式之间实现和平的条件，体现为人类以多种生活方式繁衍生息的信念。在格雷看来，第一种宽容产生于为单一生活方式的各种要求所分割的那些社会，而无法指导我们在那些包含了多种生活方式的社会里如何共同生活，因而真正的自由主义应该放弃这种追求；但是，在价值观念上获取理性共识的希望却支持着今天盛行的自由主义哲学，这也就是新（古典）自由主义的基本取向。② 正是在新（古典）自由主义的支配下，新古典经济学以及奥地利学派等正统经济学极力推崇市场竞争和市场经济，推崇由社会大众的无意识行动所塑造出的自发秩序；相应地，任何社会个体都不具有批判和引领社会发展的能力，乃至整个社会都陷入一种没有否定性的单向度状态，进而也就在实质上排斥和压制了第二种自由主义精神，真正的多元主义也就不可得了。

事实上，正是嵌入了新（古典）自由主义，现代主流经济学就认为，市场竞争将导向最美好的理想状态，而利己主义者将成为市场竞争中的优胜

---

① 阿巴拉斯特：《西方自由主义的兴衰》，曹海军译，吉林人民出版社2004年版，第458页。

② 约翰·格雷：《自由主义的两张面孔》，顾爱彬、李瑞华译，江苏人民出版社2005年版，第1—2页。

者；于是，它就极力鼓吹市场竞争，鼓吹理性经济人的行为方式，鼓吹由逐利行为所塑造的社会秩序。进而，按照新（古典）自由主义的观点，人类社会只有一种最佳的市场经济形态，自由市场也将成为人类社会秩序的终结形态；因此，私有化、市场化和自由化就被"华盛顿共识"的倡导者和追随者视为社会改革的目标，而不再是实现更好社会价值的手段。果真如此吗？事实上，现代主流经济学努力向古典自由主义吸取传统智慧，进而将"早期自由主义"打扮成一个温文尔雅的形象。但是，通过对西方自由主义兴衰史的梳理，阿巴拉斯特却"从自由主义的橱柜中取出一些见不得人的骷髅来，以及不时地详述自由主义的阴暗面：它的经济学的残酷无情、它对私有财产权的盲目信奉、它对'大众'甚至民主本身的典型布尔乔亚式的恐惧"[①]。从这个意义上说，即使我们将个体的解放和自由视为社会发展的根本目标，国家或政府只是为协调不同成员追求其各自目标而提供法律和制度的框架，这种制度框架也不会是抽象化的市场竞争规则，相反，必须引入其他价值来抵消和缓和市场经济衍生出的堕落效应，必须采取相应措施来防止和克服市场机制对人类其他价值的侵蚀。

七、新自由主义何以在市场经济中盛行

思想史表明，自由的内涵和外延本身处于不断演化之中，并且人类历史上出现过多种自由主义思潮，如存在不同内涵的新自由主义。那么，为什么新（古典）自由主义会在现代市场经济尤其是经济全球化中不断偏盛呢？根本上就在于它现在市场经济中拥有支配性权力的工商阶层的利益，从而也就会得到它的支持和推广。事实上，新（古典）自由主义往往乐于将其理念宣

---

① 阿巴拉斯特：《西方自由主义的兴衰》，曹海军译，吉林人民出版社 2004 年版，第460 页。

扬为一种符合社会发展的自然秩序，现代主流经济学则进一步利用数理逻辑和理性模型为其理论和政策披上一层"客观"的面纱，进而也就自以为是一种科学；与此同时，新（古典）自由主义还每每将其他学说体系尤其是对立的马克思主义视为一种意识形态，将其理论和政策视为根源于先验的立场而不是科学的分析。但正如华勒斯坦指出的："意识形态这个词从来就不是人们或集团喜欢用于自身的一个词。意识形态论者一直否认自己是意识形态者。"[①] 这句话对新（古典）自由主义来说再适用不过了，这里就从几方面来剖析新（古典）自由主义中嵌入的意识形态。

首先，从新（古典）自由主义的核心拥护者看。新（古典）自由主义在市场经济和商业社会中大行其道，尤其受到工商阶层的普遍欢迎。究其原因也正在于，新（古典）自由主义与个人主义的政治哲学观相一致，由此倡导的市场原教旨主义政策尤其充分体现了工商阶层和富人的利益和意志。[②] 拉斯基就指出："资本主义精神的全部内容就是要努力解放生产工具的拥有者。使他们能够不再遵守那些约束他们充分利用生产工具的制度。自由主义这个学说的兴起就是试图为这一精神付诸现实提供理论上的支持。"[③] 事实上，新（古典）自由主义以及相应的资本主义精神最早就是由商人以及银行家们提出的，他们力图确立自己追求财富和拥有财富的权利，并希望自己的这种权利尽可能地不受到来自社会权威的干预。为此，他们致力于两方面的工作：一是改革社会，二是夺取国家。拉斯基进一步写道："他通过改革社会的风俗习惯并使之符合他的最终目的来给改革社会。他要夺取国家，因为这样他就可以将社会至高无上的强制力量抓在自己手中，就可以有意识地按照自己

---

① 华勒斯坦：《自由主义的终结》，郝名玮、张凡译，社会科学文献出版社 2002 年版，第 72 页。

② 朱富强：《经济学科的价值取向与现代主流经济学的意识形态》，《当代经济研究》2017 年第 4 期。

③ 拉斯基：《思想的阐释》，张振成、王亦兵译，贵州人民出版社 2001 年版，第 45 页。

的意图运用国家的权力。他向世人展示，在为个人追求财富的同时必然会为整个社会带来好处，从而证明自己的努力是正义的——虽然这种说服过程中也不排除高压的镇服。变富的人仅仅是因为变富了就成为社会的有功之臣。这就是这个新精神的精髓所在。"①

同时，基于以其信念和精神来改造社会的目的，富裕的工商阶层还大量资助相关的学说研究以塑造社会舆论和认知。迈克杰斯尼就写道：那些"得到公司资助研究公共关系影响的一代人，给这些术语和思想加上了近乎神圣的光晕。结果，他们陈述的主张几乎无须加以辩护就被援引，使降低富人税收、制定环境法规、拆解公共教育和社会福利等方案合理化。真的，任何也许会干涉到公司主宰社会的行动都自然会受到怀疑，因为这些行动会妨碍到被鼓吹为唯一合理、公正、民主的商品和服务的配置者的自由市场的运作。新自由主义的倡导者极尽其口才，使自己听起来好像每每他们代表少数富人实施政策时，他们正是在给穷人、环境和其他任何人施以巨大的恩泽福祉"②。嵌入新（古典）自由主义的主流经济学内含了鲜明的利益导向和价值取向，它推崇的自由放任和市场竞争往往有利于那种拥有更大市场竞争地位和势力的大企业和企业主。

正是凭借工商阶层的资助，新（古典）自由主义的倡导者和反对者无论在生活还是工作上往往都面临截然不同的境遇，这也可以从经济学说史中得到反映。例如，米塞斯 1940 年移居美国的纽约市后，由于其思想与当时美国学术界占主流的凯恩斯主义不合，从而不为任何学术组织所聘用。但是，由于米塞斯的自由主义符合资本家和工商业者的利益，因而 1945 年 Lawrence Fertig & William Volker 基金会推荐他进入纽约大学担任访问教授直到退休；同时，由于纽约大学对他的学术成就不认可而拒绝给他薪水，他的

---

① 拉斯基：《思想的阐释》，张振成、王亦兵译，贵州人民出版社 2001 年版，第 44 页。

② 迈克杰斯尼："导言"，载乔姆斯基：《新自由主义和全球秩序》，徐海铭、季海宏译，江苏人民出版社 2001 年版。

薪水也一直由这家基金会提供。再如，当哈耶克进入芝加哥大学的社会思想委员会担任道德哲学教授时，其薪水也是由商业机构沃尔克基金资助。与此形成鲜明对比的是，无论是马克思、西斯蒙第、李斯特、凯里、霍布森还是凡勃伦，由于他们的思想为主流不容，从而也就无法得到商业机构的资助，一辈子只能待在学术机构之外从事科研。例如，从德国留学回来的亚当斯在康奈尔大学工程学院的公共集会上对财产"神圣性"做了批判，并对当时劳工骑士团的铁路罢工表示同情，而当时该大学主要捐款者之一就坐在大会主席台上；为此，会议主持即时就起来反驳，康奈尔董事会也认为亚当斯的观点"危害社会秩序"而建议终止他的聘用合同。

其次，从新（古典）自由主义的政策主张及其后果看。实际上，新（古典）自由主义的政策主张并非具有严格一致性，而是往往随着对象和时空转换而发生明显变动，这也充分体现出新（古典）自由主义所潜含的意识形态。譬如，针对国有企业尤其是垄断型国有企业，新（古典）自由主义极力主张分拆；而针对垄断型私人企业，新（古典）自由主义则极力反对分拆，进而还提出种种理由来为之辩护，甚至将市场垄断视为是本质上的竞争。同时，在所有这些似乎不一致的政策中又体现出内在的一致性，其根本目的都是在于维护至高无上的商人利润。在新（古典）自由主义看来，所有制度只能有利于利润的获取而不是限制，否则就与自由主义相悖。迈克杰斯尼就写道："诚如新自由主义领袖弥尔顿·弗里德曼在其《资本主义和自由》一书中所言，因为获取利润乃民主之根本，任何寻求反市场政策之政府就是反民主的，不管其得到民众多大程度的理解和支持。因此，把政府职能仅限于保护私有财产和实施合同，把政治论辩仅限于无足轻重的事宜（资源生产和分配以及社会组织等实际问题应取决于市场力量）乃至上策。"① 正是基于这种

---

① 迈克杰斯尼：《导言》，载乔姆斯基：《新自由主义和全球秩序》，徐海铭、季海宏译，江苏人民出版社 2001 年版。

终结目的，自由化、私有化和放松管制充其量只能部分进行，而且，基础设施的私有化也只是在极少数工业化国家实施过；不过，在世界银行和国际货币基金组织的推动下，它却作为结构调整政策的组成部分而在发展中国家得到普遍实践。有鉴于此，M.Finger 指出："这种私有化的推动力量实际上主要是意识形态上的，以新古典主义经济学为依据，并对基础设施持有一种简单的看法。"①

同时，从新（古典）自由主义在全球推行的后果来看，它也主要有利于富国以及富国中的富裕阶层。迈克杰斯尼写道：新（古典）自由主义的社会经济政策往往会"导致社会和经济不平等的加剧，世界上最贫困国家和人民被掠夺得愈加严重，全球环境灾难化，全球经济不稳定，以及富人财富获得前所未有的保障"。然而，即使如此，新（古典）自由主义的信奉者也会劝说欠发达国家应该为了其美好的未来而忍受"暂时"的现实困境，进而将这种"暂时"阵痛视为通达光明未来的必由之路。迈克杰斯尼继续写道："直面这些事实，新自由主义秩序的捍卫者（却）宣称，美好生活总会遍及到广大民众，只要加剧这些问题的新自由主义政策畅通无阻。"②试问，这种宣扬与历来的宗教布道存在任何的不同吗？实际上，面对社会底层大众在人世间遭受的种种苦难，基督教教义以及牧师们总是劝告要忍受，上帝能够洞悉人世间一切东西并且也是公平的，所有的苦难只是他们最终获得拯救的过程；即使在此世遭受了苦难和折磨，也会被上帝选入天堂，进而可以掌管浩瀚宇宙中的无数星球。问题是，人们首先关注的是此世可切身感受的生活而不是彼岸虚无缥缈的荣光，正因为这些现实生活感受不到上帝的任何关注和温暖，于是，"上帝死了"开始广泛流传，进而导致整个社会秩序和伦理道德

---

① M.Finger：《基础设施的私有化》，载魏伯乐等编：《私有化的局限》，王小卫、周缨译，上海三联书店、上海人民出版社 2006 年版，第 357 页。

② 迈克杰斯尼：《导言》，载乔姆斯基：《新自由主义和全球秩序》，徐海铭、季海宏译，江苏人民出版社 2001 年版。

的解体而功利主义和机会主义的盛行。

最后，从自由主义在不同时空下被赋予的内涵看。一般地，由于自由主义作为一种意识形态往往为工商阶层所利用，因此，他们基于自身利益的考虑就会在不同时期赋予自由以不同的内涵。一方面，在中世纪末期，自由主义被用于支持和推动宗教改革，支持世俗政权没收教会财产，因为这符合新兴工商阶层的利益。拉斯基写道："通过没收用以支持阻碍个人发展机会的财富，它为个人主义的发展开辟了道路。随着那些财富的消失，财富背后的原则也消失了。与此形成对照的是，慢慢出现了一个关于生活的俗世的概念，这个概念将它所能够保有的王国范围划定得更加狭窄。"① 另一方面，随着地理大发现以及民族国家的崛起，工商阶层为拓展海外市场以获取更大利益，又积极寻求政府的帮助。在很大程度上，重商主义也就是自由主义在特定时期的一种形态。拉斯基写道，"重商主义因而成为萌芽中的俗世国家迈向自由主义辉煌成就的第一步。接受重商主义是再自然不过的事情。一个强有力的政府保证了和平，那么，一个政府为什么不能同时保证繁荣富足呢？工业衰落、大规模的移民，尤其是在像法国这样处于贫苦之中的国家里，货币贬值、需要保护国际经济冒险、因权威的总体衰落而在雇主和雇佣工之间产生的斗争、同行之间的斗争，所有这一切要求国家出面进行干预"；此时，"国家行动的动机不再是为了好的生活，而是为了获取财富、以及用立法手段设定获取财富的条件……视生产力为上帝的商人阶级的利益写满了新时代的每一领域。为了他们的利益不惜牺牲消费者和工人的利益。政策的主流就是国家积极回应商人们的需求。"②

正因为商人阶级或资产阶级根本上是为了最大化自身利益，因此，他们所推行的社会经济政策与其说是自由主义，不如说是实用主义的；或者说，

---

① 拉斯基：《思想的阐释》，张振成、王亦兵译，贵州人民出版社 2001 年版，第 58 页。

② 拉斯基：《思想的阐释》，张振成、王亦兵译，贵州人民出版社 2001 年版，第 72—73 页。

他们所使用的"自由主义"一词本身就具有强烈的实用化取向，其内涵及其政策往往随着社会环境而变动。关于这一点，拉斯基做了总结："为了达到自己的目的，上升中的资产阶级先是采取了宗教的手段，然后是文化的手段；国家是它最后要征服的领域。它追求自由并非作为普遍的真理，而只是将自由作为一种可以享有展现在它面前的财富的手段。它只是在寻找对手最薄弱的地方进行攻击。在实现自己的目标的时候，它先是将国家当做同盟，然后又将它视为敌人……只有当新秩序的根基牢固地树立了以后，当别的领域中只有的获取使经济领域中的自由成为必然的时候，资产阶级发动了最后的猛攻。到了那个时候，他的手中已经拥有了强大的主权。对他来说，国家只不过是一个制定政策的机构而已，他要求国家退出经济领域，提议由他来全权处理其中的一切事务。"①

由此，对由商人阶级或资产阶级构成的西方政府来说，它们在国内外推行的政治和经济政策根本上都只是为了强化自身的霸权和最大化自身的利益。这种实用主义取向在号称奉行新（古典）自由主义的是美国共和党政府身上得到非常鲜明的呈现：一方面在经济和政治上推行自由主义，另一方面在军事上则极力实行凯恩斯主义；进而，军事上的凯恩斯主义又是为了有力贯彻经济和政治上的自由主义，两者共同为美国的核心利益服务。例如，在里根政府时期，一方面，经济自由主义政策导致社会福利部门的开支被大幅削减，对外援助经费也被大幅削减；但另一方面，军事凯恩斯主义导致军事部门开支的迅猛增加，由此产生了美国有史以来最大的财政赤字。同样，特朗普政府上台伊始所提交的新财年预算，在要求减少外国援助和非军事领域开支的同时，将军费预算大幅增加540亿美元，这包括可能增加数万名现役军人并建造数十艘战舰和数百架战机，成为"美国史上规模最大的扩军行动之一"。2017年7月，美国众议院以压倒性票数通过了总额为6965亿美元

---

① 拉斯基：《思想的阐释》，张振成、王亦兵译，贵州人民出版社2001年版，第148页。

的 2018 年度国防授权法案，这一数字远远超过《预算控制法》规定的 5490
亿美元的军费上限。①

因此，波兰尼主义者就指出，（新古典）自由主义的兴起源于这样三大
因素的共同作用：政治管制与市场要求之间的冲突所引发的危机、自由市场
经济学家的积极介入以及这些经济学家对决策者的影响。首先是第二次世
界大战后奉行凯恩斯主义的福利国家对经济的"社会控制"达到了顶峰，由
此带来的工资过度增长也衍生出了低利润率和通货膨胀等问题；其次是哈耶
克、弗里德曼及其追随者们开始攻击凯恩斯主义危机，通过对自由竞争和自
发秩序的宣扬而吸引住了商业精英和政治精英，进而依靠政府力量来构建新
自由主义的全球新秩序。② 正因如此，波兰尼将新古典自由主义视为一种人
为的制度建构而非一种自然的存在。显然，由于新古典自由主义导向的是一
种非理性的乌托邦状态，从而在现实社会中必然会遭到合情合理的反抗；进
而，新古典自由主义的内涵在不同时空下又存在明显差异，从而就打上了
强烈的实用主义色彩，这也充分体现在西方社会的政策推行上。有鉴于此，
我们就不能简单地看西方的理论宣讲，更重要的是看它实际推行的政策；进
而，要探究这些看似"孤立"乃至"矛盾"的不同政策背后的一致性，这
就需要剖析利益取向。乔姆斯基就指出："要理解政策及其效果，我们必须
首先搞清权力掌握在谁的手中，它是如何实施的。这就是后来所说的阶级
分析。"③

---

① 《美通过国防授权法案用"军费优先"保障"美国第一"》，http://news.xinhuanet.
com/world/2017-07/18/c_129657649.htm.

② 参见戴尔：《卡尔·波兰尼：市场的限度》，焦兵译，中国社会科学出版社 2016 年
版，第 260—261 页。

③ 乔姆斯基：《新自由主义和全球秩序》，徐海铭、季海宏译，江苏人民出版社 2001
年版，第 4 页。

八、新自由主义的私有化政策效果如何

前面主要从学理上认识新（古典）自由主义对自由的僵化理解和蜕化发展，这里则转而对新（古典）自由主义力主的"三化"政策进行效果分析。事实上，新（古典）自由主义向全世界推销的经济政策就集中在被称为"三化"（私有化、市场化和自由化）改革措施上，通过对这三大政策的检视就可以更好地否证新（古典）自由主义的科学性；同时，通过挖掘发达国家政策上的不一致和一致性则有助于更好地认识新（古典）自由主义本身所潜含的实用主义取向。这样，我们就可以深刻地认识到新（古典）自由主义所嵌入的意识形态，正确地辨识作为"普世价值"的自由以及流行的自由观。

一般地，简单化取向的新（古典）自由主义①通过将个人主义和理性选择说相结合，就为市场原教旨主义信仰提供"科学"基础。新（古典）自由主义强调，优质而高效的社会服务只能来自私营部门，正是日益扩大的私营部门促进了经济增长和技术进步，从而主张通过减少或限制政府在使用社会资源、生产产品和提供服务中的职责而增加私营企业的相关职责。受其影响并在英国撒切尔政府和美国里根政府的领导和鼓动下，20 世纪 80 年代后的整个西方社会都掀起了一股规模巨大的私有化浪潮，进而还扩散到了世界各国。私有化政策的要点在于，将财产或财产所有权部分或全部由公共所有转化为私人所有，或者通过用许可证、特许权、租赁等形式将资产使用或融资权或服务提供权移交给私营企业；同时，私有化政策还伴随着管制的放松，这包括政府撤销或减少对公共或私营参与者的限制，进而减少对社会参与者的行为控制。这样，在新（古典）自由主义的影响以及发达国家的胁迫下，发展中国家和转型经济国家的公共开支就呈现出急速减少趋势：先是削减基

---

① 上面对两类新自由主义的内涵做了界分，因而此后在涉及流行的"new liberalism"一词时，除了直接引文外，后面都使用新（古典）自由主义来表达。

础设施等投资，进而削减行政费用的开支和公职人员的工资，最后就是削减政府部门以及出售国有企业，进而私有化改革。

事实上，发展中国家和转型经济国家的私有化规模往往会远远高于发达国家，这是因为，发达国家的私有化主要是基于意识形态和政治立场的考虑，而其他发展中国家和转型国家的私有化还有来自财政压力的直接影响。很大程度上，发展中国家和转型经济国家之所以接受发达国家或国际经济组织的要求而推行国有企业私有化，一个重要目的就在于，用"高效率"的私有企业取代"亏损严重"的国有企业，进而为公共部门筹集资金以求公共收支平衡。正因如此，我们可以看到：（1）在拉丁美洲，20 世纪 80 年代的经济和债务危机被视为是进口替代战略的结果，因此，除古巴外几乎都转向了以市场为导向的发展道路，以致私有化成为 20 世纪最后 20 年新（古典）自由主义结构改革进程的一个重要组成部分；（2）在苏联东欧社会主义国家，私有化和自由化更被当作 20 世纪最后 10 年的基本经济战略，而其动机则由原先的经济压力很快转变成政治性的；（3）在中国，20 世纪 90 年代后也开始了大规模的国企改制计划，以致到 20 世纪末中小国有企业基本上已经民营化和私有化了。那么，我们究竟如何看待这种由新（古典）自由主义主导的私有化改革呢？

首先，从理论上看。新（古典）自由主义的基本观点认为，公有制是无效的，往往要依赖大量的政府补贴才能生存，从而最终必然损害社会福利，垄断型国有企业尤其是资源垄断型国有企业更是如此。进而，这种观点又建立在三大理论基础之上：（1）公地悲剧理论，基于公有产权的国有企业会遭到滥用，作为代理人的企业管理者也不会最大化企业的利润；（2）搭便车理论，公民的额外监督代理人所产生的利润为所有公民所共享，因而就不愿意承担成本进行监督；（3）软约束理论，政府管理企业并为企业的经营状况负责，就会导致管理者倾向于通过政治游说而不是提高使用率来提高企业利润。问题是，私有化的这些理论基础并不坚实。张夏准就指出，反对国有企业的这三种论证同样适用于大型私有企业：（1）大部分企业的股权非常分散，因而主要由雇佣的管理者进行管理；（2）在这种情况下，雇佣的管理者同样没有动机去做超出次优水平的努力，个别股东也没有足够动机去监督雇佣的管理者；（3）只要企业在政治上很重要，不管是国有企业还是私有企业都能得到政府的援助和补贴。①

其次，从实践上看。新（古典）自由主义认为，国企私有化将会激发出人们的主动性和积极心，能够降低社会寻租现象，充分发挥企业家精神，从而将会导向社会经济的持续增长。问题是，私有化改革迄今并没取得理想效果。一方面，即使在社会监督体系相对健全的西方社会，私有化也没有优化资源配置，反而丧失了透明度，滋生了腐败，降低了社会福利，甚至也扩大了失业。例如，英国的铁路私有化之后，如果要中途换车，而火车又属于不同的公司，那么，票价往往就会高得离谱。针对英美国有企业的私有化，多斯桑托斯就指出两大现象：（1）私有化的企业往往得到大量政府补贴，并构成了跟政府紧密相连的私人垄断、寡头体制的一个组成部分；（2）国有企业私有化进程往往伴有公共赤字和政府支出的利息的大幅增加。② 另一方面，在发展中国家和转型经济国家，私有化具体表现为：（1）私有化过程本身就是一个资产转移过程，多数转移到了既得利益者手中；（2）在私有化改制后，企业主依然有可能与监管者共谋而损害社会大众的利益，存在贿赂等腐败现象。例如，布拉西等就指出俄罗斯的私有化存在这样的工作准则：第一，"私有化必须在政治机会失去之前，在迅速地把经济从国家控制中解脱出来的可能性消失之前，在偷窃国家资产从一种艺术发展为一种理念之前，迅速地推进"；第二，"一旦私有化，每个利益集团都有可能获得经济上的所

① 张夏准：《富国的伪善：自由贸易的迷思与资本主义秘史》，严荣译，社会科学文献出版社 2009 年版，第 96 页。

② 多斯桑托斯：《新自由主义的兴衰》，郝名玮译，社会科学文献出版社 2012 年版，第 67 页。

有权，这使他们有足够的动力去说服最高苏维埃（其大部分成员不是由民主选举产生）通过私有化法。"①

通过考察世界各国及其不同部门的私有化结果，魏伯乐等以充分的证据指出，私有化往往伴随着这样一些有害的迹象。（1）缺乏投资治理法规。政府没有能力或者不愿意来赢得法律上的确定性以及管理上的连续性，不仅缺乏足够指导私营投资者运作行为的法规，并且也缺乏有效对付强大跨国公司所需的政治权力和经验。（2）竞争不充分与私营垄断。管制的放松往往导致权力集中到一些供应商手中，进而导致垄断或半垄断的产业结构，使得私有化不是导致产品质量的提升而是产品价格的提高。（3）"摘樱桃"和穷人边缘化。私人企业往往只活跃于获利最丰的市场，而将无利可图的市场留给公共经营者并施加障碍；相应地，公共事业的私有化使得它不再为所有人服务而只是为富人服务，进而将其所提供的服务限定在境况较好的市区内，穷人不得不花费更高比例的收入来满足其"基本需求"。（4）终止横向补贴。原先作为垄断的政府公共机构可以用从盈利的电网或水务中所得收入来对公共交通进行常规补贴，用国企的盈利对医疗、教育和福利进行补贴，但私有化后政府只能用很少的资源为穷人提供服务，或者需要对私营企业进行补贴让其以穷人承担得起的价格提供服务。（5）合同不完善。私有化过程常常会随着运作结果和环境变化而不断调整合同以保障私营企业或跨国企业获得有保证的回报率，进而私营企业往往会转移风险并使成本外部化，如有毒垃圾、气候变暖、公共服务衰退等。（6）欺诈行为与腐败。如在出售或出租国有资产的招标或决策过程中就潜含了腐败的可能性，私有化的效率提高也有可能基于不仁慈的员工调整计划（裁员）来实现的。（7）引狼入室。私有化导致前监管者的活动被那些所要监管的对象所获取，从而就必然会导致管制的放

---

① 布拉西、克罗莫娃、克鲁斯：《克里姆林宫经济私有化》，乔宇译，上海远东出版社 1999 年版，第 38 页。

松以及安全隐患的增加。（8）削弱民主与减少参与。地方层面的民主主要关注有关公共（市政）财产使用的决策，人们往往对谁经营着地方公共事业公司以及他们是否胜任等情况比较熟悉，而私有化使得政府对私人所有的公共事业公司的监督表面化，从而非常不利于高层次的民主参与。①

　　既然如此，新（古典）自由主义者又如何坚持其私有化信念呢？这就涉及它观察现实的基本思维：倾向于将理想的私有化形式与公共供给的现实缺陷相对照，将适应服务的最佳案例与公办服务的持续失败进行比较，由此得出"公共机构不作为"的论断并为私有化辩护。其问题是，除了私有化之外，对国有企业或公共服务的改革还有很多切实可行的选择方案，包括强化监管和监督体系、完善人员选聘和考核体系等，但时，新（古典）自由主义却囿于简单化思维而视而不见。T.Kessler 和 N.Alexander 说，"很多情形下，限制这些方案完全是出于政治目的，而其他一些情形则是需要有更多的技术力量或者更好的组织激励"；譬如，"私有化的拥护者们指出在软弱的公共管理之下服务合同不太可能会导致重大改进。但是，同样地，当监管能力低下的时候，政府也不太可能强迫要求私营部门来遵守全面复杂的管理合同条款。"②同时，私有化在不同环境中所产生的效果往往也截然不同。例如，在很多转型经济国家种，推行激进的私有化政策往往产生一个垄断的市场结构并且腐败盛行。在这种情况下，政府就不是简单地通过废除管制来推行私有化，相反要建立更为透明和有效的管理来保护弱小者，需要引入抵消富有者压迫和剥削的抗衡力量。例如，T.Kessler 和 N.Alexander 就指出："无论是选择公办服务还是私办服务，弱政府都会导致障碍。决定如何组织并安排改革的顺序

---

　　①　E.U.von Weizsacker, O.R. Young, M. Finger & M. Beisheim:《从私有化得到的经验教训》，载魏伯乐等编:《私有化的局限》，王小卫、周缨译，上海三联书店、上海人民出版社 2006 年版，第 535—540 页。

　　②　T.Kessler & N. Alexander:《基本服务：转移举证责任》，载魏伯乐等编:《私有化的局限》，王小卫、周缨译，上海三联书店、上海人民出版社 2006 年版，第 355 页。

以增强有效改革所需的政府能力，这是对政策制定者的挑战。"①

进而，私有化为什么又会得到如此大规模的推行和推崇呢？这又有两方面的深层原因：（1）私有化的思想兴起主要源于新古典自由主义经济学的理论局限：它以经济人为基本假设而推崇"私恶即公益"命题，从而不关注收入分配问题，进而集中关注经济效率而非社会公平，乃至将私有化视为提高个体的积极性并提高效率的基本途径；（2）私有化的政策推行则主要源自意识形态和政治上的驱动力：东西方社会的政治对抗使得英美政府通过推行新（古典）自由主义来削弱工会，通过国有企业的出售来补偿减免税政策造成的财政赤字。也就是说，新（古典）自由主义及其私有化政策并不是基于完美的逻辑关系和有力的经验实证，而是源于对自由市场的迷信；同时，西方社会之所以盲从自由放任的市场机制，又与特定的历史背景和政治需要有关。凯恩斯的经济干预政策造成了20世纪70年代的"滞胀"，从而导致推行减税和高效服务的节俭政府观开始流行；此时，整个西方社会就处于了转向计划还是市场的转折当头，因而哈耶克就将市场和计划对立起来比较其优劣。迈克杰斯尼写道："新（古典）自由主义者们宣扬，共产主义社会、社会民主社会，甚至连像美国这样有着适度社会福利的国家统统都失败以后，这些国家的公民才把新（古典）自由主义当作惟一可行的办法接受下来。也许它并不尽善尽美，但却是惟一可能的经济体制。"② 在发展中国家和转型经济国家，Z.Boda 则写道，"私有化被认为是一个政治行为，它被新生代政治掌权人物当做一种手段，用以剥夺老一代特权阶层权力的经济基础"。③

---

① T.Kessler & N. Alexander：《基本服务：转移举证责任》，载魏伯乐等编：《私有化的局限》，王小卫、周缨译，上海三联书店、上海人民出版社 2006 年版，第 356 页。

② 乔姆斯基：《新自由主义和全球秩序》，徐海铭、季海宏译，江苏人民出版社 2001 年版，导言。

③ Z.Boda：《没有限制？中东欧国家的私有化》，载魏伯乐等编：《私有化的局限》，王小卫、周缨译，上海三联书店、上海人民出版社 2006 年版，第 327 页。

总而言之，针对目前这种简单化的私有化主张，我们应该停下来聆听一下魏伯乐等的告诫："近来持续不断的私有化活动有好事过头的危险，它有可能使我们超越合理的界限而导致不良后果，这些不良后果甚至盖过了许多私有化现实所带来的无可否认的好处。"① 很大程度上，国有企业的私有化意味着由私人企业来购买或并购国有企业，而私人投资的目的主要是为了实现对现有公司的控制，而不是为了被收购公司的成员利益而提高原有公司的能力，甚至是通过公司重组而使之变得有利可图后再行出售，这将进一步削弱公司维持生产力增长的能力。有鉴于此，魏伯乐等人还得出一个重要观点：谨防极端！"私有化本身不是一个终点。私有化应被看做提高效率的手段而不是削减或破坏政府地位的途径……为了使两方面都达到最好，我们需要强大的私营企业和能干的政府机构成为合作伙伴，共同协作。所得到的经验教训可以简要总结为：逐步形成有效的治理、强有力的管制和监管制度；不要对公共部门仍可以的做的领域进行私有化；绝不要出于意识形态上的原因进行私有化；确保对监管体制的民主体制，并使政府能够在私有化遭到重大失败时撤销私有化；壮大政府与私有部门之间的第三部门：即基金会、慈善机构、市场社会。"② 也即，我们应该挖掘市场机制和政府机制间的互补性，进而合理界定政府和市场各自作用的领域和度，而不是非此即彼的取舍。

九、新自由主义的市场化政策效果如何

新（古典）自由主义推行的私有化政策往往与市场化相伴随，它力主放

---

① E.U.von Weizsacker, O.R. Young & M. Finger:《私有化的局限》，载魏伯乐等编：《私有化的局限》，王小卫、周缨译，上海三联书店、上海人民出版社 2006 年版，第 4 页。

② E.U.von Weizsacker, O.R.Young M.Finger & M.Beisheim:《从私有化得到的经验教训》，载魏伯乐等编：《私有化的局限》，王小卫、周缨译，上海三联书店、上海人民出版社 2006 年版，第 545—546 页。

松对经济活动尤其是私营企业的管制，乃至诉诸基于力量供求的市场机制来解决一切社会经济问题。事实上，新（古典）自由主义关注政府失灵远胜于市场失灵，甚至以科斯中性定理以及企业家才能理论等来否定外部性和垄断的存在，进而也就完全不承认存在市场失灵问题；受之影响，市场优越论、政府恶棍说就逐渐支配了整个经济分析思维，进而无论在理论思维还是政策主张上都呈现出明显的一元化和简单化倾向。相应地，当前中国社会的不少经济学人也热衷于为市场机制进行宣扬，进而鼓吹放松对关系人们基本生活和福祉的传统公共部门中私营活动的管制，认为这些部门也应遵从所谓的利润最大化的市场原则。但同时，他们对待市场机制的政策又表现出明显的实用主义倾向，根本上在维护弱肉强食的市场秩序和市场结果。

同时，新（古典）自由主义者往往乐于将一切社会形态和社会制度都看成是力量博弈的结果，乃至以供求均衡来解释社会现象以及设计社会制度；相应的结果就是，他们不但对社会上大量存在的贫困现象和日益扩大的收入差距熟视无睹，而且还把工资水平视为一种不可改变的自然规律。在新（古典）自由主义者看来，只要是自发市场所衍生出的行为和社会经济现象就一定是合理的，而且，市场经济中暴露出来的各种社会经济问题也只能由市场机制来自发解决；进而，公共领域和私人领域之间也就不存在截然的分界，原先被视为公共领域的问题也越来越多地诉诸市场机制来解决。正是受到嵌入新（古典）自由主义的现代主流经济学理论之熏陶，不少地方政府及其官僚也就理直气壮地将其应尽的分内职责推给市场，乃至出现大量的"无为"以及"乱为"情形。

新（古典）自由主义迅速崛起于美国里根政府时期，但依此推行的市场化政策完全没有取得新（古典）自由主义所宣称的那些成效。有鉴于此，美国著名社会哲学家乔姆斯基指出，里根"的政府官员们都是这门艺术的大师。他们一方面向穷人赞美市场取得的成绩，另一方面又得意地向商界吹嘘，里根政府'给予本国工业部门进口补贴要比前半个多世纪的任何一届政府都要多'……没有这样或那样市场干预的偏激举措，很难说钢铁、汽车、机械和半导体工业能抵挡住日本产品的竞争冲击，或者在技术上得以领先"。事实上，尽管新（古典）自由主义极力反对政府对企业运营的干预，但有研究发现，"世界上几乎所有最主要公司的精英策略及其竞争地位都一直受到政府决策或贸易保护政策的支持"，并且"1993 年世界百强中至少有 20 家公司，如果没有各自政府的支撑，是不可能独立生存下来的"。① 同时，在那些号称遵循市场规则的国家中，当大企业处于困境之时，它所遭受的损失也往往不是向社会转移，就是由政府承担，这可以从历次的经济危机中得到鲜明反映；相反，对那些被排除在报酬优厚的、稳定的就业之外的人来说，他们也很容易被排除在私人福利市场化之外，而奉行新（古典）自由主义的政府却在努力削减公共福利。例如，英美等盎格鲁－撒克逊国家中就有越来越多的人没有健康保险，越来越多的人生活在"无工作家庭"中；针对这种情形，奉行改良自由主义的奥巴马政府试图建立和完善医保体系以及社会保障体系，但很快就被信奉新（古典）自由主义的特朗普政府废止。

在经济全球化时代，市场化政策的急速推进还带来一个重要后果：社会加速分层。这充分体现在岗位及其相应的薪酬上：一方面，现代科技革命使得熟练技术得以分解，进而产生了大量低技能和低工资的劳动者；另一方面，企业规模的壮大使得权力集中在少数高管手中，进而产生了少数高技能和高工资的管理者。于是，"惟一的结果就是新的阶级分化：资产阶级已经萎缩了，而一个新兴的，为数不多的专业化管理精英集团与众多'麦当劳'式的工人相对峙。"② 阿尔贝尔认为，里根政府的极端自由主义政策在富人与穷人之间制造了对立，这种对立扩展到教育、医疗以及产业诸方面，乃至形

---

① 乔姆斯基：《新自由主义和全球秩序》，徐海铭、季海宏译，江苏人民出版社 2001年版，第 23 页。

② 艾斯平－安德森：《福利资本主义的三个世界》，郑秉文译，法律出版社 2003 年版，第 235 页。

成了一分为二的美国。① 皮凯蒂则以更为系统的数据指出，社会最高层 1%
人群（甚至 0.1% 人群）所占国民收入的比重越来越高，金字塔型的收入等
级越来越明显，乃至出现一个超级经理人的新群体。② 为何会出现如此现象
呢？根本上就在于市场分配机制。尽管新（古典）自由主义往往热衷于基于
自由交换逻辑为市场收入辩护，但实质上，市场上的收入分配体现了一种博
弈均衡，而这种博弈均衡根本上又取决于博弈各方间的权力对比，因而现实
市场中的收入结构就与权力分布紧密相关。同时，市场化的不断推进又会对
权力结构带来这样的双重影响：一方面，市场经济的发展消解了各种社会和
政治组织，将权力板块分割成一块块细小而独立的权力单元，从而导致权力
的分散化和碎片化；另一方面，权力碎片中普通个体的权力因失去集体谈判
权而被削弱的同时，那些核心的权力支配者却可以结盟并产生出更强大的权
力，从而又衍生出了一种放大效应，进而导致决策权的篡夺和集中。③

快速推进市场化的政策所造成的严重恶果最为集中地体现在推行激进改
革的发展中国家和转型经济国家中：激进市场化改革使得这些国家陷入了长
期而严重的通货膨胀和经济衰退，迄今都没有走出衰退的旋涡。例如，东欧
诸国的人均收入直到 2000 年才恢复到 1990 年的水平，原苏联地区的人均收
入甚至仍未恢复到转型前的水平。④ 为什么会这样呢？根本上就在于"休克
疗法"下的政府缺位以及由此形成的扭曲性市场结构。这里可以从几方面加
以剖析。（1）当前那些转型经济国家缺乏欧美发达国家在经济起飞过程中拥
有的不断扩大的国际市场，国内市场在没有保护下也已迅速被跨国公司所占

---

① 阿尔贝尔：《资本主义反对资本主义》，社会科学文献出版社 1999 年版，第 25 页。

② 皮凯蒂：《21 世纪资本论》，巴曙松等译，中信出版社 2014 年版。

③ 朱富强：《如何构建中国经济学的收入分配理论：权力框架》，《中山大学学报》
2015 年第 2 期；朱富强：《市场博弈、权力结构与收入分配机制：剖解中国收入差距扩大的
深层原因》，《社会科学辑刊》2015 年第 4 期。

④ 林毅夫：《经济发展与转型：思潮、战略与自生能力》，北京大学出版社 2008 年版，
第 55 页。

有，因而本土企业在高度竞争的国际环境中缺乏自生能力；（2）转型经济国家可以利用"创造性毁灭"概念来摧毁旧制度，却难以在短时间内建立起新制度，反而会出现了既无计划也无市场的"制度真空"，进而导致掠夺性市场之"恶"横行；（3）转型经济国家原来都已经有了很不错的工业基础，尤其是能源和原料等已经得到较大规模的开发，因而原有的工业基础、生产能力、能源原料以及资本等就会随着大量旧企业的破产而迅速集中在一起，或者被外国公司或者被本国富人所收购，从而形成垄断或寡头垄断型市场结构；（4）市场化改革将重点放在价格体系、贸易管制、财政纪律、公共开支、税收政策以及金融体制等宏观层面，而微观企业制度却往往因路径锁定而改革滞后，进而就会出现制度脱序，如宏观制度与企业治理机制的不配套。①

由此，我们就可以且需要对根基于新（古典）自由主义的唯市场化政策进行深层次的审视，因为简单的市场化导向潜含并且已经暴露出如此多的问题。不幸的是，新（古典）自由主义的盛行却使得主流经济学从伦理学中脱嵌出来而取得自治的"科学"地位，以致很多经济学人对各种社会经济问题往往都视而不见。布隆克写道：随着"经济学所考虑的市场中什么是可能的已经越来越被整个社会当做什么是应该做的行动计划。它不只是用来促进预定的、政治的、伦理的社会目标的实现，而且是抽象用来规定、安排目标和价值的选择。对效率的关怀常常摆在对道德的关怀之前。而且，由于政坛上经济政策排在首位，经济模型的特点已经开始极大地改变和限制我们原本对人类的特点和困境的广阔视野"②。事实上，现代主流经济学从孤立的工具理性来审视和分析个体的行为，热衷于在各种假设下进行人类行为及其结果的推理。结果，对理性经济人分析框架的遵循以及"看不见的手"原理的迷信

① 朱富强：《GIFF框架的逻辑、现实和意义：兼评林毅夫的新结构经济学》，《人文杂志》2017年第7期。

② 布隆克：《质疑自由市场经济》，林季红等译，江苏人民出版社2000年版，第118页。

就使得经济学人大大低估了仁爱的社会内聚的价值，也忽视了源于自我利益的反社会行为；对个人价值加总的 GDP 以及经济增长数据的重视则使得经济学人无法对乡间的美丽风光做出客观的价值估量，进而严重忽视了环境污染问题；对平等与效率替代关系的认同又使得经济学人集中关注效率的最大化，进而以此为名而忽视越来越恶化的收入分配问题。有鉴于此，K.波兰尼的"嵌入"理论就强调指出，那种推崇激进市场化的改革者往往想当然地把市场经济视为脱离社会关系而自律的，乃至抛弃了来自政府的保护而变得不受控制。

十、新自由主义的贸易自由化政策效果如何

与私有化、市场化相伴随的还有贸易自由化，而贸易自由化是割裂政府与市场之间联系的进一步举措，它使得政府在试图调控市场机制方面变得更加软弱无能，进而也就会引发更大范围的市场失灵，不仅造成全球性资源的掠夺开发，而且使得收入不平等进一步加剧。布隆克写道："既然建立一个全球性的政府是不可能的，那么在全球自由贸易区内，人类便无法使用民主手段重新把财富从富人手里分给穷人，保护环境，保护公众利益或者减少经济增长所付出的社会成本。全球自由贸易和自由资本移动在一定程度上拓展了消费者的选择和自由。但也威胁着那些无任何资本或技术的人，这些人将被剥夺对未来生活的发言权。"[1] 例如，政府如果试图通过较高的累进制税率来缓和收入差距，那么就会导致人才和资本的流失；如果试图通过更高的政府借贷来应付不断扩大的福利支出，那么就必然会导致利率的下降，进而导致资本的流失；如果政府征收污染税或者制定环境保护法规而迫使企业采用更高成本的生产方式，公司就会将生产转移到其他不受严格控制的地区。有

---

[1] 布隆克：《质疑自由市场经济》，林季红等译，江苏人民出版社 2000 年版，第 240 页。

鉴于此，这里从三个方面对自由贸易作一检视。

首先，从历史的实情看。现代主流经济学对自由贸易的推崇往往可以追溯到斯密时期的英国，并从斯密学说中寻求理论支持，因为斯密在《国富论》中认为自由贸易将有助于扩大社会分工和生产专业化，进而使得社会资源得到更有效配置。问题是，斯密时期的英国对自由放任的解释是相当狭隘的，主要是指生产上免于管制的自由，而贸易并不包括在内。其原因是，尽管在生产领域免于管制的自由是所有工业的要求，但在贸易中的自由仍然被认为有危险。譬如，当时的棉纺织业已经发展成为英国最主要的外销工业，但印花布的进口在当时仍然受到法令的禁止。① 有鉴于此，斯密也明确指出，自由贸易将会导致垄断，并进而造成社会收入的两极化以及各个社会阶层的异化，从而对纯粹市场机制和那些私利行为充满了警惕。斯密写道：那些把资本用来支持国内产业的人，"通常既不打算促进公共利益，也不知道他自己能在什么程度上促进这种利益"；同时，他们的个人利益"从来不是和公共利益完全一致"，而是"在于欺骗公众，甚至在于压迫公众"。② 正是基于这一原因，罗斯巴德甚至宣称："斯密并不是应当被尊称为现代经济学或自由放任学说创立者的某个人，而是更接近于保罗·道格拉斯在 1926 年芝加哥纪念《国富论》时所描绘的形象：卡尔·马克思的一位必要的前辈。"③

同时，在整个古典主义时期，西欧各国实际推行的也不是真正的自由贸易政策，而是都在努力利用国家力量为商业服务。这明显地反映在当时较高的关税上：一方面，作为当时世界经济霸主的英国长期实行远高于其他国家

---

① 波兰尼：《巨变：当代政治与经济的起源》，黄树民译，社会科学文献出版社 2013 年版，第 245 页。

② 斯密：《国民财富的性质和原因的研究》（下卷），郭大力、王亚南译，商务印书馆 1974 年版，第 27、243 页。

③ 罗斯巴德：《亚当·斯密以前的经济思想：奥地利学派视角下的经济思想史》（第一卷），张凤林译，商务印书馆 2012 年版，导言第 9—10 页。

的关税，而且一旦发现其他国家优质产品对自身产业构成了威胁，就会通过《羊毛法案》和《谷物法》等来阻止该类产品的进口；另一方面，当时落后的美国和德国等国则长期采取保护主义的进口替代战略，这成为它们最终赶超英国的根本基础。更为突出的是，欧洲列强都积极利用包括各种军事征服、政治讹诈等在内的非经济手段来争夺世界市场，以政治和武力为后盾为商业和贸易开路，这包括建立了庞大的舰队和大型商船队以取得殖民地以及航运的控制权，进而通过发动战争来实现经济霸权的维系和更迭。为此，拉斯基写道："在经济的王国中，国家成为商业的女佣；国家惯例也按照新环境的要求加以修改。甚至发动战争也是为了拓展市场和赢得权力，也就是获取间接的经济统治权。它对外族的征服获得了回报，从而意味着可以在更加广泛的殖民地范围内从事贸易活动。"①

其次，从发达国家的实践看。自由贸易的现代复兴明显受到新（古典）自由主义思潮的支持和影响。在20世纪80年代，为了维系财政收入的平衡，里根政府在推行减税政策的同时致力于发展与发展中国家的贸易。为此，美国做了两方面的工作：一方面建立北美自由贸易协定这样的区域经济共同体，另一方面通过多边国际机构将发展中国家纳入自由贸易体系之中。到了20世纪90年代，随着苏联东欧社会主义的崩溃以及经济全球化的推进，世界各国的经济联系日益紧密并形成了西方主导的新国际分工体系，各种国际经济组织则扮演积极的推动作用。多斯桑托斯就指出，全球化时代相互依赖的生产关系、新技术、研发、基础科学和应用科学创造出了一种新经济形态：（1）研发活动越来越有赖于新技术，进而越来越有赖于基础科学和应用科学；相应地，大企业就努力建立自己的基础研究中心以取代大学的研究中心，进而迫使政府对这些研发活动进行投资。（2）生产技术的新标准促使企业不断淘汰旧技术，或者将其转让给分包企业或相关的欠发达经济体，从而

① 拉斯基：《思想的阐释》，张振成、王亦兵译，贵州人民出版社2001年版，第101页。

塑造出一种以科技革命为基础的新国际分工体系；相应地，国际化的市场竞争要求大企业将全球化地缘观与全球区域战略相结合，并在新国际分工体系中集中从事尖端技术的研发活动。①

　　问题是，在强力推行自由贸易政策下，里根政府也并没有有效缩减美国的财政赤字，反而迫使美国大幅发行国债以应对不断增长的财政赤字，如美国国债对 GDP 的占比从 1980 年的 26% 大幅提升至 1989 年的 41%。同时，除了一些尖端科技行业之外，美国的制造业在自由贸易政策之下迅速解体，里根年代创造的就业机会几乎都在第三产业，尤其是以零工为主的服务业，这也就注定了美国经济必然走上下坡路。② 事实上，美国的经济增长也只是维持了很短时间，并且还主要是依靠"公共赤字、军费开支和号称国债的金融投资"③。这也意味着，美国在新（古典）自由主义主导下的经济增长根本上是资本耗费性的，从而也就必然无法维持持续的经济增长，④ 相反还潜含了更大规模的以及更高频率的经济危机。多斯桑托斯写道：里根政府的政策导致了"1987 年经济萧条，开始了衰退期——由于采取了反周期措施，衰退期延至 1990 年开始，新自由主义航船随之开始漏水。1989—1993 年，发生了无法避免的事：世界经济严重衰退。1983—1987 年繁荣期被抬高的金融证券和不动产价格开始狂跌，拖垮了美国和其他国家的一些大银行和保险公司；失业率大幅度上升，证实了 1967 年出现的一种状况，即第二次世界大战后形成的充分就业形势开始恶化"⑤。

---

　　① 多斯桑托斯：《新自由主义的兴衰》，郝名玮译，社会科学文献出版社 2012 年版，第 180 页。

　　② 阿尔贝尔：《资本主义反对资本主义》，社会科学文献出版社 1999 年版，第 35 页。

　　③ 多斯桑托斯：《新自由主义的兴衰》，郝名玮译，社会科学文献出版社 2012 年版，第 8 页。

　　④ 朱富强：《中国经济增长何以告别制度无序性》，《探索与争鸣》2017 年第 3 期。

　　⑤ 多斯桑托斯：《新自由主义的兴衰》，郝名玮译，社会科学文献出版社 2012 年版，第 8 页。

再次，从欠发达国家的实践看。尽管新（古典）自由主义政策在本国都不算成功，但美国却在全球强力推行自由贸易政策，以至"里根主义"也成了咄咄逼人、强硬干涉的霸权代名词。美国对外关系委员会负责对外金融的一位资深委员曾在《外交事务》上发表对里根政府的评论：里根"这位最酷爱自由的、战后国家的最高管理者，领导实现了30年代以来最大的保护主义转向"。进而，乔姆斯基则评论说，这并不"具有讽刺意味"，而是"酷爱自由主义者"的正常运作：市场规则只对你，不对我；除非"游戏场"正好向着有利于我的方向发生偏斜，而这种偏斜在典型情况下是国家大规模干预的结果。① 同时，自由贸易政策的全球推行也对发展中国家的社会经济造成严重的冲击，使得原有的企业快速倒闭，原有的产业被突然摧毁，进而造成整体经济的严重衰退。例如，墨西哥曾被誉为领会和推行"华盛顿共识"最为彻底的优秀学生，也曾经是其他国家的学习榜样，但新（古典）自由主义的推行却使得工资水平急剧下降，外国资本大量涌入则导致本土企业大规模破产。其实，斯密很早就指出，贸易的自由化应该慢慢地分阶段地恢复，应该有相当的保留和谨慎。布隆克则指出："人们完全可以相信，二战后贸易及资本移动的自由化之所以如此成功和受欢迎，正是因为它是渐进的，而且因为它的成员国大部分是强大的国家，他们有着较接近的经济结构及工资水平。相比之下，（20世纪）80年代及90年代的自由化可能产生更大的影响，因为许多发展中国家突然引入自由贸易体制，而这些国家的工人有时赚的钱还不到欧洲或美国工人平均工资的5%。"②

根本上，根基于新（古典）自由主义的"华盛顿共识"就是由美国政府及其控制的国际经济组织制定的，从而也是为美国及其他西方资本主义列强服务的。相应地，一旦这些政策反过来危害到美国及其他西方资本主义列强

① 乔姆斯基：《新自由主义和全球秩序》，徐海铭、季海宏译，江苏人民出版社2001年版，第49页。

② 布隆克：《质疑自由市场经济》，林季红等译，江苏人民出版社2000年版，第248页。

的利益，这些国家就会毫不犹豫地抛弃它，这在特朗普主义上得到非常鲜明的反映。为此，乔姆斯基区分了两类自由市场理论：一类是强加在无助者身上的官方理论；一类是"事实存在着的自由市场理论"：市场规则对你有利，对我则不然，除了暂时的有利。而且，"事实存在着的自由市场理论"在17世纪之后一直占据着统治地位。例如，当时的英国就是通过大幅度地提高税率和有效的国家管理来组织其经济和军事活动，从而在经济发展和全球扩张过程中"一枝独秀"；在英国推行了150年的保护政策和武力征服而在1846年之后转向自由国际主义之时，英国的纺织品和钢铁仍然可以方便地向印度和其他殖民地输出。① 同样，美国和日本之所以可以实现经济赶超，很大程度上在于，它们为逃脱英国及其他列强的控制而实行了英国式的干预模式。与此相反，印度则是当时实行自由贸易政策非常彻底的地区，但"事实存在着的自由市场理论"却彻底摧毁了印度的这些工业（包括已经达到当时先进水平的纺织、造船等）。更为明显的例子是20世纪70—80年代的拉美国家，同样也在20世纪90年代之后的南非身上得到鲜明呈现。

最后，从新（古典）自由主义推行者的动机看。欧洲列强在推行自由贸易政策时具有非常强的实用主义倾向，目的只是在于壮大自身利益。从经济史上看，正是由于出口受到美国、日本等的限制以及后来又受到它们的强力竞争，英国在20世纪30年代就干脆终止了贸易游戏：一方面，向日本所有产品关闭了国门，这成为引起第二次世界大战的部分原因；另一方面，对国内经济采取更为直接的干预政策，从而在短短几年内使本国机器工具的产量增加了五倍，化工、钢铁、航天和其他新兴工业也随之兴起。同样，即使美国在经过150年的保护政策和武力征服而成为世界上最富有、最强大的国家之后，它在向全球宣扬自由贸易的同时，自己向"真正自由市场"的转变仍

---

① 乔姆斯基：《新自由主义和全球秩序》，徐海铭、季海宏译，江苏人民出版社2001年版，第19—20页。

然非常"有限"，相反通过种种手段来将拉美、埃及、南亚和其他地方置于"补充性的"而非"竞争性的"地位。例如，20世纪50年代推行的"马歇尔计划"就规定受助国只能购买美国的农产品，这导致美国谷物在世界市场的份额从第二次世界大战前的10%猛涨到50%，而阿根廷的农产品出口则下降了三分之二。同时，美国在食品换援助过程中，还通过大量销售本国粮食来补贴综合农商业和船运业，并乘机削弱外国竞争对手的优势。此外，美国还以其他国家的改革没有满足西方投资上需求的贸易和投资政策为由选择性地对一些国家实施进口配额而阻止其相关产业的发展，如肯尼亚的纺织业就由于美国的进口限制而在1994年崩溃了，[①] 日本的汽车业也在美国的压力下实行了自我出口限制。

---

① 乔姆斯基：《新自由主义和全球秩序》，徐海铭、季海宏译，江苏人民出版社2001年版，第20—21页。

后　记

　　作为一个以学术为业的儒者，笔者高度关注人类社会的发展，希望人类社会持续朝"大同"之境迈向。为此，笔者热衷于观察和思考一些被认为司空见惯而熟视无睹的社会现象，并致力于从理论层面来剖析社会中的问题及其成因，以期有助于社会制度修正和完善。然而，在倾力将伦理和价值从经济学研究中排除出去的现代经济学界，对社会制度的关注却往往被认为是政治的。然而，先贤亚里士多德早就指出，求得个人的善良和幸福的学问就是伦理学，而求得整个社会完善和幸福的学问就是政治学。笔者一向认为，真正的学者必须具有高度的现实主义精神和人本主义关怀，必须坚持"知行合一"。职是之故，尽管世俗之辈出于"自利"本性可以追求个人利益，但作为人类福利的关爱者和社会制度的维护者，学者们的根本工作却在于不断完善制度以期建立一个更为公平和效率的行为环境，因而发现现实问题并提供改进建议乃是人文知识分子的根本职责。

　　正是基于对人类社会发展的关注，笔者早年系统探究了市场、政府和法律三大社会机制以探寻社会秩序的扩展基础，由此形成了一套3卷本的《社会秩序的扩展机理》丛书，本书是其中致力于探究政府机制的一部。同时，本书也隶属于笔者对企业、国家和家庭等展开系统研究而形成的《组织治理与社会分工》丛书中的一部，它基于协作系统视角而从应然和实然两方面探究国家和政府的本质及其现实形态。鉴于这一目的，本书原初基于从本质到现象的研究路线而构建了对国家组织和政府机构作系统研究的宏大构思。不过，后来为了更好地结合现实而对原拟结构做了调整，同时考虑篇幅因素而移去了部分研究内容。因此，为了给读者提供一个认识国家性质和政府功能之演变的整体认框架，这里将原来拟定的写作纲要列在下面。

《国家性质和政府作用勘定：作为协作系统的国家和协调者的政府》研究目录

1.国家的起源：暴力强制还是自由契约

2.国家的两类性质：暴力工具和协作系统

3.政府的两种角色：利益分配的局中人和局外人（青木对制度的描述）

4.作为掠夺者的政府特征：无限责任和家族传承（坐寇和流寇的比较）

5.最小政府的作用之一：保障成员安全

6.最小政府的作用之二：维护自由市场

7.最小政府的作用之三：遵循自然法则

8.恶政府行为的内在制约：坏人会做好事（自己获利也让别人获利——长期博弈）

9.诺思的国家理论及其悖论

10.作为协作者的政府特征：有限责任和选举任期（防止坏人当政）

11.政府的显性协调功能之一：直接计划和间接调控

12.政府的显性协调功能之二：公有产权和公共品供给

13.政府的显性协调功能之三：完善市场竞争和法律秩序（反垄断）

14．政府的显性协调功能之四：再分配和社会保障建设

15．善政府行为的制度提防：好人也干坏事（理性的自负）

16.国家演化和历史实践：西方世界的兴起和北欧福利病

17.政府角色的转变及其功能：作为统治工具的意识形态淡化以及协调

功能的强化

18. 政府的代理问题之一：信息和激励

19. 政府的代理问题之二：父爱主义和软约束

20. 政府的代理问题之三：官僚行为和规模膨胀

21. 政府的代理问题之四：立法者行为与社会目标偏离

22. 公共选择悖论与作为协调系统的国家异化

23. 制约政府行为的方式之一：创设权力制衡机制（社会共同治理）

24. 制约政府行为的方式之二：平衡民主与自由（允许反对派存在）

25. 制约政府行为的方式之三：提高人民的素质（减少盲动性）

26. 生产要素转换与政府协调方式转变（显性协调和隐性协调互补以及管理协调与市场协调互补）

27. 政府的隐性协调之一：加速知识积累（基础研究）

28. 政府的隐性协调之二：协调知识分工

29. 政府的隐性协调之三：培育伦理道德

30. 政府的隐性协调之四：建设基础设施（信息设施）

31. 国家扩大和全球一体化：协作的扩展

最后，需要指出，本书的主要内容在 2005 年左右就已经大致完成了，其间也曾将其中的一些章节发给不少同仁看过，得到同仁们的广泛认同和赞誉，很多同仁都期盼和敦促本书的早日问世。然而，由于笔者长期沉于思索而拙于社会交际，迄今都不谙于各种填表事宜；其结果就是，尽管手头积累的书稿越来越多，但只能长期付之阙如。值此困境之际，中央财经大学中国财政发展协同创新中心伸出了援助之手，中心对学术的渴望和对学人的关怀重视使得本书终得出版。在这里，要特别感谢林光彬、曹明星以及姚东旻等同仁为本书的出版所提供的协助，同时要感谢曹春女士对本书的完善所提供的极有裨益的建议以及对本书的校对所付出的辛劳、耐心和专业，希望我们学术之谊永葆永真。此外，还要感谢花时间和精力来阅读本书的读者，这是一部系统而相对艰涩的理论著作，你们对学术的追求和对理论的偏爱是笔者信守学术为业的重要支撑。

朱富强

2018 年 6 月 1 日

责任编辑：曹　春
装帧设计：汪　莹

图书在版编目（CIP）数据

国家性质与政府功能：有为政府的理论基础／朱富强　著 . — 北京：人民出版社，
　2019.1
ISBN 978 - 7 - 01 - 019391 - 5

I.①国…　II.①朱…　III.①国家 - 性质 - 研究②政府职能 - 研究
　IV.① D031 ② D035.1

中国版本图书馆 CIP 数据核字（2018）第 110115 号

国家性质与政府功能
GUOJIA XINGZHI YU ZHENGFU GONGNENG
——有为政府的理论基础

朱富强　著

人民出版社 出版发行
（100706　北京市东城区隆福寺街 99 号）

北京盛通印刷股份有限公司印刷　新华书店经销

2019 年 1 月第 1 版　2019 年 1 月北京第 1 次印刷
开本：710 毫米 ×1000 毫米 1/16　印张：28.25
字数：380 千字

ISBN 978 - 7 - 01 - 019391 - 5　定价：118.00 元

邮购地址 100706　北京市东城区隆福寺街 99 号
人民东方图书销售中心　电话（010）65250042　65289539